智库研究报告

Think Tank Research Reports

2014 科研成果选编

《智库研究报告》编委会

武汉出版社

（鄂）新登字08号
图书在版编目（CIP）数据
智库研究报告. 2014科研成果选编 /
《智库研究报告》编委会编. — 武汉 : 武汉出版社, 2015.11
ISBN 978-7-5430-9630-1
Ⅰ. ①智… Ⅱ. ①智… Ⅲ. ①咨询机构－研究报告－武汉市－2014 Ⅳ. ①C932.82
中国版本图书馆CIP数据核字(2015)第254171号

编　　者：《智库研究报告》编委会
责任编辑：谢　进
封面设计：杨　敏
出　　版：武汉出版社
社　　址：武汉市江汉区新华路490号　　邮　编：430015
电　　话：(027) 85606403　85600625
http://www.whcbs.com　　E-mail:zbs@whcbs.com
印　　刷：武汉梅苑彩印有限公司　　经　销：新华书店
开　　本：880mm×1230mm　1/16
印　　张：18　　字　数：320千字
版　　次：2015年11月第1版　2015年11月第1次印刷
定　　价：68.00元

《智库研究报告》编委会

2014年新智库目录

经　济

政　治

文　化

社　会

武汉与长江中游城市群协调发展研究

长江中游地区是我国人口比较密集、资源丰富、创新要素集聚、区域地理位置重要、发展基础较好同时发展水平又偏低的区域。建设长江中游城市群，有利于挖掘中游广阔腹地蕴含的巨大内需潜力，促进经济增长空间从沿海向沿江内陆拓展；有利于优化沿江产业结构和城镇化布局，推动经济提质增效升级；有利于形成上中下游优势互补、协作互动格局，缩小东中西部地区发展差距；有利于建设陆海双向对外开放新走廊，培育国际经济合作竞争新优势；有利于保护长江生态环境，引领全国生态文明建设，对于全面建成小康社会，实现中华民族伟大复兴的中国梦具有重要现实意义和深远战略意义。李克强总理上任伊始，就在九江召开了长江中游地区四省加快发展的重要会议，国家发改委正在积极组织《长江中游城市群一体化发展规划》的编制工作，《国务院关于依托黄金水道推动长江经济带发展的指导意见》出台，长江中游地区建设又一次提上了国家战略。

一、长江中游城市群区域协调发展存在的问题

（一）总体发展水平不高，区域差距明显

同国内其他城市群相比，长江中游城市群的经济总量偏小、经济效益不高、结构升级缓慢，发展明显滞后。2013 年长江中游城市群共实现生产总值 59649.12 亿元，占到全国 GDP 的 10.5%，同比提高 0.16 个百分点。长江中游城市群 2013 年固定资产投资以 47805.77 亿元居五大城市群（成渝经济区、珠三角、长江中游城市群、长三角和京津冀）首位，但消费和外贸拉了后腿，从社会消费品零售总额占 GDP 的比重看，长江中游城市群为 35.5%，为五大城市群最低。从外贸上来看，长江中游城市群比长三角少了 11209 亿美元，居五大城市群末位。本身不靠海，加上没有可供持续出口的高科技产品，是外贸落后的主要原因。群内城市大多还处于工业化初中级阶段，在信用环境、法制环境、人才资源、市场营销、政府服务及效率方面也存在比较大的差距，缺乏具有较高知名度和美誉度的区域品牌形象。经济开放程度低，经济增长方式仍然依靠的是内生性增长，不是外源性的增长。分析历年长江沿岸省市的对外开放情况，在各项指标上安徽、江西、湖北、湖南要远低于上海、江苏、浙江，这些反映出中部地区外向型基础较为薄弱，钢铁、有色金属、汽车制造等主导产业出口量也较小。

长江中游城市群包括 36 个地级以上城市，既有副省级城市，也有一般的省会城

市，以及包括众多发展还比较落后的市县。省会城市是长江中游城市群经济发展水平最高、发展势头最为强劲的城市，而一般市县发展水平较低，有的甚至属于欠发达地区。

（二）行政区经济模式根深蒂固

我国曾经采用的行政区为主导的区域经济运行模式影响深远，直到20世纪90年代中后期，行政区与经济区关系才得到逐步协调，但行政障碍也一直是影响区域间融合的主要障碍之一。受这种传统体制的制约，长江中游城市群行政分割现象较为突出，资源整合和区际协调的任务繁重。

目前，长江中游城市群基本上还是分割的，武汉城市圈、长株潭城市群和环鄱阳湖城市群在各自省域范围内独立运作，圈（群）际联系和交流较少，一体化程度低。即使在各城市圈（群）之内，除长株潭城市群外，各城市基本上是各自为战，受行政区划的制约严重，尤其是环鄱阳湖城市群，目前还处于松散状态。湖北鄂州市与黄冈市区仅一江之隔，虽然有大桥相连，但因行政区划阻隔了两市的融合和同城化。黄石市与黄冈市浠水县的散花镇一江之隔，但由于行政隶属关系不同，融合的难度也较大。同时，在现行的财政体制和政绩考核制度下，地方保护主义倾向依然存在。比如，一些地方对外地产品进入本地市场，竞相抬高进入门槛，实行市场封闭和地方保护，人为阻挠各种商品和生产要素的自由流动。如湖北和湖南对卷烟相互实行市场封锁，相反，对上海、云南的卷烟并没有限制，与邻为壑，远交近攻，造成市场的严重分割。又如，近年来湘鄂赣三省在发展战略上加强了互动和交流，但各城市仍不同程度地存在市场准入、质量技术标准、行政事业性收费、户籍制度等形式的地方保护，严重阻碍了资金、技术、劳动力等生产要素的合理流动。

如果不能从制度上创建城市群各城市共商协作机制，构建全方位、多层次、多元化的区域合作体系和区域经济一体化的推进机制，行政区经济和经济区域是难以协调发展的。

（三）区域合作机制不健全

目前，长江中游城市群的城市合作机制还很不健全。从合作意愿看，虽然近年来湘鄂赣三省高层交流开始增多，省际合作步伐日渐加快，但各城市之间尤其是跨省城际合作意愿并不是太高。实际情况是，湖南长株潭城市群有南下融入珠三角、江西环鄱阳湖城市群有向东靠拢长三角的趋势，南昌和九江则同时加入了武汉经济协作区和南京区域经济协调会。

从合作组织看，虽然武汉经济协作区曾经有过辉煌，但近年来活动日趋减少，影响力趋于下降。至今为止，无论是三省高层还是各城市政府、产业界和科教界等，都还没有建立相应的合作机构，城市群内部缺乏稳定的沟通渠道和合作平台。

从法律制度看，相关法律法规不健全，市场监管机制不完善，阻碍了要素自由流动和跨地区合作，特别是现行对异地投资企业实行双重征税政策，严重制约了优势企业的跨地区迁移或兼并、重组。

从合作层次看，政府间合作多，企业和非政府组织间合作少；政府间省会城市合作多，非省会城市合作少。企业间贸易和金融类企业合作多，其他企业合作少。非政府组织间商会和学术组织合作多，其他组织合作少。

从合作组织形式看还比较松散。长江中游城市群发展进入了实质性启动推进的阶段，高层领导进行了双边互访和多边协商，建立了合作框架协议，四省政府各有关部门间、市与市之间订立了很多合作协议。但很多合作项目涉及到责任主体问题、资金问题。同时，武汉城市圈、长株潭城市群、江淮城市群和环鄱阳湖城市群各自的一体化处于“打基础”阶段，这就必然使小圈（群）合作远远强于大区位合作，时效性强的合作机制还有待进一步加强。由于缺乏实体性合作推进机构，区域合作很难落到实处，而且对落实合作项目工作也没有明确的问责机制，合作事项落实情况往往不能影响各地政府或部门工作绩效，因此有时被摆到边上，得不到应有的重视。

从合作的利益协调看，相关机制不够健全。长江中游城市群处于起步阶段，四省间还缺乏相应的利益协调机制，各地出于加快自身发展的考虑，往往从本地区、本城市的利益出发，对长江中游城市群的整体协调发展造成不利影响。在招商引资方面，竞相出台优惠政策，竞相在用地价格和税收方面提供有利条件，一些城市对投资额大的企业甚至免费送地和代建厂房。在跨界基础设施建设和环境治理方面，公路建设尚存在不少断头路和瓶颈路；长江中游航道建设缺乏整体规划；区域性环境问题日益凸显，长江沿线城市跨界水污染、大气污染时有发生。在产业发展方面，各城市分工衔接不够，大多数城市都把汽车及零配件、食品烟草、装备制造、电子信息、石油化工作为支柱产业，而横向联系层次较低、配套水平不高，不能形成产业聚集效应。在市场方面，区域内部人才、资本、技术等要素资源流动还没有足够畅通。另外，各地保障制度不统一，使得社会保障在区际之间的转移阻碍重重；四省间的科技、教育、人才、资本等资源分散。如何从区域整体发展的角度出发，协调区际利益，建立行之有效的区域联合协作机制，是长江中游城市群健康发展的重要保障。

（四）生态环境保护压力加大

近年来，随着工业化和城镇化的快速推进，长江中游地区的生态环境压力日益加大，尤其是水生态、水环境问题较为突出。由于开发利用不当和保护不够，加上缺乏有效的协调与合作，导致重要湖泊和湿地出现不同程度的萎缩和生态退化，其中洞庭湖、鄱阳湖、洪湖等重点湖泊水域面积缩小、容量减少、水质变差，防洪调蓄能力下降。目前，鄱阳湖枯水期湖区水体面积已萎缩到不足200 平方公里，不到丰水期面积的 1/20。湖区水体面积萎缩，再加上生态破坏和环境污染，导致近年来鄱阳湖渔业资源持续衰减，鱼类产量和质量下降，湖床淤泥抬高，湿地面积缩小，生物多样性锐减，生态功能退化，水质呈显著下降趋势。同时，由于该地区钢铁、有色金属、化工、建材等重化工业密集分布，“三废”排放量大，处理率较低，导致区域环境污染加剧，局部支流河段、大部分中小湖泊污染比较严重。譬如，全国最大的城中湖——武汉东湖的水质多年均为五类或劣五类；长江沿岸布局了众多污染企业，一些中小城市和小城镇因污水处理、排放监管没有跟上，成为向长江排污的“主力”；湘江流域严重的重金属污染，导致水生态系统受到破坏，水环境质量严重下降，鱼类大幅减少，饮水安全问题突出，并最终危及人体健康，影响农作物生产。此外，大量化工企业临江近水布局，也带来了严重的安全隐患，一旦出现意外事故，很容易通过水体迅速扩散到广大周边地区。

（五）中心城市辐射能力有待提高

中心城市的辐射作用主要表现为通过城市的产业、商品、资金、技术、人才和信息的溢出，促进和影响区域乃至全国社会和经济的发展。具体来讲，一是综合服务功能，主要在科技、金融、物流等方面；二是辐射带动功能，通过扩散效应带动周边城市及区域的发展。

武汉、长沙、合肥和南昌作为长江中游城市群的中心城市打造长江中游城市群经济社会发展的发动机，但由于经济发展阶段及城市合作机制等外在一些因素，使得城市的辐射带动功能有待进一步提高。中心城市的辐射功能主要集中在四大城市圈，区域之间的联系比较松散。即使在圈域内，城市之间的联系也表现出强度不够，如武汉在城市圈内与各市之间的产业分工与合作不够明显，梯度布局和一体化格局尚未形成，其他三个城市群发展中，也存在同样的问题。

（六）缺乏统一的组织协调机构

建设经济合作区，没有较强的、权威性的组织协调机构很难推动重大项目开展，这是我国十几年来开展区域合作的经验和教训。目前，长江中游城市群市市之间的合作已经全面发动，但是，中央层面的工作，除了编制一体化规划以外，还没有协调办事机构。

二、加强长江中游城市群协调合作的建议

以打破阻碍区域合作的体制障碍和制度壁垒为重点，深化重点领域和关键环节的改革，加快建立有利于长江中游城市群相互促进、优势互补、互利合作的制度体系。

（一）设置协调长江中游城市群建设的专门机构

设置“促进长江中游城市群建设办公室”。建议由国家发改委设置，由其负责城市群发展战略的规划、重大政策的拟定、重大项目的布局、重大工程的建设、重大关系的协调。设置“长江中游城市群建设协调委员会”。建议由四省党政主要领导轮值担任委员会首长，设置办公室管理日常工作，设置专业委员会协调重大领域的合作。

（二）发挥长江中游城市群非政府组织的主体作用

一是成立“长江中游城市群建设咨询委员会”。建议湖北省政府咨询委员会牵头，联合其他三省政府咨询委员会，遴选各省顶级咨询专家组成，主要为城市群建设提供区域发展与合作的项目论证、政策建议和专家咨询。二是成立“长江中游城市群经济联合会”。建议由湖北省工商联牵头，联合四省工商联，遴选各省重要商会组成，主要为企业合作搭建交流平台，推动企业的“强强联合”和“抱团出海”。三是成立“长江中游城市群行业联盟”。建议由湖北省工商联牵头，联合四省工商联，引导行业协会自主成立联盟，其主要任务是制定城市群的行业发展规划和行业标准，推进城市群的市场一体化进程。

（三）完善长江中游城市群合作的法律制度保障

一是要建立合作的激励与约束机制。建议湖北省政府率先清理现有不利于中部城市群合作的地方性法规，倡导四省法规的无缝对接，消除市场壁垒，营造统一的公共治理环境和秩序。联合湘赣皖三省制定《长江中游城市群建设合作条例》与《长江中游城市群反不正当竞争法实施细则》，对产业发展、基础设施、信息共享、生态保护、人力资源、户籍管理、医疗教育等一体化做出具体规定，为区域合作提供法律保障。二是要建立利益的共享与补偿机制。建议湖北省政府牵头，联合湘赣皖三省政府设立“长江中游城市群发展基金”。该基金由城市群内的县市区按比例缴纳，用于城市群内跨政区的基础设施建设、产业协调发展、人才培养、科技创新、环境治理和生态补偿等。三是要健全政府的合作绩效考核机制。建议湖北省政府率先出台一套适用于城市群各地政府绩效考核的指标体系。绩效考核中，速度与效率并举，数量与质量并重，既考核本级区域在“五个建设”方面的绩效，也评估其地方行为对整个城市群的不良影响和积极贡献。

（四）健全国土空间开发协调体制

建立健全四省规划协调制度，优化国土空间的开发格局，推进长江中游城市群生产空间集约高效、生活空间宜居适度、生态空间山青水秀。

一是建立健全规划衔接机制。按照主体功能区布局，推进长江中游城市群各城市在基础设施、产业布局、城镇布局、环境保护等规划加强对接，确保空间布局协调、时序安排统一，共同规划实施一批区域重大合作项目。推进省际边界区域开展规划协商，倡导开展城市（镇）之间双边或多边合作，并大力推进编制联合规划。具有区域性影响项目的规划建设，如垃圾填埋场、污水处理厂、污染型项目等可能对相邻地区造成影响的，应当征求相邻地区的规划意见。

二是建立健全区域扶持机制。对于长江中游地区限制开发区域和禁止开发区域，积极构建扶持机制。限制开发区域：通过争取中央加大财政转移支付力度，重点在科技改造与技术更新、历史文化资源保护、基础教育、职业培训等方面予以倾斜，大力扶持长江中游城市群内的老工业基地城市、矿业（资源）型城市、历史文化名城、革命老区发展。禁止开发区域：建立健全生态补偿政策措施，大力推进长江中游城市群国家级水土保持生态功能区建设；把小流域综合治理与林果或其他产业开发相结合起来，力争经济、生态、社会效益同步提高；探索推进生态移民，鼓励居民向城镇集中或其他地区转移。

三是建立健全空间开发合作机制。推进沿江城市跨江联动发展，重点推进鄂州—黄州、黄石—散花（黄冈）、九江—小池（黄冈）、安庆—大渡口（池州）、池州—藕山（安庆）、铜陵—陈谣湖（安庆）、岳阳—白螺（荆州）等跨江联动，推进城市交通、供电、供水、通信等基础设施跨江全面对接。推进省际边界区域合作，深化咸岳九“小三角”合作，推进幕阜山区上升到国家级扶贫开发开放试验区，争取享受罗霄山片区、大别山片区扶贫攻坚同等政策；深化洞庭湖生态经济区合作，推进洞庭湖生态经济区向国家申请国家农业生态重点保护区。

（五）健全跨区域合作协调机制

借鉴长三角、珠三角区域合作体制，采取“自主参与，集体协商，共同承诺”的方针，建立“上下联动、两级运作、多方参与”的区域合作协调机制。

一是“上下联动”。长江中游城市群建设是跨地区的系统工程，迫切需要将长江中游城市群的发展上升到国家战略层面，国家和四省政府上下联动，共同推进。

国家支持。为更好引导和推动长江中游城市群快速健康发展，加快一体化进程，由国家主导从战略规划布局和区域发展政策力面加强具体指导和支持。争取国务院出台《关于加快长江中游城市群建设的指导意见》，并由国家发展改革委牵头，编制长江中游城市群总体发展规划以及基础设施建设、产业布局、环境保护、社会事业与公共服务等专项发展规划。

省部合作。四省政府加强与国家有关部门的沟通衔接，建立完善省部合作制度，争取与国家相关部委签署战略合作协议，在更大范围、更高层次、更广领域上争取国家部委支持。争取省部协商会议和省际联席会议共同举行，每年会商一次，协调重大合作事项，争取国家部委在资金、项目、政策等方面给予积极支持。

二是“两级运作”。目前，湘鄂赣三省已经签订《加快构建长江中游城市集群战略合作框架协议》，建议四省签署补充框架协议，将安徽纳入。在此基础上，建立决策协调层和执行层“两级运作”的区域合作机制。

决策协调层。由省级领导参与，沟通协商城市群发展的战略任务，包括：省长联席会议制度。成立长江中游城市群区域合作领导小组，由湘鄂赣皖四省党政主要领导轮流作为召集人，争取国务院领导参加，每年定期召开一次省际联席会议，明确下一年合作的方向和重点，向国务院、有关部委争取有关政策和项目，就合作中需要解决的重大问题进行集体磋商。政府秘书长协调制度。由四省政府秘书长或副秘书长参加，负责协调推进合作事项的进展，组织有关单位联合编制推进合作发展的专题计划，并向年度行政首长联席会议提交区域合作进展情况报告和建议。同时，各成员方设立日常工作办公室，负责区域合作日常工作，四省区域合作的日常工作办公室设在发展改革委。

执行层。由各省直部门、各城市组成，具体协调、推进落实城市群发展，包括：部门衔接落实制度。四方省直有关主管部门成立重点合作专题组，在发展规划、重大交通基础设施、市场一体化、产业布局、长江岸线资源利用、生态环境保护与建设、文化旅游、科技教育、社会事业等诸多重要方面，加强相互间的协商与衔接落实，共同争取相应国家部委支持，对具体合作项目及相关事宜提出工作措施，制订详细的合作协议、计划，落实与本部门有关的合作事项。城市经济协调会制度。深化《武汉共识》，以四个省会城市为核心，逐步吸引城市群各地级市组织参与，在自主创新、工业分工协作、扩大内需和市场开放、推进交通基础设施建设、生态文明建设、共建文化旅游强区、公共服务共享、社会保险平台等方面，探索和推进城市间双边及多边合作项目的实施。联合举行重大会展，联合开展传媒推介，联合开展境外招商，塑造长江中游城市群整体品牌。

三是“多方参与”。推进社会力量积极参与长江中游城市群建设，努力形成长江中游城市群一体化发展的强大合力。

组建长江中游城市群研究中心，开展关于长江中游城市群发展与合作的课题研究；编撰长江中游城市群发展报告，建立区域发展与合作文献资料库；积极推进长江中游城市群各类学术论坛，为城市群建设提供理论和舆论支持。

充分发挥行业组织在城市群建设中的积极作用，推进四省行业协会建立稳定合作交流的关系，推进行业经济领域的横向协调、行业内的自律监督。选择城市群关联度强、配套效率高、发展情景广阔的优势产业，成立行业协会联盟，在信息沟通、行业标准的制定、市场的规范等方面等领域加强组织和指导。

建立长江中游城市群企业联系会制度，积极推进区域内企业相互考察学习、洽谈合作项目，在共创商机、产品设计研发、市场开拓、经营管理等方面加强协调及协作。

加强新闻媒体的互动、联合和交流，对长江中游城市群进行全面、立体、多方位的展示，促进社会各界对城市群建设的认识，为长江中游城市群发展营造良好舆论氛围。

（六）建立横向利益分配机制

实现互利共赢是长江中游城市群建设的出发点和落脚点，通过责任共担、利益分享，增强合作动力，减少合作阻力，提升合作耐力。

一是推进重大项目责任共担机制。加强区域基础设施的综合协调管理，统筹规划长江中游城市群基础设施的整体布局和功能定位，强化重大基础设施建设与运营上的合作与协调。加快推进交通基础设施、能源基础设施、水利基础设施、环保基础设施、信息基础设施的共建共享，按照利益均沾、合理分担的原则，共同负担基础设施的投入。统筹推进四省就业、科技、教育、社保、卫生服务体系等衔接，加快社会保障的异地衔接改革，探索建立医保跨省报销、异地领取养老金资格认证、医疗卫生资源跨省共享、突发公共卫生事件应急合作、食品医药安全工作联动、科教资源共建共享等机制。

二是建立区域市场互融互通机制。清理地方性法规和条例，减少行政审批，消除区域内阻碍产品和生产要素流动的制度性障碍。共同培育和发展统一的消费品市场、生产资料市场、资本市场、产权市场、技术市场、人力资源市场、房地产市场和信息市场等，形成各种商品、服务和要素自由流动的市场网络体系。构建各城市间劳动力自由流动的市场体系，在户籍管理制度、就业制度、人才档案、资质认证、社会保障、医疗制度、教育制度等方面，形成区域统一政策。构建统一的投资和金融体系，加强城市间金融保险市场的相互渗透，形成统一的资本市场。构建区域产权交易市场，通过资产纽带联系，实现企业之间和城市之间的资产重组和利益整合。建立统一的市场运作规则机制，推进市场监管的区域联动，推进市场主体准入一体化、消费者维权一体化，通过市场制度协调与整合，为长江中游地区产业分工合作提供市场制度保证。

三是建立跨地区投资与产业转移利益分享机制。鼓励企业跨区域投资、联合发展和并购重组，形成一批大企业集团，地区间可根据并购或重组企业各自的资产规模和盈利能力，签订财税利益分成协议，实现企业并购重组成果共享，引导生产要素合理流动。联合长江中游地区各地有共建合作基础或意愿的园区，建立长江中游园区共建联盟，鼓励采取“飞地模式”加强园区开发建设合作，采用扶持共建、托管建设、股份合作、产业招商等模式，将园区服务业优先委托给发达地区企业承担，并通过税收分成让发达地区政府分享共建园区收益。

（七）建立协调合作的保障措施

一是推进区域合作法制化。长江中游城市群建设是一项复杂的系统工程，也是一项艰巨的任务，按照法治优先的原则，建立有利于进行跨行政区建设和管理的法律法规体系，以便从根本上扭转各自为政、缺乏协调的局面。在国务院的统一协调下，湘鄂赣皖四省各自制定《促进长江中游城市群发展条例》等，以便通过区域的协同立法和执行来规范长江中游城市群的建设和发展，同时依法保障区域经济一体化进程中的社会稳定。各相关执法部门还应联手制定本部门的具体实施细则，以此来有效规范和约束区域合作主体的行为，营造泛长江中游城市群有序的法治环境。

二是共建区域合作平台。区域合作平台是推动区域合作的重要载体和依托。应按照有效整合、适度创新的思路，建立健全和创新各类平台。可充分利用现有的中部博览会、武汉机博会等，通过举办专题发展论坛、统一招商引资推介会等多种形式深入开展区域合作，促进四省间对话交流、经贸合作，成为长江中游城市群对外开放的重要窗口。其次要大力推进跨区域信息平台建设。建立统一的诚信信息系统，搭建长江中游城市群产权交易平台和金融合作交流平台，促进金融保险机构互相如何渗透，推动金融合作一体化；加强科技教育合作和资源共享，建立大型科研设备、图书和信息共享平台，构建长江中游城市群产学研和科研开发联合体，共享技术创新优势和技术转让成果；建立长江中游城市群人才资源库和人才交流市场，搭建四省人才信息发布和合作交流平台，促进资源跨区域合理流动和优化配置；构建长江中游城市群投资信息发布平台，推动建立各种形式的产业联盟、技术创新战略联盟、旅游营销传媒联盟、城市招商联盟和产业园区联盟，为深化产业交流合作提供保障等。

三是健全绩效考核体系。建立区域协调绩效评估体系、激励与督促机制，突出地方政府在推动区域合作方面发挥的作用，促进各级地方组织将区域协调机制落到实处。根据长江中游四省各自主体功能区规划和政府绩效考核的总体要求，积极探索出台相应的绩效考核具体实施办法，把推进形成主体功能区的绩效考核评价体系和中央组织部印发的《体现科学发展观要求的地方党政领导班子和领导干部综合考核评价试行办法》等考核办法有机结合起来，把推进形成主体功能区主要目标的完成情况纳入对地方党政领导班子和领导干部的综合考核评价之中，作为地方党政领导班子调整和领导干部选拔任用、培训教育、奖励惩戒的重要依据。

（执笔人：李春洋）

武汉新型城市化发展战略研究

研究"武汉新型城市化发展战略"，目的在于筹划和指导武汉新型城市化发展全局。需要解决的问题主要有两个方面：一是确立武汉新型城市化发展的基本战略原则，二是解决武汉新型城市化发展所涉及的关键性问题。

武汉新型城市化发展是一个相当复杂的巨大系统。从时间上看，武汉新型城市化发展必然是个长期的过程，主体部分可能需要耗费20至30年。从空间上看，武汉新型城市化发展是国家城市化发展的一个有机组成部分，国家关于城市化发展的所有制度规定、政策法律及其全国范围内城市化的具体演进历程共同构成了武汉城市化发展的基本背景和宏观环境。其间，武汉自身的人口、经济、社会及空间格局也会发生巨大变化。在这样一种纷繁复杂的时空演进过程中，找寻到制定战略原则和解决关键问题的主要线索殊为不易，甚至可以说比解决相应的问题更有难度、也更为重要。

依据这样一种基本认识，本报告将相当部分篇幅用于对城市化发展的基础性研究方面，具体包括两个方面：其一，城市化与城市化理论；其二，城市化的实践及其后续改进。一般而言，理论是实践经验的总结和抽象，报告第一部分对中外城市化理论的综述与分析，给我们提供了一个历史的视角，使我们能在一个纵向的长期时间跨度上审视影响一国或一个地区城市化发展的关键性线索，如时间周期、基础性制度安排、城市化发展的基本动力，等等。而报告第二部分对中外城市化实践的总结与分析，则很大程度上类似于从横向的截面上剖析影响一国或一个地区城市化发展的关键性环节和问题，如城市化发展的可持续性、城市化进程中的产业、人口、空间等重要关系的演变，以及在中国国情背景下的城市化发展进程中制度变革、政府作用、土地制度等特殊因素的作用和效用，等等。通过这些纵向、横向的基础性研究，从宏观上确立一国或一个地区制定新型城市化发展战略的可能线索。

进行本课题研究一个特别有利的因素在于，武汉新型城市化发展既是国家新型城市化发展的一个组成部分，同时又是国家新型城市化发展的一个缩影，具有典型的样本意义。因而前述从宏观上确立的国家制定新型城市化发展战略的主要线索，大体上对武汉市同样适用。依据这些可能的线索，代入武汉市基本市情，有针对性地加以选择、调整和补充，确定主要的研究方向，即可相应展开随后的研究工作，提出有关战略原则和关键问题的具体解决方案。这方面的内容主要体现于报告的第三部分：武汉新型城市化发展的战略原则和关键问题。通过此节的研究，最终达成课题研究目标。

一、城市化与城市化理论

（一）城市与城市化

自有人类社会以来，即有城市（城镇）的产生。不过那时的城市（城镇）多为政治性的或商贸性的。近代社会，随着资本主义工业革命的进程，城市作为生产中心的功能日益凸显，成为绝大多数城市的主要和核心职能。从现代意义上讲，城市是生产要素在空间地理位置上集聚形成的社会形态，集聚是城市经济的核心特征，集聚产生的规模经济、范围经济、专业化经济、高端生产服务经济、学习创新效应是城市形成和发展的动力。本质上，城市是一种特殊的、集聚形态的生产力，是区域经济增长的引擎。

城市化（Urbanization）是指人口向城市（Urban）集中并涉及到社会经济生活多个方面变化的综合性演进过程。人口学、经济学、社会学及地理学等，都从不同的角度给予了各自的解读。人口学对城市化的定义强调农村人口向城市的转移和集中，及其带来的城市人口比重不断上升的过程①。经济学对城市化定义强调的是农村经济向城市经济转化的过程②。社会学意义上的城市化强调的是城市社会生活方式的产生、发展和扩散的过程。著名美国社会学家沃思认为：城市化意味着乡村生活方式向城市生活方式发生质变的全过程③。美国学者索罗金认为，城市化就是变农村意识、行动方式和生活方式为城市意识、行动方式和生活方式的全部过程④。地理学的城市化定义强调的是人口、产业等由乡村地域景观向城市地域景观的转化和集中过程⑤。

随着城市化实践的发展和各学科对城市化研究的逐步深入以及学科间的互相渗透，城市化的定义日趋综合化和层次化。罗西在《社会科学词典》中认为城市化有四个方面的含义：一是市中心对农村腹地影响的传播过程；二是全社会人口逐步接受城市文化的过程；三是人口集中的过程，包括集中点的增加和每个集中点的扩大；四是城市人口占全社会人口比例提高的过程。美国学者弗里德曼将城市化区分为城市化Ⅰ和城市化Ⅱ。前者包括人口和非农业活动在规模不同的城市环境的地域集中过程，非城市景观转化为城市景观的地域推进过程；后者包括城市文化、城市生活方式和价值

① [美]　赫茨勒：《世界人口的危机》。何新译，商务印书馆，1963，52.页。
② [美]　沃纳·赫希：《城市经济学》。 刘世庆等译，中国社会科学出版社，1990，22页。
③ Louis Wirth. Urbanism as a Way of Life ［J］。American Journal of Sociology，1989，（49）: 46 -63.
④ 崔功豪：《城市地理学》。江苏教育出版社，1992，68页。.
⑤ [日]　山鹿城次：《城市地理学》。湖北教育出版社，1986，106页。.

观在农村的地域扩散过程。我国学者认为，城市化或城镇化是现代化水平的重要标志，是随着工业化发展，非农产业不断向城镇集聚，从而农村人口不断向非农产业和城镇转移、农村地域向城镇地域转化、城镇数量增加和规模不断扩大、城镇生产生活方式和城镇文明不断向农村传播扩散的历史过程[①]。

现阶段，社会科学研究者对城市化的基本定义、内涵及外延大体达成一致。即认为：城市化是一个国家或地区实现人口集聚、财富集聚、技术集聚和服务集聚的过程，也是生活方式转变、生产方式转变、组织方式转变的过程，有五个方面内涵：一是大批农村人口进入城市，城市人口在总人口中比重逐步提升；二是产业结构逐步升级转换，第一产业劳动力向第二、三产业转换；三是经济增长并且居民收入不断提高；四是城市文明向农村渗透和传播，城乡一体化；五是形成现代文明的城市社会新秩序。

（二）对西方城市化理论的基本认识

依据上述对城市化的基本理解，显然，城市化首先是一种经济活动，这是其最主要、最核心、最基础的规定性。相对次要一些的规定性则主要涉及人口、地理、社会三方面的因素。由是，我们可以得出对现有城市化理论作用的一个最重要的基本判断，即：西方城市化理论对我国现阶段的城市化进程指导作用有限。因为西方城市化过程中的经济制度背景与我国现阶段的情况有非常巨大的区别，西方当时基本上是属于自由放任的资本主义阶段，主要依靠市场机制发挥作用；而我国城市化进程是以计划经济体制向市场经济体制转型作为背景，政府在经济发展过程中起着非常重要的作用，社会主义公有制，包括土地公有制仍然是基本的所有制形式。同时，西方城市化进程中的内在资源禀赋条件、外在市场环境条件与我国现阶段也有显著的区别。在这些基本区别下，西方城市化发展所依赖的经济基础与我国现阶段城市化发展所依赖的经济基础有近乎质的不同。人口、地理、社会等次要方面，我国的基本国情是人多、地少，资源有限；城乡差距巨大，收入分配严重不公；经济发展的总体水平尚属发展中国家，人均水平不高，等等；与西方城市化的背景情况同样有十分重大的区别。由于这种种重大区别的存在，中国当下正在进行中的城市化进程与已经基本接近完成的西方城市化过程在基本进程、主要路径及基本模式等诸多方面必然也会有近乎质的差别。当下中国的城市化进程自然也不能奢望得到植根于西方实践基础上的西方城市化理论的太多指导。

但是，也不能因此完全否定西方城市化理论对我国城市化发展的重大参考借鉴作

① 张占斌：《新型城镇化的战略意义和改革难题》。《国家行政学院学报》2013年第1期。

用。它山之石可以攻玉，毕竟，西方城市化已走过上百年的历程，经历了从兴起到成熟的完整过程，除此之外，我们再也找不到更多、更好的实践经历作为观察、分析、学习的样本。综合权衡下来，西方城市化理论对我们有很强学习借鉴作用的应主要是其认识城市化的基本方法和思考框架，至于其中的具体结论，则在使用时需要十分谨慎、多多地加以甄别。具体有指导意义的理论内容主要集中于两个方面：

第一，城市化的动力及机制理论。要点包括：

——城市化的内在经济机制理论。一是区域间比较优势学说。比较优势的存在使得不同地区间的贸易有利可图，为商业的产生提供了条件，贸易与交换要求达到规模经济时，专门的商人在交通运输便捷的地点集聚起来，最终产生了早期商业城市；二是生产与消费的规模经济与范围经济学说。近现代工业的特点是使用机器集中生产，企业要在一定的规模上进行生产，才能降低生产成本，实现内部规模经济，除了生产的规模经济，企业还要考虑需求市场范围和运输成本等多方面的因素。企业家、相关产业、工人以及消费人口的集聚，形成工业城市。

——产业结构向高层次演进是城市化演进的主线。城市化过程就是产业结构不断由低层次向高层次演进的发展过程。产业间比较利益差异驱使劳动力从农业部门流向非农部门，随着劳动力在不同产业间转移，劳动力在空间上也实现了转移。传统产业向现代产业转移、农业向非农产业转移构成产业结构演进的过程，结构的演进导致经济的非农化、工业化和服务化，产业空间布局的转移导致了人口定居方式的聚居化、规模化和城市化。

——集聚与扩散效应促进经济要素在不同地域间流动。集聚经济是企业间或各种生产活动选址彼此靠近而使成本降低所产生的正外部效应。产业间、区域间比较利益以及生产的规模经济，导致要素和生产的集聚，这种集聚又降低了彼此的生产成本。厂商为了追求成本的降低而集中到一起，形成了城市。当集聚到一定的规模，集聚成本会急剧增加，这时一些经济要素会从旧的城市流出，形成新的增长点和新的城市。

——相关制度安排与创新。推动农业发展的制度安排与创新，能促进农业生产效率和产出水平提高，为工业发展提供产品剩余和要素剩余。推进工业、非农产业发展的制度安排与创新，能促进国民经济的工业化和非农化，为吸收农业剩余创造拉力。有利于经济要素流动制度安排与创新，能促进农业部门要素流出推力与非农部门要素流入拉力形成结合于集聚的合力。促进城市建设的制度安排与创新，能推进城市基础设施和城市房地产开发，满足城市非农产业和人口集聚的需要。

第二，城市化规律。要点包括：

——从时间维度上看，城乡人口随着工业化进程发展有序变化，呈现出阶段性特征。英国学者范登堡根据经济结构变化的三个阶段，将城市化划分为三个阶段：1）城市化阶段，工业迅速发展，城市规模迅速增加，社会经济活动明显向城市集中，集中是这一发展阶段最主要的特征；2）市郊化阶段，城市的经济活动和性质向城市郊区和农村地区延伸，是城市的外延和扩散阶段，城市质量在这一阶段得到提升，分散是这一阶段的主要特征；3）逆城市化与内域分散，城市居民尝试离开市中心，选择自然性质浓郁的地区居住和生活，这是社会生产、基础设施高度发达的结果。美国城市地理学家诺瑟姆揭示了城镇化发展的三个发展阶段（S 型曲线）。在城镇化早期阶段，城镇化率提升得十分缓慢，而在城镇化中期阶段，城市人口比重可在短短的几十年内突破 50%而上升到 70%，这是城镇化的快速发展阶段。而在城镇化后期，即城市化率超过 70%以后，变化速度又趋缓。

城市化初期，工业化促进了分工和协作，集聚经济效益和规模经济效益驱使厂商向条件优越的城市集中，人口也大量涌入城市寻找工作机会，并且，由于交通运输和通讯事业不发达，为了节省生产成本、流通成本和生活费用，必然集中到有利的大城市和中心城市。随着科技发达，现代化的交通通讯设施的出现，分工和协作可以在更大的空间范围内进行，人口和产业才出现了分散的趋势。最后，在城市化的后期，随着收入增长，追求高水准及舒适的环境成为新的价值观，快捷的运输工具和道路系统，便捷的通讯设施，使得逆城市化成为可能。大量数据分析显示，城市化水平与人均国民生产总值 GNP 呈正相关关系，人均 GNP 随着城市化水平的提高而增长，同时，城市化水平随着人均 GNP 的增长而提高。

——从空间维度上看，城市化规律表现为城市聚集与扩散机制所决定的城市与区域经济相互作用规律。城市尤其是区域中心城市的功能，对于区域经济的规模、发展节奏等起到决定性作用。中心城市对周围地区的作用力呈现距离递减规律，据此可以确定城市经济区的边界。城市规模越大、实力越强，集聚与辐射力就越强，城市经济区的范围就越大。中心城市的功能在集聚—扩散—再集聚—再扩散的链式过程中不断得到强化。集聚与扩散的结果，促使城市与区域之间形成密切经济联系，城市是区域的中心，区域又是城市的腹地，点与面、形与影相互对应。城市与区域相互作用形成的空间结构具有以下特征：1）城市与区域形成分工；2）城市与区域分工构成的有机整体，形成 1+1>2 的系统组合效应；3）在一定外部条件下，区域内围绕中心城市产生大小规模不同的城市群落；4）以中心城市为核心的城市群的经济繁荣促进区域经济增长。任何一个国家或地区的城市化进程，在集聚与扩散机制的作用下，都经历了一个城市经济系统由小到大、由简单到复杂，由若干孤立城市—城市群—以大城市为中心的城镇延绵区的历史过程。

弗里德曼用核心——边缘理论描述这种城市与区域的相互作用过程。在一定时期，一个区域的经济增长点只有一个，随着城市与区域经济的进一步发展，区域内还会出现新的增长点。新的增长点与原有经济中心相比，拥有独特的比较优势和竞争能力，对于原有经济中心产生两个方面的影响，一方面，新增长点在某些方面与原有经济中心形成竞争，破坏了原有的经济结构；另一方面，新增长点与原有增长点的分工，进一步扩大了产业间比较优势，提升了分工的规模经济与集聚经济，促进了区域经济的进一步增长。

——从质态维度上，城市化规律表现为城市职能、城市产业结构和规模结构的演变。一般地，城市具有政治、经济、文化和社会中心等职能。城市形成之初职能较单一，随着城市经济发展，进入综合性阶段。生产力的进一步发展，城市职能又从综合性向更高层次的专业性方向发展。城市初始优势职能的形成往往源于城市资源禀赋的绝对优势或比较优势。发达国家的经验表明，比较优势也是动态的，随着生产力的发展，比较利益往往发生变化，例如在收入水平较低的阶段，劳动力具有比较优势，而随着经济的发展，资金相对充裕，成为新的比较优势。由于比较优势可以在城市间、城乡间转移，这样，城市的主要职能也会发生变化。

集聚经济是城市的最基本特征，集聚经济效益是以一定的城市人口规模和经济活动规模为前提的。一般地，城市规模越大，功能通常越多，并且城市规模的大小也直接影响每个功能项目的规模，进而影响城市辐射能量的大小。大城市集聚经济的效益高，通常形成较大范围的经济、贸易、通信、科技等综合性功能。城市规模的扩张也不是越大越好，随着城市规模的扩大，城市集聚成本也缓慢增长，超过一定的规模限度，集聚成本会迅速上升。因此，适度的城市规模对提高和保证集聚经济效益是必要的。

——从量的维度上，城市化规律体现为城市人口迁移和流动规律作用下的城市人口规模变化。一般的趋势是城市空间扩张、城市经济总量增大、城市人口增加，但在不同的阶段人口规模的变化有很大区别，不排除与经济周期性的变化相关，城市人口短期、阶段性的规模下降。

（三）对我国城市化研究的回顾与评价

1979 年，南京大学吴友仁发表了《关于中国社会主义城市化问题》的论文，拉开了中国城市化理论研究的序幕。经过多年的努力，我国本土城市化理论研究取得了一批比较重要的研究成果，其中不乏精彩之作和真知灼见。我国城市化理论研究的几个主要方向，也就是对现实中的城市化政策产生比较重大影响的是：

1. 关于城市化道路问题。其中最著名的是费孝通先生所写的关于“小城镇建设”的一系列著作和文章。他认为：发展小城镇是中国城市化进程的一条现实而有效的途径。中国原有的城市无力接纳数以亿计待转移的农村剩余劳动力，而中国的国情、国力又难以再建大量的新城市以容纳从农村转移出来的人口，因此只能在原有的乡村集镇的基础上发展小城镇，这样就可以离土不离乡，进厂不进城，将大量的剩余劳动力就地消化（费孝通，1986）。发展小城镇也一度成为中国城市化道路的基本方向。与此相对立，有“大城市论”“中等城市论”“多元论”等其他不同的观点。大城市论的理论基础是城市规模效益，此种观点明确指出大城市具有远大于小城镇的规模效益（饶会林，1989）。《经济学动态》编辑部于 1984 年召集一批学者共同探讨中国城市化的道路问题，首次提出“中等城市论”，认为中等城市一般正处于规模扩张阶段，具有较强的吸引力，可以成为吸纳农村人口、缓解大城市压力、推动工业化和区域繁荣的增长极。还有学者跳出城市规模单一取向的框框，认为不存在统一的能被普遍接受的最佳城市规模，城镇体系永远是由大中小各级城镇组成的，而各级城镇都有发展的客观要求，所以城市化的模式应该是多元的、多层次的。到 1990 年代末，基本形成了大城市要发展与控制并重、小城镇要以集中为主并上规模的普遍认识。随着顾朝林《中国城镇体系》（1992）的出版，城镇体系概念得到普及，城市不仅要有规模差别，更有功能上的不同。大城市为主、中等城市为干、小城市为基的大、中、小都要发展的城市化思路得到推广。

与此同时，基于中国地区发展不平衡的现实，有观点认为中国也需要在“东、中、西”这三个传统经济区域实行不同的区域城市化政策来实现国家城市化的总体战略目标。部分学者深化发展了二元城镇化的发展战略，提出了城市地域外延扩展与农村地域城镇集聚相结合的思路（辜胜阻，1991）。新世纪以后，以大城市为核心的“城市群”与“都市带（圈）”概念得到突出。戈特曼所设想的长江三角洲作为“世界第六城市群”的概念格外受到关注。

2. 关于城市化动力机制问题。自从城市化作为我国经济和社会发展战略研究的重要议题后，关于城市化的动力机制的研究就没有停歇过。出于中国体制特点，整个80年代和90年代中国城市化机制被高度概括为“自上而下”和“自下而上”两个基本模式（崔功豪，马润潮，1999；辜胜阻，1998）。“自上而下”是新中国成立以来城市化方式的延续，即以政府的行政力量为后盾，以国家直接参与投资的方式促进城市化。“自下而上”则与之相对，即与小城镇发展结合，由基层社区政府和农民自主推动的城市化。宁越敏（1998）针对改革和实践的发展，将中国城市化机制构建为“政府、企业和个人”的联合作用。如果不考虑非政府组织，这三者实际上就是社会经济发展的三个基本主体。

多数学者意识到城市是社会经济发展到一定阶段的产物。因此城市化的发展动力也是随生产力的发展水平而变化的，其内在联系必然会通过基本动力—产业结构转换与发展表现出来。伴随着国内外政治、经济环境战略格局的转变，传统视角下的动力机制研究突破了前期“二元模式论”、“资本来源论”等范式，开始尝试从新的角度来进行总结。华民（2004）指出中国城市化发展的动力主要来源于中国经济发展中的矛盾，即环境、人口与经济增长之间的矛盾，城乡之间的矛盾，经济增长与社会发展之间的矛盾。还有学者强调必须将城镇化的有关理论建立在市场经济的基础上，按照市场经济的要求重构城镇化的理论基础，重点应从城镇化道路转向城镇化机制的研究。

3. 对城市化一般规律的介绍和研究。一些西方城市化方面的一般规律逐步引入，并成为以后相关研究中普遍接受的理论基础。如发达国家S型发展的城市化规律；大城市超前增长的统计规律等。了解并承认这些规律，对中国的城市化实践意义重大。一方面可以使人们正确认识城市化进程所处的阶段，另一方面，可以根据总体趋势和不同阶段来制定符合实际情况的城市化发展战略。

随着研究的日趋深入，经济学界开始运用发展经济学的一些理论如二元论等研究中国经济结构转轨过程中的城市化问题。计量经济学提供了除逻辑推理之外的分析工具。特别值得指出的是，很多学者一开始就发现国外理论无法完全解释和解决中国的城市化问题，于是他们开始创造适应中国国情的理论，即努力实现西方城市化理论的本土化。

4. 关于城市化发展中制度和政府的作用。这方面的论述主要集中于以下几点：第一，承认政府行为在城市化发展中起着关键性的、不可替代的作用。有学者甚至明确提出在中国的城市化过程中“政府推动”的因素大于“自然演变”的因素（陈雨军，2002）。第二，提出体制瓶颈是抑制我国城市化提高的主要因素，即中国的城市化模式是被城乡分割的体制逼出来的，是对经典模式的偏离（冯云廷,2000）。第三，认为政府要有政策创新,去除体制性的障碍。例如，根据国际经验，政府在推进城市化发展过程中的正确做法是:中央政府的作用是打破行政壁垒，让市场的力量来决定城市的空间配置。而地方政府的作用则是为城市发展提供必要的公共产品。

5. 关于我国城市化发展的基本特点。在对城市化进行阶段划分的基础上，学术界开始探究中国城市化的一些基本特点。比如：体制特点—城乡双重性；进程特点—波动大；动力特点—超经济等，以期对这些特点形成的原因和产生的影响有比较准确的把握。

总结三十多年来我国城市化理论研究，成绩是很大的，对现实也发挥了一定的指导性作用。然而其不足也是很明显的，那就是研究的视野不够开阔、立足点不够高，很大程度上为西方城市化理论既有的思考框架和思维范式所制约，就城市化谈城市化的烙印很重，忽视了我国城市化发展的特殊背景与重大意义，因而研究成果对现实的指导作用有限。一些对城市化发展具有特殊重要作用的理论论断，主要来源于宏观经济学家，而非专业的城市化理论研究工作者。如，众人耳熟能详的论断“21 世纪影响世界进程和改善世界面貌的有两件事：一是美国高科技产业的发展，二是中国的城市化进程”，出自诺贝尔经济学奖获得者、美国著名经济学家斯蒂格利茨。又如：“自 1979 年起，中国进入双重转型阶段，即体制转型与发展转型的结合或重叠阶段。体制转型就是从计划经济体制转向市场经济体制，发展转型就是从传统的农业社会转向工业社会[①]。”该论断出自著名经济学家厉以宁。中国城市化最基本的矛盾其实是人地矛盾，解决这方面矛盾必须改革现行的土地制度，而这方面做得较为领先的研究工作出自于经济学家华生[②]。

一般而言，城市化可以看作是发展转型在时间和空间上的具体表现。厉以宁所概括的双重转型其实正是中国城市化的一个最基本背景或者说最基本特征，由此也就确立了中国的城市化与西方城市化最本质的差别。西方城市化的基本背景—与城市化相关的一系列基本经济制度可以看作是固定不变的，而中国城市化的基本经济背景则处于不断的剧烈变化中，从这个意义上讲，西方的城市化理论可以看作是一个“静态”的城市化理论，而中国的城市化需要“动态”的城市化理论来指导。静态的理论可以作为动态理论研究的基础和起点，但动态理论无疑会比静态理论更为复杂和精彩。

① 厉以宁：《中国经济双重转型之路》。中国人民大学出版社。第 1—2 页。
② 华生：《城市化转型与土地陷阱》。东方出版社。

正是在这种转型与动态的广阔视角下，我国既往本土的城市化研究成果只可以作为一个局部的、短期的理论性指导，更长时间、更大范围的理论指导则需要我们基于新的视角重新进行研究和开拓。基于动态转型尚处于进行之中的基本现实，建立全面系统的本土城市化理论的时机显然不够成熟，然而实践又不等人，实践的需要呼唤新的本土的城市化理论的指导。作为在长远和现实需要之间的折衷考虑，或者说权宜之计，本土城市化理论有必要结合双重转型的基本背景和我国的基本国情，确立城市化的若干基本原则，以此指导城市化的发展进程。理论指导要力争不犯或少犯大的原则性错误，因而宜粗不宜细，宁要模糊的正确不要精确的错误。技术性的问题如确有把握，政策方面可以进行明确的定性，如若不然，则可以相对放松，由实践来检验、试错，不断总结经验教训，动态改进。这样或许最有利于发挥城市化理论对客观现实的指导作用。

（四）小结：从“城市化和城市化理论”的研究梳理中，获得的“战略性”提示或线索

本节首先梳理了城市与城市化的基本概念，在此基础上，得出对西方城市化理论的一个基本判断，即：西方城市化理论对我国现阶段的城市化进程指导作用有限。基本理由是西方城市化发展所依赖的经济基础与我国现阶段城市化发展所依赖的经济基础有近乎质的不同。因而中国当下正在进行中的城市化进程与已经基本接近完成的西方城市化过程在基本进程、主要路径及基本模式等诸多方面必然也会有近乎质的差别。当下中国的城市化进程不能奢望植根于西方实践基础上的西方城市化理论的太多指导。西方城市化理论对我们有学习借鉴作用的应主要是其认识城市化的基本方法和思考框架，具体有指导意义的理论内容主要集中于“城市化的动力及机制理论”、“城市化规律”两个方面。

那么，本土的城市化理论能否指导我国城市化发展的现实呢？总结三十多年来本土城市化理论研究，有一定成绩，然而其不足也是很明显的，那就是研究的视野不够开阔，就城市化谈城市化的烙印很重，忽视了我国城市化发展的特殊背景与重大意义，对现实的指导作用有限。一般而言，城市化可以看作是发展转型在时间和空间上的具体表现。“双重转型”其实正是中国城市化的一个最基本背景或者说最基本特征，由此也就确立了中国的城市化与西方城市化最本质的差别。一定意义上讲，西方的城市化理论可以看作是一个“静态”的城市化理论，而中国的城市化需要“动态”的城市化理论来指导。正是在这种转型与动态的广阔视角下，既往本土的城市化研究成果只可以作为一个局部的、短期的理论性指导，更长时间、更大范围的理论指导则需要我们基于新的视角重新进行研究和开拓。此种情形下，理论指导须特别注意“宜粗不宜细”，宁要模糊的正确不要精确的错误。技术性的问题可以相对放松，由实践来检验、试错，不断总结经验教训，动态改进。

知悉了城市化理论研究的现状，对于我们制定一国或一个地区城市化发展战略或可产生如下一些重要提示：

1. 没有现成的理论可以直接拿来用于指导我们制定城市化发展战略。基本的战略原则和战略框架需要我们从最基本的城市化理论原理出发，结合现实情况，斟酌确定。

2. 鉴于我国城市化发展的动态背景，在考虑城市化发展战略问题时，必须特别注意与动态背景特征相关的两个问题。其一，城市化发展必须有可持续性，这是战略和战略设计存在的前提和基础；其二，必须将制度变革放在战略的核心位置，只有不间断的制度变革才可能与动态变化的城市化基础相适应、相吻合。

3. 城市化最基本的理论原理告诉我们，虽然城市化是个涉及社会经济发展各个方面的复合现象，但就其本质和特征而言，仍然是经济性的，经济规律在其中发挥着主导作用。制定城市化发展战略最重要的问题是解决城市化发展的经济动力来源。

4. 城市化的一般规律告诉我们，城市化必然是个长期的、历史的过程。同时，城市化发展又是有阶段性的，而且在不同背景下这种阶段性的变化有很大区别，很难直接从这方面的历史经验中获益。显然，城市化发展的战略设计必须有长期、历史的考量和安排。而阶段性的变化比较适宜于交给战术性的安排来解决。

5. 城市化的历史经验和理论研究从大概率上验证了“大城市优先发展”、“城市群优先发展”具有统计上的正确性，也符合我们对城市集聚经济规律的基本认知。由此提示我们进行大城市城市化战略的设计在目标指向上应具有较强的前瞻性和“志当存高远”的觉悟。以及为长远发展预留较为充分的空间。

二、城市化的实践及其后续改进

（一）世界城市化发展的历程、趋势和基本模式

世界城市化发展，可以划分为两个大的时期。第一个时期是1850年以前，就是工业革命以前，包括工业革命还局限在其起源地英国、工业革命的影响还没有普及的时期。这一时期城市化的进程非常缓慢，而且易于反复。公元100年时的城市化率约为4.7%，1850年也仅仅为6.4%。第二个阶段是1850年之后，工业革命以来全球城市化进程显著加速，至今仍处于快速城市化时期。1900年时世界城市人口比重是

13.6%，1950 年达到 29.1%，2010 年已达到 50.46%，一半以上人口居住在城市。

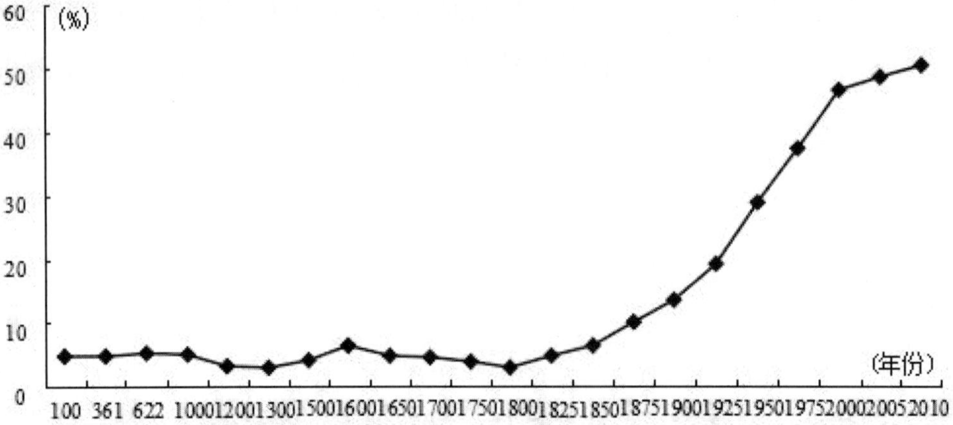

世界城市化进程

工业革命以来，发达国家的城市化基本经历了三个阶段。一是城市化起步阶段，从工业革命开始大约经历了一个世纪，人口城市化率总体还比较低。二是城市化高速发展阶段，大约花了 100 年时间，从 1850 年至 1950 年。三是城市化成熟阶段，1970 年前后，许多发达国家的城市化已达到饱和状态，城市化水平一般在 70%以上，城市化的进程和速度开始降低，并逐渐趋于停滞，部分国家和城市还出现“逆城市化”现象。

当今世界，城市化主要有以下一些特征或趋势：

（1）城市化进程大大加快，发展中国家已构成当今世界城市化的主体。发展中国家的城市化速度超过了发达国家，而且以乡村向城市移民为主，导致大城市数量激增。

（2）大城市化趋势明显，出现了地域上连片的大城市群或大城市带。人口和财富进一步向大城市集中，不仅使百万人口以上的大城市数量急剧增加，而且出现了超级城市、巨大城市、城市集聚区和大都市带（Megalopolis）等新的城市空间组织形式。在全球化和信息化的背景下，城市发展已经突破国界，朝着跨国方向发展，全球城市、世界城市已经成为全球化重要的组织与管理中心。

（3）真正能参与国际竞争的世界城市都是以城市群的形式存在。大都市圈和城市群的作用不断显现。围绕核心城市，都市圈内部各城市之间沿着发展轴线紧密相连，存在极强的功能依存和社会经济文化联系。

（4）郊区城市化、逆城市化和再城市化现象出现。以住宅郊区化为先导，一些城市中心市区人口外迁，人口移居市郊和外围地带，郊区人口也向外迁移，城市人口出现负增长。20 世纪 80 年代后，很多城市中心市区内人口重新增长，出现“再城市化”现象。

（5）推崇可持续城市化发展。城市化发展的主流是“集约和精明”地使用土地和资源，加强环保，探索低碳城市。更加注重城市的理性增长。在城市规划和发展中处理好城市化与经济、社会、资源、环境、生态等方面关系，形成彼此间的良性互动。大力发展公共交通特别是轨道交通等大容量交通运输形式。

从世界各国城市化的发展模式来看，呈现出多样性的特点，选择何种城市化模式与人口规模、资源禀赋、发展理念、历史因素等有关。比较典型的有三种城市化模式。

——美国的分散型城市化模式。主要表现为城市郊区快速发展带来“城市蔓延”。基本特点包括：土地开发密度低、蛙跳或零散的扩展、带状商业开发、依赖小汽车交通的土地开发、就业岗位的分散化、农业土地和开敞空间的消失等。尽管城市蔓延能够提高居民的生活品质，但引起了环境、能源以及经济低效、社会不公、社区文化丧失等问题，危及城市的可持续发展。有一些美国学者提出要借鉴欧洲的经验，实现城市的“精明增长”。

——日本的集中型城市化模式。受自然条件限制，日本在发展过程中不得不实行人口和经济的高度聚集，形成了日本独特的大城市化和都市圈化的城市化模式，人口和经济高度集中在四大沿海工业带。

——欧洲的紧凑型城市化模式。二战后，欧洲各国政府通过严格控制城市交通方式、在大城市外围规划绿带和保护外围农业用地等政策，抑制了城市人口的郊区化，形成了紧凑型的发展模式，城市与郊区、城市与乡村界限明显。

（二）新中国成立以来我国的城市化进程及其评价

作为新兴发展中国家，我国的城市化进程滞后于全球平均水平，更滞后于发达国家。1949 年，5.42 亿中国人口中城镇人口 0.58 亿，比重只有 10.64%，发展水平十分低下。但到 2013 年，城镇人口已增加到 7.31 亿，增长了将近 12 倍，城镇化率提高到 53.73%。上世纪 90 年代以来，尤其是 1995 年之后，不管是从城镇人口比重还是从城镇就业比重来看，我国都处于快速城市化阶段。

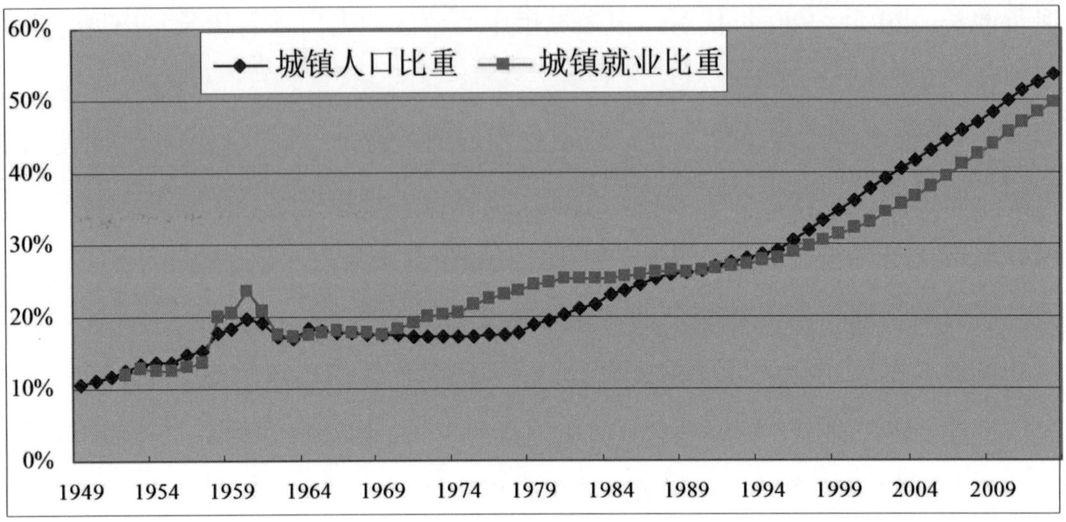

中国城市化进程

纵观1949年以来我国城镇化发展历程，大体上可划分为四个阶段。

（1）1949——1978年，城镇化水平迅速上升和随后的调整、停滞阶段。新中国成立到改革开放之前，我国的城镇化发展道路曲折，经历了上升、下降、停滞等阶段，大致可分为两个时期。第一个是1949—1960年，经济恢复和重建时期，“一五”、“二五”的重大项目建设带动了城镇发展，大量农民进入城镇和工矿就业，一些消费型城市向生产型城市转化。随后的“大跃进”再次促使大量农村劳动力流向城镇，工业化和城市化脱离农业基础超常规发展。第二个是1961—1978年，主要是“文革”时期及其前后，自然灾害和工业调整迫使国家精简城市工业和人口，导致城市数量减少和城镇人口下放回乡的逆城市化现象。这一时期，大批干部和知识青年上山下乡，以及“三线”建设，导致城镇人口增长缓慢，城镇建设大大滞后，城市化进程陷于停滞。

（2）1979——1991年，改革开放初期的乡镇企业和小城镇快速发展带动城镇化平稳上升阶段。1979年之后，农村和城市相继进行经济体制改革，改革开放使得城市经济活力增长，城镇化率进入平稳上升阶段。1979—1991年，城镇化率从18.96%提高到26.94%，提高了约8个百分点，年均提高0.66%，是前30年城镇化速度（年均提高0.25个百分点）的2.7倍和世界同期城镇化速度的2倍（年均提高0.34个百分点）。城镇数量也呈现迅速增加态势，城市总数增加了近300座，建制镇增加了9000多座。这一时期的城镇化，主要得益于乡镇企业推动的小城镇发展。大量农业劳动力和资本转移到乡镇企业部门，乡镇企业逐步向消费者集中的地带聚集，由此促进了城镇工业和小城镇的发展，城镇发展成为农村工业中心、流通中心、交通中心、经济信息中心和金融中心。“苏南模式”、“温州模式”等中国城镇化的典型模式都源于这一时期乡镇企业和小城镇的发展。

（3）1992——2001年，新一轮改革开放热潮背景下，房地产热、开发区热带动城镇化快速上升阶段。1992年，以小平南巡讲话和中共中央决定建立社会主义市场经济体制为标志，改革开放步伐不断加快，我国经济开始新一轮的高速增长。与此相对应，城镇化也进入了快速发展阶段。1992—2001年，城镇化率从27.46%提高到37.66%，提高了10.2个百分点，年均提高1.1%。这一时期的城镇化与新一轮改革热潮下的房地产热、开发区热密不可分。一方面，住房制度改革步伐加快，大量资金拥向海口、北海等南方沿海城市，导致了我国改革开放之后的第一次房地产热；另一方面，建设开发区的成功经验由沿海向内陆推广，大中城市兴起开发区建设热潮，大面积圈地建园，建设城市新区。一大批中等城市通过成建制地并入周边的中小城市，形成百万人口的大城市；一些大中城市通过撤县建区、变更户籍身份等方式人为地加快城市人口的比例。

（4）2002年至今，大城市快速扩张带动城镇化加速上升阶段。全国的特大中心城市和省会城市在消费结构升级、产业结构升级的带动下，经济持续快速发展，城市建设日新月异，城市空间不断扩张，城镇就业人口比重加速上升，城镇化速度进一步提升。2002—2013年，全国城镇化率从39.09%提高到53.73%，提高了14.6个百分点，年均提高1.3%。这一时期，我国的城市化有两个明显特征。一是大城市的产业结构开始由制造业为主导向服务业为主导转型，在制造业生产能力不断提升的同时，第三产业发展迅猛，出现了物流中心、金融中心、旅游中心等，促进城镇化水平进一步提高。二是初步形成了以大城市为中心、中小城市为骨干、小城镇为基础的多层次的大中小城市和小城镇协调发展的城镇体系，以城市群为代表的城镇密集地区逐步形成。

改革开放以来，我国城市化发展取得了巨大的成绩，举世公认：

——城镇化迅速发展，速度明显加快，水平明显提升。1978—2013年我国城镇化率年均提高近1个百分点，不仅快于改革开放前的速度，也快于同期世界城镇化水平提升的速度。我国城镇化水平与世界城镇化平均水平的差距，由1978年的20.5个百分点，缩小到基本同步，城镇人口从6.72亿增加到7.31亿，使多达1.5亿的农业人口实现了就业的非农化。这是人类历史上最大规模的人口迁徙，是美国工业化时期欧洲移民人口的三倍。

——城市数量大幅增加，并初步形成若干规模较大、联系较紧密、功能互补性较强的城市群。2012 年全国共有城市 657 个，比 1978 年多了 464 个。以城区人口为标准，其中 200 万以上的特大城市 28 个，100 万至 200 万的大城市 40 个，50 万至 100 万的中等城市 92 个，20 万至 50 万的中小城市 251 个，20 万以下的小城市 246 个[①]。并形成长三角、珠三角、京津冀等巨型城市群。

——城镇建设成效明显，城市现代化水平显著提升。城市建成区面积扩大，住房条件改善，城市交通、供水、供热、供气、供电、绿化、环境卫生、电信等基础设施体系不断完善。2012 年我国城市建成区面积达 4.56 万平方公里，比 1981 年增加了 3.8 万平方公里；城市人均住房建筑面积达 32.9 平方米，比 1978 年增加了 26.2 平方米；城市自来水普及率达 97.2%，城市燃气普及率达 93.2%，分别比 1981 年增加了 43.5%和 81.6%，每万人拥有公共交通车辆 12.1 标台，比 1986 年增加了 9.6 标台。

——城乡一体化发展取得了一定进展，城镇化成果越来越多地惠及广大农民。近年来，国家出台了一系列支农惠农政策，改革、完善了义务教育、医疗卫生、社会保障等基本公共服务体制，提高了农村基本公共服务水平，初步建立了有利于城乡经济社会一体化发展的制度框架。一些地方破除了城乡分割的户籍管理制度，在推动城乡一体化发展方面进行了积极的探索。受惠于中央和各级地方政府实施的相关政策和进行的相关改革，农业稳定发展，农民收入持续增长，农民从工业化城镇化快速推进的过程中受益良多。

——城镇规划与管理水平提高，探索并初步形成了与我国国情特点基本适应的城镇化模式。出台了城乡建设规划法和国家新型城镇化规划，为城乡一体化发展和全国城镇化健康发展提供了制度保障。

考察建国以来我国城市化的历史进程，可以明显地看到我国城市化发展的两个突出特征：

第一，我国的城市化发展在宏观经济体制方面一直缺乏系统、完善的制度性安排。从新中国成立初期到 1978 年的纯粹计划经济时期，在大一统的计划经济体制下，完全没有城市化的概念，更不用说在体制内为城市化发展预留制度空间。在城乡二元结构的基本经济格局下，即使实践中存有城市化性质的经济活动，也基本是作为国民经

① 数据来源于《中国城市建设统计年鉴 2012 年》。城市的城区包括：（1）街道办事处所辖地域；（2）城市公共设施、居住设施和市政公用设施等连接到的其他镇（乡）地域；（3）常住人口在 3000 人以上独立的工矿区、开发区、科研单位、大专院校等特殊区域。对于组闭式和散点式的城市，城区由多个分散的区域组成，或有个别区域远离主城区，应将这些分散的区域相加作为城区。城区人口指划定的城区（县城）范围的人口数。按公安部门的户籍统计为准。

济发展进程中的附庸或“附带品”，不得已而为之。“先生产、后生活”是经济发展的基本方针，而城市化显然属于“生活”范畴。随着改革开放的开始和国民经济的发展，部分先知先觉者逐渐意识到了城市化对经济发展的促进作用，以改革发展为契机，注意将局部地区的经济发展与城市化进程有机地整合到一起，形成了局部性的“工业化带动城市化（城镇化）、城市化（城镇化）支持工业化”的经济活动“正反馈”，促成了城市化在整个宏观经济中的地位不断提高。然而很明显的是，这些城市化发展的“改革突破”并没有得到系统性的、自上而下的制度性支持，城市化（城镇化）活动仍然只是在放权让利改革大局下，地方政府发展经济的一种手段或方法，基本定位是经济发展的支撑，重要是比较重要，但毕竟还算不上主流，总体看还只是经济矛盾中的次要方面。这样一个基本背景下，我国城市化发展的热点主要出现在“农村发展小村镇”、各“大中城市积极建设开发区”等传统体制控制较为薄弱的“类真空”地带。进入新世纪后，形势陡然发生了重大变化，产业结构升级、居民消费结构升级等历史性的变化猝然降临，城市化发展成为经济发展的主要引擎和抓手，推进城市化就是发展经济成为普遍性的共识，地方政府积极成为推进城市化发展的“排头兵”。受制于既有制度环境的基本约束和客观形势的强力推动，地方政府普遍采取实用主义的态度，将既往计划经济体制下的若干制度规定直接拿过来用于支撑城市化发展的进程，依赖于长期形成的政府威权，这些制度在不知不觉中形成了平稳过渡，支持了实际城市化的进程，在一个不太长的实施过程中取得了比较好的实际效果，但同时留下了一些比较棘手的“隐患”。由克服这些“隐患”的需要，间接导致了“新型城市化方针”的提出。这里所说的“计划经济体制下的若干制度规定”主要就是原有的、长期沿袭下来的城乡分割的户籍制度，以及以支持国家建设为基本目的设立的征地拆迁制度。前一方面的制度规定，以致产生了以“农民工”为主要代表的城市非户籍常住人口问题——大量的非户籍常住人口长期在城市工作、生活，但不能享受到与户籍居民相同的基本公共服务。而后一方面的制度规定，则造成了数量多达数千万的失地农民问题，引发了政府与失地农民间的各种矛盾，作为这一制度的“逆向反应”，还诱发产生了部分城郊被征地农民依靠“种房”不合理暴富及“小产权房”等问题。客观上，这一制度还支持了城市发展“摊大饼”式无序蔓延以及整体城市土地使用的低效率。

第二，我国的城市化进程与房地产业的发展息息相关，同时还隐含着一个土地价值不断货币化的过程。新中国成立初期至改革开放之前，城市土地全部归于国有，只能在获得政府批准的前提下才能使用行政划拨的土地，土地的市场价值或者说货币价值无从谈起，房地产业不存在，城市化活动若有若无。改革开放伊始，土地使用制度改革启动，国有土地可以对外有期限出让或租赁，土地开始了货币化进程，土地的市场价值逐步得以体现；房地产业也随之萌芽、发育、壮大、成熟；城市化进程由恢复性发展走向快速提升，乃至形成汹涌澎湃的城市化浪潮。现实中，这三个方面相互影响、相互促进或“促退”，同时，它们又都与整个国家的改革发展进程及宏观经济周期波动情况有着十分密切的联系。上述特征在很大程度上为我国所特有，对我国的城市化进程有着非常强大的解释力。既能解释新中国成立初期到改革开放之前我国城市化发展的缓慢不前，也能说明何以近年来我国城市化发展的突飞猛进。是分析我国城市化发展的最基本线索之一。

这两方面的基本特征，告诉我们，我国的城市化有其非常特殊的发展背景及发展路径，盲目照搬西方发达国家的经验而枉顾我国的具体国情是会犯很大错误的。

（三）我国城市化发展中存在的问题辨析

改革开放以来我国城市化发展的成就是十分巨大的，而问题虽然存在，但显然是次要的。如果将成绩与问题做一比较，“七分成绩、三分问题”的表述或许都有贬损成绩，夸大问题之嫌，“八分成绩、两分问题”的评价或许比较中肯。然而令人遗憾的是，社会舆论乃至学界研究似乎都有夸大问题、贬损既往发展成就的倾向，在这种语境下，隐隐然地，新型城市化就构成了对过去三十多年城市化发展模式的一种否定。这样一种理解，在理论上是十分错误的，在实践中会产生巨大的危害，显然无助于、甚至会大大有损于下一阶段新型城市化的顺利推进。非常有必要正本清源，明晰是与非。只有这样，我们才能够认清新型城市化的发展背景、基本环境及其发展起点，准确把握未来新型城市化发展的基本方向，制定并实施妥当的新型城市化发展战略及发展模式。

下面，以比较权威的国家发展和改革委员会宏观经济研究院课题组《迈向全面建成小康社会的新型城镇化道路研究》[①]中的分析与评判做例证，对一些较为普遍的批评意见做一剖析。

该课题报告指出：“虽然改革开放三十多年我国城镇化取得了显著成就，但也存在一系列突出的问题，归纳起来主要有：两个滞后（城镇化滞后于工业化、人口城镇化滞后于土地城镇化），三个不协调（东中西部城市发展不协调、大中小城市与小城镇发展不协调、城镇发展与资源环境承载能力不协调）和四个体制障碍（城镇行政体

① 《武汉经济研究》2014 年第一期 5-28 页，2014 年第二期 5-34 页。

制的多层级控制、跨行政区的城市群合作协调机制、城乡二元户籍制度、农村土地制度）”。“二、三、四”式的问题概括虽然有助于吸引眼球，但其存在的现实依据及判断推理过程则存在着很多明显的纰漏。

其中，三个不协调（东中西部城市发展不协调、大中小城市与小城镇发展不协调、城镇发展与资源环境承载能力不协调）的批评意见，显然是不能成立的。虽然我国确实存在着这三方面的问题，但这些问题基本来源于城市化发展的宏观经济背景，如东中西部经济发展不协调、城乡经济发展的不协调、经济发展与资源环境承载能力不协调，等。这些背景就决定了城市化发展必然会产生所谓“三个不协调”这样的后果，然而这些问题显然不能由城市化来担责。因为城市化毕竟只是宏观经济活动的空间表现形式而已，它不可能去改变、也改变不了最基本的宏观经济格局与背景。四个体制障碍（城镇行政体制的多层级控制、跨行政区的城市群合作协调机制、城乡二元户籍制度、农村土地制度）所指出的问题在城市化发展进程中都程度不同地存在着，但这四方面问题的重要性，也对城市化健康发展的影响是有很大不同的，城乡二元户籍制度与农村土地制度的问题显然是影响城市化发展的重要问题、主要问题，而“城镇行政体制的多层级控制、跨行政区的城市群合作协调机制缺乏”则是相对次要许多的问题，在我国实行地方分权体制以及地方各级政府对城市化发展发挥主导作用的基本政经格局下，出现这样的问题也是可以理解的、甚至是可以接受的，一定程度上可以视为前述体制格局运行的成本，它们对城市化进程的负面影响完全不宜于与“城乡二元户籍制度、农村土地制度”的问题相提并论。

至于“两个滞后（城镇化滞后于工业化、人口城镇化滞后于土地城镇化）”的问题讨论则相对要复杂一些。对这两方面现象的批评或反批评牵涉到基本的理论视角与观察问题的立场、方法等多个方面的因素。

——关于“城镇化滞后于工业化”问题。该课题报告指出：“关于我国城镇化发展速度，学术界有不同观点，有人认为我国城镇化发展是滞后的，也有人认为是超前的。我们认为，无论从城镇化发展的一般规律，还是从国际比较来看，我国城镇化明显滞后于工业化的发展。”“工业化演进将导致产业结构和就业结构变化，吸引农村人口不断流向城镇，从而带动了城镇化发展，工业化与城镇化有显著的正相关。根据钱纳里与赛尔奎因的工业化与城市化关系一般变动模型，在不同收入水平下，城镇化率变动与非农产业产值和就业变动的相关程度总体保持较高水平。从我国情况看，2011年非农产业产值比重和非农产业就业比重分别为89.9%和65.2%，根据钱纳里与赛尔奎因模型，对应的城镇化率应在66%和55%，而我国城镇化率为51.27%；如果按照城镇户籍人口计算，则需要在6.9亿城镇人口中刨去“被城镇化”的1.59亿农民工，这样我国真实的城镇化率不到40%，这些都说明我国城镇化滞后于工业化。”“城镇化发展的国际比较方面，从收入分组来看，根据世界银行标准，2010年我国属于中上等收入国家（人均GNI7530美元），但城镇化率（49.23%）低于中上等收入国家（人均GNI9865美元）平均水平（59.75%）10.5个百分点。”“根据国际经验，合理的城镇化率与工业化率的比值范围在1.4—2.5之间，我国城镇化率与工业化率的比值从1978年的0.41上升到2011年的1.28，城镇化与工业化关系尚未进入合理区间。”

如前所述，我国当前城市化发展的基本背景条件与西方国家城市化发展的基本背景条件有非常大的区别，过于简单化的数据类比是非常不合适的，由此推导出的结论必然很不可靠。其实，如果不是带有很深的成见，先入为主地僵硬化、教条式地进行数据比较，我国城市化的数据其实是比较正常的。例如，文中说：“2011年非农产业产值比重和非农产业就业比重分别为89.9%和65.2%，根据钱纳里与赛尔奎因模型，对应的城镇化率应在66%和55%”，这显然是个十分宽泛的区间，而当年我国城镇化率为51.27%，与此区间距离并不算远。至于统计数据中包含“农民工”的问题，严格讲，“农民工”大体上仍然应该算作城市人口，统计进入城市化率并不为错。又如，2010年我国城镇化率低于中上等收入国家平均水平10.5个百分点的问题，据该报告资料，当年我国人均GNI7530美元，介于中等收入国家（人均GNI6699美元）和中上等收入国家（人均GNI9865美元）之间，当年城镇化率为49.23%同样介于中等收入国家城镇化率的48.99%和中上等收入国家城镇化率的59.75%之间”，应该也是比较正常的。对待城镇化率与工业化率的比值比较问题，处理方法应该也是类似的。

按照该报告比较规范的定义：“所谓城镇化滞后于工业化，是指城镇化水平落后于工业化进程，城市工业发展未起到吸引大量农村劳动力向城市转移的作用，导致城市人口增长缓慢”。从最直观的现实看，改革开放时期，我国显然并不存在显著的此种问题。至于大量农村劳动力向城市转移后，是否能够成为永久性的城市居民，则是属于另一个范畴的问题。两种性质的问题虽有所关联，但明显不宜混为一谈。

——关于“人口城镇化滞后于土地城镇化”的问题。该课题报告指出：“1996年以来，我国城镇面积从1.3万平方公里扩大到2011年的5.3万平方公里，增长了3.1倍，而同期城镇人口从3亿人增加到6.9亿人，仅增长了1.1倍，城镇用地增长弹性系数达到2.80，远高于国际社会公认的1.12合理阈值。”“2010年全国地级市及以上城市人口密度为265人/平方公里，市辖区为618人/平方公里，即使城市人口密度最大的上海市也仅到2228人（户籍人口）/平方公里，远远低于同期发达国家城市人口密度，同期东京人口密度为4750人/平方公里，首尔为16700人/平方公里，罗马为2950人/平方公里。”

笼统地看，我国的确存在形似“人口城镇化滞后于土地城镇化”的问题。然而，如果深入实际进行调查研究，我们又会发现，用“人口城镇化滞后于土地城镇化”来概括土地城镇化过快、土地利用效率偏低的问题确有偏颇。首先，特大中心城市几乎不存在这方面的问题，这种问题较多地集中于中小城市。同样以上海为例，报告中用到的数字是户籍人口，这样的数字处理方式显然是不合理的。类似于上海这样的一线城市，外来常住人口的数字是非常庞大的。2010年末，上海市常住人口为2220.83万人，其中户籍人口1412.32万人；来沪半年以上的流动人口829.82万人，占常住总人口比重为37.37%。如果采用常居人口的数字，换算下来2010年上海常住人口密度达3503人/平方公里，与同期发达国家城市人口密度相比，并不太逊色。其次，如果进行实地调研，就会发现，除去几个一线城市外，几乎所有城市都存在土地使用效率极不均衡的问题。一方面，传统的城市建成区内，人口密度越来越大，土地开发强度日益增强；另一方面，在众多城市新区、开发区内，土地的低效率使用，乃至闲置、撂荒的情况相当普遍。这种状况的出现表面与地方政府“以地谋发展”——对“土地财政”与“以地招商”依赖过重的基本发展模式密切相关，而根源则在于不合理的农地征用制度，地方政府内在地就有多占地、多圈地的冲动。很多被圈占的土地虽然从法律形态上视为城市土地，但从实际使用形态看，视为城市土地又显然不太合理，这种状况的出现根源于我国独有的城市土地国有、农村土地集体所有的土地制度。由于这种背景的存在，单纯的数字性比较就夸大了实际土地城镇化的规模，造成了“人口城镇化滞后于土地城镇化”的误读。实际上，这种问题概括为“不合理的农地征用制度造成了大范围土地的浪费和低效率使用”或更为合理。

总而言之，报告人认为：我国城市化发展进程中存在的主要问题就是上节中报告人所概括的我国城市化发展的两大基本特征：第一，我国的城市化发展在宏观经济体制方面一直缺乏系统、完善的制度性安排。第二，我国的城市化进程与房地产业的发展息息相关，同时还隐含着一个土地价值不断货币化的过程。由于这两个基本特征或者这两方面问题的存在，我国的城市化发展在未来的可持续发展方面面临着较为严峻的挑战。不妥善解决好这些问题，未来我国城市化发展的进程或许会受到严重的冲击，落入“中等收入陷阱”乃至长期性停滞不前，这才是问题的核心所在。过于夸大或过于缩小问题的严重性，都不是科学求实的态度，也不利于未来城市化发展的实践。

（四）新型城市化道路的提出及其解读

党的十七大报告提出走中国特色城镇化道路，此即一般认为的“新型城市化（城镇化）”道路的基本开端。但在实践中，对“新型城市化（城镇化）”道路的具体概念认识并未达成统一。一个政府色彩较浓，宣传意味很重且为较多民众知晓的关于“新型城市化（城镇化）”道路的解读是：

“新型城镇化道路的内涵和特征主要归纳为四个主要方面内容：一是工业化、信息化、城镇化、农业现代化“四化”协调互动，通过产业发展和科技进步推动产城融合。二是人口、经济、资源和环境相协调，倡导集约、智能、绿色、低碳的发展方式，建设美丽中国，实现永续发展的城镇化。三是构建与区域经济发展和产业布局紧密衔接的城市格局，以城市群为主体形态，大、中、小城市与小城镇协调发展，提高城市承载能力。四是实现人的全面发展，建设包容性、和谐式城镇，体现农业转移人口有序市民化和公共服务协调发展，致力于和谐社会和幸福中国的城镇化。”

为什么会有“新型城市化（城镇化）”道路的提出，学术界的一般看法是：我国城镇化到了一个非常重要的转型时期，这是新型城镇化发展道路提出的主要背景。

（1）城市发展将进入到由量到质的转变阶段，更加注重城市的建设质量、管理质量、经济发展质量，更加注重城市综合承载力的提高，强调城市社会、经济与自然的协调发展，经济发展与生态环境的深度融合。

（2）城市发展由外延式向内涵式转变，强调城市发展的集约和高效，注重城市功能、城市承载力、城市创新能力、城市文化品质等城市内部价值的提高，“低碳城市”、“创新城市”、“田园城市”、“智慧城市”等国内外先进理念用来指导城市建设发展实践。

（3）城市发展由功能型城市向特色型城市转变，强调城市个性化和生命力，通过特色发展、错位发展、个性发展、传承发展等涌现出一批国际会展城市、国际贸易城市、国际旅游城市和港口城市。

（4）城市发展由内向型向外向型转变，部分中心城市由于所处的枢纽位置和新信息节点等因素，正在由内向型——区域中心城市，发展成外向型——国际性或世界性城市，成为全球产业链、全球供应链和全球价值链不可或缺的战略节点。

（5）城市发展由单体向网络型发展转变，强调城乡统筹发展、城市内部组团发展和城市群协同发展。城市群发展已经从最初的自然、地缘、人文相接相似，到共享生产要素和产业链分工，再到以产业集群、市场集群和政策优势等资源共享带动区域发展。

就前者而言，对“新型城市化（城镇化）”内涵和特征的规定，原则上几乎无懈可击，但缺点是过于笼统，针对性不强。用做指导国民经济发展、经济增长方式转型的指导原则也大体适用。没有体现出城市化发展的特点、特色，在实践中很难对城市化（城镇化）发展有特别显著的指导作用。

就后者而言，对“新型城市化（城镇化）”道路提出的背景分析，有几分道理，但最要害的东西没有说透。没有能点明“新型城市化（城镇化）”道路的提出，其最基本的背景其实在于过去传统的城市化模式缺乏长期的可持续性。

报告人认为，要准确把握“新型城市化（城镇化）”道路的概念及其提出背景，关键是认识四点：

一是走“新型城市化（城镇化）”道路的基本缘由在于系统性地解决我国城市化发展进程中的两大基本缺陷，实现对我国城市化发展在宏观经济体制方面的系统性制度性安排。降低城市化进程对房地产业发展的过分依赖，使得我国城市化发展在未来的可持续性方面不至于存在严重的问题，国家不至于落入“中等收入陷阱”而长期停滞不前。

二是继续挖掘城市化发展的潜力，使之继续充当中国经济发展的发动机。按照城市化发展的一般规律以及中国目前城市化发展的阶段特征，理论上分析，未来中国城市化发展显然还会有二三十年高速发展的很大可能，相比其他方面，这里显然是未来中国经济发展最大和最主要的潜力空间之一，尤其重要的是，挖掘城市化发展的潜力或许是可操作性最强的领域所在，有最大的实现可能。

三是通过城市化发展路径的变化推动改革的深化。我国的改革已经进入攻坚阶段，如何选择改革攻坚的主要方向至关重要。很多人包括笔者在内均主张应以改变城乡二元结构为改革攻坚的主要方向，这与通过城市化发展路径的变化，推进城市化进一步发展，进而推动改革的深化，在内在的逻辑和最终目标的指向上显然是一致的。

附录：试论改革攻坚的主要方向（观点摘要）①

我国的改革已进入攻坚阶段，选择正确的主攻方向至关重要。对此，主流的观点有两种，一种认为应以转变政府职能，也就是行政管理体制改革为主要方向，另一种

① 辜小勇：《学习与实践》2008年第3期，人大复印资料转载

则认为应以转变经济增长方式为推进改革的重点。笔者认为，这两种观点均不妥当，现阶段，应以转变城乡二元经济和社会结构作为改革攻坚的主要方向。

一、全面转变政府职能，建立比较“纯粹”的公共服务型政府的时机和条件不够成熟

首先，政府承担的“管理责任”仍然过重。

其次，政府对经济社会发展的推动不能“缺位”。

第三，政府对深化改革的推动不能“缺位”。

第四，政治体制改革缺乏实质进展。

第五，社会自主能力过于薄弱。

二、转变经济增长方式是一个长期的过程，中期内很难见到明显成效

在我国形成粗放型的经济增长方式，有其客观必然性，在很大程度上，这种增长方式是整体经济环境或者说经济系统的产物：

首先，扭曲的资源、环境制度是粗放型经济增长方式形成的前提条件。

其次，历史的、现实的各种主客观条件是粗放型经济增长方式形成的诱因。

经济全球化发展的客观形势也使我国难以摆脱粗放型经济增长的轨道。

转变经济增长方式，一条可能的主线是价格改革。另一条可能的主线是提高自主创新能力，走新型工业化道路。但这两种方式操作起来都有很多具体困难。设想通过抓住一、二个中心环节来实现经济增长方式的转变，实质上也就是想通过一、二个中心环节的改变来改变整个经济环境，是将复杂的问题过于简单化了。考虑到组成经济系统的基本要素之间复杂的相互依赖、相互作用，改变经济环境系统或者说转变经济增长方式的过程注定是渐进、复杂而又相当漫长的，且会有相当大的随机性。

三、客观的社会经济形势决定了我国必须以改变城乡二元结构作为改革攻坚的主要方向

（一）改变城乡二元结构对于我国经济社会发展具有全局意义

（二）当前改变城乡二元结构的时机和条件已经基本成熟

（三）改变城乡二元结构的方向和路径已比较清晰

………

四是对新型城市化在社会经济发展中的作用与定位应该有准确的把握。新型城市化很重要，甚至可以说是非常重要，但并不能代表一切。因为城市化毕竟只是宏观经济活动的空间表现形式而已，很大程度上，它只是社会经济活动的一个载体，它不可

能去改变、也改变不了最基本的宏观经济格局与背景。理想状态下，它应该与社会经济生活中的其他重要方面比如经济体制改革、政治体制改革等一起，齐头并进，相互促进，相辅相成。

（五）小结：从“城市化实践及其后续改进”的整理中，获得的“战略性”提示或线索

本节首先简要介绍了世界城市化发展的历程、趋势和基本模式。以此为基础背景，对新中国成立以来我国的城市化进程进行了阶段划分与评价分析。改革开放前我国的城市化发展乏善可陈。改革开放后，我国城市化发展取得了巨大的成绩，举世公认。总体上，我国城市化发展有两个突出特征：第一，我国的城市化发展在宏观经济体制方面一直缺乏系统、完善的制度性安排。近年来城市化快速发展，但同时留下了一些比较棘手的制度“隐患”。由克服这些“隐患”的需要，间接导致了“新型城市化方针”的提出。这里所说的制度“隐患”主要指城乡分割的户籍制度，以及以支持国家建设为基本目的设立的征地拆迁制度。第二，我国的城市化进程与房地产业的发展息息相关，同时还隐含着一个土地价值不断货币化的过程。这一特征在很大程度上为我国所特有。既能解释新中国成立初期到改革开放之前我国城市化发展的缓慢不前，也能说明何以近年来我国城市化发展的突飞猛进。是中国特色城市化发展道路的基本源泉。

改革开放以来我国城市化发展的成就是十分巨大的，而问题虽然存在，但显然是非常次要的。然而令人遗憾的是，现在整个社会舆论乃至学界研究似乎都有夸大问题、贬损既往发展成就的倾向，在这种语境下，隐隐然地，新型城市化就构成了对过去三十多年城市化发展模式的一种否定。这样一种理解，在理论上是十分错误的，在实践中会产生巨大的危害，显然无助于、甚至会大大有损于下一阶段新型城市化的顺利推进。

准确把握“新型城市化（城镇化）”道路的概念及其提出背景，关键是认识四点：一是走“新型城市化（城镇化）”道路的基本缘由在于系统性地解决我国城市化发展进程中的的两大基本缺陷，使得我国的城市化发展在未来的可持续性方面不至于存在严重的问题，二是走“新型城市化（城镇化）”道路的目的在于继续挖掘城市化发展的潜力，使之继续充当中国经济发展的发动机。三是通过城市化发展路径的变化推动改革的深化，最终实现改变城乡二元结构的改革攻坚主要目标。四是准确把握新型城市化在社会经济发展中的作用与定位，理想状态下，它应该与社会经济生活中的其他

重要方面齐头并进，相互促进，相辅相成。

以全球城市化为背景，研究、梳理了我国“城市化实践及其后续改进”，对于我们制定一国或一个地区城市化发展战略或可产生如下一些重要提示：

1. 我国城市化发展在宏观经济体制方面一直缺乏系统、完善的制度性安排，这是我国城市化发展最主要的特征之一。这一特征印证了报告人在第一节中的一个基本观点，即我国城市化发展具有动态背景特征。再一次提醒我们在考虑城市化发展战略问题时，必须特别注意两个问题：其一，城市化发展必须有可持续性；其二，必须将制度变革放在战略的核心位置。

2. 对新型城市化的深度解读，说明城市化与社会经济发展有着十分密切的联系，甚至可以视为一种发展的手段。而城市化作为一种经济活动，本身也是需要有经济动力来源的。追根溯源之下，提示我们必须高度重视城市化动力来源的设计，注意其在城市化发展战略中的关键作用和核心地位。

3. 在既往的城市化进程中，城乡分割的户籍制度产生了以“农民工”为主要代表的城市非户籍常住人口问题——大量的非户籍常住人口长期在城市工作、生活，但不能享受到与户籍居民相同的基本公共服务。这显然是与城市化的基本发展方向严重冲突的。必须在新型城市化发展战略中加以重点解决。

4. 以支持国家建设为基本目的设立的征地拆迁制度有其存在的必要性和合理性，但其引发的各种弊端也十分严重，尽快改革完善这一制度已成为社会各方面的共识。唯对如何改，在技术上相关各方有较大分歧，以致久拖不决。在新型城市化发展中，这是一道绕不过去的“坎”，必须在战略设计中加以明确和重点解决。

5. 我国的城市化进程与房地产业的发展息息相关，同时还隐含着一个土地价值不断货币化的过程。这种“以土地谋发展”的模式之所以存在，与我国的基本国情和基本的土地制度有密切联系，也是我国城市化的独有优势。在未来的新型城市化发展中理应继续坚持，但对其中不够完善的地方也应尽快加以弥补。

三、武汉新型城市化发展的战略原则和关键问题

武汉新型城市化发展既是国家新型城市化发展的一个组成部分，同时又是国家新型城市化发展的一个缩影，具有典型的样本意义。因而前述从宏观上确立的国家制定新型城市化发展战略的主要线索，大体上对武汉同样适用。依据这些可能的线索，代入武汉市基本市情，补充加入“生态保护”、“新城建设”两方面内容，统一确定成为

主要的研究方向，即可相应展开随后的研究工作，提出有关战略原则和关键问题的具体解决方案。

（一）武汉新型城市化发展的战略原则

主要有四项：

1. 目标远大：建设国家中心城市、复兴大武汉

近代以来，武汉城市化发展曾经有过非常荣光的一个时期。1861 年，按照清朝与列强签订的不平等条约——《天津条约》，汉口正式开埠。一时间，汉口经济高度繁荣。1889 年，张之洞担任湖广总督。在其执政期间，大力推行洋务运动，主持修建了芦汉铁路，创建了两湖书院，筹资修筑了后湖长堤，特别是兴建汉阳铁厂、湖北枪炮厂，刺激了武汉近代工业兴起和城市商品经济的发展。20 世纪初叶的 10 年间，汉口的对外贸易总额始终占全国外贸总额的 10%左右，常居全国第二位，是当时唯一可与沿海口岸匹敌的内地口岸。“东方芝加哥”成为人们对武汉的流行印象。

新中国成立以后，特别是在改革开放时期，武汉的经济和城市化发展取得了长足的进步，但发展速度相对于沿海城市则明显逊色，几十年下来，武汉已退出了全国城市的第一阵营，成为一个“二线城市”。乘着国家发展战略的转型和新一轮新型城市化发展的大潮，武汉市委、市政府响亮地提出了“建设国家中心城市、复兴大武汉”的远景目标，很显然，这也应是武汉新型城市化发展的目标。任何偏离这一目标的新型城市化发展设计都是不可取的。

关于“建设国家中心城市、复兴大武汉”的目标，各方的研究、论证已经十分充分，必要性、可行性研究得十分透彻，市委、市政府也做出了决策。此处显然没有必要再做更多的展开与阐述了。

2. “持久战”：持续推进武汉新型城市化发展直至“武汉 2049”

“持久战”的武汉新型城市化发展战略原则来源于两个方面。一方面，我国已进入城市化快速发展时期，按照城市化发展的一般规律和经验，在城市化率达到 70%之前的二三十年中，这种快速发展的势头大概率地会保持延续，对城市化发展有持续推进的计划与打算是新型城市化发展的内在要求。另一方面，则是因为武汉新型城市化发展（相较之东部沿海地区）更紧密地与国家的发展，与中华民族的伟大复兴进程紧密相连，也即与国运相连。

后一方面的因素是由武汉的基本区位及现实状况所决定的。相对而言，中部地区包括武汉在内计划经济积累的体制性障碍比较突出，受地理位置制约，远离国际市场，

经济外向度低，经济发展主要依托国内市场，未来发展很大程度上依赖于国家整体经济的发展与国内市场的繁荣，唯有中华民族实现了伟大复兴，国内市场的繁荣程度与发达国家类似，则武汉城市化发展的外部环境才可能真正与今日沿海发达地区城市相媲美，甚至更优越。反过来看，中部地区包括武汉是我国的人口密集区和国内市场腹地，是启动内需和促进消费的关键区域。中部不崛起，中华民族的伟大复兴很大程度上也会成为一句空话。国家需要中部挺起发展的脊梁。

武汉新型城市化的动力基本来源是国运，来源于国家发展与国家的战略支持，这就会对武汉新型城市化发展产生双重作用，一是受限于庞大的体量，国家未来的发展速度不可能持续保持太高的速度，“新常态”是未来经济发展的主基调。某一个时期，特别是目前阶段，武汉可能面临阶段性发展动力相对不足的问题，依靠 “万亿倍增”方面的种种努力或可以缓解这方面的问题，但基本态势或难彻底扭转。另一方面，就长期观察，依托国家不可逆转的发展与复兴趋势，顺风扬帆，武汉的新型城市化，发展动力又可能特别充分与特别的悠长。针对此种特殊的城市化发展“动力”机制，武汉新型城市化发展必须特别强调战略的思维与战略的定力，长远的打算与长远的行动。前期，市委、市政府已制定了武汉建设国家中心城市的规划与武汉 2049 长远发展规划，这两个确定的方略同样应是武汉新型城市化发展的基本指南，用以指导我们的行动。

3. 改革为先：通过率先改革为新型城市化发展建立良好的制度支撑

制度经济学的研究已经证实，从长期来看，制度条件是影响一个国家或地区经济发展最重要的因素。而我国的城市化发展在宏观经济体制方面又一直缺乏系统、完善的制度性安排。通过率先改革为新型城市化发展建立良好的制度支撑，尽快弥补这方面的短板和不足，显然是武汉新型城市化发展的当务之急。

武汉的新型城市化发展对于全国的新型城市化具有典型的“样本意义”。城市化的发展，实质上就是城乡结构的革命性变迁。这种变迁包含复杂的经济、地理、人口、社会等多方面的变化，涉及和影响因素众多。然而，不管这种变迁有多么复杂和难以掌握，从基本定性的角度看，影响这种变迁的关键性因素不外乎两个：城乡结构的初始状态及推动城市化发展的基本动力情况。就前一方面而言，武汉所在的中部地区六省中，五个是农业大省，肩负着解决全国大部分地区“吃饭”问题的重任，三农问题在全国尤显突出，其目前的城乡二元结构大体体现了当今中国的平均水平。就后一方面而言，中部非国有经济占整个经济的比重明显低于沿海水平。传统产业密集，产业低度化特征显著；对外开放相对落后，各种内生型问题相对集中。从体制机制角度看，中部也曾经是计划经济色彩最为浓厚的区域，“制度锁定”、“路径依赖”的情况屡见不鲜。时至今日，中部作为中国经济的缩影的基本定性并没有很大变化。

正因为如此，武汉新型城市化发展必须要站得高一点。这里的改革、发展设计当然要考虑地方的情况、地方的利益，但同时也必须站在国家的角度想问题，看问题，不能过多地纠结于局部利益，要积极与国家发展“同呼吸、共命运”，在中华民族的伟大复兴中成长。这与张之洞那个时代在武汉搞洋务运动，领风气之先的各种动作有异曲同工之妙。这里，一个很重要的动作就是争取成为国家新型城市化发展试验区。通过试验区这个平台，加快户籍制度、农村宅基地管理制度、财政金融制度、行政管理制度、生态文明制度等体制机制创新，构建人民幸福、产业繁荣、空间集约、环境优美、社会和谐的城镇化新格局。

4. 守住底线：保护生态环境、留住碧水蓝天

城市的兴衰变化，如果是由于产业周期或科技变革的原因，可能会持续20—30年；如果是由于文化、制度等因素的原因，则很可能持续50年以上甚至会影响到一代人；如果是由于生态环境方面的原因，则其持续的时间将难以估量，因为生态环境的破坏容易，而恢复起来则异常艰难。一些生态破坏甚至是致命性的。在我国人多地少、资源环境条件并不宽裕的背景下推进新型城市化建设，“保护生态环境、留住碧水蓝天”实为理所当然，甚至应视为战略底线，不容任何挑战！

对于武汉新型城市化发展而言，生态环境保护不仅有战略底线方面的意义，甚至可以认为是未来发展的战略支撑条件。在《武汉2049》中，阮成发书记指出：武汉城市的本质特征也就是城市之魂体现于四个方面，只有抓住这个魂，武汉才能扬长避短，形成特色，持续发展，永葆繁荣，在中国乃至世界占有一席之地。其中，江汉汇流、三镇鼎立、湖泊密布，是武汉城市格局之魂；天元之位、九省通衢，是武汉城市区位之魂；大学生数量世界之最，科教实力雄厚，是武汉城市活力之魂；敢为人先，追求卓越，是武汉城市精神之魂。生态环境保护被放在城市“四魂”之首的最重要位置。1999年，美国未来学家麦金利-康韦将中国的武汉、上海列为未来十大超级城市。康韦的预言不带任何感情色彩，他主要是根据一个城市的客观条件进行预测，他认为未来超级城市必不可少的10个因素是：水源；国际机场；与腹地的交通联络；圆顶体育场；技术中心；通信中心；公共交通；垃圾处理；绿色基础设施；新的政治机制。其中，水资源的因素位列第一。而相对于中国70%的城市，水资源是武汉最大的优势

之一。这正是武汉在全世界大城市中所独有的条件，也正是麦金利-康韦锁定武汉成为未来超级城市的基本依据。

守住生态底线，对于政府而言，似易实难。姑且不说生态修复的不易，单单只是维持现状，就需要政府有高度的自我约束能力——不以长期的生态代价换取短期的GDP增长，以及强有力的管理执法能力——坚决与各类影响生态环境的行为做斗争并战胜之。在现行体制下，这两种能力恰恰是政府行政中最大也是最主要的两个软肋，培育和壮大这两种能力，构成对政府管理体制改革的真正考验。

（二）武汉新型城市化发展过程中必须解决的关键问题

必须重点解决的关键问题主要有四个：

1.保持城市化持续发展的基本态势

自新世纪以来，以消费结构升级、产业结构升级为基本背景，我国城市化进入加速发展阶段，城市化连续十余年保持高速发展的态势，即使是在2008年世界性的金融危机以后的六、七年里，受到的影响和冲击也不太大。以这种现实情况为基础，加之西方城市化理论的推广——诺瑟姆城市化“S”形三阶段发展规律广为人知，在相当一部分人的头脑中，城市化持续发展是件很自然而然的事情，是所谓“历史发展的必然”。然而，这种想法在经济研究者看来，是一种很危险的思维定势：诺瑟姆城市化发展规律有其存在的历史和经济逻辑依据，但归根结底，这个规律是一种大概率意义上的规律，也有出现意外的可能性。这种意外情况的表述在经济学上也有规范性的表述，那就是“中等收入陷阱”。现实世界中，落入“中等收入陷阱”，在理应快速发展时期城市化发展停滞不前的情况并不鲜见，尤以部分拉美国家的情况更为典型。拉美国家在1950—1980年间创造了经济增长奇迹，其间，城市化水平由40%提高到60%，人口向少数大城市集中。但是20世纪80年代以后城市化水平提高，却没有带来人均国民收入的相应提高，城市规模效应缺失、城市化与产业发展和社会进步脱节，导致拉美的停滞。

就我国而言，对城市化持续快速发展的主要威胁来自于各大中城市“以地谋发展”的基本发展模式。从宏观看，我国经济的高增长，一是依靠高投资和高出口，二是依托政府主导下的地区竞争；从结构特征来看，我国经济高增长的源泉，则是依靠两大引擎——高速的工业化和快速的城市化。在这其中，我国独特的土地制度安排：城乡分割的土地二元体制，低廉的征地成本和地价水平，扮演了举足轻重的角色。土地的宽供应和高耗费保证了高投资，压低地价的低成本供地保障了高出口；以土地的招商引资推进了高速工业化；土地出让收入和土地抵押融资助推了快速城市化。理论界和政策界将中国过去的增长概括为“传统增长模式”，在这一模式中，土地扮演着经济增长“启动器”和“发动机”的双重角色。“以地生财”和“以地融资”共同构成了地方政府独特的“以地谋发展”模式的基本支柱①。总的看，“以地谋发展”模式适应了中国经济在追赶式阶段快速增长的需求，但也给未来可持续发展带来艰巨的挑战。

在地方政府“以地谋发展”模式中，房价——地价水平无疑是居于核心和关键性的地位，持续上升或至少是保持稳定的房价水平是“以地谋发展”模式取得成效的基本前提。然而在经历了十多年的持续上升阶段后，我国的房价水平明显开始进入下行阶段，有可能会进入一个中期性的调整时期。与此同时，作为“以地谋发展”模式基础的农地征用制度和城市拆迁安置制度在实践中遭遇到越来越大的执行阻力。“征地难”、“拆迁难”屡见不鲜。如果说房价的变化从收入方面影响地方政府土地出让收入的话，农地征用制度和城市拆迁安置制度的扭曲变形则从成本方面对地方政府土地出让收入形成挤压。腹背受敌之下，地方政府“以地谋发展”模式的功效不得不大打折扣，从而形成对城市化持续发展的重大威胁。

从原则上讲，我们赞同城市政府“以地谋发展”。因为在城市化进程中，必然会产生巨额的土地增值，这部分土地增值不应归于私人所有，而应由城市政府集中，合理用于社会公益事业，这才符合社会一般之公平正义。然而当前“以地谋发展”的具体操作模式十分粗糙，存在着一些突出问题，偏离了社会一般公平正义的政策主旨，很大程度上导致了今日“以地谋发展”模式的步履蹒跚。抓紧解决这些突出问题，既能完善“以地谋发展”的基本土地制度模式，又能大体解除今日“以地谋发展”模式所面临的窘境，有“一石两鸟”之功效，对新型城市化发展意义重大。

突出问题一：城市土地使用的人为分割、行政管制与总体低效。城市土地使用被人为分割成三大块：一是土地供给被政府垄断的房地产市场，二是大多由行政定价的工业用地领域，三是大量游离于市场之外的划拨用地领域，三者的比例大致为2:4:4。除了仅占建设用地总量20%的房地产市场用地外，剩余80%左右的城市土地都是被处于严格管制之下，无法交易或者交易成本畸高，缺乏有效市场对这部分土地利用的基础性配置，严重缺乏效率和活力。

突出问题二：住房价格高企与住房分配的结构性矛盾突出。国际上一般通行用房价收入比和租售比等指标衡量房价的合理性。按这两个标准衡量，我国目前的房价水

①刘守英、周飞舟、邵挺：《土地制度改革与转变发展方式》。中国发展出版社。

平明显偏高。当然在不同城市房价水平偏高的程度有比较大的差异。据调查，2013年北上广深等一线城市的房价收入比约为 15～20 倍，租售比约为 1:600。武汉等二线城市的房价收入比约为 8～10 倍，租售比也在 1:600 上下。虽然从统计上看，2012年全国城镇人均住房面积达到 32.9 平方米。户均住房达到 1.08 套①，但实际住房分布情况严重"苦乐不均"，有人无房住，有人有房无人住。新闻舆论所经常报道的房叔、房婶、房妹等，动辄名下就是十几套、几十套住房；我们周围，名下有一套以上住房的家庭也比比皆是。但与此同时，还有相当部分居民缺乏基本的住房保障。

突出问题三：农地征用制度和城市拆迁安置制度在实践中扭曲变形。按照政策设计的初衷，这两项制度应该是完全拒绝被征地对象（或被拆迁对象）分享城市土地增值收益，土地增值收益只能归政府。然而时至今日，这两项制度均在具体执行中发生了扭曲变形，被征地对象（或被拆迁对象）通过各种形式与作为征地主体（或者是拆迁主体）的政府博弈，实质性地参与到了土地增值收益的分配中，获取了部分土地增值收益②。通过博弈而非合理的制度安排来分享城市土地增值收益，其弊端是很明显的：一方面是博弈肯定会产生很高的博弈成本，主要表现为征地（或拆迁）周期的拖延，这是社会福利的净损失，对被征地对象（或被拆迁对象）和政府都不利。另一方面此种博弈涉及的利益巨大，博弈空间内又几乎毫无规则可言，由此就成为很多极端性事件的滋生发源地。如群体性事件、黑社会、刑事案件、腐败案件等等，成为影响社会和谐健康发展的一个重大隐患。

要解决这三方面的突出问题，有两个关键：首先，必须相对弱化政府土地所有权。在近现代，国外的土地产权出现了新的发展趋势，一是土地所有权制度经历了从个人所有权绝对性向社会所有权，再向社会和个人协调发展的过程。二是土地产权关系经历了以归属为中心向以利用为中心的发展过程。这种变化是符合时代潮流和现实需要的。从一个更加宽广的视角看，在土地公有制前提下，相对弱化政府土地所有权而同时强化土地实际使用者的使用权已成大势所趋③。理论上，我们赞同城市土地"涨价归公"，但在具体的政策实践中，政府对城市建设用地实行垄断性供应和严格管制；所有城市用地增

① 除去其中的非成套住房数量，户均成套住房为 0.73 套 / 户。以上均为国务院发展研究中心市场经济研究所"完善我国住房保障体系的制度与政策研究"课题组估计数值。

② 据 2014 年 8 月 11 日《湖北日报》报道，武汉徐东团结村一户村民因城中村改造，还建了 35 套共 4000 平方米房产，另外还补偿了 160 万元。类似情况在城中村改造和城郊征地中较为普遍。

③ 参见《国外土地产权的发展趋势及其对我国农地制度改革的启示》，林善浪 ，《福建师范大学学报》2000 年 1 期。

值收益均归政府所有、“地利独享”等政策和措施则是错误和荒唐的。正如“真理再向前迈进一步即成为谬误”那样。从长远看，尽快改革目前这些不合理的制度，规范土地使用者合理的利益诉求，已成为推动城市建设和发展，包括住房建设事业顺利前行的关键。其次，必须深化土地使用制度改革，落实人民大众均应享有的最基本的土地使用权，也就是“平均地权”。当前的住房问题之所以比较严重，表面看是由于土地问题或者说土地价格过于昂贵，由于房地产投资（投机）之风炽烈等原因，归根结底则在于“人们应该享有的公平利用土地的机会和权利”没有得到很好的落实。换个角度看，在我国农村，由于有了宅基地制度的存在，农村事实上住房矛盾并不尖锐，所谓的住房保障问题基本上并不存在。从居住的角度看，村庄和城镇都不过是人类的居住地，这方面是同质的，因而相关的土地制度也不应有质的差别。农村无住房矛盾的土地制度设计恰好印证了城市住房问题的根源在于城市的土地制度①。

具体的改革建议：

（1）通过大规模“补地价”②形式，实现用地性质的灵活转变，增加住房建设用地的供应。对于政府而言，通过此项政策，可以使城市土地得到更好的利用，同时又获得更多的土地收入；对于原土地使用者而言，可以用较招标、拍卖明显优惠的价格获取到新增的可用土地（面积），实质性地获取了一部分土地增值收益，总体上形成了双方均有得利的良性局面。通过执行普遍的“补地价”政策，有利于打破原有的市场分割，从质的方面提升城市土地的使用效率。更为有利的因素在于，过去房地产宏观调控的种种措施之所以在微观上不能得到很好的落实，疑惧其对土地财政的冲击是最主要的考量。而实行“补地价”政策，固然会增加住房建设用地的供应，影响房价——地价水平，但另一方面，通过“以土地出让量的增加来弥补土地出让单价的降低”，可将改革措施对土地财政的冲击降低到一个较小的程度，进而增强此项改革措施的可操作性。

（2）开征额外的土地权利税③，抑制对住房的投资（投机性）需求，改善房地产

① 详细推理过程参见辜小勇、吴怀志：《住房保障模式改革研究》。武汉出版社。

② 所谓“补地价”，是指改变土地使用性质或使用条件，必须经所有者（如政府）同意，并向其缴纳地价差额的行为。这种做法最初起源于香港的旧区重建，例如，土地拍卖，只是有条件及有限期的批租给“买地”者，如指定该块土地只可以建仓库、三层高等等限制性的租借条款。假若将来有一天该“购地”者有意更改该土地的用途，如重建成商场、住宅等，其土地价值相对地提升。土地契约条款因此须要大幅修订，必须经最终业主（如政府）同意。其同意的前提条件就是“补地价”。

③ 简单地说就是按人均标准规定一个基本的使用面积，如人平 50 平方米。超过这个标准的部分，

宏观调控。初步设想，开征土地权利税的基本框架应为：

——每一城市居民（户籍居民）应享有一个基本单位的土地使用权利①。具体表现为一个基本单位的房屋楼板面积，也就是人们通常所说的建筑面积。超过者按实际超额面积定期缴纳土地权利税。收入水平较低（具体标准由地方政府确定）而又享有土地权利不足者按不足的差额从政府定期领取土地权利补贴②。

——单位面积土地权利税的税额理论上应等于政府新增同等面积城市土地所花的代价。现状条件下，也就是城市政府通过农地征用制度将单位面积农地变更土地性质成为城市国有土地所花费的代价。在具体实践中，地方政府可以根据实际情况灵活调节。

——非户籍（或非常住）城市居民按实际购买的住房面积全额缴纳土地权利税。

——房地产开发企业建设住宅，在土地批租合同中即约定好建设周期。自约定到期之日起，按规划面积减已建成面积的余额全额缴纳土地权利税。

在对住房投资（投机性）需求所占用的土地开征额外的土地权利税后，房地产市场也就再也用不着对住房投资乃至投机性需求“又爱又恨”，距离和分寸不好把握。一般情况下均可以完全放开，任民众自我抉择。开征土地权利税，在抑制房价、缓解住房购买的结构性矛盾的同时，也为未来住房政策其他方面的改善创造了有利的基础性条件。

（3）改革农地征用制度。现行农地征用制度在理论和实践中招致了普遍性的批评，认为对失地农民补偿过低，弊端严重。中央已明确要改革农地征用制度，增加对农民的补偿。然而究竟要增加多少补偿，中央文件没有细化，各地的做法差异很大。从定性的角度看，增加的补偿主要应包括两部分，一是应从总的被征用土地中，拿出一定比例留给农村集体用于发展集体经济；二是除按农用价值直接补偿失地农民外，还应该有失地农民转变身份，成为市民的相关费用。其中占到很大比例的一部分就是失地农民的住房保障费用，也即失地农民自转变身份之日起，即享有领取（土地权利税）补贴的权利。但与此同时，失地农民所得到的补偿住房，同样要纳入土地权利税

按面积比例征收土地权利税。

①土地权利税的实质是人人平等的享有的土地权利（使用者权利），从这个意义上讲，我们不赞成直接将外来人口包括农民工纳入到享受城市土地权利的范围，因为他们的土地权利在其它城市或农村。但我们强烈赞同在户籍制度上做出变革，使外来人口能通过某种合理、合法的程序，改变身份，成为城市的户籍居民。

② 由此就可以基本取代现行的住房保障办法。

征收的覆盖范围。如果超标，就要缴税，以抑制不合理的依靠“种房”暴富的现象。

2.增强城市化发展的基本动力，也即增强城市经济活力。

当前，我国经济发展的基本背景正在发生重大变化。习近平总书记2014年5月在河南考察时指出：“我国发展仍处于重要战略机遇期,我们要增强信心,从当前我国经济发展的阶段性特征出发,适应新常态,保持战略上的平常心态。”何谓新常态?《经济日报》评论员文章是这样表述的:新常态之“新”,意味着不同以往;新常态之“常”,意味着相对稳定。以新常态来判断当前中国经济的特征,并将之上升到战略高度,表明中央对当前中国经济增长阶段变化的深刻认识。这种重大变化的主要表现之一是中国经济增速迎来换挡期,从高速增长期向中高速平稳增长期过渡。但与此同时，中国经济发展新常态又不能简单归于增速下降几个百分点,而是包括了经济结构再平衡、增长动力实现转变等多方面表现。资料显示，从2013年开始,我国第三产业增加值占GDP比重达46.1%,首次超过第二产业;需求结构方面,2012年消费对经济增长贡献率占比首次超过投资。从2014年半年数据看,最终消费对GDP增长贡献率达54.4%,投资为48.5%,而出口则为负2.9%。中国外贸出口增幅已从20%以上回落至5%至10%的增长区间。

对于地方政府而言，要进一步认识“新常态”、把握“新常态”，其关键在于充分认识和积极适应当前正在进行中的“中国经济的第三次动力转型”①。改革开放三十年的经验显示，我国已先后完成了两次经济增长动力转型，保证了我国经济30多年平均近10%的高速增长，创造了经济发展的中国奇迹。

——改革开放初期（1978—1997），我国经济运行的典型形态是短缺经济，市场需求是无限的。供给短缺是市场运行的主要矛盾。我国适时地把工作重心转向以经济建设为中心，通过扩张要素供给，以及强力推进经济体制改革提升要素供给效率增加总供给。由于改革开放前长期实行的传统计划经济体制严重束缚了生产力的发展，限制了生产要素的合理流动和有效配置，因而通过深化改革建立社会主义市场经济新体制以推动经济增长就成为这一时期经济发展的主题，或者说经济体制改革居于统揽全局的地位。这一时期的经济增长也可以称之为制度供给型经济增长。有经济学家测算，这一时期的经济增长60%是源于改革创造的新制度供给或称制度红利。

——第二次动力转型（1998—2012），从1998年开始，我国告别了短缺经济，进入相对过剩的经济发展新时期新阶段。通货紧缩的出现，使我国的经济增长严重受制

①黄泰岩:《中国经济的第三次动力转型》。《经济学动态》2014年第2期。

于需求不足，或者说扩张需求上升为市场运行的主要矛盾。为了保持经济的持续快速发展，我国及时转换了经济增长的主要动力源，即从供给推动转向主要依靠需求拉动。在扩张需求、拉动经济增长的三驾马车中，投资始终占据主导地位，从这个意义上讲，这一时期的经济增长可以称之为以投资为主导的需求拉动型经济增长。

在经历了十多年以扩张需求为特征的高速经济增长后，需求拉动已经明显走到了尽头。从近些年扩张需求拉动的效果来看，效应趋于递减，而且累积了新的经济风险。种种迹象表明，必须放弃主要依靠需求拉动的思维定势，寻求新的发展动力源。经济学家普遍认为，应以改革为核心、充分注重供给方面的改善，以此为基本原则达成清晰、理性的配套推进思路，凝聚社会共识，推动经济社会发展。以财政部财政科学研究所原所长贾康为首的新供给经济学研究小组进一步将这些政策主张概况为："双创双化双减"。

创新：中国经济需要靠自主创新艰难前行，建成创新型国家，完成从工业经济向"中国新经济"的艰难转轨。可以预计，信息产业、生物产业和纳米产业等战略性新兴产业可能成为中国经济新引擎。在此过程中，科技创新需要以制度创新和运行机制的改造作为关键性支撑。就这种中国特色的转轨道路而言，"制度高于技术"。

创业：充分激发全社会的创造活力，鼓励全民创业，特别是在中小微企业和现代服务业方面。以多种制度变革和政策优化举措，支持实现民营经济新飞跃。国有企业需要进一步深化战略性改组，在健全国有资产管理体系和深化改革中消除过度垄断因素和优化治理结构，发挥其应有的特定功能与辐射力，与民营经济相辅相成共同发展。

城镇化：城镇化毫无疑问是中国经济增长持久的内生动力。城镇化强烈需要供给结构的变化，城市人口的聚集和规模经济，这将大大促进产业分工的细化和就业结构的细化。但在城镇化过程中，要预防和阻止房地产泡沫的产生与发展，对资产泡沫危险绝不可掉以轻心。要对阻碍城镇化进程的现行户口制度以及户口附属的福利制度、农村土地、城市社会管理、社会保障等一系列制度，进行相应变革。在弥合"二元经济"的历史过程中，实现新型工业化、新型服务业化、新型城镇化、农业现代化同步推进。

产业优化：在扶持战略性新兴产业的同时，不放弃制造业的升级换代，应结合主体功能区规划和通过政策引导促使其渐次向中西部转移。大力发展服务业，特别是要充分发展现代服务业。服务业的全要素生产率和国际竞争力的提高至关重要。新时期推动结构优化和升级的措施，应该更加注重发挥市场机制的作用，让企业真正成为围绕需求结构变动展开创新和产业、行业结构升级的主体。政府的作用应重点转向营造良好市场环境，如深化改革金融体系、培育创业和风险投资、提供必要的政策性金融产品、营造更加公平的竞争环境等。

减税：应以结构性减税作为现阶段宏观调控和财税政策的重点和亮点之一。税外负担的减轻需与减税相互结合、协调。税制的总体优化需在远景上依照现代社会、现代国家发展目标模式，近景上适应各具体发展阶段上的要求与制约，纳入财政、经济、行政和政治体制配套改革，积极有序推进。

减少行政审批：减少行政审批应成为进一步转变政府职能、推进市场化改革的重要切入点和基本取向，进而达成实质性减少政府行政干预特别是行政许可的制度改进；营造良好的企业经营环境，降低交易成本，达到鼓励创业、创新，提高效率，推进“两化”的综合效应。

新供给经济学的政策原则对武汉今后较长一个时期的经济发展显然有很强的指导意义。但在具体实践中，还必须结合地方实际，准确地把握政策操作的出发点和落脚点。

首先，必须对武汉长远的发展有强烈的信心和足够的耐心。武汉未来必然会有十分光明的前景。但同时这也是个长期、曲折的过程，必须要有打“持久战”的信心、思考和布局。招商引资背景下，发展经济在某种意义上是地方政府与投资者合作博弈的过程。地方政府为投资者提供一定的资源和支持，投资者在地方上经营和发展，为地方提供一定的就业、缴纳一定的税费。从现在的情况看，武汉市政府手里的牌总体上还不错，但也说不上是特别的富裕和充分，在合作博弈中并不能占据绝对主导的地位，并不能保证每局都赢。因此，对经济发展的每一重大事项都必须有长远的考量和足够的耐心，有自己的原则和底线，有在少数情况下失分的准备，只要大多数情况下能赢，也即达成有效合作，最后总的结果理想就可以了。

其次，深化经济体制改革，切实处理好政府和市场的关系。自张之洞时代起，武汉的官商烙印就比较重。新中国成立以后，武汉更是计划经济的重镇。一直到改革开放的今天，民间重官抑商的风气仍然相当浓郁，创新、创业的氛围并不是太好。这里面隐含着的一个重要背景就是政府仍然在社会经济生活中占有太大的权重，尤其是对具体的经济活动涉足太深，管的太多，涉及的经济利益也过多。另一方面，政府应该管理的城市事务、公共服务，很多又没有落实好，无形中，扯了经济发展的后腿。

未来要让市场在资源配置中起决定性作用，关键是强化企业的市场主体地位。按这个原则减少各类行政审批、减少各类行政性收费，对政府管理经济的行为进行清理和规范。政府应尽可能地用制度、用政策来“一视同仁”地管理企业，而非“一事一议”地区别对待不同的企业。尤其是要逐步减少乃至最后杜绝在招商引资中“一企一策”给予地价乃至其他补贴的不公平做法，而对所有投资者一视同仁给予奖励或补贴或减免税费的待遇。

未来要更好地发挥政府作用，首要的核心在于让政府“做正确的事”而非“正确地做事”，因为政府并非全能，“有限政府”的概括更符合实际。在职能侧重于公共管理与公共服务的前提下，政府一方面要推进治理体系和治理能力的现代化，通过科学决策、民主决策、决策负责制等基本的程序和机制确保公共决策方面不出大的问题、产生严重的失误。另一方面，通过反腐倡廉、治庸问责的长期化、制度化，调动和激励全体公职人员的积极性和创造性，提高政府决策的执行效率。一切的一切，归之于政府管理体制的改革。自己革自己的命是相当困难的，政府推动自身的改革，需要巨大的改革勇气和敢于做出巨大的权力和利益牺牲。

第三，要抓住历史性的发展机遇。就未来发展而言，武汉面临的重大历史性发展机遇不少，诸如高铁路网建设、长江中游城市群发展，以及新一轮产业技术革命，包括移动互联、电子商务、大数据、云计算、机器人、3D 打印、智能制造、新能源、智能电网等等。抓住一二个这样的重大机遇，就可能对城市经济的发展产生巨大的推动。然而，抓住机遇也并非易事。当今中国，任何机会的竞争都是非常激烈的，“机会只会青睐有准备的人”，这个道理对城市同样适用。武汉如何为抓住历史机遇做准备呢？这涉及到城市的政治、经济、文化、生态乃至社会生活的各个方面，然而归根结底，是要为经济发展创造一个“质优价廉”的发展环境，形成与同类城市相比具有很强竞争力的营商环境，如能做到“营商成本”最低则当然最好。如此以来，抓住机遇就不是靠侥幸，而是靠“偶然中的必然”。但要做到这一点，非常不容易。因为营商环境的问题恰恰是包括武汉在内的中部城市的通病[①]。改换此种现状，映射出对政府治理城市能力的极高要求。也是对城市政府各方面工作的一个综合性检验。

3. 妥善处理人口增长和城市空间布局问题。

在《武汉 2049》中，武汉市的两位主要负责人对城市化发展进程中的人口增长问题已有清晰的认识和明确的结论。

阮成发书记说：城市因人而生，因人而兴，人是城市的活力之源。无论世事如何

① 李善同：《长江中游城市群发展潜力研究》。《武汉经济研究》2014 年第三期，第 5—26 页。

变迁，人的问题都将是事关城市未来的核心战略问题。我们要规划建设好城市，必须坚持“以人为本”，把人口战略放在城市发展战略的首要地位，总体把握城市人口的规模、结构及变化趋势，深入研究不同时期、不同经济发展水平、不同人口规模结构条件下人的需求，以此作为推动经济社会发展、城市规划建设的出发点和落脚点。

当前，国家正在推进新一轮城市化进程，特别强调人的城市化，要求着力解决城市化滞后于工业化的问题。可以预见，国家新一轮城市化将主要在资源承载能力相对较强、人口规模相对偏小的中西部地区展开。国家多部重要规划，特别是主体功能区规划，已明确提出，要在中部地区培育人口集聚和产业集中的载体。因此，不管我们是否在意，也不管我们主观态度如何，也不管城市病有多严重，人口向包括武汉在内的特大城市集聚的趋势将难以改变。

唐良智市长说：人口问题是事关城市未来的核心战略问题，是影响城市空间转型和发展的最重要因素。现代化大都市都有高比例的劳动适龄人口。我们要把人口战略放在城市发展的重要位置，总体把握城市人口的规模，结构和变化趋势。以更加宽广的视野、开放的胸襟，吸引和留住更多的年轻人、各类专业人才等劳动适龄人口，为城市长远发展不断引入源头活水；既注重以人兴业，又注重以业聚人，形成调整人口聚散的合理机制，保持人口的合理增速与规模。到 2049，武汉人口总量预期在 2000 万人左右。

与此同时，两位领导也都注意到了城市人口大幅度增长可能会给城市发展带来的严峻挑战。阮书记就特别指出：现在摆在我们面前的问题是，有专家指出，从土地、环境、住房、交通、产业、教育、医疗、养老保障等方面分析，1246 万人将是武汉 2020 年人口发展的警戒线。我们做何选择？如果按现有条件顺其自然，就得放弃中国中部中心、复兴大武汉的目标，甘做二线甚至三线城市。显然，这是每一个热爱武汉的市民所不愿意的。我们只有一个选择，那就是把握人口向城市集聚的趋势和规律，未雨绸缪，主动作为，积极应对。在城市基础设施建设上，在城市空间布局上，在土地的综合利用上，在城市功能的改造提升上，在城市环境的保护上，在规划、建设、管理特大城市的能力、理念上，认清人口增长这一趋势，超前谋划，积极应对，为未来人口增长留下空间。

我国农村实行土地集体所有制，农户都有承包的责任田，这既是农户的生产资料也是其生存的保障，隐性地构成了对农户自由迁徙的一种约束，此外，还有户籍制度这样一种显性的制度制约。在这双重制度安排影响下，农民除非在城市里已经找寻到较为稳定的职业和居所，否则不会盲目地从农村向城市迁移。因而在我国，不太可能出现类似拉美国家那种农村人口过量涌入大城市而又缺乏就业和居所，最后导致大量“贫民窟”出现的情况。在我国，积极面对城市人口可能快速增长的挑战，有效实现城市发展的人口目标，主要是做好两方面的工作，一是积极发展经济，解决新增人口的就业问题；二是扩展城市建成区，为新增人口解决生存与居留空间。事实上，发展经济同样也需要新的城市空间支撑。因而这两方面的工作都涉及到了城市化发展中的一个重要方面，也就是城市空间布局的拓展问题。

进行主城之外的、与主城有密切联系但同时又有较大空间距离的新城建设，以疏离主城功能与人口，是世界范围内特大城市进行空间拓展的一般做法，在城市发展中得到普遍的认可与遵循。伦敦、东京、首尔等都有这方面十分典型的成功经验。武汉也已经制定好了类似的规划。《武汉都市发展区“1+6”空间发展战略实施规划》提出：在城市空间布局上，以三环线以内的主城区为核心，集中发展现代服务业。由主城区向外，沿六个方向构筑六条城镇空间发展轴，整合轴向上的新城和新城组团，形成六个新城组群，实现“1+6”集约发展的城镇空间；各新城组群之间，规划6个大型生态绿楔，形成“轴楔相间”的空间结构。

然而在我国，规划的制定不是问题，问题的关键往往在于规划的执行，怎样才能把美好的蓝图变为现实。“规划规划，纸上画画，墙上挂挂”是过去人们对规划实施现实的辛辣讽刺，话虽然难听，却离事实并不太远。阮书记也承认：“我市主城与新城生态控制线和生态隔离区已经划定，虽然已颁布“市长令”和人大“决定”，但目前的问题是落实不到位，不少人原则同意，具体反对。总希望本地区少一些绿地，少一些生态隔离带，总想蚕食绿楔，多搞一些开发。主城仍在继续向外蔓延，新城也希望更多地靠近主城发展。如果这种趋势得不到有效遏制，主城新城连成一片，实际上还是摊大饼。”因此，要想真正落实好新城建设规划，核心的问题在于根治由来已久的城市建设“摊大饼”的顽症。

所谓城市建设“摊大饼”是对城市发展形态一种形象的描述，简单地说就是以现有市区为中心，向城市郊区呈圈层式扩散发展的城市建设、扩张方式。这种方式，在城市规模不是特别庞大时，有其规划合理性，因为这样有利于城市基础设施的集中建设和集约使用，充分发挥城市的集聚效应。但是当城市规模很大时继续无边缘地发展，也就是持续“摊大饼”时，往往会给中心城区的基础设施带来巨大的压力，导致生态环境和人居环境急剧恶化。简而言之，“摊大饼”的发生意味着城市建设的实际进展与最基本的规划设计理念、规划设计目标发生了尖锐的冲突，甚至可以说走向了最初规划的反面。

城市建设“摊大饼”有其深刻的体制根源。现行体制下，对地方政府的考核，GDP指标占据着相当重要的地位，同时，政府官员又都是实行任期制的，因而，自觉不自觉地，地方政府相当在意任期内（一般为五年）的GDP增长情况。如果采取“摊大饼”的城市建设方式，从基础设施建设投入开始，引致产生房地产投资（或工业制造业投资），再引发房地产（购买）消费，再引来相关商贸配套服务，使整个区域尽快成熟，整个过程一般不会超过三五年，对城市GDP增长的影响大体上在一个任期就可以基本体现出来。反之，如果完全采取新城建设的方式，空白搞建设、平地起高楼，如上同样的过程的周期必将大大拉长，一个任期未必会见到什么很明显的效果，整个建设周期持续十年以上也很正常。正因为这个原因，有很多官员对于新城建设往往兴趣不足。同时，现行城市建设筹资的主要办法是依靠各类地方政府融资平台，向银行借贷，这种借贷资金的期限一般不超过五年，也不适宜于用作新城建设。更何况新城建设是一个纷繁复杂的系统工程，涉及的不确定因素很多，各种建设风险想完全控制几乎是不可能的，很难完全避免重大问题的出现。而“摊大饼”可能产生的种种问题，在建设期体现得很少，其集中爆发，往往是在区域成熟之后甚至更久的时期，对官员任期内的“影响”几乎可以忽略不计。此种风险对比更进一步地强化了官员“摊大饼”的积极性。

未来，武汉城市建设从根本上杜绝“摊大饼”，全面落实新城建设规划的关键在于：

（1）真正把新城建设摆在城市化发展的重要位置

2013年末，武汉城市常住人口已达1022万人。交通拥堵、住房紧张、环境污染、公共服务支撑不足等城市病已暴露的相当明显。在《武汉2049》中，唐良智市长指出：城市空间演化有一定的承载极限，包括建设用地规模和结构、人口密度、交通设施、城市安全、环境保护等方面。判断一个城市的承载极限在哪里，有两个重要指标：一个是硬约束，即资源环境的约束；另一个是软约束，即政府提供公共服务产品的能力。一旦超过这个极限，必然导致一系列城市病。城市要突破这个极限，实现良性发展，必然向郊区化、大都市区化演进。武汉的城市空间发展，正处于郊区化、大都市区化叠加期。在此判断下，武汉的新城建设显然应该进入强力推动、快速发展时期。

从大的空间格局看，武汉城市化发展有着三个不同层面的空间背景。在市域层面，规划构建 3（主城）+N（新城）的大武汉发展格局。在省域层面，积极参与武汉城市圈建设，推进基础设施、产业发展、区域市场、城乡建设、生态保护“五个一体化”，促进“1+8”融合发展。在区域层面，加快武汉与长江中游城市群各城市的空间整合与对接，打造中国新的经济增长极。这三个层面的发展变化，对武汉城市化发展都很重要，但 3+N 的新城建设，对武汉未来的发展更为重要，因为这是武汉自己的事，只有把武汉自身的事情做好了，武汉才有可能在省域、区域层面的发展中发挥更大的作用，担任更重要的角色。同时，也只有新城建设，才是武汉自己可以基本掌控的，其他层面的问题，很大程度上可以视为外在环境因素，武汉的基本定位是“积极参与”。至于最后的结果，并不是武汉所能独立决定的。

（2）积极争取省委、省政府乃至其他方面对武汉新城建设的理解和支持

武汉在湖北是具有极高首位度的核心支柱性城市。在湖北经济发展中，说是一柱擎天也不为过。由是，武汉经济社会发展中的重大举措，必然会对全省经济发展产生影响。武汉对新城建设加大投入，短期内就可能影响到全市的 GDP 和其他重要经济指标。连带地，也会对全省的 GDP 增长带来影响。从全省经济发展大局考虑，武汉市的新城建设就必须得到省委、省政府乃至其他方面的理解和支持，以形成各方的推动合力。

不过比较有利的是，在“新常态”的大背景下，社会经济发展对投资（拉动）的需求，不是减弱了，而是更加增强了。但与此同时，伴随着经济发展“温度”的降低，“短、平、快”的投资机会是越来越少，可选投资的空间越来越狭窄。比较权衡之下，新城建设这类见效较慢，但后劲较足、长远效益较为确定和显著的巨型投资项目的优越性就有可能凸显出来，得到上级党委、政府的认可，得到社会各方面的积极响应和大力参与，有可能成为一个新的政府投资重点和社会参与热点。此外，近来城市建设投融资体制的改革，地方债、市政债的发行，可以比较容易地为新城建设筹集到偿还期在 10 年以上的长期建设资金，这对新城建设也是一个比较有利的支持条件。

（3）武汉新城建设必须坚持“产城融合”、“独立成市”的基本发展方向

改革开放以来，全国范围内的新城建设大体经历了两个起伏。上世纪 90 年代初期与房地产热、开发区热紧密结合在一起的新城建设，以及进入新世纪后，在城市化快速发展的背景下的新一轮造城运动。总结二十多年来全国范围内新城建设的经验教训，“产城融合”、“独立成市”应是新城建设必须遵循的原则。前期很多大城市在城市规划中存在一个误区，那就是将新城简单定位为新的大型居住区，这样的超大型居

住区的集中建设，会带来不少问题，例如社区选址、配套公共设施的建设、公共交通线路和道路网络的对接、绿化覆盖等。更重要的是，新城形式上“新”了，但本质上仍然是原有城市的一个功能区，与原有中心城区的各种联系并没有多大的改变，并没有在真正意义上实现城市人口、城市功能向新城的疏离，城市病及城市发展中遇到的各种问题并没有得到有效地解决。

根据国际城市化经验，城市化进入快速发展时期后，城市化进程从量变转为质变，主要标志是经济增长动力因素发生了根本转变，由城市化初期的产业发展带动城市发展转变为中后期以“空间资源配置”推动增长的阶段，空间集聚推动着建设进步、知识溢出和经济结构快速调整[①]。空间拓展与产业变迁更为紧密地结合在一起。依照这一规律，“产城融合”自然是新城拓展的题中应有之义。

低碳、宜居的城市规划布局，核心是要在紧凑的区域内解决本区域内居民的工作、生活、休闲，实现人口的分散集聚，减少出行。相比“摊大饼”式的城市扩张，这其实就像“分小饼”，将巨大的城市功能进行均衡分散，在各个较小的范围内打造集约式的“生活圈”。这种观念的核心是既承认城市有集聚效应，但同时认为集聚也应有个度，也即城市建设应注意达成最佳规模。“合适的就是最好的”。秉承此种理念，新城建设坚持“独立成市”同样也就成为必然。

（4）新城建设必须坚持以大容量、快速交通为核心的基础设施建设先行

新城建设的目标虽然是“独立成市”，但其与主城区仍然有着密切的联系，“形散而神不散”。其城市人口、城市功能的主体是从主城疏离形成的。基本定位是主城的卫星城。目标是与主城共同构成组合有序、功能互补、整体协调的市域城镇体系，实现城市结构的“多核心、网络化”。正因为如此，新城建设虽然在空间上有了一个跳跃，但与主城的联系时刻都不宜中断，因为这种联系是新城建设可以实现跳跃式发展的关键所在。正如孕期的婴儿必须时时刻刻通过脐带与母体保持联系才能迅速成长一样。这种联系的一个基本标志或者说基本条件就是交通建设先行，通过超前建设大容量、快速交通，如轻轨、城际铁路等，再辅之以通信、公路等其他城市基础设施，为新城建设奠定良好的基础。这样做一个附带的好处是影响社会“预期”，也即政府下决心进行新城建设，并通过大手笔的基础设施建设先行时，则新城建设对城市空间发展的正面影响，可以在新城建设远远没有产生实际效果前即部分体现出来，同时也可

① 张自然、张平、刘霞辉：《中国城市化模式、演进机制和可持续发展研究》。《经济学动态》。2014 年第 2 期，第 58 页。

以带动社会资金加速对新城建设的投入。

在总体建设资金并不宽松的形势下，挤出相当一部分用于短期成效不明显的新城基础设施建设，对城市政府而言并不是件容易决策的事情。在各种因素的综合权衡中，必须特别注意的一个背景因素是当前我国汽车消费正在进入普及期。由于汽车消费的普及以及轨道交通等公共交通形式的改变，极大地改变了大城市“大”的数量规定性及其城市内部的空间格局，为新的卫星城建设做好了技术条件方面的准备，有利于新的卫星城用较之前明显要短的周期迅速发展成熟起来。这对于未来一个时期新城建设是非常有利的。

4、促进外来人口市民化，更好地融入城市发展。

新型城市化的提法之所以引人关注，其中很重要的一个原因是外来转移人口市民化进程缓慢，尤其是农民工难于市民化的问题，在既往城市化发展过程中比较突出。据测算，目前我国城镇人口有7.3亿人，全国进城农村转移人口大概是2.4亿—2.5亿，这部分进城务工的农村人，是城市发展的主力军。他们工作在城市、居住在城市、生活在城市，但由于户籍限制，在医疗、教育、养老、就业等许多方面无法享受和城市居民均等的服务。农业转移人口难以融入城市社会，是城镇化进程中最为突出的矛盾之一。

2013年武汉市来自市外的农业转移人口为207.45万人，约占城市常住人口总数的20.3%。其中农民工166.89万人，占比达到80.45%。可见农民工是农业转移人口的主力，农业转移人口的市民化首先要考虑的就是农民工的市民化。但是农民工市民化过程当中，所涉及的不仅仅是农民工个体，因为农民工在市民化过程中，特别是近几年出现了一个明显的趋势，即以家庭作为单位，在城市工作和生活。因此，农民工的市民化就必然包含农民工的随迁家属，特别是子女，还有部分老人的市民化。最近，我院农村所王铁研究员带领的课题组，接受市发改委委托，专门进行了《武汉市农业转移人口市民化成本测算——以标准化农民工为基准》的研究。该研究在充分理解和借鉴国务院发展研究中心课题组模型①的基础上，结合武汉市的最新情况，补充了若干项目，建立了一套相对完整、比较符合武汉市实际的农民工成本测算模型，修正模型将政府负担的标准化农民工市民化成本分为教育、社会保障、劳动就业和其它费用

① 2010年国务院发展研究中心课题组对重庆、武汉、郑州和浙江省嘉兴市的市民化成本进行了重点调研，根据当时各地区政府提供公共服务的情况，该课题组认为政府负担的农民工市民化成本大致包括教育、医疗、养老、各种民政补助救助和社会管理（包括基础设施）等几个方面。

等四个方面。最后测算得出的结论是：政府用于一个标准化农民工（含抚养人口）的市民化总成本为19.06万元，其中用于农民工自身的成本为11.06万元，占58%；用于0～14岁子女的成本为6.57万元，占34.5%；用于其他人口的成本为1.18万元，占6.2%；用于65岁及以上老人的成本为0.25万元，占1.3%①。从成本分类项目来看，以职工基本养老保险为主的社会保险成本最高为5.84万元，占30.4%；其次是社会管理人力费用为4.14万元，占21.7%；第三是义务阶段教育，包括国家财政性教育经费和新建校舍费用为3.78万元，占19.8%；住房保障费用和非义务阶段教育费用分别为1.64万元和1.61万元，分别占8.6%和8.5%；社会救助和社会福利费用为1.08万元，占5.7%；城市基础设施费用0.91万元，占4.8%；劳动就业（主要是职业培训）费用433元，仅占0.2%。从群体分类上看，农民工市民化成本主要是社会保险和社会管理人力费用，两者合计占农民工自身总成本（11.06万元）的75.4%；0～14岁子女市民化成本主要是教育，包括义务阶段和非义务阶段教育，两者合计占子女总成本的82.1%。

以上测算的是一种理论化的农民工市民化成本，然而在现实中，农民工与户籍市民间实际享有的基本公共服务的差距，如果加以量化的话，量化的数字肯定要较之小很多。这里有两方面原因：其一，现实中，城市里有些公共服务，如城市基础设施、社会管理等，其服务对象就是城市常住人口，在服务中是无法进行户籍居民与非户籍居民的分割的。农民工实际上已经享受到了这些服务，“搭了户籍居民的便车”。其二，我市实施的居住证基本上没有任何门槛，凡常住人口即可申请，而申请了居住证者可以享受到相当大的一部分户籍居民权利。包括：按照本市规定参加社会保险；居住地教育部门按照规定安排接受义务教育的子女就读；在居住地享受国家规定的计划生育服务和奖励、优待；享受居住地传染病防治和儿童计划免疫保健服务；按照规定参加职业技能培训，参加居住地专业技术职务的任职资格评定或者考试、职业（执业）资格考试或者职业技能鉴定；按照规定参加本市相关荣誉称号的评选，参加就业单位、居住地社区组织的活动，并享有相应的权利和待遇；按照规定在居住地申领机动车驾驶证，办理机动车登记手续；持有居住证1年以上的企业人员可以按照规定在本市申请赴港澳商务签证；等等。如此以来，户籍居民享受了、而外来人口享受不到的社会公共服务大体上就仅仅是住房保障和社会保障、社会救助这样一些内容。如果将这些唯有户籍居民才能享受的公共服务量化的话，据前述王铁研究员等的研究结果估计，

① 该结论得到了市发改委及市政府相关部门的认可。大体也可作为外来人口市民化的平均成本。

这部分服务的价值仅占前述标准化农民工（含抚养人口）的市民化总成本 19.06 万元的 30%左右，也就是 6 万多元。从现实操作的角度看，外来人口市民化的关键就在于克服目前这“价值 6 万多元的公共服务差距”。

就单个外来人口来说。6 万多元的问题并不是个大事。然而，考虑到多达 200 多万的非户籍人口基数，这个外来人口市民化的成本如何消化解决又绝对是个大问题。正因为如此，在 2014 年 6 月国家发改委等 11 个部门联合印发的《关于开展国家新型城镇化综合试点工作的通知》中，列出的新型城镇化综合试点的首要任务就是建立农业转移人口市民化成本分担机制，建立中央（省）对下转移支付同农业转移人口市民化挂钩机制和实行建设用地指标与吸纳省（市）外农业转移人口落户数量挂钩政策。就现状分析，地方政府为实现农民工市民化实际支付的成本已经相当可观，短期内再在这个方面继续增加投入确实勉为其难；如果中央（省）政府对下转移支付同农业转移人口市民化挂钩，预计这个挂钩的金额也不会太大。在这样一个基本估计下，克服最后这“价值 6 万多元的公共服务差距”有必要另寻蹊径。

从理论上看，城市的本质是集聚，通过集聚可以在一定空间范围内共用很多城市基础设施及公共服务。而集聚的基础性条件则是分摊，依靠城市中的全体企业部门、全体市民分担城市基础设施和公共服务的巨额投入。因此，外来人口市民化隐含着外来人口必须承担分摊义务这一潜在的前置性条件。只有外来人口满足了这一条件，才有可能成为城市的户籍居民；反过来说，当外来人口满足了这一条件，原则上，城市政府也不宜再附加更多的条件，限制外来人口市民化。当然，总量控制和节奏上的控制仍然是有必要的。

如前所述，外来人口市民化存在着两个成本：理论成本与“实际成本”。两个成本在数量上差距比较悬殊。由此就产生了外来市民市民化的落户标准问题，是应该就高的 19.06 万或是就低的 6 万多？从政府角度看，政府所花费的成本就是 19.06 万，落户自然应以此数额为标准。然而此标准在实践中很难行得通，因为绝大多数外来人口都会觉得“太贵了”。从他们的角度看，6 万多元的标准或许比较合适，能够得到较为普遍的接受。否则他们宁愿继续选择以居住证形式居留。

两种不同的落户标准，相差悬殊的数字，注定了两种标准难以统一，实际上也就是城市政府与外来人口的基本立场难以调和，由此也就决定了建立一个针对所有外来人口的统一的市民化政策机制非常之难，甚至于不可能。

难于建立统一的外来人口市民化政策机制并不等于这一难题不能靠分类来解决。

由于外来人口的情况差别很大，履行分摊义务的方式也各有不同，有的依靠财力、有的依靠智力、有的依靠体力，由此就决定了武汉外来人口市民化政策可以通过合理分类，以不同的方式来有序推进。对富裕的外来群体可以执行19.06万元的单一标准，入户总的数量基本不受限制；对工薪阶层则执行6万多元的入户标准，但要满足为城市服务一段时间的附加条件，入户总的数量也有所限制。两条腿走路，双轨制并行，以此来化解面临的矛盾。

2014年6月4日，市人民政府下发了《关于进一步放宽在我市就业创业高校毕业生落户条件的通知》《武政办〔2014〕98号》，规定：毕业超过2年的普通高校毕业生以及经教育部认证的本科及以上学历（或者学位）留学回国人员，具备本科学历年龄在35周岁以内、研究生学历年龄在40周岁以内；在汉有合法固定住所；在我市企事业单位就业，签订劳动合同，缴纳1年的社会保险；或者自主创业且本人为法人等三项条件，即可申请在我市落户。我们认为，这一决策是很明智的，在全社会“刘易斯拐点”出现，人力资源的争夺初现端倪时，有利于优化我市人口结构和人才引进环境，保持人口规模适度增长，为武汉发展争得更多的“人口红利”。与此同时，我们也觉得这一政策过于单一，仅以学历作为落户标准。实际上，人才的标准应是多方面的、复合的，对城市发展有用的，有贡献的，都应是城市需要的人才。在城市的人力资源结构中，学历人才与非学历人才，白领与蓝领应该有一个合理的比例。很多情况下，熟练的技术工人比大学毕业生更能解决实际问题。现实中，对熟练技术工人的争夺还往往比对大学毕业生的争夺更加激烈。从德国产业发展的经验看，这可能不是一个短期现象，而是一种长期现实。城市人才的集聚不仅仅是所谓高端人才的集聚，更多的是中低收入人口的集聚，这样才会带来整个城市的活力。此外，城市发展也需要富裕阶层，他们的财富对于城市社会经济发展的支持和促进作用也是十分显著的。因此，不管是从社会公平、政策平衡抑或经济社会发展的长远发展等哪一方面考虑，都有必要为外来的富裕阶层、蓝领阶层再开启两个快速市民化的绿色通道，这也符合城市居民多样性的基本要求。这样的两个绿色通道与目前市发改委正在组织相关部门研究制定的“积分制”落户细则并不冲突，可以相互补充、相互支持。

——富裕阶层入户的“绿色通道”以一定的投资数额作为基本标准，生产性投资或消费性投资均可。可以另外加收一定数额的入户费用。入户费用标准的上限不应超过19.06万元/人。一定意义上，这一政策也可视为过去“随房入户”政策的再生与扩展。

——工薪阶层进入“绿色通道”的条件应是以下四项：1.年龄标准（可以考虑以40岁为上限）。2.在城市已经工作或服务了一定年限（可以考虑以5年为下限），以社保缴纳记录和纳税记录为基准。3.已经购买了一定面积的住房，家庭人均住房面积达到了武汉市人均水平（不会增添武汉市住房保障方面的负担）。4.自行解决就业者，有连续数年（3年以上）的纳税记录、纳税总额达到一定数量。其他形式就业者，与市政府认定的企事业单位签有无固定期限劳动合同（不会增添武汉市社会保障方面的负担）。

课题组长：辜小勇

课题成员：顾晓焱　周　阳　夏毓婷

武汉市互联网金融研究

一、互联网金融理论基础

（一）互联网金融的界定

互联网金融是运用互联网技术、移动通信技术提供金融服务的一种新型金融形式，既包括电商等互联网企业利用电子商务、社交网络、移动支付、大数据、云计算、搜索引擎等为代表的互联网技术、移动通信技术开展金融业务，也包括传统金融机构利用互联网技术、移动通信技术开展金融业务互联网金融不同于商业银行间接融资，也不同于资本市场直接融资的融资模式。

互联网金融发展至少有五大意义：一是有助于发展普惠金融，弥补传统金融服务的不足；二是有利于发挥民间资本作用，引导民间金融走向规范化；三是满足电子商务需求，扩大社会消费；四是有助于降低成本，提升资金配置效率和金融服务质量；五是有助于促进金融产品创新，满足客户的多样化需求。

由于互联网金融是传统金融与互联网技术相结合的产物,其存在形态的虚拟化、运行方式的网络化与传统金融相比有自身独有的特点。它与传统金融的区别不仅仅在于金融业务所采用的媒介不同,更重要在于金融参与者通过互联网更有效地进行直接接触，使得传统金融业务的透明度更高，中间成本更低，方式上也更为快捷。

（二）互联网金融创新分类

互联网金融所包含的内容非常广泛,而我们更关心的是互联网金融所能带来的创新和突破。因此，除了中央银行关注的电子货币外，我们将目前国内互联网金融创新分为支付方式创新、渠道创新、投融资方式创新和金融机构创新四种。

1. 支付方式的创新

互联网支付是通过互联网线上支付渠道完成的从用户到商户的资金清算行为,近年来发展迅猛。支付方式创新的一个典型代表就是第三方支付。第三方支付的优势在于其基于互联网的PC端有较好的Web支付客户体验,并拥有庞大的客户资源与销售渠道。支付宝等平台通过构建第三方支付账户，解决了跨行跨地支付和信用保证问题。“第三方支付”作为资金支付结算的环节,按发展历程分为:“线下支付”、“线上支付”和“移动支付”。目前,第三方支付积极开展业务创新,通过条码等技术手段模拟实现了近场支付的功能（支付宝的二维码支付）以及类似Square模式的移动支付产品（如快钱推出的“快刷”），第三方支付移动支付市场未来潜力巨大。

2. 渠道的创新

渠道的创新表现在传统金融渠道的虚拟化。互联网有效整合交易、支付和理财等业务，突破了时间和地域的限制，为客户提供一体化、多样化金融解决方案，促进虚拟市场的形成和发展，如券商综合理财账户、余额宝等。理论上，只要有网络和通信能够到达的地方，都可以成为互联网的市场范围。仅仅从理财产品的渠道上看，银行等物理网点为理财产品主要销售渠道的现状正在受到挑战。银行等物理中介基于成本效益的考虑，在产品销售中对高收入群体关注较多，但对中等和中下等收入群体关注较少。而互联网金融新增顾客的边际成本极低，交易群体扩张迅速，可以有效开发这一潜在客户群体，达到聚沙成塔的效果，实现了营销学中“长尾效应”。

3. 投融资方式的创新

互联网金融投融资方式的创新实际上是部分取代了商业银行的信用中介职能，大幅降低借贷双方的信息不对称及交易成本，某种程度上是解决中小企业融资问题和替代民间金融的有效尝试。网贷资金具有“短、急、小”等特点，目前多集中于银行忽视或不重视的区域。由于准入标准过低及监管缺失，虽市场需求反应敏锐但面临未来金融监管收紧、银行体系挤压及收编的可能性。目前该类创新主要有基于网络数据贷款、P2P 信贷平台和众筹融资三种模式。

基于网络数据贷款的一个代表就是阿里小贷。阿里小贷的成功归结为交易数据相对完整、客户需求零散、支付宝扣款及存货处理等风控措施完善。阿里小贷依托自身在阿里体系内的巨大客户数据优势，将交易数据、客户评价度数据、货运数据、口碑评价、认证信息等结合外部数据进行量化处理，设定风险控制参数，建立中小企业贷款的数据库模型；放弃单体分析，通过标准批量筛选，用大数定律控制违约风险。阿里这种量化放贷方式大幅提升了放贷效率。对于小额贷款，如果由银行贷款专员来处理，其投入产出比并不划算，但是对于网络量化放贷，其成本则大大降低。但是量化放贷同样也有问题，主要是系统性违约风险以及经济预期改变带来模型参数修正的困难，且其业务受电子商务平台和渠道限制，对外拓展困难。

P2P 网络借贷是指个体和个体之间通过网络实现直接借贷，其核心是公众化的“点对点”信息交互和资金流动。P2P 本质上是连接个人资金借贷双方的第三方网络平台，是一种与互联网、小额信贷等创新技术、创新金融模式紧密相关的新型借贷形式。P2P 网络借贷周期短、金额小，本质上属于民间小额借贷，其优势主要体现在方便、快捷和降低信息不对称等方面。

众筹,即大众筹资,是指用预购的形式,向网友募集项目资金的模式。众筹利用互联网和 SNS 传播的特性,让小企业、艺术家或个人对公众展示他们的创意,争取大家的关注和支持,进而获得所需要的资金援助。相对于传统的融资方式,众筹更为开放,能否获得资金也不再是由项目的商业价值作为唯一标准。只要是网友喜欢的项目,都可以通过众筹方式获得项目启动的第一笔资金,为更多小本经营或创作的人提供了无限的可能。

4. 金融机构的创新

这里的金融机构创新指一些有资质的互联网企业通过申请金融牌照、收购中小金融机构、联合有牌照的金融机构等方式进军金融领域,并探索新的金融机构运行模式。国家目前对民间资本进入金融业持鼓励态度,管制限制较少。以民间资本开办银行为例,2013 年 7 月发布的《国务院办公厅关于金融支持经济结构调整和转型升级的指导意见》提出,鼓励民间资本投资入股金融机构和参与金融机构重组改造,允许发展成熟、经营稳健的村镇银行在最低股比要求内,调整主发起行与其他股东持股比例,尝试由民间资本发起设立自担风险的民营银行、金融租赁公司和消费金融公司等金融机构。

二、武汉市互联网金融发展现状

(一)基本状况

1. 涉及范围较广。目前武汉互联网金融涉及的典型模式有互联网支付、互联网小额贷款、P2P 网贷、互联网销售金融产品、众筹融资等，范围较为广泛。

2. 传统金融业依托互联网渠道创新产品工具。传统金融机构不断加强信息化建设,借力互联网平台形成新的营销渠道、业务整合平台、产品服务平台、风险控制平台等,不断拓展客户规模、精准客户匹配、提升资源适配、加强风险管控、降低运营成本。招商银行、汉口银行、农行、建行、交行等银行持续构建包括网上银行、手机银行、微信银行在内的电子银行产品体系，推进厅堂服务优化，打造科技网点新形象。合众人寿、天风证券、光大证券等证券、保险机构积极发挥大数据的作用，尤其是通过强大的搜索引擎、云计算收集大量的数据。

3. 非金融机构积极探索互联网金融平台。武汉金融超市为满足广大互联网客户对贷款、信托、保险、理财、财富管理等多元化的需要，积极探索互联网金融门户网站，并实现网上销售。借鉴 KIVA 模式，结合国内实际情况，创立融创网，探索青年大学生创业模式，帮助弱势群体实现创业梦想。科技金融创新中心利用互联网对科技金融公共服务平台的服务和业务进行创新，探索和尝试将线下业务与线上服务相结合，形成公益性与市场化相统一、互促进的模式。

4. 网络借贷平台需求旺盛。武汉作为小微企业高度集中城市，民间资本活跃，网络借贷平台如雨后春笋接连上线。目前湖北省 P2P 平台大小近十家，预计今年将新增至 20 多家。从单个企业来看，本地创建最早、规模最大的 P2P 网络借贷平台“一起好”，已经顺利跻身行业前茅，紧跟业内一线品牌其后，成为本地互联网金融的代表企业。2014 年 7 月 12 日武汉首个拥有国资背景的 P2C 网络借贷平台“京金联”正式上线。

5. 市政府对互联网金融采取积极态度。市政府抢抓互联网金融发展机遇，将互联网金融作为一个重要的新兴产业采取多项措施。《武汉市金融改革创新总体方案》提出要建成以互联网金融为先导的金融创新试验区。2014 年 5 月 28 日，全国第三条、中部首个民间金融街“武汉民间金融街”正式开街，互联网金融大厦就坐落于街区正中央；2014 年 6 月 22 日，由市政府授牌的华中互联网金融产业基地正式落户武汉中央商务区，对接集聚互联网金融资源，促进互联网金融产业发展，并对入驻基地的企业实施财政奖励、房租补贴、扶持上市绿色通道服务等系列优惠政策。武汉市政府支持互联网金融发展实施办法即将出台。

（二）存在的问题

1. 整体上看各项互联网金融业务均处于初级阶段

总体来说，在全国范围内，武汉市互联网金融总体规模不大，规范程度差距较大，产品与运营方式也缺乏创新。如互联网小额贷款受众有限；互联网整合销售金融产品缺乏真正的模式创新；P2P 网贷和众筹融资与国外模式相去甚远。从平台数量来看，湖北省 P2P 网贷平台仅 13 家，在全国占比不足 2.5%，与 23 家的全国平均水平差距甚远；从平台活跃人数来看，湖北省远没有达到日均活跃人数 47000 人次左右的平均值；从交易量来看，湖北 P2P 网贷平台交易额占比不到 4%，只能被粗略纳入“其他”项进行统计。从互联网支付业务来看，目前只有合众易宝唯一一家获得互联网支付业务的公司。

2. 互联网金融对传统银行业务的影响

对银行传统支付结算业务的影响。随着支付宝、财付通、快钱在线等第三方支付服务提供商的快速发展壮大，直付通、快捷支付、支付宝卡通等方便、快捷的支付方式为更多持卡人所熟悉及使用。目前，第三方支付的业务已覆盖多个方面，伴随手机APP应用的不断普及，原有网关支付方式已逐渐演变为以移动终端为载体的手机网关支付、快捷支付方式。在互联网渠道不断发展的今天，这一演变加速了商业银行传统支付功能的边缘化。

对银行传统财富管理业务的影响。“余额宝”、“财付通”等互联网新兴理财产品的崛起，对传统银行财富管理业务造成了较大影响。自2013年7月余额宝面世以来，通过“直付通”流出银行、进入互联网理财产品的资金量逐渐增加。以招商银行武汉分行为例，2013年11月，平均每天通过“直付通”外转资金1743万，至2014年1月平均每天外转资金量上升至4800万，到3月则上升至每天外转7250万。短短半年时间，日均资金外转金额就增加了近4倍；从客户涉及范围看，仅2014年1月份当月，全行发生直付通交易的客户就达到20余万人，其中累计交易金额超过1000元的客户即达9.13万人，由此可见，银行涉足余额宝客户的资金量、客户量均日渐扩大，银行传统财富管理业务受到了较大冲击。

3.新兴互联网金融机构发展的瓶颈

行业人才严重稀缺。互联网金融的迅猛发展也将互联网金融人才稀缺这个问题推到了一个不容忽视的地步。互联网金融复合型人才较为稀缺，面对互联网金融快速发展，人才储备周期往往还赶不上时代的变化。尤其是风控与技术人才很难寻找，目前武汉很多互联网金融技术核心人才均从广东等沿海城市纳入，并导致人才成本高。

风险管理能力相对不足。支付、存款、贷款、债券投资、权益投资等诸多金融服务中，核心价值是风险管理，实际上银行、证券、保险、基金、信托企业的主要来源是作为风险管理专家所获得风险溢价，这种溢价可能是来自于信誉风险的溢价，也可能来自于市场风险的溢价，也可能来自于流动风险的溢价，传统金融企业非常重视风险管理，投入巨大的资金和资源，建立了比较完善的风险管理体系、系统、制度、流程等基础设施，配备专业风险管理人才，能较好管理人才。新兴互联网金融企业，目前展现出的风险管理能力是相对不足的，这也是他们在于传统金融行业竞争中处于劣势，成为其发展的局限和瓶颈。

面临一系列监管问题。一方面网贷行业受关注程度的不断提升值得欣慰，但另一方面当前P2P网贷行业的鱼龙混杂、良莠不齐的情况仍然存在，其健康发展必然要经历一些风雨。虽然可大浪淘沙，市场也必然会淘汰掉一批经营不善甚至不合法的网贷公司，经过洗牌之后，站稳脚跟的只能是真正有实力并且与时俱进的公司，但在此过程中如何加强监管，避免或减少损失就成为当前亟待研究和解决的重要问题。

信用评估成发展瓶颈。由于我国社会信用体系有待完善，互联网金融信息平台自行建立的信用模型很难被投资者认可，因此各家平台或多或少地融合了担保模式和债权转让模式，这使得平台自身被卷入交易之中，加大了平台风险。

三、国外互联网金融发展状况

（一）各国互联网金融发展历程

从全球范围看，结合互联网高效性、规模化、普惠性的优势，实现金融资源更有效的配置已是大势所趋，但各国的发展路径略有不同，也就形成了不同的互联网金融生态。

1. 美国传统金融业通过自发的与互联网结合巩固了地位，独立的互联网金融业态对市场冲击有限

美国的传统金融体系经过长期发展，产品和服务较为完善，而且金融机构自互联网诞生之初就开始了自发的信息化升级，金融的互联网化整体上巩固了传统金融机构的地位。例如，美国信用卡市场较为成熟，2012 年人均持有 1.2 张信用卡，其方便快捷的特征抑制了第三方支付的发展。同时，银行业积极推动自主创新，信用卡的移动支付、手机银行等业务在 2012 年增速分别达到 24%和 20%，这不但没有冲击银行的地位，反而提高了传统业务的覆盖率。在强大的传统金融体系下，独立的互联网金融企业生存空间较小，只能在传统企业涉及不到的新领域里发展。

（1）货币市场基金。典型的例子是 PayPal 于 1999 年推出的将余额存入货币市场基金的服务，也就是我国余额宝的美国版。PayPal 作为第三方支付平台，拥有一张支付牌照，在财政部注册，受联邦及州政府的两级反洗钱监管，其资金托管也受到 FDIC 的监管。在 2005—2007 年利率上行期间，该基金规模曾达到过 10 亿美元，但在 2008 年金融危机后，其流动性和保本两大优势纷纷丧失，2008 年后美联储降息至接近 0%，该产品最终在 2011 年退出市场。事实上，美国的货币市场基金在 1980—1986 年的利率市场化期间，迎来过爆炸式的扩张，而 90 年代其与互联网结合并未带来“第二春”，可见，货币市场基金长期是否繁荣并不在于营销渠道，而是主要取决于利率市场的格局。

（2）网络银行。建立于 1995 年的 SFNB 是世界上第一家纯网络银行，受美联储和各级政府监管。由于成本低，费用和存贷款回报率都很有竞争力，创建初期发展迅猛，曾一度通过收购成为全美资产规模第六大的银行。不过，随着花旗、大通等老牌

银行加快网络银行布局，SFNB 优势不在，加之内部风险管控不善，1998 年被加拿大皇家银行收购。此后，美国的商业银行体系就又回到了传统大银行割据的局面。

（3）网络经纪商。90 年代中期，折扣经纪商嘉信理财（Charles Schwab）在营业部业务的同时推出网上经纪业务，1996 年，纯网络经纪商 E-Trade 上线，开创了完全基于互联网交易的模式，1999 年，以美林为代表的传统券商全面开展网络业务。美国 SEC 对网络经纪商实行备案制，认为这只是传统经纪业务的延伸。时至今日，这三类经纪商针对不同客户形成了差别的盈利模式。纯网络经纪商通过极低的交易佣金吸引客户，尤其是个人投资者；嘉信等则在提供经纪通道服务的同时，附加咨询服务；而美林等则针对机构投资者提供全套金融服务，收取高额佣金。目前这三种模式三分天下。

（4）P2P 借贷。美国的 P2P 借贷平台受 SEC 的严格监管，典型的例子是 Lending Club（LC）。LC 成立于 2006 年，2013 年该平台的贷款规模已经达到 20 亿美元。LC 只收中介费不提供担保，借款人主要依靠信用融资，筹款主要用于支付信用卡债。该平台平均违约率为 4%。

（5）众筹。在美国，众筹业务由 SEC 直接监管。典型的例子是 Kickstarter（KS）。KS 于 2009 年成立，主要向公众为小额融资项目募集资金，致力于支持和鼓励创新。2012 年美国通过 JOBS 法案，允许小企业通过众筹融资获得股权资本，使得众筹融资替代部分传统证券业务成为可能。

2.日本是由网络公司主导互联网金融变革的典型

与美国不同，日本的互联网金融由网络企业主导，并形成了以日本最大的电子商务平台乐天为代表的涵盖银行、保险、券商等全金融服务的互联网金融企业集团。乐天公司是于 1997 年成立的电子商务企业，它于 2005 年通过收购建立了乐天证券，开始打造互联网金融业务。利用其规模巨大的电商客户群，乐天证券建立当年就成为日本开户数第三位的券商。当前，该公司是稳居日本第二位的网络券商，主营业务涵盖股票、信托、债券、期货、外汇等。由于其电商平台七成交易都是通过信用卡来支付，乐天 2005 年开始进入信用卡行业，利用其消费记录作为授信依据。2009 年乐天又开办网络银行，目前乐天银行是日本最大的网络银行。2012 年乐天金融共贡献了 1564 亿日元的营收，占该集团总收入的 30%。

3.英国 P2P 借贷发展迅速

英国是 P2P 借贷的发源地，全球第一家提供 P2P 金融信息服务的公司始于 2005

年3月英国伦敦的一家名为Zopa的网站。Zopa网贷平台为不同风险水平的资金需求者匹配适合的资金借出方，而资金借出方以自身贷款利率参与竞标，利率低者胜出。而这一信贷模式凭借其高效便捷的操作方式和个性化的利率定价机制常常使借贷双方共同获益。至此之后Zopa得到市场的广泛关注和认可，其模式迅速在世界各国复制和传播。2008年金融危机爆发后，主导信贷市场的大银行都提升了资本金充足率，对中小微企业的服务不足。在此背景下，英国P2P借贷，以及众筹等互联网金融发展迅猛，为解决小微企业及个人创业者融资难题发挥了较大作用。

4.法国第三方支付与众筹市场高速增长

法国的互联网金融业以第三方支付、众筹、在线理财、网上交易所、小额信贷等服务类型为代表。在第三方支付方面，PayPal在法国占据48%的市场份额，为此，法国巴黎银行、兴业银行和邮政银行等三大银行于2013年9月共同研发了新型支付方式以争夺在线支付市场；在P2P信贷领域，法国仍处于起步阶段，有营利和非营利两种模式，其中非营利模式的代表是Babyloan，用户可以选择感兴趣的项目或个人进行公益投资，贷款人不收取利息；在众筹方面，法国起步较晚，但发展很快，2013年法国境内通过众筹平台共筹集了8000亿欧元，相比2012年翻了一倍。

5.德国的P2P借贷有不同的风险承担模式

德国的P2P网络借贷处于发展初期，目前该市场主要由Auxmoney和Smava两家公司垄断，它们均成立于2007年。德国的P2P公司普遍都不承担信用风险。在Auxmoney平台上，由贷款人承担所有风险；而在Smava平台上，贷款人可采用两种方式规避风险，一是委托Smava将不良贷款出售给专业收账公司，通常可收回15%～20%的本金，二是同类贷款人共同出资成立资金池来分担损失。第三方支付在德国发展较快，2011年德国网上支付金额占全国商品零售额的7%，其中31%的交易是借助第三方支付完成的。德国的众筹融资尚在起步阶段，规模几乎可以忽略不计。

（二）国外互联网金融发展基本趋势

1.第三方支付日益成熟,移动支付逐步替代传统支付

自1996年全球第一家第三方支付公司在美国诞生以来,随着信息技术的发展,以第三方支付和移动支付为代表的互联网支付方式取得了较快的发展,涉及的交易金额和交易范围迅速扩大,且具有很强的增长潜力。随着移动通信设备的渗透率超过正规金融机构的网点和自助设备，以及移动通讯、互联网和金融的结合，全球移动支付交易总金额2011年为1059亿美元，预计2016年将达到6169亿美元。在肯尼亚，手机

支付系统 M-Pesa 的汇款业务已超过其国内所有金融机构的总和，而且延伸到存款等基本金融业务。

2.P2P 平台衍生多种模式,部分替代银行信用中介功能

P2P 是一种个人对个人的网络直接信贷模式,自 2005 年第一家互联网 P2P 公司 Zopa 在英国上线,P2P 贷款部分替代了商业银行信用中介职能,大幅降低了借贷双方信息不对称及交易成本,并在发展中不断摸索,衍生出多种运营模式。总体来看,国外 P2P 借贷平台普遍只作为中介型机构存在,除了提供相关服务并收取费用外,不在借贷过程中形成独立的利益关系。

3.众筹融资爆发式增长,逐步走向合法化与规范化

众筹融资是通过网络实现天使投资、创业投资和创业者撮合的融资平台,起源于 2009 年美国的一家创业众筹网站 Kickstarter,其经营模式是用捐赠资助或是预购产品的形式为中小企业或者小微企业在线募集资金。作为一种大众化的融资方式,自诞生以来,众筹模式呈现爆发式增长,成功募资的项目和募资额屡创新高。据 Massokuion 公司 2012 年研报显示,2009 年全球众筹融资额仅 5.3 亿美元,2012 年已快速上升至 26.6 亿美元,其中北美 2012 年众筹平台募资总额为 16 亿美元,较 2011 年增长 105%;预计 2013 年全球众筹融资规模将达 32 亿美元。从单笔募资额看,2013 年 5 月,创意手表项目 Pebble Watch 在 Kickstarter 上创造了目前众筹融资的最高纪录——发布 28 小时内筹得 1 百万美元,1 个月时间内得到近 7 万人的支持筹得 1 千万美元。2012 年 4 月美国奥巴马政府签署了《促进初创企业融资法案》(Jumpstart Our Business Startups Act,简称 JOBS Act),增加了对众筹的豁免条款,为创业公司通过众筹方式向一般公众进行股权融资提供了法律依据,进一步拓宽了投资者和创业者的募资渠道。

四、我国互联网金融发展基本状况

（一）国内互联网金融发展概况

我国互联网金融发展目前还处于起步阶段,在互联网用户密度、互联网金融规模、业务品种、信用体系建设、法律法规建设、金融消费者教育和保护、人才储备等多方面较发达国家都还有一定差距。

1.银行业互联网程度不断加深

20 世纪 90 年代中期以来,随着互联网信息技术的发展与普及,我国逐步跨入互联网金融时代,银行业互联网程度不断加深,各家银行纷纷推出网上银行、手机银行等电

子银行业务,不仅扩展和完善了传统的银行渠道体系,为客户提供了便利,各家银行也通过发展电子银行业务增加了中间业务收入。

2.第三方支付异军突起

2000年,计算机和网络通信技术的广泛应用催生了电子支付的发展和支付服务机构的诞生,第三方支付异军突起。第三方支付的出现在很大程度上解决了互联网交易中的资金安全和资金流动问题,使得网络支付在整体支付业务中的地位变得越来越引人注目。2010年中国人民银行发布《非金融机构支付服务管理办法》以及2011年非金融机构支付业务许可证的颁发,使第三方支付行业的外延有了进一步延伸,把第三方支付企业扩展为在收付款人之间作为中介机构提供网络支付、预付卡发行预受理、银行卡收单以及中国人民银行确定的其他支付服务的非金融机构。由此,第三方支付企业也由互联网支付企业扩展为从事资金转移服务的各类支付企业。至2013年9月末,获得第三方支付牌照的企业累计已达250余家。

3.互联网金融逐步涉入信贷领域

得益于国内个人经营消费贷款以及个人投资理财的庞大市场需求,互联网金融逐步涉入信贷领域。2007年6月,首家P2P网络信用平台拍拍贷成立。6年多来,我国P2P网络信贷行业增长迅速,并衍生出多种交易方式和交易结构。我国P2P借贷业务区别于国外同类业务的主要特点有两个,一是除了纯粹的"中介平台模式"外,还存在大量的"理财模式" P2P融资;二是绝大多数的国内P2P公司都向客户以不同形式提供偿付保障。而目前我国P2P行业发展尚处于摸索阶段,现有法律法规体系、金融监管措施和风险控制手段等方面还存在空白,相关的制度约束仅限于各基本法律的部分条文,缺乏成体系的约束,大多数P2P网贷平台被归属为金融信息服务机构,仍处于"无准入门槛、无行业标准、无机构监管"的"三无"状态,行业发展良莠不齐,出现了多家平台倒闭、经营者携款跑路等恶性事件,亟待进一步规范。

4.众筹融资初步发展

2011年7月众筹融资在我国才刚刚起步,目前规模较小。现阶段我国众筹融资模式大致分为凭证式、会籍式、天使式三类,其中凭证式众筹具有圈子的性质,一般通过熟人融资,出资人不成为股东;会籍式投资者则成为被投资企业的股东,前两者均带有公益性质;而天使式则有明确的财务回报要求。但由于缺乏有效的监督和执行机制,我国众筹融资在资金使用、投资回报等方面欠缺规范;同时受《证券法》约束众筹网站上的所有项目不能以股权或是资金作为回报,项目发起人更不能向支持者许诺任何资金上的收益,而必须是以实物、服务或者媒体内容等作为回报。

5. 部分电子商务企业涉足金融领域

以京东商城、阿里巴巴等为代表的电商系企业,依托其掌握的交易数据和信用信息优势,在互联网数据开发的基础上进一步加速挖掘金融业务的商业附加值,搭建出不同于银行传统模式的业务平台,为小微企业提供可持续性的小额贷款,开启了小微企业金融服务新模式。各保险集团、基金公司也不断加强与平台公司的合作,保险、基金行业渠道电商化,保险、基金直销及第三方销售网站快速发展。

（二）部分城市支持互联网金融发展的基本做法

为加快发挥互联网金融的作用和价值，北京、上海、深圳、广州、天津、南京等地已“先知先觉”，率先发力，纷纷出台支持政策，设立产业园区、基地，推动互联网金融发展。

1. 北京中关村

中关村既是我国互联网等信息技术发展的中心，也是国家科技金融创新中心，兼具互联网金融的两个重要元素——互联网和金融，具有发展互联网金融的现实需求和良好基础。近年来，中关村第三方支付企业、P2P 平台、众筹融资等互联网金融机构数量日益增加，规模加速壮大，新的商业模式层出不穷。此外，电子商务企业也开始涉足金融领域，以京东商城、阿里巴巴等为代表的电商系企业，依托其掌握的交易数据和信用信息优势，在互联网数据开发的基础上进一步加速挖掘金融业务的商业附加值，搭建出不同于银行传统模式的业务平台，开启了小微企业金融服务新模式。在此基础上，迎着互联网金融行业的发展机遇，中关村互联网金融行业协会正式筹备成立。互联网金融模式下企业信用管理的问题也冒出头来。为解决这方面的问题，中关村互联网金融信用信息平台也随之启动。该平台将通过整合权威数据资源和会员企业信用信息，进行深入的数据挖掘分析，解决互联网金融模式下企业信用管理面临的三大问题，即信用信息情况查询，通过共享各企业信用信息降低成本，建立评分机制、实现信用审核标准化。中关村管委会将出台《支持中关村互联网金融产业发展的意见》，并支持企业发起设立中关村银行。中关村银行是由众多民营资本发起并参与、风险自担的民营银行，主要为科技型、创业型、创新型中小微企业提供全面、快捷、低成本金融服务的科技银行，以及基于创新信用机制和大数据运用的互联网银行。此外，还将建设中关村数据交易市场。数据交易市场将实现交易平台、数据增值和定价三大功能。交易平台通过整合数据的生产者资源和数据的需求方资源，使生产与数据使用分离，实现便捷交易；数据增值是在用户授权和确保交易合法的前提下，通过数据清洗、整合、加工，提供数据衍生产品，完成数据的增值；定价功能是指对数据和数据衍生产品定价，实现数据的市场价值。

2. 上海

上海将发展互联网金融作为进一步提升上海国际金融中心影响力、辐射力、创新力和资源配置能力的重要途径，坚持服务实体经济、坚持鼓励金融创新、坚持营造发展环境、坚持规范健康发展，并从基础设施建设、资源整合、重点机构培育以及风险防范的加强等各方面推动互联网金融的发展。

2013 年 7 月，上海市启动建设外滩金融创新实验区，提出以互联网金融和民营金融为主体进行创新，打造互联网金融集聚区，支持网上银行、网上保险、网上证券等互联网金融落户。有条件的区县纷纷建设互联网金融集聚区，制订集聚区优惠政策，联合引进国内外大型互联网金融企业。黄浦区成立“外滩金融创新试验区”，吸引入驻意向企业 26 家，涵盖了包括网络支付、移动支付、互联网小贷、众筹、在线金融产品销售等各种类型。嘉定区打造以高科技金融服务外包为特色的“上海金融谷”，项目规划用地 1000 亩，建筑面积 100 万平方米，已引入“91 金融”等一批互联网金融门户企业入驻，引进 827 家股权投资及管理企业，管理资金超 700 亿元。宝山区建设“北上海科技金融服务产业园”，一期项目建筑面积 3 万平方米，连同后续开发项目，总计将形成约 10 万平方米的以金融服务创新为特色的现代服务业集聚区。

2014 年 7 月 21 日召开的上海市政府常务会议原则通过了《关于促进本市互联网金融产业健康发展的若干意见》。在深刻理解互联网金融的特点和发展规律的基础上，主动适应互联网金融的新业态、新模式，研究制定相应的监管措施和产业政策，创新政府管理和服务模式；加大政策支持力度，支持有条件的企业发展互联网金融业务，拓宽企业融资渠道，促进互联网金融产业集聚发展；从人才、创新、信用、配套体系、法制等环境因素着手，营造适宜产业发展的环境；主动配合中央各监管部门，引导互联网金融企业明确经营“底线”、监管“红线”，支持行业自律，加强防控行业风险。

3. 广州

广州在互联网和电子商务的领域，已经形成了天河、荔湾、白云、番禺等区域中心，也发展形成了一流水平互联网企业，为互联网金融打下了良好基础。近年来，在国家鼓励和支持金融改革的宏观背景下，互联网金融发展非常迅猛，表现出了巨大的活力。截至 2014 年 6 月，广州拥有 7 家法人第三方支付机构，12 家代表性企业等互联网金融公司。广州积极支持互联网金融的健康发展，形成广州金融业发展和金融区域中心的新优势和制高点。2013 年初广州出台《关于全面建设广州区域金融中心的决定》，规划建设互联网金融集聚区，2014 年初广州市办公厅出台的《关于促进广州市服务业新业态发展的若干措施》又明确提出，将互联网金融作为现代服务业的重要新业态之一予以扶持发展。2014 年 6 月，广州金融办公布了《广州市支持互联网金融创新发展试行办法》，在广州落户的互联网金融企业，将得到落户、租赁办公用房、业务创新、提供融资服务以及人才引入等方面的奖励补贴。广州按照“六个一”的思路推动广州互联网金融的发展，即制定一个互联网金融发展规划、出台一个支持政策、发展一批积极产业、推动支持一批互联网金融企业、设立一个互联网金融产业联盟，举办一个互联网金融论坛。

五、武汉市互联网金融发展主要任务

互联网金融已成为不可逆转的时代潮流。2013 年 8 月，互联网金融正式写入了国务院的两个重要文件。国务院办公厅《关于金融支持中小企业发展的实施意见》提出：“充分利用互联网等新技术、新工具，不断创新网络金融服务模式。”国务院《关于促进信息消费扩大内需的若干意见》提出：“推动互联网金融创新，规范互联网金融服务。”2014 年政府工作报告明确提出要“促进互联网金融健康发展”。央行起草的《关于促进互联网金融健康发展的指导意见》已经成文，预计很快下发。而互联网经济也迅猛发展，技术、业态、模式创新越来越快，面对这样的大环境，武汉必须以更加积极的态度，鼓励支持互联网经济发展，近几年的主要任务如下：

（一）推动金融机构依托互联网转型升级

面对冲击和挑战，最大的风险就是墨守成规。对于传统金融机构而言，把握大势、加快创新、改造流程、提高效率应是主要的应对之举。传统金融机构发展互联网金融的主要优势是：一是拥有基础客户群、基础产品、客户经理和中后台团队；二是拥有基础金融牌照、实体网点机构和基础电子渠道；三是基础客户群有电子商务转型需求，与客户联系更为紧密；四是决策链条短，对市场反应迅速。传统金融机构依托互联网转型升级，就要创新产品服务机制和商业模式，培育衍生新型金融业态，提升金融服务广度和深度。

首先，传统金融应借鉴互联网金融平台式的发展战略。传统银行作为资金中介具有天然优势，应当秉持开放态度，对接服务平台与实体经济平台，高效、快捷地满足客户需求。这就需要商业银行改变以自我为中心的营销方式，按照客户需求来调整经营模式。

其次，传统金融应加快对互联网先进技术的利用。传统金融机构的交易数据和账户信息范围更广、历史更长，数据挖掘的潜在收益远比互联网企业更大，应加快对此类技术的运用。在互联网金融时代，商业银行必须摆脱线上产品经营高度依赖物理渠道产品迁移的发展模式，要强化适应网络经济以及线下线上一体化经营的产品创新，并通过智能终端自助服务与远程人工服务的结合，建立全新的远程银行模式，并构建物理渠道人工服务、自主电子银行服务之外的第三种渠道和服务方式，同时建立基于动态交易数据的风险管理体系。

最后，传统金融应吸纳互联网金融导入的平等理念。互联网金融从单纯的支付中介转向信用中介和信息平台，实现与客户协同发展，并通过满足中小客户的融资需求，实现普惠金融的理念。

（二）拓宽互联网企业进入金融领域渠道

一般而言，互联网企业能否顺利地进入金融领域，应当满足三个基本条件：一是支付账户，即用户在该网站拥有账户，用于开展潜在的资金流进流出；二是贴近金融业务的消费场景，即网站与金融或财经具备某种天然的联系，能够构建金融业务的消费场景；三是足够大的平台效应，具有海量用户规模，能够带来聚沙成塔的效应。无论从阿里的“余额宝”、百度的“百赚”、“百发”还是腾讯的“微信支付”都可以看出，互联网企业进入金融领域凭借的是互联网的“三驾马车”——杀手应用、种子客户、品牌效应。互联网巨头进军金融领域已成为趋势，同时也在逐渐打破传统金融领域的垄断地位，未来势必会对传统金融业产生重大影响，从而加快金融市场化改革的步伐。利用新一代互联网、移动通信和大数据处理等现代技术手段，创新资金融通、支付结算和信息中介业务，拓宽互联网企业进入金融领域渠道，支持互联网企业依法发起设立或参股商业银行、证券、基金、期货、保险、消费金融、汽车金融、金融租赁和金融电商等各类金融机构。支持互联网企业通过发起设立、并购重组等方式控股或参股小额贷款、融资担保、融资租赁、典当投资、股权投资、要素平台等新型金融机构。支持互联网企业依托互联网技术和线上线下资源优势，发起或参与设立第三方支付、移动支付、众筹融资、电商金融等机构。

（三）促进互联网金融开展业务创新

互联网金融业务模式创新就要引导传统金融机构、新兴金融业态在符合法律法规及金融监管要求的前提下，与互联网金融企业深入开展业务合作，实现商业模式创新，同时互联网金融企业探索建立面向中小微型企业线上、线下的多层次投融资服务体系，在融资规模、周期、成本等方面提供更具针对性和灵活性的产品和服务。

首先，扩大信用评估数据来源范围。互联网金融是大数据、云计算这些新兴技术力量的倡导者和实践者，一切数据皆为信用数据。一是除了信用统计的数据以外，借款人的很多其他信息，包括为什么要借贷、希望的额度、教育背景、职业等等，以及第三方的评分、邮件、电话号码和住址、计算机 IP 地址等都是可为信用评估所用的数据来源。二是作为互联网金融的合作伙伴电子商务平台也是可能的信用数据来源，电子商务平台可以为互联网金融平台提供用户交易纪录，用于信用评级。三是社交网络的数据也可以直接作为信用依据。随着社交工具与支付工具的结合，人们在社交工具上不仅沉淀了真实姓名、身份证号、电话、银行卡号、信用卡号和一大批好友，甚至连自己的工作信息及位置信息都变得可以追踪。在国外有不少信用公司开始利用 Facebook、LinkedIn 和 Twitter 等社交网站的个人资料来评估消费者的信用风险。利用社交数据网络，可以简化审核流程，以社交数据核实借款人身份，考察借款人的信用度；可以增加借款人的违约成本，并可通过其社交关系施压催收。随着大数据的应用与互联网金融的发展，将用户的社交网络数据纳入信用评价体系，将社交网络资料转化成个人互联网信用，将有助于互联网金融平台提高信息精准度。

其次，寻求线上与线下业务的平衡。线上业务实现了贷款端的互联网化，比如纯信用贷款、24 小时可申请、快速满标、网络极速审核、贷款快速发放，但投资者会发现好标难抢、拖欠款风险高、费时费力而且收益一般。线下业务则实现了投资端的互联网化，有平台担保，收益相对高，但借款者要承担高借贷成本，也不够便捷高效。我国线上业务目前的难点在于征信、大数据这些互联网还没有发展到可以完美支持线上模式程度，但征信体系的建设近年来已有进展，特别是全国征信体系规划的编制，黑名单共享、政府合作、大数据中心建设都在有条不紊的进行中，未来继续发展的空间并不小。互联网征信问题的解决也将使线下业务受益，对互联网金融的监管细则将要出台，线下业务如果能够妥善处理资金池问题、资金和期限的错配问题，监管环境也将改善。互联网金融的草根化和落地化也需要线下业务的发展，互联网买卖商品最终还是需要物流、仓储等产业的发展。武汉是交通枢纽，很多互联网金融公司、机构必须在武汉设立落地机构，处理一些需要落地的业务。这些线下业务是武汉考虑的方向，他们需要物流、仓储，而武汉恰好有这个优势，打造金融聚集地，在武汉设立总部，辐射周边。

（四）构建互联网金融生态圈

通过互联网工具可以向客户提供包括资金、服务等各种各样的信息，从而帮助客户有效完成交易，创造真正的网络价值。金融行业也是如此，只有真正能够提供综合服务的金融机构才能在竞争中胜出。构建网络生态圈，不仅仅是对网络金融的发展有借鉴意义，对实体企业集团的发展也有相当的价值。构建一个金融生态圈需要诸多元素，这些元素相互补充，共同发挥协同效应和相乘效果，达到“1＋1＞2”的功效。

目前在武汉形成了与互联网金融相关联的创新性金融机构和科技中介机构集聚态势，一大批银行、投资机构、保险公司、证券公司、担保机构、小额贷款机构、资产管理公司、信托公司、金融租赁公司、会计师事务所、律师事务所、资产评估事务所、信用中介机构、知识产权中介机构、产权交易机构等金融机构和科技中介机构正在逐步设立和发展。基于目前态势，伴随着互联网技术的日益成熟和网络的便捷，未来互联网金融客户需要将所有相关业务融为一体的全面综合服务。因此，未来必将会打造出整体的互联网金融服务平台，同时为了使客户能有多样化的产品选择，非金融机构也必将加快重组、兼并的步伐，充分吸收和融合相关资源，从而不断丰富互联网金融产品，打造一体化的服务平台，丰富互联网金融生态圈。

（五）加强互联网金融风险防范体系建设

金融市场化及有效监管是互联网金融健康发展的制度基础。互联网金融之所以要监管，就在于它的核心仍然是金融，而不是互联网技术。由于互联网金融的核心是金融，那么互联网金融的任何交易都是对信用的风险定价。金融所具有的信息不对称、交易成本、外部效应、公共性、弱势投资者利益容易受到侵害而需要保护政策及谨慎监管等本性，互联网金融也是不可改变的。

目前互联网金融面临的主要挑战就是互联网安全性的风险以及金融业合规性的风险。针对互联网金融发展的主要挑战，应从企业、行业、政府三个层面进行解决，将互联网金融纳入金融监管框架，实现政府监管、行业自律和企业自治三者有机结合，纳入包括一行三会和地方政府金融局办在内的金融监管框架内。在政府监管层面，政府应组织央行、银监会、证监会、工信部等监管部门大力合作，按照实质重于形式的原则，针对互联网金融业务的特点，及时推出监管框架，规范其发展。监管主体减少行政审批和行政监管，探索实施负面清单式的监管模式，重新划定监管的红线，引导市场主体，强化内部治理和内部制度，建立核心的运营数据和监管数据的统计体系，还有公众的监管制度和用户投诉机制。在行业层面，互联网金融应制定行业规范，可由市金融办牵头，联合本地影响力、规范性出众的互联网金融企业，共同成立“互联网金融产业协会”，让武汉的互联网金融从业者们有更多相聚交流的机会，为中央提供切实可行的监管建议。推动信息共享，特别是信用记录不佳的客户信息共享，避免非法集资、非法存款、挪用客户资金等行为的发生。要统筹建立多维立体大数据体系，构建全面有效的信用体系。在企业层面，涉互联网金融的公司在重视用户体验的同时，应加强风险控制，不断提升技术安全性，遵守各项法律法规，加强内部制度建设。

六、武汉市互联网金融发展政策建议

（一）健全注册登记制度

允许互联网金融企业在工商登记的营业范围和企业名称中，加入“互联网金融”或者“互联网金融服务”字样，解决企业实际运营中的工商登记问题。采取“定向降准”，对小规模的、面向农村和小微企业的互联网金融机构降低准入标准。信息管理部门也要给予一定的支持，并加强和行业的配合沟通，比如P2P平台去办ICP许可证的时候，可能会遇到一些困难。另外，建议信息管理局借助互联网金融协会的力量来进行审核，由互联网金融协会来给出推荐意见。

（二）创新财政投入方式

加大对互联网金融企业的落户奖励。对新设立或新迁入的、具有独立法人资格的互联网金融企业，大型互联网企业在武汉新设立或新迁入的互联网金融企业，以及经国家金融监管部门批准设立的创新型网络金融机构、电商机构、互联网金融研发中心、非金融支付服务机构和金融配套服务机构等，根据情况给予一定的奖励。加大对互联网金融项目的奖励。对重大科技研发和商业模式创新的互联网金融项目，符合武汉市金融创新方向的互联网金融创新产品和业务模式，符合条件的互联网金融产业园区，给予一定的奖励。创新财政资金对互联网金融投入方式。鼓励创业投资引导基金与境内外股权投资机构、金融机构、产学研联盟合作，发起设立互联网金融创投基金，重点投向初创期、成长期的互联网金融企业。创新市科技研发资金的投入方式，通过贷款贴息、科技保险、股权投资等资助方式，引导金融资源和社会资本加大对互联网金融的投入。

（三）推动人才培养

健全互联网金融人才培养体系。支持金融业和互联网产业整合智力资源，开展跨界结合的学术研究、交流合作和培训活动。鼓励互联网金融企业、金融机构和科研机构通过组建博士后工作站、研究智囊机构等方式，开展互联网金融创新研究，加快培养创新型金融人才。鼓励互联网金融企业采用用人 offer、免笔试直接面试、特别优秀者直接录用等绿色通道录用优秀人才。加大科技人才的培养,重新审视科技人才在监管机构中的作用。金融监管机构内业务和监管岗位,要由擅长计算机技术的经济、金融专业人士担任。加强风控与技术人才的培养，互联网金融企业的高级管理人员和高级技术人才，符合我市高层次人才认定条件的，可享受我市关于人才引进、子女教育、医疗保障等方面的相关扶持政策。

（四）集聚发展空间

支持小平台做到“轻资产”运营，降低项目规模，做好做精自身真正了解的、掌握的贷款项目，走精品化路线，在稳定的基础上逐步扩大用户规模。鼓励主流平台与金融机构、创业投资机构、产业投资基金深度合作，整合资源优势，连接行业的上下游，优化产业链，结成互联网金融产业集群。优化互联网金融集聚发展空间。鼓励各区（新区）积极参与互联网金融创新试点工作，进一步优化产业空间布局，加大政策扶持力度，强化市区两级联动，吸引各类互联网金融企业及配套服务机构聚集，持续增强互联网金融聚集效应。

（五）完善服务支持体系

完善互联网金融服务支持体系。支持商业银行、信托投资和金融租赁等机构与互联网金融企业的业务合作，探索开展第三方资金托管、质押融资贷款等业务。支持保险机构开展符合互联网交易需要的履约保证保险业务和其他保险模式。支持证券、基金期货类机构加大与互联网金融企业的合作，拓宽金融产品的销售渠道，创新财富管理模式。支持小额贷款、融资担保等机构与互联网金融企业开展业务合作，实现商业模式创新。优化互联网金融配套服务体系，支持互联网金融配套服务机构在深集聚，拓展数据储存备份、云计算共享服务、大数据挖掘服务、销售结算服务等业务，加强信息安全、大数据储存和宽带基础设施建设。推动会计、审计、法律、咨询等中介服务机构专业化、高端化发展，为互联网金融企业提供优质的专业服务。

参考文献：

谢平，邹传伟，互联网金融模式研究[J]，金融研究，2012（12）.

陶娅娜，互联网金融发展研究[J]，金融发展评论，2013（11）.

龚明华，互联网金融 ：特点、影响与风险防范[J]，新金融，2014（2）.

张正平，胡夏露，P2P 网络借贷：国际发展与中国实践[J]，北京工商大学学报，2013（3）.

陈一稀，互联网金融的概念、现状与发展建议[J]，金融发展评论，2013（12）.

（执笔人：刘海虹）

武汉万亿 GDP 倍增阶段若干问题研究

改革开放以来，城市成为中国经济快速发展的强大引擎。截至 2013 年，已有上海、北京、广州、深圳、天津、苏州、重庆 7 个城市先后进入中国“万亿元城市俱乐部”。预计 2014 年年底，武汉 GDP 也将超过万亿元大关，在中部城市中，率先迈入“万亿元城市俱乐部”。在市十二届六次全委（扩大）会议上，阮成发书记、唐良智市长强调，在我市 GDP 即将过万亿的时候，要不失时机地研究制定 GDP 由一万亿到两万亿的时间表、路线图和重大举措，各区各部门都要主动作为、奋发有为，为复兴大武汉努力奋斗。为落实会议精神，武汉市社会科学院成立了“武汉万亿 GDP 倍增阶段若干问题研究”课题组，开展相关专题研究。课题组认为，武汉万亿 GDP 倍增阶段将面临三大挑战、三大共性问题、五大个性问题，必须主动应对挑战，着力解决共性与个性问题，采取有力措施，积极借鉴其他城市实现“倍增”经验，顺利实现我市 2020 年万亿 GDP“倍增”目标。

一、万亿 GDP 倍增阶段面临的三大挑战

课题组初步分析，我市万亿 GDP 倍增阶段，面临着三大挑战。一是国内外经济增速放缓。从国际上看，2008 年世界金融危机后，世界经济复苏缓慢，国际市场明显萎缩，反倾销及贸易磨擦加剧，我国经济出口拉动力减弱；发达工业化国家实施再工业化，抢占未来 10～20 年战略性新兴产业制高点，资本输出和产业转移减缓，对原材料和国际市场争夺更加激烈；国际经济、政治关系剧烈变化，矛盾和冲突较多，世界经济不确定性因素增加。新兴经济体工业化速度加快，以其成本优势吸引了大量的国际资本和产业，我国承接国际资本和产业转移的环境进一步收紧。从国内来看，出口拉动增长的速度逐步减缓，外向型经济结构调整的任务艰巨；科技革命加速，产业变革加剧，战略性新兴产业快速发展，中国经济结构调整和转型升级任务十分繁重。总体上看，我国经济的新常态，将是增速减缓、重点转移、创新驱动。这一新常态，对我市实现万亿 GDP 倍增目标提出了严峻挑战。

二是城市之间竞争日趋激烈。武汉在万亿 GDP 倍增过程中，前有标兵后有追兵。上海、北京分别在 2006 年、2008 年率先实现万亿 GDP，并分别于 2013、2014 年实现 2 万亿。 预计广州和天津在 2016 年、深圳和重庆在 2017 年、苏州在 2018 年、武汉在 2020 年将实现万亿倍增。预测结果表明：武汉较上海、北京、广州、天津、深圳、

重庆、苏州实现万亿 GDP“倍增”目标，分别晚 7 年、6 年、4 年、4 年、3 年、3 年和 2 年。同时，预计成都在 2020 年，大连、青岛、南京在 2022 年，均会实现万亿 GDP 倍增，与武汉相差仅仅在 1-2 年之内。

武汉与 GDP 万亿城市主要指标比较表

城市	GDP（亿元）	人口（万人）	土地（平方公里）	建成区面积（平方公里）
上海	21602.12	2301.91	5800.00	1563
北京	19500.6	1961.24	16800.00	1268
广州	15123	1270.08	7263.00	700
深圳	14500	1035.79	2050.00	661
天津	14370.16	1293.82	11000.00	605
苏州	13000	1046.60	8488.00	411
重庆	12657	2884.62	82300.00	278
武汉	9051.3	1022	8494.41	534

注：数据均为 2013 年，来源于《武汉统计年鉴》（2014）.

2020年前后GDP2万亿俱乐部城市（单位：亿元）

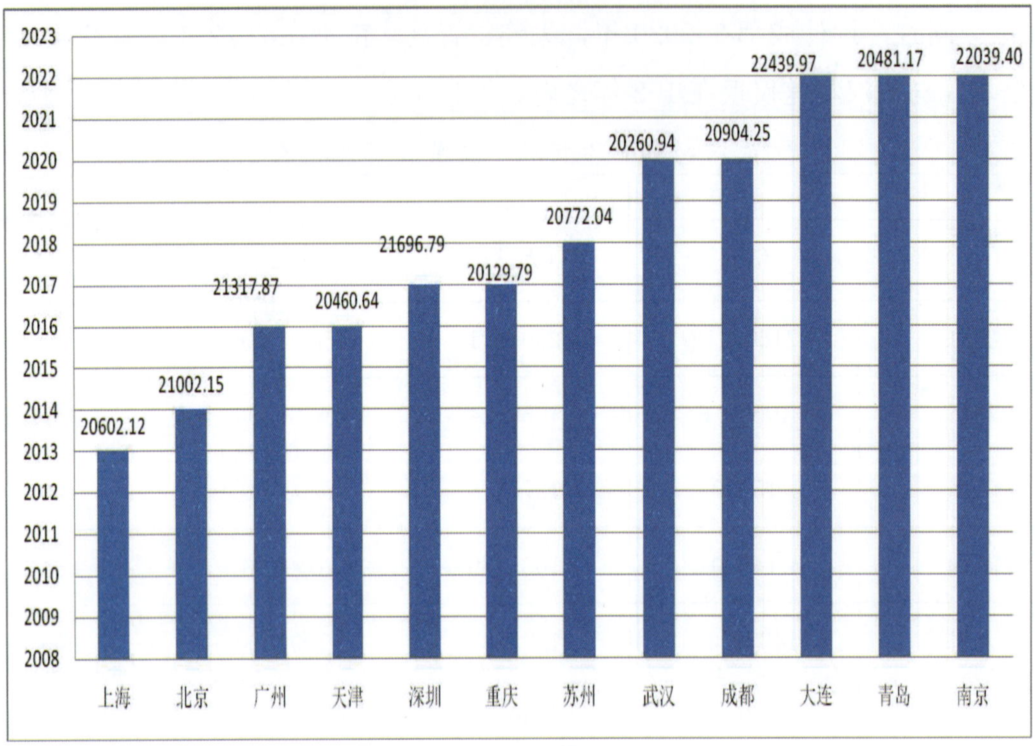

注：数据来源于各市2013年统计年鉴。预测数是根据各市2009-2013五年GDP平均增速，按现值计算。

武汉与GDP过万亿城市发展质量比较（2013年）

城市	人均GDP（万元/人）	地均GDP（亿元/平方公里）	三次产业比
上海	9.4	3.7	0.60:37.16:62.24
北京	9.9	1.2	0.83:22.32:76.85
广州	11.9	2.1	1.48:33.90:64.62
深圳	14.0	7.1	0.1:43.4:56.5
天津	11.1	1.3	1.3:50.6:48.1
苏州	12.4	1.5	4.2:54:41.8
重庆	4.4	0.2	7.9:50.5:41.6
武汉	8.9	1.1	3.8:48.3:47.9

三是要素供给瓶颈制约日益趋紧。课题组预测，2020年，共有深圳、苏州、重庆、成都、武汉等9～10个城市进入2万亿GDP俱乐部，上海、北京、广州、天津等4～5个城市进入3万亿GDP俱乐部。在国际国内要素供给能力基本稳定的前提下，各市为实现2万亿、3万亿GDP倍增目标，对要素的争夺将会更加激烈。目前，我国原油（57.39%）、煤炭（8.13%）、铁矿石（60%）、天然气（30.5%）等原材料对国外市场的依存度越来越高（括号内分别为2013年该种原材料对外依存度），诸多地区和城市实现“倍增”的要素供给缺口将进一步扩大。

由于我市经济结构的“重化型”特征明显，要素供给缺口较北、上、广“倍增”阶段更大。目前，北京、上海、广州三产业占GDP60%～70%以上，武汉经济中工业占比较大，工业增长需要消耗的煤电油运比服务业要高出很多，即使考虑科技进步与要素生产率提高的因素，武汉要实现万亿GDP倍增基本上也会消耗将近一倍的生产要素。特别是人口、建设用地、能源消耗的倍增，是武汉实现万亿倍增必须面对的最严峻挑战。课题组预测，我市实现万亿GDP倍增，到2020年，需要人口近1990万、投资近13000亿元、建成区面积扩大近1倍。

武汉市万亿GDP倍增需要的要素估算值

指标	固定资产投资（亿元）	煤炭（万吨）	电力（亿千瓦时）	运输量（万吨）	建成区面积（平方公里）
2014	7029.85	2258.95	512.11	52154.72	625.78
2015	8057.74	2589.25	586.99	59780.69	717.28
2016	9085.63	2919.55	661.87	67406.66	808.78
2017	10113.52	3249.85	736.75	75032.63	900.28
2018	11141.41	3580.15	811.63	82658.60	991.78
2019	12169.30	3910.45	886.51	90284.57	1083.28
2020	13197.21	4240.75	961.39	97910.53	1174.78
年均	1027.89	330.30	74.88	7625.97	91.50

注：以 2013 年为基期，按照万亿倍增目标，给出所需要素估算值。

二、万亿 GDP 倍增阶段面临的主要问题

课题组经过与“万亿元城市俱乐部”城市进行比较分析，发现倍增阶段我市可能面临三大共性问题和五大个性问题，需要提前制定应对策略。

（一）倍增阶段三大共性问题

目前，“万亿元城市俱乐部”城市有 7 个。课题组选择北京、上海、广州、天津四个城市进行分析。这些城市在“倍增”阶段出现的共性问题，主要表现在三个方面：

1. 产业扩张与结构变革矛盾突出，转变经济发展方式任务艰巨

世界经济正处于大变革大调整大重组时期，如何依靠科技创新抢占产业发展战略制高点并在新一轮产业和技术革命中获得先机，成为各国参与国际竞争的重大课题。围绕新兴产业发展及国际产业转移，不同国家和地区在技术、人才、资本、市场等方面的竞争与合作进一步深化。特大城市根据功能要求，需要在更高的层次上参与全球分工和国际竞争，提升城市的承载力、竞争力和辐射力。

北京产业发展面临三个问题。一是产业内部结构不合理，新型服务业与发达国家和地区的差距比较明显，如教育卫生文化与社会保障、居民服务和公共管理等新兴行业增加值占第三产业增加值的比重较低。二是产业用地布局分散，集群效应不强。《北京城市总体规划》虽然明确了各个区县的功能定位，但由于缺乏明确的产业发展定位和有效的区域间产业协作机制，部分区县和功能区都不同程度地存在产业低层次同构现象。三是资源约束刚性加剧，转变经济发展方式任重道远。由于人口增长、住宅建设规模增加，城市空间堵塞严重，城市发展对产业转型升级的要求越来越高。

上海的产业发展和布局存在的问题主要有：一是第二、三产业布局优化问题。上海中心城区服务业虽然已占 80%，内环以内更是达到了 90%以上，但需要不断提升现代服务业能级。二是郊区空间的粗放管理问题，新城规划缺乏充分考虑原住民和产业人口的利益，新城生活环境和宜居性有待提升。三是支柱工业水准需要进一步提高。石油化工作为上海的支柱工业之一，但在精细化率方面却落后于全国水平（江浙两省的化工精细化率已达到 53%左右，而上海只有 23%）。附加值低、高新技术应用不足是当前亟待破解的瓶颈。

天津的经济发展主要是由外资和重化工业的发展推动的。随着国际和国内市场条件的变化，不仅外资和重化工业发展对区域经济增长的驱动作用在减弱，而且带来了产业发展对外源型技术进步的过度依赖、资源和环境约束加大等一系列问题。近年来，

广州人工、土地成本上升较快，环境污染问题突出，对广州投资增长和重大项目建设形成明显的制约作用，经济增长中的新亮点不多、产业层次不高、创新驱动能力不足，实体经济增长动力偏弱，是影响经济转型发展的主要问题。

2. 人口总量增长压力大，人口调控难度越来越高

近年，北京、上海、广州几个特大城市持续快速增长，对城市的资源环境、公共服务能力、可持续发展形成巨大压力，已经逼近城市资源环境承载力极限。

2004年北京市总体规划确定，到2020年，人口规模是1800万人，但是实际上，2013年，北京市常住人口2114.8万人，较2012年增加45.5万人，增长2.2%，是1986年的两倍多，相当于“26年长出一个北京城”，远远超过规划人口。随着人口的增加，土地就更为紧张，环境污染、交通拥堵、房价高涨等等城市病日趋严重。目前，北京中心城区以全市8.3%的国土面积，聚集全市59.3%以上的人口、69.6%的GDP和近100%的优质教育资源。北京市72家三级医院有35家在三环以内，有54家在五环以内。

1993年到2012年，上海常住人口从1381万增加到2380万，平均每年新增52.6万，年均增长2.9%。2013年，上海常住人口达到2415.15万人，比上年增加34.72万人，其中外来常住人口990.01万人，占比41%，较上年增加29.77万人。上海人口过快增长，造成了公共服务总量短缺和结构性矛盾并存的双重难题。以卫生为例，上海每万人口医生数，已经从1990年的44人，减少到2011年的22人，“看病难”现象愈演愈烈。人口过快增长，也给上海的交通、住房、环境、就业、社会治安带来了很大的压力。在人口持续增长的同时，人口素质不高的问题突出，户籍制度改革控制了各类人才入沪，但是对一般劳动力没有有效的调控手段。

广州情况也不容乐观。2013年末，常住人口1292.68万人，其中户籍人口832.31万人。这比2012年第六次人口普查时的1260万人增长了约32万人，从2000年到2012年间，广州常住人口每年增长43万。

3. 社会风险事件频发，社会治理难度加大

21世纪的中国是一个农业化社会、工业化社会和信息化社会等多种社会形态并存的综合体，这决定了中国特大城市的复杂社会结构与社会矛盾。表现为社会结构的复杂性、社会生态的多样性和社会矛盾的多元性，而这“三性”无疑将使中国大城市危机的风险与烈度居高不下，危机管理的难度也会大大增加。近年来，特大城市发生的社会事件影响越来越大。如广州市非洲裔侨民抗议事件、伊丽莎白妇产医院医患纠

纷、地铁踩踏事件、公交爆炸起火事故等让公众感到极度恐慌。上海市福喜食品有限公司采用过期变质肉类原料问题、动拆迁矛盾问题、北京市冀中星首都机场爆炸事件、王府井步行街一男子持刀劫持一名女子事件、天津市多美滋“第一口奶”贿赂事件等，反映了特大城市社会治理面临的困难和社会治理工作中的不足，给城市治理提出了严峻的考验。

（二）倍增阶段五大个性问题

除了上述三个方面的共性问题，我市在万亿 GDP 倍增阶段也面临一些自身的个性问题，需要加以谋划解决。

1. 功能承载力不足

一是武汉作为中西部城市，相比沿海城市发展差距在 6～10 年左右。特别是机场、港口、地铁、人居环境等，与北京、上海、广州相比存在阶段性差距，“十三五”时期仍然处在城建补课阶段（北、上、广分别借助奥运会、世博会、亚运会投入巨量资金更新改造城市基础设施，我市目前还缺乏这样的机会）。

武汉与相关城市交通承载能力比较（2013）

指　　标		武汉	北京	上海	广州
航空（绝对数）	旅客吞吐量（万人）	995.29	6988.00	4172.92	6451.60
	货运吞吐量（万吨）	9.80	135.70	334.98	39.51
铁路（绝对数）	旅客吞吐量（万人）	12104.00	11587.50	7971.50	11315.00
	货运吞吐量（万吨）	9010.40	1078.40	694.09	218.20
地铁建成里程（公里）		56.57	456	473	236

二是武汉两江交汇、三镇鼎立的空间格局决定了城市建设任务更加繁重，三镇既是相对独立的三城，同时三城之间的交通沟通又必须跨越两江，交通建设、城市建设投资量大。这对推动我市经济增长需要的投资会产生一定的挤压作用。

2. 资源聚集力不强

一是资金的聚集能力不强。我市与北上广甚至成都的差距都非常明显，与重庆、成都等中西部城市也存在一定差距，非公经济增加值占地区生产总值比重较低，纳税过亿元民营大企业、知名民营企业家、有市场竞争力的名牌产品较少。

武汉与相关城市金融机构存贷款额度比较（2013）（单位：亿元）

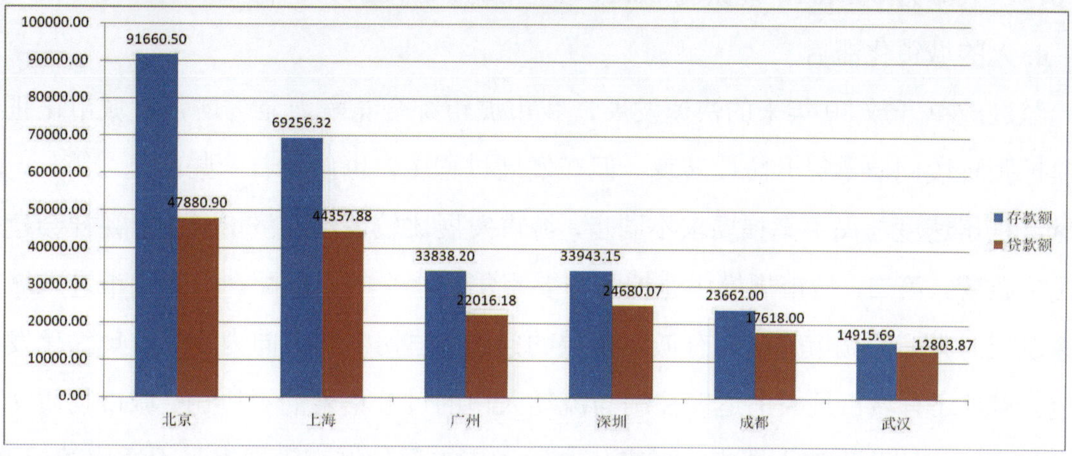

二是人才东南飞没有得到有效制止。我市作为第三大教育城市，大学毕业生人数多年来保持全国第一，而根据市人社局发布的一项武汉地区高校毕业生就业报告显示，从2007年开始，毕业生留汉就业比例逐年递减，2007年为55.3%，2008年为52.19%，2010年为50.7%，2011年首次跌破50%，仅为47.04%。

三是外向集聚度较低。由于国家长期实行先沿海后内地的开放政策，作为内地城市，我市对外开放经济发展一直不强，与长三角、珠三角差距巨大，现在，即使与西部成都、重庆相比都有一定的差距。

武汉与相关城市进出口总额比较（2013年）

指　标	武汉	北京	上海	广州	重庆	成都
进出口总额（亿美元）	217.52	4291	4413.98	1188.88	687.04	506.00
出口总额（亿美元）	119.43	632.5	2042.44	628.06	467.97	318.80

3.服务辐射力不够

服务经济的发达程度，可以量化为两个指标：一是服务业在国民经济中的比重，二是生产性服务业在服务业中的比重，生产性服务业包括设计、研发、营销、创新、金融、人才等行业，其比重越高，城市的能级就越高，辐射能力就越强。我市服务辐射力不够表现在：一是第三产业占GDP比重低于北京、上海、广州十几个百分点以上（2013年武汉为47.9%，北京为76.85%，上海为62.24%，广州为64.62%）；二是生活性服务业占服务业的比重比北京、上海、天津等城市高出约10%（2012年武汉为43.67%，天津为38.49%，北京为28.66%，上海为27.29%）。

4.人的城镇化滞后

经过改革开放30年来的快速发展，我市城市综合竞争力显著增强，城市化正从规模扩张阶段向质量提升阶段转变。但在发展过程中，也伴随着一些问题。第一，城市财富积累速度与民生幸福要求不同步，城市发展比较关注经济增长、忽视社会建设和民生改善。第二，城市规模快速扩张与要素集约水平的不匹配。虽然我市进入城市快速发展时期，但城市建设还有低效粗放的问题，迫切需要迈向内涵式、集约化发展轨道。同时还有城市规模的适度控制与流动人口的过分集聚的不协调、城市物质文明建设与生态文明建设的不同步、城市化高速发展与现代城市管理水平不适应等问题。

5.舆论关注度较高

近年来，我市加快建设国家中心城市和国际化大都市，引起国内外各类媒体的高度关注。媒体在议题内容、涉及主体、传播导向、传播形式、能量效应等方面正面宣传居多，但也存在少数片面报道，影响了武汉的城市形象，需要我们认真把握和应对。

三、外地经验与对策建议

为解决“倍增”阶段的这些共性和个性问题，必须借鉴相关城市的经验，采取有力措施努力实现投资、收入（消费）和进出口“三个倍增”；以创新驱动为龙头，以招大商、上大项目为抓手，制造业和服务业并重，改革创新与优化整合并举；继续保持总量快速扩张、民生持续改善和环境逐步优化的稳健发展势头。

（一）万亿GDP城市倍增阶段的经验

为了解决倍增阶段的共性问题，相关城市的几点经验值得我们借鉴。

1.集中优势资源发展壮大大产业，锲而不舍地推进主导产业规模扩张与结构优化

广州市抓住当前产业结构调整机遇，根据产业发展的新趋势新特点，完善和出台支持一系列新兴产业发展的优惠政策，扶持一批新业态骨干企业做强做大，培育若干有广东优势的新业态产业集群，以园区建设为抓手，提出打造新能源汽车产业基地、地理信息产业园等，形成促进产业转型升级的新动力。上海把握科技进步大方向、产业革命大趋势，按照新技术、新产业、新模式、新业态的“四新”要求，瞄准世界科技前沿领域和顶级水平，进一步聚焦一批重大科技创新工程和创新产业项目，将这些大项目作为城市发展战略转型的驱动力。大飞机项目、生物医药工程、电子科技、造船等战略性新兴产业、城市机场跑道和轨道交通项目等基础设施投资高达万亿元。北

京市深化产业结构调整，实现工业生产在价值链上的高端化和生产上的轻型化，不断提高构建高精尖经济结构的能力。天津市把优化产业结构作为转型升级的战略任务，打造装备制造、石油化工两个万亿产业，壮大电子信息、轻纺两个五千亿产业，培育一批千亿产业，构建起以战略性新兴产业为引领、装备制造业为核心、优势支柱产业为支撑的新型工业体系。在主导产业链发展中，重点打造航空航天、装备制造、新能源等10条产业链，其中万亿元产业链2条，千亿元产业链8条。

2.强力实施投资倍增计划，千方百计招大商上大项目

广州市近年来投资增长不断提速，2013年达到23%。通过实施投资倍增计划，五年内以新区、新城、新平台、新基地（产业园区）为载体，统筹推进总投资约3万亿元的2300多个投资项目建设，带动近2万亿元全社会固定资产投资。北京市将投资作为拉动经济增长的主要抓手，与2013年相比，2014年工业投资有较大幅度增长，1-8月份工业投资429.1亿元，增长11.2%。上海市投资增幅保持在10%左右。2013年，虹桥商务区项目、迪斯尼项目、世博园区后续开发项目等一系列重大项目以及配套环境设施的全面开工建设；自贸区建设中启动的跨国公司地区总部平台、亚太分拨中心平台、专业物流平台、高端现代服务业平台和功能性贸易平台建设，有效引导大批投资投向金融、贸易、科研和航运等项目。

3.积极稳妥控制人口增长，疏解优化城市功能

一是实施“积分”进城和居住证积分管理，规范外来人口落户，体现公共服务与条件和贡献的挂钩。广州实施流动人口办居住证及积分入户制，上海对拥有居住证的居民，将其个人情况和实际贡献转化为相应的分值，并按照一定的积分指标体系，根据积分的多少享受相应的公共服务待遇。二是鼓励部分优质资源转移至新城。积极改善优质公共服务资源分配不平衡状况，带动发展新区和生态涵养发展区的建设和发展。三是以城市群为载体，实现跨地域布局。北京市重点发展产品设计、研发、营销、展示等产业，形成京津研发、河北进行生产和孵化的产业链。

4.着力化解社会矛盾，加强和创新社会治理

目前我国处在社会转型、经济转轨的特殊时期，拆迁还建、教育医疗民生等各方面的突出问题颇多，甚至在一定时间出现激化现象，各市都相应出台了措施来有效面对，积极化解矛盾。

上海市重点开展四个方面的工作：一是建立人民调解、行政调解、司法调解相衔接的大调解体系；二是创新“大联动、大联勤”管理，完善城市综合管理体制，创新常

态化工作方式,完善工作监督考核机制；三是人口房屋管理相结合，推进“实有人口、实有房屋、实有单位”管理全覆盖，强化实有信息登记，强化居住地服务管理，强化突出问题摸排和整治；四是加强城乡结合部地区的服务管理，推进养老服务设施建设，鼓励支持社会力量特别是公益性社会组织参与养老服务。天津市出台实施《天津市突发环境事件应急预案》和《加快推进我市公共卫生应急核心能力建设的实施意见》，初步建成全过程风险监测体系。

广州市从源头做好重点领域、突出问题的预防和消解工作，着力化解在加速推进城市化进程中产生的涉农矛盾和对特殊群众服务管理中产生的社会矛盾。一是坚持依法治市，大力推进法治政府、法治社会建设，提高各级干部运用法治思维和法治方式深化改革、推动发展、化解矛盾、维护稳定的能力；二是加快推进城市社区网格化服务管理，不断提高基层预防和化解社会矛盾的能力；三是不断完善矛盾调处机制，探索从制度上解决问题、化解矛盾的方法；四是让人民群众共享改革发展成果，更好地发挥人民群众在预防和化解社会矛盾中的重要作用。

（二）对策建议

为了按时实现倍增目标，建议采取工业倍增、经济服务化、城建攻坚、改革创新、优化城市空间结构、舆论引导等重大举措，不断做强做大经济总量，提升城市功能，展示城市形象，抢占发展制高点，赢得发展先机。

1. 全力以赴招大商、上大项目，继续推进工业倍增计划，强力推进新型工业化

国内外城市发展充分证明，工业是城市发展的第一引擎。上海经济实力全国最强，规模以上工业总产值也是全国第一，2013 年达到 3.2 万亿元。广州经济实力在副省级城市中最强，2013 年广州规模以上工业总产值是武汉的 1.67 倍，经济总量也是武汉的 1.7 倍。武汉还处于工业化中期向后期过渡阶段，这个发展阶段要求城市制造业规模要进一步扩大，工业对经济的贡献要持续保持高位。为实现这一目的，必须全力以赴地招大商、上工业大项目，同时努力实现进出口倍增，持续提高社会经济的开放水平。

一是积极培育和建设一批大项目，加快推进“工业倍增”计划。加大招商引资力度，特别是要大力引进境外投资，从世界 500 强、央企和各行业龙头企业搜集招商信息，及时跟踪协调重点项目洽谈引进。千方百计吸引境内外跨国公司，央企来汉投资，参与武汉的企业战略性重组，要开辟特殊招商渠道、设立专门招商引资机构，积极引进国内外大型企业来汉投资。

二是发展主导产业，着力培植新的千亿产业。确保工业用地，落实资金保障，加快园区建设，促进九大产业集群、四大工业板块、新城区工业园区发展。力争在6个千亿产业（汽车及零部件、装备制造、电子信息、食品烟草、能源及环保、钢铁及深加工）倍增基础上，“十三五”期间，推动石油化工、日用轻工上升为新的千亿产业。

三是实施集团化、集群化战略，发展壮大骨干企业。引导大型骨干企业开展多形式的并购重组，提高产业集中度和资源配置效率。支持大型骨干企业通过发行股票、债券、可转换债及贷款等方式为并购重组融资。鼓励大型骨干企业建立资本运营中心，支持和协助其通过上市、再融资、发行债券、知识产权质押等形式在境内外融资。推动联想武汉公司、神龙汽车、武石化等增长点企业扩大产出。

2.以发展大交通、大市场、大物流为重点，继续推进服务升级计划，强力推进社会经济的服务化

经济服务化又称为第三产业化（Tertiarization）。近些年来，传统制造业价值链不断扩展和延长，其覆盖范围逐渐从加工制造领域延伸到了服务领域，制造和服务逐渐相互融合，全球生产经营活动日益被纳入基于全球价值链的全球生产服务体系。全球产业结构呈现出“工业型经济”向“服务型经济”转型的新趋势。1973年美国社会学家贝尔指出了美国经济从产品型经济向服务型经济转变的特征，其标志是美国服务业的劳动力与GDP比重（1969年分别达到60.4%与61.1%）已经超过工业与农业之和（Bell，1973）。同一时期，未来学家托夫勒·奈斯比特等也相继提出类似概念与理论。根据我市资源禀赋和建设国家中心城市的战略目标，要推进社会经济的服务化，必须从三个方面入手。

一是大力发展大交通、大物流。按照客运零距离换乘和货运无缝化衔接的要求，加强各种运输方式衔接配套，加快形成全国铁路网重要枢纽、国家公路运输枢纽、区域性枢纽机场和长江中游航运中心。加快建设公路客货运站、交通物流设施及相关集疏运线路，推进武汉新港专业化、规模化、现代化港区建设以及长江等内河高等级航道建设，完成天河机场三期扩建等工程。优化运输结构和场站布局，提升运输服务能力。加快交通信息化进程，推广应用智能交通系统。加快发展现代物流，大力推进国家级物流枢纽城市建设。

二是着力提升口岸服务功能。在自主创新和产业升级方面，支持推进品牌战略，深化标准化示范试点，支持新能源、新材料、生物工程、中医药等重要技术标准的制

定和修订工作，支持探索研发中心、采购中心、维修中心等检验检疫监管新模式，支持以现代物流为重点的现代服务业发展，支持制定适合高科技产品的进出口检验监管模式，支持农产品扩大出口；在深化大通关建设方面，支持保税区大通关电子口岸平台建设，支持特殊监管区域功能整合，支持探索出入境人员管理模式改革；在建设公共安全平台方面，支持建立信息资源交流共享平台，支持建立食品、特种设备的安全责任体系和监控网络。抓好东湖综合保税区、阳逻保税港区、国际直达航线智能口岸建设，为招商引资和进出口提供良好外部条件。

三是大力发展要素市场和市场中介组织。突破性发展要素市场和市场中介组织是转变经济发展方式和提升城市服务功能的重要途径，也是进一步激活土地、资本、劳动力、技术等生产要素增长潜能，促进我市经济社会创新发展、跨越发展的重大举措。统一土地一级市场主体，实行全市统一的土地管理制度，建立有形的二级土地服务平台，完善二级土地交易市场；加快推进武汉区域金融中心的建设，发展新型金融组织和专业资产管理机构，鼓励和支持民间资金参与地方金融机构改革，依法发起设立或参股村镇银行、贷款公司、农村资金互助社等新型金融组织；推进资产证券化，激活产权市场，促进武汉产权交易市场创新发展；增加人力资本投资，优化人力资源结构；推进市场化法制化，发展壮大中介组织，建立统一对外的中介管理机构。

四是大力推进 “两化（工业化、信息化）”深度融合，促进制造业智能化。为此要高度重视大数据产业开发，前瞻布局核心智能制造技术，进一步整合研发资源，构建产学研合作体系，突破一批核心技术、关键技术，大力培育生产性服务业，加工技术如工艺、装备及系统管理技术如信息集成、服务集成。

3. 继续实施城建攻坚计划，推进以人为本的新型城镇化

一是推进市内交通建设。坚持地面设施与地下管网并举，大规模推进轨道交通、城市环线、过江通道和快速路建设。二是加快城市更新改造步伐。重点推进中心城区旧城改造、二环线外城中村改造、历史街区保护和汉江两岸综合治理。三是加强市政基础设施建设。加快自来水厂、垃圾焚烧发电厂、垃圾处理厂、重点区域污水收集管网建设，形成完备的现代化基础设施体系。四是推进人的城镇化，不断提高居民生活质量。实现收入倍增计划，抓好就业社保工作，提高居民社保参保率；完善住房制度，实现居者有其屋；发展养老事业，完善社会养老服务体系；全面提升教育、医疗、文化服务、社会治安等与群众生活密切相关的各项工作。

4. 深化改革创新，推进两大国家级改革试点

一是建设东湖国家自主创新示范区，实现创新驱动发展战略。科学判断世界科技创新的发展趋势，抢抓机遇，发挥武汉科教实力雄厚、创新资源丰富的优势，以自主创新能力提升计划为抓手，大力实施创新驱动发展战略。进一步打通科技和经济社会发展之间的通道，推动科技创新与经济社会发展紧密结合，用科技创新为转型发展注入核心动力；在新一代信息技术、智能制造、生物医药、新能源、新材料、节能环保等领域，加强科技研究，抓紧产业布局，抢占未来发展制高点。

二是建设资源节约环境友好型示范区，实现“两型”发展。探索建立生态补偿制度。完善湿地生态补偿机制，启动研究水生态补偿机制和生活垃圾异地处置生态补偿机制；建立健全资源有偿使用制度。深入推进节能量、碳排放权、排污权交易试点，积极推进环境污染第三方治理；扩大绿色信贷和绿色保险试点；建立完善垃圾分类回收和处理制度；健全生态环境保护责任追究制度；推进生态文明体制改革；建立生态文明建设考核机制。

三是全面深化改革，实现城市治理体系和治理能力现代化。坚持更加注重改革的系统性、整体性、协同性、包容性，加快发展社会主义市场经济、民主政治、先进文化、和谐社会、生态文明，让一切劳动、知识、技术、管理、资本、制度的活力竞相迸发，让一切创造社会财富的源泉充分涌流，让改革发展成果更多更公平惠及全体市民。紧紧围绕使市场在资源配置中起决定性作用深化经济体制改革，加快完善现代市场体系、开放型经济体系；紧紧围绕建设社会主义核心价值体系和国家文化强市，深化文化体制改革，大力推进“文化五城”建设机制；紧紧围绕更好保障和改善民生、促进社会公平正义，深入推进武汉社会事业发展体制和社会治理体制改革，大力提升社会治理能力；到2020年，在开放体制、投融资体制、科技体制、城市治理体系和生态文明制度等重要领域和关键环节改革上取得决定性成果，率先形成系统完备、科学规范、运行有效的制度体系。

5.优化城市布局和形态，推进“圈层联动，一体发展”

武汉要实现万亿GDP倍增，不仅取决于自身努力，也需要圈层联动和一体发展，推进市域“3+N”、省域城市圈和长中游城市群武汉发展，不断拓展经济腹地和发展空间。

一是在市域层面，构建“3+N”的大武汉城市发展格局。中心城区，推进汉口、武昌、汉阳三镇建设相对独立的市政基础设施体系，完善公共服务体系，形成“三镇三城”，共筑三镇鼎立之梦。六个新城区和各功能区，按照“独立成市”的理念，建设主城明确的城镇体系、各具特色的产业体系、相对完备的基础设施体系和公共服务体系，加快形成自成一体、功能完善、产业发达、中等规模的现代化新城。

二是在省域层面，推动形成“大武汉都会”格局。积极参与武汉城市圈建设，推进基础设施、产业发展、区域市场、城乡建设、生态保护“五个一体化”，促进武汉城市圈融合发展，实现同城效应。

三是在区域层面，培育“长江中游城市群武汉发展极”。进一步巩固武汉中部地区中心城市地位，增强城市高端要素集聚、科技创新、文化引领和综合服务功能，联合长沙、南昌和合肥共建长江中游城市群中心城市，构建多中心联动发展格局，辐射带动长江中游城市群发展。有效落实《长江中游城市群暨长沙、合肥、南昌、武汉战略合作协议（武汉共识）》，推动中心城市在自主创新、转型发展、产业分工的合作，共同推进交通基础设施、市场体系、生态文明和文化旅游强区建设，共建公共服务共享区和社会保险平台。

6. 掌握舆论应对主动权，构建全媒体舆论引导体系

随着世情国情党情深刻变化，应对舆论工作面临许多新挑战新考验。必须主动适应国内外舆论环境变化，因势而谋、应势而动、顺势而为，牢牢掌握应对舆论工作主动权和主导权。要主动设置议题，正面引导；加大城市形象宣传力度；要设置国际性论坛，宣传、树立和维护城市形象。

一是主动应对和定期沟通。建议加大舆论引导策划和定期沟通力度，就武汉重大发展、项目建设、民生举措举行媒体和社会公众说明会。对传统媒体和新媒体进行统筹管理，用传统媒体的正面宣传来扩大新媒体上传播的正能量。加大监控力度，进行预警、研判，对有形成舆情可能的信息，及时采取处置措施，提前阻断其形成舆情的可能，掌握舆论引导的主动权。同时，进一步精心制作全面反映武汉历史文化和城市风貌以及社会发展的形象宣传片，以不同版本在央视以及国际媒体进行展示，进一步树立和维护武汉城市形象。

二是设立和引进国际性论坛。无论是国家层面的国际性论坛还是城市自主引进设立的国际性论坛，均产生了积极的经济和社会效应，影响较大的有上海、海南、天津和大连等。武汉应该设立或引进国际性知名论坛，宣传武汉发展形象，文化上，可考虑长江文明、水资源环境等；经济上，可考虑武汉的创新产业、长江经济带等。

三是注重新技术新手段，构建全媒体舆论引导体系。建议与公安部门合作，多部门协调发挥“天眼”系统的重要作用，对于突发事件和舆情热点处置，要以解决现实

矛盾和问题为基础，在指挥系统上，由各级舆情信息中心统一指挥和协调。网络舆情的处置和引导，综合利用传统媒体、网络媒体、政务微博等不同传播途径的优势，尽快说明事实真相，正确引导舆论。加大全市政务微博、电视问政、网络问政、网络论坛、微信、手机报等平台的建设力度，充分发挥其“桥梁”和“减压阀”的作用，听取民意、解决问题，避免因负面投诉积压而引发负面舆情。

（执笔人：李春洋，数据采集：杜海生）

武汉政府投资建设项目管理之瓶颈突破研究

——基于全面实施建设项目内部控制规范体系

一、问题提出

以“转变作风，优化环境”为主题的“2013年武汉电视问政”，围绕2013年“十个突出问题”展开，“十个突出问题”中至少有六个直接与政府城市建设项目管理相关联。问政结果再次显示：武汉政府投资建设项目的管理遭遇多重瓶颈，尚待突破。

笔者近两年参与了武汉部分保障性住房、市政设施、医院、地铁、行政事业单位用房等政府投资建设项目全过程审计工作的跟踪调研，从中深刻认识到，武汉政府投资建设项目管理的主要瓶颈在于项目内部控制体系建设不健全、不规范和不到位。主要表现在：

1. 决策性局限。大量项目缺乏“风险性认证和不可行性认证”，没有引入外部独立的第三方力量对前期决策行为进行监督，形成“边勘探、边设计、边施工”的“三边工程”，为参建单位的“预备或自选行为”留下空间；

2. 机制性缺陷。政府相关部门在行使项目监管过程中，彼此之间缺乏及时有效的信息沟通和相互协调机制，导致相关监督检查结果不能及时对项目参建单位产生有效的制约和制裁作用，不同层面的实施决策部门大都以“集体决定”为由踩线或越线，为项目管理的正常程序制造合规性障碍，产生了“投资超概”、“工期超限”和“程序超规”等“三超现象”；

3. 内控性障碍。在项目建设的现实过程中，虽然业主、代建（项管）、监理和社会审计等参建单位都有部分涉及项目管理的控制办法，但往往都是从各自的角度和立场作出孤立的规定，尚未在整体层面形成无缝连接的系统性项目内部控制规范体系，内控流程容易出现间断，管理领域容易出现真空，实际操作容易出现灰色。内部控制性障碍引起的不良行为突出表现在：部分参建单位所签合同不规范、违规中标或分包、不作为或出位作为、设计变更异常频繁、工程签证描述模糊、工作底稿等现场资料不健全等方面；

4. 网络性权失。城建相关主管部门尚未针对政府投资建设项目联合构建互联互动的统一监管网络平台，不能及时地将违规行为予以预警或曝光，丧失了应有的网络性权力和曝光性威慑力，给违规行为者留有侥幸过关的想象空间，使许多管控手段的效果被延迟或消失。

如何在武汉城市发展转型的关键时期，全面适应城市建设工作面临的新机遇、新挑战，突破城市建设管理工作中的瓶颈，进一步提高政府投资的战略效益，是武汉实施以大规模推进城市建设为特征的“城建攻坚计划”进程中面临的重大现实问题。

二、突破思路

笔者认为突破武汉政府投资建设项目管理瓶颈的思路就是，规范，规范，再规范。即结合武汉政府投资建设项目的特点，紧紧围绕“合规、投资、工期、质量、效益”五大内控关键节点，全面有效实施建设项目内部控制规范体系，形成“内控规范面前无例外”，以及“特事特办，手续照办”的规范文化氛围，把项目关进规范的笼子里，形成不敢违规的惩戒机制，不能违规的防范机制，不易违规的保障机制。

三、突破方案

（一）构建全市政府投资建设项目内部控制基本规范体系

从 2014 年 1 月 1 日起，在我国行政事业单位范围内全面有效实施《行政事业单位内部控制规范（试行）》。以此为契机，在该《规范》基础上，针对武汉政府投资建设项目的总体管理现状、特征和态势，由市发改委、市城建委、市城管委、市审计局和市财政局等行业主管部门共同制定《武汉市政府投资建设项目内部控制基本规范（试行）》（以下简称《建设内控规范》）。其基本原则如下：

1. 目标性原则。合理保证政府投资建设项目的 “合规、投资、工期、质量、效益”预期目标得以实现，有效防范舞弊和预防腐败，提高政府投资的效率和效果；

2. 定义性原则。内控是指政府投资建设项目的相关行业主管部门共同为实现控制目标，通过制定制度、实施措施和执行程序，对建设项目实施中的风险进行防范和管控，管控是手段，防范是目的；

3. 全面性原则。内部控制应当贯穿建设项目实施的决策、执行和监督全过程，实现对建设项目实施的全面控制；

4. 重要性原则。在全面控制的基础上，内部控制应当关注建设项目实施中的重大风险和关键控制；

5. 制衡性原则。内部控制应当在相关行业主管部门间的部门管理、职责分工、监管流程等方面形成相互制约和相互监督；

6. 适应性原则。内部控制须符合国家有关规定和武汉实际情况，并随着外部环境的变化、政府投资建设项目的调整和管理要求的提高，定期评价，不断修订和完善；

7. 公开性原则。建立健全建设项目信息内部公开制度，根据国家有关规定和项目实际情况，确定信息内部公开的内容、范围、方式和程序；

8. 市场性原则。正确梳理政府与市场的关系，规范政府向市场购买服务的行为，充分发挥市场在内部控制流程中的独特作用，以及社会专业咨询机构的第三方作用；

9. 网络性原则。通过搭建统一、专业、系统和权威的信息网络平台，及时、准确地收集、传递与内部控制相关的信息，确保信息在相关行业主管部门内部、行业主管部门与外部之间进行有效沟通。实现内部控制的程序化和常态化，改变相关单位分块管理、信息分割、信息“孤岛”或重复建设的局面，使相关单位领导的管理方式由传统的日常管理向例外管理转变，集中精力处理重大问题，进一步提高管理效率；

10. 强制性原则。《建设内控规范》应定位于武汉市政府监督管理政府投资建设工程项目的强制性规范条例，其权威性不容侵犯。

（二） 构建单项政府投资建设工程项目管理内部控制规范体系

在《建设内控规范》的基础上，针对武汉某具体政府投资建设项目的管理现状、特征和态势，由业主方构建《xxx 政府投资建设工程项目管理内部控制规范（试行）》（以下简称《xxx 建设内控规范》）。其主要前提条件如下：

1. 业主方须执行《建设内控规范》，并以此规范为准则，结合自身单位管理特点和要求，自行或聘请专业人士或邀请专业机构制定《xxx 建设内控规范》；

2. 业主方制定的《xxx 建设内控规范》须报相关政府部门备案；

3. 政府可通过政府购买的方式，聘请指定的第三方专业咨询机构对业主方执行其指定的《xxx 建设内控规范》进行定期或不定期的事中或事后评价，以监督其执行的有效性，及时提示存在的风险。

（三） 构建政府投资建设工程项目实施内部控制规范体系

在《xxx 建设内控规范》的基础上，由参建企业方制定《xxx 政府投资建设工程项目实施内部控制规范（试行）》（以下简称《xxx 建设实施内控规范》）。其主要前提条件如下：

1. 参建企业方须执行《建设内控规范》和《xxx 建设内控规范》，并以此两个规范为准则，自行或聘请专业人士或邀请专业机构制定《xxx 建设实施内控规范》；

2. 参建企业方制定的《xxx 建设实施内控规范》须报相关政府部门和业主单位备案；

3. 业主单位通过自行或聘请指定的第三方专业咨询机构对参建企业方执行其指

定的《xxx 建设实施内控规范》进行定期或不定期的事中或事后评价，以监督其执行的有效性，及时提示存在的风险。

四、内控机制

1.“关口前移”机制。将管控的关口前移，通过制衡机制、流程再造和信息化手段对政府投资建设项目的市场风险、操作风险、法律风险、舆论风险等进行事前防范、事中控制、事后监督和纠正，及时堵塞制度漏洞、消除管理隐患，在制度层面不给违法违规违纪行为责任者以可乘之机；

2.“三位一体”机制。通过构建《建设内控规范》、《xxx 建设内控规范》和《xxx 建设实施内控规范》三个不同层次的政府投资建设项目风险管理和内部控制规范体系，分别从基本规范、项目管理和工程实施的三个不同角度，将行业主管部门、业主和项目参建企业纳入同一监督管理体系，纵向自上而下实施权威性强制规范监督，下级服从上级管理，同时允许自下而上的及时信息披露；横向既相互监督，又相互协作；

3.“留痕预警”机制。通过构建互联互动的统一监管网络平台，能同步及时地将违规行为予以预警或曝光，发挥应有的网络性权力和曝光性威慑力，把违规行为锁入阳光透明的笼子里，形成违规必惩的铁律机制，不敢违规的威慑机制，不易违规的预警机制；

4.“准入门槛”机制。在武汉政府投资建设项目启动环节和过程中主要节点处，始终将内部控制体系的建设作为主要抓手，并作为业主能否启动建设项目、参建企业能否准入的一道硬性门槛，尤其在业主或参建企业违规受处罚状态下，违规单位须有针对性地调整和完善内部控制规范体系，并经相关政府部门指定的第三方专业咨询机构鉴证认可后，方可启动撤消惩罚性限制条件的工作程序；

5.“评价体系”机制。通过构建政府对业主、业主对参建各方企业的逐级评价体系，包括引入独立第三方专业咨询机构日常或专项评价体系，使建设项目管理过程中的风险防范得到有效防范，保证内部控制体系得到有效执行。

五、实施步骤

（一）健全机构，明确职责

1.建议由市重点办、市发改委、市城建委、市城管委、市审计局和市财政局等部门指派专人共同组建“《武汉市政府投资建设项目内部控制规范（试行）》起草审核工作小组”（以下简称“工作小组”），建议由市城建委任组长单位，负责日常工作；

2.“工作小组”制定工作方案，明确构建“建设内控规范”的基本目标、基本原则、基本思路和基本要求；

3. “工作小组”召开“建设内控规范”编制工作启动会，明确工作内容、职责划分、运作机制和验收指标。

（二） 借助外脑，提高效率

考虑到内控规范工作时间紧、任务重、要求高的现状，建议“工作小组”聘请第三方专业咨询机构协助构建内控体系。目前与第三方机构的合作方式主要有三种模式：

1. 第三方机构承担主要工作，具体单位配合辅助；

2. 第三方机构以指导为主，执行为辅，具体单位承担主要工作；

3. 第三方机构与具体单位双方发挥各自专长，共同完成内控体系建设工作。

（三）加强宣贯，发动全员

在“工作小组”组织协调下，各相关单位要开展多种形式的内部控制宣贯活动，举办决策层、执行层、监督层分类培训班，使其充分理解内部控制相关的概念、风险评估方法、单位和业务层面控制内容、评价和监督要求等知识，营造实施《建设内控规范》的环境和氛围。

（四）试点先行，分步实施

1. 建议将武汉地铁集团及其地铁8号线项目、武汉城投集团及其国博新城项目、武汉地产集团及其东湖通道项目、武汉国有城乡集团及其汉正街文化旅游商务区项目、武汉园发公司及其园博会项目、武汉市妇女儿童医疗保健中心及其综合业务楼项目等纳入先试先行单位或项目；

2. 在“工作小组”组织协调下，在先试先行单位或项目范围内对《建设内控规范》（试行版）开展为期三个月的试运行，以及评价测试；相关单位对照《建设内控规范》（试行版）开展自我评价工作，并提交《内部控制自我评价报告》。

（五） 终审验收，成果颁布

1. “工作小组”组织相关单位召开终审评议会，就《建设内控规范》（试行版）终审稿提出修改意见；

2. “工作小组”对《建设内控规范》（试行版）终定稿进行验收工作；

3. 建议以“工作小组”名义将《武汉市政府投资建设项目内部控制规范（试行）》（终定稿）提交市政府常务会审议通过；

4. 建议市政府以地方规范条例的形式予以颁布实施。

（执笔人：姚克）

武汉与广州、成都“大规模建设”阶段若干重大问题比较

当前，武汉正处于“大规模建设”阶段，主要有四个标志。一是2013年GDP突破9000亿元，2014年即将进入“万亿元俱乐部”。二是2013年常住人口1022万，已经成为千万人口规模的超级大城市。三是“城建攻坚计划”加速实施，全市众多工地同时开工，精心打磨城市每一处细节。四是高速发展、活力四射的经济建设和放眼未来、瞩目长远的武汉2049远景战略吸引了国内外的关注目光，在聚光灯下各种短板和问题也更容易被暴露。

综合来看，在一个城市由区域中心城市向国家中心城市迈进的过程中，不可避免地要经历一个“大规模建设”的阶段。这个阶段，大致上城市的GDP介于7000亿元～15000亿元，人口总量在800万～1500万人之间，经济持续高速发展，城市建设如火如荼，城市空间拓展迅猛。这个阶段处于快速城市化时期，既是大规模的城市建设阶段，也是各种矛盾、问题容易凸显与激化的阶段，通常要经历10～15年左右。从世界城市的发展规律上看，在这个阶段，每个城市都有“成长的烦恼”，面临“增长停滞魔咒”和“中等收入陷阱”两大世界性难题。长期积累的深层次矛盾和体制性问题日益凸显，发展中面临的新问题和新矛盾交织叠加，一些社会燃点极易成为重大隐患。如何破解这些难题，并在保持充足发展动力的前提下化解矛盾，是处于这一阶段的城市所面临的共同问题。“大规模建设”阶段，对一个城市既是难得的机遇也是巨大的挑战。

广州的城市化进程走在武汉前面，已经度过了大规模建设阶段，而成都城市化进程与武汉相仿，也正处于大规模建设阶段，因此，我们选取了广州和成都与武汉进行比较，这两个城市的经验对武汉具有重要的启示。

1.关于城市功能的再定位、再思考

由生产性职能向服务性职能的转变是特大中心城市发展的规律。当一个城市由工业化中后期向后期乃至后工业化时期发展、由快速城市化转向平稳城市化阶段，必然由粗放型转向精细型发展，由生产型转向服务型发展，因而首当其冲的重大问题是城市的发展方向与功能定位的转变。在大规模建设时期，只有对城市功能进行清晰地再认识、再定位，对城市空间、产业、生态、社会等一系列问题进行深入地再思考，才

能避免在城市建设中走弯路、做无用功。广州1993年城镇化率突破60%，全社会固定资产投资占GDP比重达到50%，进入大规模城市建设时期，直到2010年广州亚运会之后步伐才开始减缓。2000年，“西部大开发”战略正式实施之后，成都的城建步伐开始加速，投资占GDP比重超过40%，而且逐年递增，到2009年达到89%，到2013年当年投资总额超过6000亿元。2004年，中部崛起战略提出之后，武汉的城建速度也明显提升，投资占GDP比重也超过40%。广州的城市化进程已经走在了武汉和成都的前面，2010年之后基本上已经度过了最为艰难的大规模城建阶段。武汉和成都则基本同步，都处于大规模城建阶段，约相当于广州在2005至2007年的时期。广州和成都在进入大规模建设阶段后无一例外都结合各自实际，对城市功能进行了再定位、再思考。

——广州由国际化大都市到区域性中心城市再到国家中心城市定位。1992年邓小平南方讲话之后，广州市提出用15年的时间基本实现现代化和把广州市建设成为国际化大都市的发展目标。随后改提“区域性中心城市”，并将建设目标定为适宜创业、适宜居住的“两个适宜”城市。21世纪初，广州在三个层面上进行了新的定位——要建设成为带动全省、辐射华南、影响东南亚的现代化城市。2007年，汪洋主政广东后，要求广州向世界先进城市叫板，广州提出未来二三十年里做亚洲重要城市和世界重要城市。2008年《珠江三角洲规划纲要》提出广州要建设“国家中心城市”，把广州的城市定位提升到新高度。在国家中心城市的背景下，广州提出建设国际商贸中心城市目标，寻求差异化发展和体现广州个性。与北京、上海、天津、重庆相比，广州市最大的特色就是良好的商贸流通业发展基础、厚重的商贸历史文化积淀，以及巨大的市场消费潜力。

——成都注重结合城市特色大力推广城市品牌和城市形象，进而优化城市功能定位。成都在90年代提出天府之都，2004年提出中国第四城和东方伊甸园两个城市定位，2006年提出休闲之都，2007年提出“成都，一座来了就不想走的城市”。2008年借美国大片“功夫熊猫”，成都成功地在国际上树立了“熊猫故乡”的形象。2013年，财富全球论坛在成都举行，推进了成都的国际化进程，吸引了全球的关注。此外，还有“多彩之都”、“成功之都”、“田园城市”等城市品牌宣传。这些城市品牌与形象宣传与成都不同时期的城市定位密切相关。例如，2005年成都提出建设中西部人居环境最佳、创业环境最优、综合竞争力最强的现代特大中心城市。在5·12汶川特大地震后，成都确立了世界生态田园城市的长远目标，生态本底的保护更是被提到了前所未有的高度。2010 年“十二五”规划中，进一步提出努力建设开放型区域中心和国际化城市，明确了打造具有全球比较优势、全国速度优势、西部高端优势的西部经济核心增长极的发展定位。在《成都市城市总体规划（2011—2020）》中，城乡一体化、全面现代化、充分国际化的世界生态田园城市成为发展总目标。

重要启示：

一是城市功能定位要明确。广州的国家中心城市定位和成都的世界生态田园城市定位，均明确了今后 10 年乃至 20 年的发展方向。《珠江三角洲地区改革发展规划纲要（2008—2010）》明确指出广州要增强高端要素集聚、科技创新、文化引领和综合服务“四大功能”，因此，广州建设国家中心城市也立足于提升这些城市功能，重点建设和强化国际商贸中心、国际航运中心、金融中心和知识创新中心的功能定位，与香港、深圳错位配置，形成多赢和联动发展格局。成都“世界生态田园城市”定位，包括三个方面的内涵：一是在功能定位上，不但是国家重要的中心城市，而且是国际性的区域枢纽和中心城市；二是在城市形态和发展水平上，是超大型、现代化的城市，同时也是符合田园城市理想、统筹城乡发展的田园城市。在广大的农村地区将实现“人在园中”，二三圈层“城在园中”，中心城区是“园在城中”，把城市和农村两者的优点都高度地融合在一起，让广大城乡群众既享受高品质城市的生活，又同时享受惬意的田园风光；三是在城市等级上，先努力成为国内一线城市，继而进入世界级城市的行列。

二是城市发展层次要清晰。广州的国家中心城市发展定位具有四个层次，分别是广东省和珠三角城市群层面，华南、泛珠三角和全国层面，东南亚乃至亚太地区层面，世界城市体系层面。成都的世界生态田园城市发展采取“三步走”战略。第一步，用 5 年至 8 年，真正建成为中国西部地区创业环境最优、人居环境最佳、综合竞争力最强的现代特大中心城市；第二步，用 20 年时间初步建成“世界现代田园城市”，进入世界三级城市行列；第三步，用 30 年至 50 年最终建成“世界现代田园城市”，成为世界二级城市。而武汉面向 2049 的远景发展战略同样分为全球、全国、区域三个视域，以及中部中心城市、国家中心城市和世界城市建设三个阶段，把武汉建设成为一个更具竞争力、更可持续发展的世界城市，充分发挥在长江中游城市群和长江经济带中的引领和辐射作用。可见，2013 年“武汉 2049”对城市功能定位的重新认识和思考恰逢其时，是引领武汉“大规模建设阶段”的重要指南。

2.关于城市空间布局再调整和规划引领

大规模建设阶段最明显的特征是建成区面积的不断扩展，城市发展具有沿圈层扩张的内在动力。然而，圈层扩张导致城市功能过多地集中在中心城区，带来严重的“城市病”，如交通拥堵、环境污染、生态破坏等。有效应对“城市病”的手段是产业结构和空间布局的再调整，由圈层扩张转向多中心、卫星城发展，更加突出产城融合，更加突出“两型社会”建设。

——广州注重通过城市规划调整来舒展城市空间布局。珠江、白云山形成的“云山珠水”作为自然地理条件长期限制了广州城市发展的重心和中轴线。90年代的总体规划将广州城向四个方向拓展，从原来的沿珠江呈带状组团式结构，调整为多组团半网络式的城市空间结构体系。2000年6月，广州率先开展了《广州市城市总体发展战略规划》，提出了“南拓、北优、东进、西联”的城市空间发展布局构想，第一次跳出“云山珠水”的地理限制，开始向外扩张。这一“概念规划”在全国引起了模仿。2007年又提出“中调”概念，补充了老城区改造内容。2000年的战略规划奠定了今后十年广州城市的骨架。2010年以亚运会为契机，广州又开始谋划下一个十年的战略规划，从国内走向国际，更加明确了国家中心城市的责任，始终坚持全面协调可持续发展，更加注重多中心、网络式、组团式的发展框架，更加突出功能分区。

——广州加快双转移和腾笼换鸟步伐，优化城市功能战略空间。2008年以来，在广东省委、省政府大力推进“双转移”战略（传统产业向外转移与劳动力转移相结合，推动产业长期可持续发展）的背景下，广州市加快将劳动密集型企业转移出去，腾出空间发展先进制造业、高科技和现代服务业等高附加值产业，在“腾笼换鸟”中实现经济转型升级。截至2013年，第三产业增加值达到9963.89亿元，占地区生产总值（GDP）的比重上升到64.6%，对经济增长的贡献率达到70.6%，服务经济已成为发展主体。与产业结构升级相适应，广州积极调整城市功能战略空间，提出了“123”城市功能布局，即1个都会区、2个新城区、3个副中心。一是优化提升都会区（面积约为1231平方公里）。都会区既是广州市国家中心城市核心功能的重要承载地，也是“千年商都、文化名城”的核心地区，将优化布局高端城市功能，重点发展会展、商贸、金融、文化、科技和商务等现代服务业，实现“双增双减”（即增加基础设施和公共空间，减少居住人口和规划建筑总量）。二是创新发展两个新城区（南沙滨海新城面积约803平方公里，东部山水新城，面积约683平方公里）。南沙滨海新城，定位为面向世界的粤港澳全面合作的国家级新区，新型城市化发展的典范。东部山水新城规划定位为国家级创新中心与高端产业聚集区，珠三角的休闲旅游示范区和广州东部宜居新城区。三是扩容提质三个副中心（花都副中心面积约 1340.5 平方公里，增城副中心面积约 1284 平方公里，从化副中心面积约 1974.5 平方公里）。三个副中心作为城乡统筹的主要载体，重点完善公共服务配套，促进农村地区城市化。其中，花都副中心以“国际空港花园新区”为目标，打造国际空港门户和高端产业基地；增城副中心打造国家低碳发展示范区、广东省城乡统筹发展示范区、珠三角先进制造业基地；从化副中心作为广州的后花园，定位为世界温泉之都、高端生态旅游区、美丽城乡融合区。

——成都城市空间由单中心拓展向全域多层次空间体系转变。提出了“全域成都”的发展理念，打破单中心聚集趋势，对成都全域进行统筹规划，统筹安排全域范围内的要素流动和产业布局。继制造功能外移后，高等教育、医疗等部分城市功能在高度聚集之后，开始向近郊区县自然外溢，一批重点镇和农村新型社区得以发展，以放射状交通干道为依托的多条城镇发展走廊基本形成，城市空间开始出现打破单中心格局的趋势。随着“天府新区”加快建设，成都城市空间由单中心拓展向全域成都多层次空间体系转变的趋势，进一步强化并加速。

——成都形成了大园区承载大产业，小园区发展特色产业的空间布局基本原则。2001 年 8 月成都启动了东郊老工业区的结构调整工程（简称东调），迁移改造东郊工业企业，调整优化工业布局。2004 年，《成都市工业发展布局规划纲要》将成都原 116 个各类工业园区，调整归并为 21 个工业集中发展区，明确了各工业集中发展区的布局、规模和产业定位，开辟了一区一主业的发展模式。2010 年以来，成都进行工业发展新布局。一是构建三区总体功能分区，在成都范围内对成都工业发展的主体区域进行划分。据各区市县的工业发展现状和生态本底，将成都工业划分为都市工业发展区、工业集聚发展区、工业适度发展区三大区域。根据区域定位，在全市范围内统筹产业布局。二是构建“三带”产业空间布局，包括现代制造业发展带、战略性新兴产业发展带和特色工业产业发展带。三是促进产城一体、深度融合，提升城镇化载体作用。大力推进城市空间、城市产业、城市生态、城市管理、城乡形态同步转型和升级，提升城镇人口聚集与产业集聚的关联效应，使市域城镇体系的主体架构与市域重大生产力布局相匹配。四是推进双核城市功能与产业结构同步提升。强化中心城区和天府新区核心引领功能，将天府新区作为推进工业化和城镇化互动的主平台，推进天府新区现代产业和现代城市一起发展。

重要启示：

一是产业转移和产业升级并重，工业经济和服务经济并重，在产业转移和“腾笼换鸟”中推进产业转型、城市转型和环境再造。广州市按照集聚发展、优化提升、错位发展、生态保护4个原则，集中力量、整合资源，引导产业低端环节和劳动力向中心城区外围、省内和省外有序转移，先进制造业、高科技和现代服务业等高附加值产业发展成效十分明显。首先，借“转移”之力，加快传统产业升级，运用信息技术和先进适用技术促进传统产业向现代制造转变。其次，借“转移”之力，充分利用产业转移腾出的空间，结合产业集群和产业链的要求，加快引进一批先进制造业。最后，借“转移”之力，加快发展以金融业、物流业、创意产业等为重点的现代服务业。例如，2012年珠三角金改试验区获批以来，广州积极建设区域金融中心，打造了包括广州民间金融街、广州国际金融城、广州金融创新服务区和南沙现代金融服务区在内的多个金融平台。广州市还计划和香港商品交易所合作，于2015年前在南沙现代金融服务区以创新方式恢复设立广州期货交易所。广州向服务经济转型的路径和方法值得武汉学习，但近年来其工业增长乏力（增长率在10%以下）却是我们应当避免的。服务业必须要有足够的制造业规模做支撑，武汉在今后十年内，至少在2020年之前，扩大制造业规模和提升制造业质量仍然是重中之重。工业化进程完成得越充分，形成的能级越大，将来向周边转移制造业和发展服务型经济也就越顺利，服务业层次也会越高。

二是依托发展质量较好的国家级开发区，带动周边园区和相邻新城区的发展，同时通过新区建设疏散中心城区过多的城市功能和过高的人口密度。广州市大力发展南沙新区和广州开发区，其中南沙新区是国家级新区，通过南沙新城建设，扩大粤港合作空间；广州开发区实现“五区合一”，通过大力建设中新广州知识城，发展东部山水新城的核心区。成都也在南部的天府新区建设老城区外的“第二核心”，发展态势十分迅猛。反观武汉，在“1+6”的城市发展格局中缺乏一个“新城新区”的发展层次。“三镇三城”主要还是在“1”的中心城区范围内做文章；“大光谷”、“大车都”、“大临空”、“大临港”四大板块虽然是以“独立成市、产城联动、城城互动、园园互补”为总要求，但重点还是在产业发展方面，而且作为“新城”与“6”之间存在部分重合，作为“新区”数量稍显过多。因此，在主城核心之外构建第二乃至第三个具有较大影响的综合性核心功能区，需要早日提上议事日程。

3.政府投融资问题

投资是拉动经济增长的重要动力之一，但是大规模投资不可避免地增加了地方债务，这是特大中心城市快速城市化进程中所面临的共同问题。

——三个城市的固定资产投资规模和增速比较。2006至2013共8年间，成都固定资产投资总量为3.30万亿居首位，其次为武汉2.74万亿，广州最少为2.32万亿。从投资平均增速来看，武汉为25.82%最高，其次为成都21.23%，最低是广州14.75%。2013年，武汉完成全社会固定资产投资6001.96亿元，同期广州投资总量为4454.55亿元，是武汉的74.2%；成都投资总额为6501.1亿元，比武汉高出8.3%。

——三个城市的投资效果比较。2007年至2013年期间，广州市地区生产总值增量为9352亿元，投资总量为21517亿元，投资效果系数（GDP增量/投资额）最高，达到0.435；其次是武汉，地区生产总值增量为6372亿元，投资总量为26028亿元，投资效果系数为0.245；成都市地区生产总值增量为6358亿元，投资总量为31086亿元，投资效果系数为0.205，略低于武汉。

——三个城市的工业投资比较。2006—2013年成都累计完成工业投资9659亿元，占全社会固定资产投资比重平均值为29.60%，居首位；其次为武汉，8178亿元，占全社会固定资产投资比重平均值为28.54%；广州居末位，4204亿元，占全社会固定资产投资比重平均值为19.17%。成都工业投资占比从2006年（占比27.45%）开始呈上升趋势，到2008年（占比31.73%）达到最高值，然后开始下降，2013年占比仅25%，为8年来最低。武汉工业投资占比呈波动状，2008年前是缓慢上升，从2008年（28.74%）开始下降，2010年达到8年来最低值（22.47%），从2011年又开始大幅上升，2013年达到最高值（37.62%），工业投资额首次突破2000亿元大关。广州工业投资占比近8年来逐年下降，2006年工业投资占比为26.94%，2013年降为15.33%。

——三个城市的投资特点比较。广州的投资特点是第二产业投资增长较为平稳，第三产业投资比重逐年增加，从2006年的72.6%上升到2013年的83.67%，第三产业投资占据绝对优势；民间、外商投资增速快，国有投资增速比重双降，投资偏好房地产；从投资结构来看，广州已经处于“大规模建设”的末期，由生产建设型向服务型转变。成都的投资特点是基础设施建设和工业投资占比先上升后下降，近年来投资重心逐渐向第三产业转移，城市发展进入了“大规模建设”的中后期。武汉的特点是进一步加大投资力度，工业投资强势增长，城市基础设施建设加快，民间投资占比提高，投资仍是经济增长的主要动力之一，正处于“大规模建设”的攻坚期。

——广州的债务和融资平台分析。广州市地方政府负有偿还责任的债务最早发生在1984年，1987年开始举借内债。自1997年以来，广州市地方政府性债务呈逐年增长趋势，1997年初债务余额40.68亿元，2008年广州市成立了8大投融资集团，2010年末债务余额增至2474.54亿元。截至2013年6月，广州市政府的债务余额是2593亿元，其中政府负有偿还责任的是1973亿元。对市本级来说，政府债务余额是1878亿元，需要政府负有偿还责任的是1293亿元。广州市地方政府性债务对全市经济社会发展起到了积极作用，抓住了城市快速发展建设的时机。但是自2008年以来，广州对土地出让金的依赖逐年加大，2013年上半年，广州市国有土地使用权出让金收入307.1亿元，同比增长2.2倍，增收212.5亿元，超过上半年财政收入540亿元的半数以上。

——成都的债务和融资平台分析。成都市投融资平台数量较多，截至2012年底，纳入银监会监测系统的平台公司179户，贷款余额2773亿元；其中市级平台29户，贷款余额1487亿元；区级平台150户，贷款余额1286亿元。贷款主要投向市政基础设施、交通枢纽工程、产业园区和保障性安居工程。成都的政府投融资平台风险比较集中，银行信贷占绝对比重，融资能力不断下降，且对产业发展支撑不足。

重要启示：

一是优化投资结构，提高投资效率。要加大高端产业功能区开发投资，集中力量推动龙头项目建设；大力投资释放高端产能的先进制造业，打造优势板块，着力提高本地产业配套；对延伸关联消费的优势高端服务业加大投入，加快发展文化产业集聚区；加快智慧城市建设，让城市运转更加高效、民众更加幸福。

二是拓宽融资渠道，大力引进外来资金和民间投资。要激发各类投资主体的活力，吸引央企、民企、外企等各类高端要素资源参与重点领域建设，逐步形成央地合作型建设模式，健全民间投资促进工作体系，加强外资和外埠总部企业投资服务，在服务企业、服务总部过程中吸引外来资本参与武汉建设。分类推进公共领域建设运营主体多元化，审慎开放部分公共事业，以特许经营为主要途径，以市场化为方向，吸纳大量的社会资源参与公共事业，扩充政府在公共领域的财源和技术力量。

三是创新投融资模式，以互联网金融的思维改造传统投融资平台。城市投融资平台利用互联网发展公司债券市场，依托重点项目，搭建网贷、众筹等金融交易模式的网络投融资平台，扩宽筹资渠道，降低交易成本，提高资本收益率。

4.生态建设与污染防治问题

城市发展应该为人服务，要让城市更绿、更美。特大城市的生态建设和污染防治问题尤为重要，最好的城市就是最适宜就业、最适宜居住、最适宜发展的高品质价值空间。

——三个城市的绿化情况和环境影响比较。2012 年，按城市绿化覆盖率比较，广州最高，达到 40%，其次为成都 38%，武汉为 37%，三个城市相差不大。从人均绿地来看，广州达到 15.5 平米，居首位；成都人均绿地 14 平米，居其次；武汉相对较低，人均绿地面积为 10 平米。武汉的人居环境，与广州、成都还有一定的差距。从废水排放来看，2012 年广州废水排放总量超过了 15 亿吨，成都接近 9 亿吨，武汉约 8 亿吨。2012 年广州市万元 GDP 废水排放量为 11.27 吨，成都接近 11 吨，武汉 10.2 吨左右。从排放指标来看，武汉目前的环境影响最小。

——广州以水环境治理大工程为抓手，推动城市生态环境攻坚。广州市从 2000 年开始提出建设生态城市，编制了中长期规划，建立了生态城市指标体系。从 2000——2005 年，生态空间从市区的“（白）云山、珠（江）水”扩大到市域“山、江、田、海”的自然空间格局，构筑 1 座区域绿色生态屏障环廊，向市区嵌入 2 个森林“绿楔”和水道“蓝楔”，建设 3 条南北向生态廊道和 4 条东西向生态廊道。尤其是在污水处理等方面下大力气，实施“十年大变”工程，坚持不懈地对城市水环境进行综合治理。期间因为水环境治理成效突出，作为水环境治理优秀范例城市在 2006 年获得国家建设部颁发的中国人居环境奖。从 2009 年开始，为了迎接亚运会，广州启动环境攻坚治理，实施污水处理、河涌整治、调水补水、水浸街治理等工程建设，全面加快污水治理和河涌整治，实现了亚运前“水更清”的目标，2010 年，珠江广州河段水质在丰水期提高到III类标准。

广州市于 2012 年又制定《关于推进低碳发展建设生态城市的实施意见》，从多个方面推进生态城市建设。2013 年全面实施花城绿城水城规划，新建成 300 公里绿道和 156 公里景观林带，3 个岭南花园和 2 个森林公园对外开放，完成 19 条高快速路、国省道的 95 个出入口和 7 条铁路景观整治。加快城乡污水处理设施建设，城镇和农村生活污水处理率稳步提高；增加天然气、电力等清洁能源供应量，天河区建成无燃煤区。推进空气污染综合防治 10 大行动。

——成都通过人大立法保证生态建设的实施，建设环城生态区实现“绿环护城”。成都从 2011 年起启动了环城生态区的立法保护及规划建设，着力打造“八十公里环城绿廊”，并由市人大批准制定《成都市环城生态区保护条例》。该市依托现有水系，在环城生态区建设6个湖泊、8片水生作物区，将湖泊河道水系面积比例由7%提升到21%，连通湖泊和水生作物区，形成大都市生态湖泊绿地系统。并以健康绿道和森林串联水系，基本形成绕城高速200米生态带。2013年该市深化大气环境和水环境综合治理，启动中小河流整治三年行动计划，完善乡镇污水处理厂配套设施，完成中心城区1792个下河排水口和30条黑臭河渠治理，被水利部评为全国水生态文明建设试点城市。

重要启示：

一是加强地方立法，保护生态环境。要设立城市生态保护区，并通过立法形式予以保护，明确生态区的建设计划，设定生态建设指标，明确各项保护制度，与所在区域的产业和文化相协调，严格控制工业开发和建设项目。全面治理环境污染，综合治理大气环境，改善空气质量，严格实施节能减排。

二是坚持生态事业与绿色产业并重，低碳生活与绿色经济融合发展，充分发挥“水”这个最大生态优势，重点打造独具魅力的“东方水城”。武汉要充分利用江河岸线地形地貌，创造亲水的生态堤岸和人性化的城市滨水空间，沿江、沿河形成线性生态公园。合理布局生态水网，全面提升水环境质量，使江河湖泊连通成活水。丰富城市绿地植被的层次性，促进生态多样化。在生态游憩区开展形式多样的休闲娱乐饮食服务，实现都市农业与现代服务业的深度融合。

三是大力推进“绿环、绿带、绿楔”生态空间体系建设。依托城市环线干道建成多层次环形生态圈，沿江河建设带状生态游园，沿街沿路建设绿色生态廊道，沿湖建设放射状生态绿楔。构建“郊野—城市—社区”三级绿道网络系统，城在绿中，绿在城中，人在绿中。保护生态本底，形成“山水园林田”的独特生态格局，建成亚洲最具特色的绿色亲水宜居城市。

5.关于推进城市治理体系现代化

治理体系的形成与治理能力的提升，是一个历史的、社会的发展过程。在历经改革开放35年之后，中国特色社会主义市场经济体系正逐步健全完善。经济体制改革推动行政体制改革，政府管理从计划经济时代的“大包大揽”、“全能主义”，转向市场经济时代的“有限政府”、“有效政府”，政府、市场和社会之间的关系发生了深刻的变化，武汉在建设国家中心城市、迈向国际化大都市的进程中，城市治理面临着阶段性的难题，推进城市治理体系现代化有着现实性和紧迫性。广州和成都最为重要的经验，主要是城市管理精细化、流动人口管理本地化和社会组织普及化。

——广州在城市精细化管理、智能化管理、网格化管理等方面努力实现新突破。2011年，广州成功举办亚运会，以此为契机，阶段性大规模城市基础设施建成后，在新的标准下全面推行精细化管理。组织有关部门、街道、社区学习借鉴日本京都精细化管理经验，从道路保洁到下水道、沙井盖管理，从车站建设到垃圾分类，从旧城管理到旅游开发，从环境保护到商业配套设施建设，把严谨、细致、科学的管理渗透到城市的每一个角落。同时，将“智慧广州”与精细化管理结合起来，进一步完善“数字城管”网络化管理体系，进行城市智能化管控中心等“智慧城管”基础设施建设，加快建设市、区、街（镇）三级网格管理新模式，提高科技在精细化管理中的应用水平。把创建文明城市与精细化管理结合起来，加大精细化管理的宣传力度，强化市民文明养成教育，使市民充分理解并积极参与精细化管理。

——广州完善和创新流动人口管理，同时推动政府服务机构创新。2014年1月，广州市正式挂牌成立广州市来穗人员服务管理局。据统计，广州有非户籍“来穗人员”837万，几乎与本地户籍人口相当，来穗人员服务管理面临着复杂的问题和严峻的形势。按照党的十八大提出的“完善和创新流动人口和特殊人群管理服务，改进政府提供公共服务的方式，加强基层建设管理和服务体系建设”精神，来穗人员服务管理局负责统筹全市来穗人员服务管理工作，为来穗人员免费提供就业、房屋租赁、计生、文娱等服务项目。制定实施来穗人员积分制入户办法，多渠道解决来穗人员子女义务教育问题，将在本市各类学校全日制就读的来穗人员子女纳入城镇居民基本医疗保险保障范围，将非广州市城镇户籍从业人员纳入城镇职工基本医疗保险保障范围，还将来穗人员纳入救助范围。深化居住证功能，使来穗人员逐步享受同城化待遇，不断增强认同感与归属感。

——成都大力培育发展社会组织，同时促进城乡基本公共服务均等化。汶川大地震中，各级各类社会组织发挥了积极而重要的作用，近年，成都市致力于创新搭建培育社会组织扶持平台，一是成立成都市社会组织发展基金会，2012年6月，基金会在四川省民政厅正式注册成立，发起资金规模5亿元，作为推动社会组织发展的中枢；二是成立成都公益组织服务园，2012年6月底正式开园，以“服务公益团队，共享资源平台，致力城市幸福”为核心理念，着力为社会组织提供机构孵化、能力建设和社区落地三大服务；三是建立社会组织“网络孵化器”，创新推进“云公益”平台建设，依托腾讯微博，引入专业社会组织，整合政府机构、公益组织、公民个人等公益资源，打造信息互动、公益互助的城市服务平台；四是推进实施系列公益项目，2012 年 5 月，成都市与上海零点青年公益发展中心共同主办“城市之美·青年云公益行动”，动员青年开展志愿服务和公益活动。

成都深化城乡统筹，在村级公共服务和社会管理水平要达到“四个有”：有一套适应农民生产生活居住方式转变要求、城乡统筹的基本公共服务和社会管理标准体系；有一个保障有力、满足运转需要的公共财政投入保障机制；有一个民主评议、民主决策、民主监督公共服务的管理机制；有一支协同配合、管理有序、服务有力的村级公共服务和社会管理队伍。明确市、县两级财政每年划拨给每个村（社区）的专项资金不少于 20 万元，在 2017 年前，达到至少 60 万元。同时，村级自治组织可以一次性以不超过资金 7 倍的额度，向成都市小城镇投资有限公司融资贷款，用于民主决策议定的交通、水利、公共服务用房等群众急需的公共服务设施建设。

——广州逐渐完善社会力量对公共管理的参与机制。2013 年 9 月，广州推广建立公众咨询监督委员会（简称“公咨委”），充分发挥其在重大民生决策中反映民意、协调矛盾、过程监督的作用，进一步推动政府职能转变，提高党委政府决策科学化、民主化水平。近两年来，广州陆续建立不同领域的公咨委，譬如市级层面有同德围地区综合整治公咨委，重大城建项目公咨委、固废处理公咨委等；区级层面的有东濠涌公咨委、金沙洲公咨委、中山一路片区排水改造工程公咨委等。广州率先探索“公咨委问政”模式，强调社会各阶层积极参与重要城市事务，是从“管理”走向“治理”的一种探索。

武汉在建设国家中心城市和全面深化改革进程中，不断推进城市治理体系现代化，近两年，公布权力清单，转变政府职能；实施电视问政，进行权力监督和促进民主决策参与；掀起城管革命，使城市面貌脱胎换骨，提高城市综合管理水平；同时实行网格化管理、社区自治、警力下沉等举措，建设“平安武汉”，提升治理能力。

重要启示：

一是强化实施城市精细化管理。建议在基础设施建设上切实做到以规划为先导，顶层设计要清晰，项目建设地点和时间实行统筹安排；推进城市管理体制和机制创新，出台或修订一批科学高效的城市精细化管理实施标准；完善和充分利用综合指挥数字化信息平台，强化城市管理统一指挥、协同作战能力；建立公众参与和宣传引导机制，提高城市精细化管理的社会化水平；建立市容管理的差别化、精细化机制，划分不同区域，实行差别化管理。

二是进一步完善社会力量对公共管理的参与机制。进一步完善现有的决策参与机制，对于政策的具体执行过程和效果评估引入社会监督机制，拓宽公众的意见表达渠道，使社会监管更加专业化、常态化和有序化。通过全方位增强社会各界力量对政策制定和实施的参与性，有效协调不同群体的利益诉求，并满足居民日益提高和多样化的公共服务需求。

三是培育壮大社会组织，提升服务社会能力。降低社会组织准入门槛，实行登记备案制度。深入推行政府向社会组织购买公益服务项目，编制社会组织名录及考核办法，给予资质优良、社会信誉好的社会组织承接公共服务优先权，形成发展有序、门类齐全、层次不同、覆盖广泛的社会组织格局。推行“社工+志愿者”模式，培育发展社区志愿者组织；积极拓展社会工作服务领域，在社会福利与救助、扶贫开发、就业服务、教育辅导、卫生服务、社区矫正等领域推进社会工作，重点在民政、司法、残联、共青团、妇联等领域先行先试。

6.关于媒体聚焦和舆情应对

近年来，武汉加快建设国家中心城市和国际化大都市，由于城市的快速发展及其地理中心位置，引起国内外各类媒体的高度关注，媒体在议题内容、涉及主体、传播导向、传播形式、能量效应等方面表现出显著变化，同时也存在少数片面报道，影响了武汉的城市形象，需要我们认真把握和应对。广州国际化程度高，主动进入国际监督视野；成都注重主动发声、部门联动。从实践中看，武汉与广州和成都应对媒体聚焦负面新闻，在硬件建设和主要做法上大同小异，最重要的启示是：要主动设置议题，正面引导；加大城市形象宣传力度；同时，要设置国际性论坛，宣传、树立和维护城市形象。

——设置新闻议题，主动发声，下先手棋，推介城市形象。广州地区自身有三大报业集团，境外媒体众多，网民数量 1200 多万，网络意见领袖 100 多人，微信总部在广州。广州同样面临复杂的舆论环境，有些报导或舆论出自网络意见领袖之手，影响很大，甚至境外媒体也推波助澜。在亚运会前大规模的城市建设期间，广州也一度处于舆论焦点，同时，也经历了社会变迁多元冲突的粤语和普通话之争。近年，广州实行定期新闻发布制度，对市政府常务会议进行官方微博直播，全市建立了 500 多家官方微博平台。成都针对关注焦点组织专家发声和社会公众考察，与媒体沟通，进行电视专题宣传；规定对于突发事件 2 小时内必须进行回应，避免恶意炒作。

世界上许多政府争相在本国、本市举办全球论坛，把论坛作为了解国际趋势、展示本国经济环境、捕捉投资商机的重要机会。成都通过2013年6月举行《财富》全球论坛，吸引全球企业家的目光，通过工商界设置热门话题重点报道，重视经济环境及其变化，关注投资动向。同时，通过城市宣传片的制作和宣传，展示和推介成都“宜商宜居”城市形象。

——部门联动，快速反应，有效应对舆情和突发事件。广州建立舆情指挥中心，搭建网络监测平台，对3700多个站点进行跟踪；与公安部门联动，充分发挥“天眼”系统的作用，对公共场所、站点路段进行监测，直观、实时进行舆情研判。成都构建立体化的联动系统，在平台建设上，除开办门户网、建立政务微博、微信平台，还开办手机报，强化媒体和部门之间的联动机制。

——实行定期沟通机制，正面引导，避免导向性偏差。广州亚运会前建设项目众多，项目资金、工程质量、施工时间等一度成为舆论炒作焦点。针对负面报导，广州采取主动定期与媒体沟通办法，避免恶意炒作和导向性偏差，同时，形成引导舆论导向的制度。成都加大新闻发布会力度，2013年以市政府新闻办名义举办60多场新闻发布会，各区县召开200多次，公开重大建设项目和回应关注的焦点问题。

重要启示：

一是主动应对和定期沟通。建议加大舆论引导策划和定期沟通力度，就武汉重大发展、项目建设、民生举措举行媒体和社会公众说明会。对传统媒体和新媒体进行统筹管理，用传统媒体的正面宣传来扩大新媒体上传播的正能量。加大监控力度，进行预警、研判，对有形成舆情可能的信息，及时采取处置措施，提前阻断其形成舆情的可能，掌握舆论引导的主动权。同时，进一步精心制作全面反映武汉历史文化和城市风貌以及社会发展的形象宣传片，以不同版本在央视以及国际媒体进行展示，进一步树立和维护武汉城市形象。

二是设立和引进国际性论坛。无论是国家层面的国际性论坛还是城市自主引进设立的国际性论坛，均产生了积极的经济和社会效应，影响较大的有上海、海南、天津和大连等。武汉应该设立或引进国际性知名论坛，宣传武汉发展形象，文化上，可考虑长江文明、水资源环境等；经济上，可考虑武汉的创新产业、长江经济带等。

三是注重新技术新手段，构建全媒体舆论引导体系。建议与公安部门合作，多部门协调发挥“天眼”系统的重要作用，对于突发事件和舆情热点处置，要以解决现实矛盾和问题为基础，在指挥系统上，由各级舆情信息中心统一指挥和协调。网络舆情的处置和引导，综合利用传统媒体、网络媒体、政务微博等不同传播途径的优势，尽快说明事实真相，正确引导舆论。加大全市政务微博、电视问政、网络问政、网络论坛、微信、手机报等平台的建设力度，充分发挥其“桥梁”和“减压阀”的作用，听取民意、解决问题，避免因负面投诉积压而引发负面舆情。

（武汉市社科院课题组）

（执笔人：朱哲学）

互联网金融时代加快
新型功能性金融机构积聚的对策建议

现代金融市场上的金融机构呈现明显的专业化和差异化，进而形成功能性金融机构。伴随着互联网技术由最初的搜索引擎到社交网络再到目前的移动互联网的一次次革新，第三方支付机构、网络借贷平台、综合型金融服务平台企业等新型功能性金融机构不断涌现，推动着互联网金融的创新发展。要扼住国际金融发展趋势的脉搏，同时把握服务实体经济这一金融的实质，使金融具有更强的功能和更高的效率，就要积聚发展新型功能性金融机构。从这个意义上来说，金融机构是武汉打造中部金融中心的主体力量，积聚功能性金融机构是加快武汉中部金融中心建设的重要内容，发挥新型功能性金融机构的积聚量和功能，是武汉打造中部金融中心的重要指针。

一、加快新型功能性金融机构积聚的主要任务

（一）从发展互联网金融业务的重点来看，武汉有必要利用先发优势，做大 P2P 业务

武汉不仅有做大 P2P 业务的必要性，而且也具备一定的条件。当前，我国处于起步阶段的新兴互联网金融业态主要有 P2P 和众筹。就众筹业务来说，武汉不具有先发优势。我国的众筹业务由于受法律的限制，其内容仅仅局限于团购+预购型业务，这类业务属于商业交易，不属于真正意义的金融交易。鉴于众筹业务发展面临的制度障碍，在现有条件下，武汉可以重点推进 P2P 业务的发展。武汉本地创建最早、规模最大的 P2P 网络借贷平台“一起好”，已经顺利跻身行业前茅，紧跟业内一线品牌其后，成为本地互联网金融的代表企业。同时，“一起好”的快速崛起带动了一批其他 P2P 企业的不断涌现。武汉在发展 P2P 业务方面积累了一定的基础和经验，这是武汉发展 P2P 业务的有利条件。另外，单纯的 P2P 平台业务不存在法律障碍，而且还有助于解决小微企业融资难的问题，比较容易得到中央政府的认可和支持，有较好的政策预期，更重要的是 P2P 业务拥有巨大的市场需求，因此有较好的发展潜力和空间。

（二）利用打造中部金融中心的有利条件，争取在武汉建立中部综合性互联网金融产品交易平台

武汉应将建立中部最大的综合性互联网金融交易平台作为发展互联网金融的一个重要战略目标。武汉具有中部金融市场和金融机构聚集的优势，不仅有必要而且也

有条件建立中部“互联网金融超市”。当前互联网金融平台主要有三种平台，一是金融机构自身的平台，几乎所有大型金融机构都有自己的互联网金融理财产品交易平台；二是互联网电子商务企业和金融机构共同组建的金融平台，余额宝和活期宝等属于此类平台；三是电子商务企业与金融机构交叉进行的综合平台业务。互联网金融交易平台的种类繁多，而且维持了较快的发展，但是缺少一个类似于“淘宝”的综合性金融平台。基于目前态势，伴随着互联网技术的日益成熟和网络的便捷，未来互联网金融客户需要将所有相关业务融为一体的全面综合服务。从发展趋势来看，在互联网金融领域，最具发展潜力和影响力的创新业务是建立大型的互联网金融交易平台，即“互联网金融超市”，只有真正能够提供综合服务的金融机构才能在竞争中胜出。

（三）支持全国和全球的金融机构和电子商务企业在武汉设立开展互联网金融业务的分支机构

武汉应借助于开发的体制机制和市场准入政策，大力吸引国内外具有影响力的新型功能性机构落户。武汉发展互联网金融的不利因素之一是大型金融机构和大型电子商务公司的总部不在武汉，如四大国有银行的总部在北京，而阿里巴巴和腾讯的总部在杭州和深圳。短期内让这些总部迁移到武汉的可能性不大。面对这些劣势，武汉可以通过实施优惠政策和改善互联网金融生态环境，设法让外地的大型金融机构和大型电子商务公司将从事互联网金融业务的专业部门设立在武汉或从外地迁移到武汉，吸引全国和全球的大型企业和跨国公司在武汉建立从事互联网借贷业务、第三方支付和其他新型业态的分支机构。

（四）培育和支持武汉本地互联网金融企业的发展

一些新兴互联网金融业务通常由新型平台企业进行，因此发展这类新兴互联网金融业务的先决条件是培育从事这些业务的新型企业。武汉已经拥有超过三十家的互联网金融公司和五张第三方支付牌照，是中部拥有此类牌照最多的城市。具体到P2P业务，武汉已经涌现出一批专门从事P2P业务的新型企业，如一起好、融众网、长投在线、京金联等企业。为了促进互联网金融企业的发展，政府可以考虑成立专门的机构对互联网金融企业进行指导和监管，在资金、税收政策和其他资源利用方面，加强对互联网金融企业的支持力度。鼓励互联网企业进入金融领域渠道，支持互联网企业依法发起设立或参股商业银行、证券、基金、期货、保险、消费金融、汽车金融、金融租赁和金融电商等各类金融机构。支持互联网企业通过发起设立、并购重组等方式控股或参股小额贷款、融资担保、融资租赁、典当投资、股权投资、要素平台等新型金融机构。支持互联网企业依托互联网技术和线上线下资源优势，发起或参与设立第三方支付、移动支付、众筹融资、电商金融等机构。

二、加快新型功能性金融机构积聚的政策措施

（一）加强组织领导和政府部门配合

建议成立促进新型功能性金融机构积聚发展工作领导小组，市政府职能部门、各区政府以及中央在汉金融监管机构作为成员单位，协调解决新型功能性金融机构引进和发展中的重大政策和战略问题，定期评估各级政府和有关部门促进功能性金融机构发展的工作绩效。建立与新型功能性金融机构沟通联络机制，及时了解和掌握金融机构的相关需求，帮助解决发展中碰到的实际困难和瓶颈问题。定期举办政府与金融机构座谈会和各类主题性论坛活动，建立专人、专线联系等制度。加强功能性金融机构政策研究和宣传工作，及时收集、整理、分析和上报国内外各地区促进金融机构发展的相关文件和政策动态，了解掌握重点省市金融机构发展的实时信息。政府各有关部门要进一步加强政策的宣传推介力度，积极发动和引导新闻媒体，有计划、有步骤、有重点地宣传金融机构的扶持政策、发展成效和进展情况。

（二）加强政务服务和积极引导

开辟对新型功能性金融机构的绿色通道服务，创新服务流程，简化行政审批手续和程序，涉及工商登记、税务注册登记、年检等事项，实施并联审批、集中办理、限时办结。支持有条件的互联网金融企业依法申请有关金融业务许可或进行有关金融业务备案，允许主要从事互联网金融业务的企业在名称中使用“互联网金融”或“网络金融”字样，并在工商登记等环节提供便利。及时向新型功能性金融机构发布区域和行业发展规划和政策资讯等信息服务。积极引导新型功能性金融机构参与政府重要决策咨询论证和重大项目投资建设。同时鼓励和推进互联网金融创新，给予创新更多的正能量，并容忍创新失败，促进新兴金融业态的快速发展。

（三）加大各类奖励扶持力度

互联网平台企业的投入主要以技术和人力资本为主，没有巨额的固定资产投入，在融资和税收方面处于很不利的地位，因而要在税收、融资等方面提供政策支持或政策倾斜。对新设立或外地迁入的新型功能性金融机构，要在用地指标和年限、办公用房购买或租赁、开办奖励、公共设施配套、税收返还、行政事业规费减免、金融创新、经营贡献、设立博士后科研工作站等方面，给予相应的支持和奖励。对互联网金融领域的新兴业态和创新模式，本市战略性新兴产业发展专项资金、服务业发展引导资金、

高新技术成果转化专项资金等财政资金予以重点支持，设立新型功能性金融机构发展专项资金。此外，还要建立相应的约束和惩罚机制，增加新型功能性金融机构外迁成本。

（四）加强人才相关的政策扶持

进一步创新、调整和完善本市与人才相关的户籍、居住、教育、医疗、出入境等相关政策，扩大人才政策覆盖面，在继续完善金融高管人才政策基础上，加大对互联网金融专业人才，尤其是平台经济发展亟需的数据挖掘与数据分析专业人员以及企业高级管理人才，在人才公寓、租房补贴、落户申请、居住证类别、个人所得税减免以及子女就读等方面给予适当倾斜。加快本地互联网金融人才培养步伐，积极探索校企合作的实用性人才联合培养机制，通过推动大学与网络经济产业集聚区的互动，建立、健全校企合作订单式培养机制，强化平台企业所需人才的定向培养，创新国内国外联合培养模式，科学设置教学课程，为武汉中部金融中心建设提供巨大的人才池。

（五）营造良好发展环境

加快完善和升级金融基础设施，进一步完善网络基础设施与物流配送系统，为新型功能性金融机构在汉发展提供便捷条件。以提升交易效率和增强交易安全为重点，不断完善包括交易场所、交易平台和交易工具在内的市场交易体系。营造国际化的金融法制和商业生活环境，强化外部监管制度，以防范危机发生。同时，互联网平台企业还应参照商业银行的风险拨备制度，设立公用准备金，以吸收可能出现的损失。针对互联网金融服务尽早出台专门的法律法规，从制度层面上支持新型功能性金融机构的业务发展。完善个人和企业信用征信系统，建立健全社会信用体系。营造诚实守信的商业环境和完善便利的生活环境，增强对外籍金融从业人士的吸引力。创造公平透明的市场竞争环境，强化政务公开和信息透明，规范市场竞争秩序，不断扩大金融对内对外开放，不断减少政府直接干预市场行为，为境内境外各类金融机构参与市场竞争创造公平、公开、公正的环境。

（执笔人：姚莲芳）

主体再造：推进城市治理体系现代化的关键

党的十八届三中全会将“完善和发展中国特色社会主义制度，推进国家治理体系和治理能力现代化”确立为全面深化改革的总目标，这是对我们党治国实践探索和地方政府创新经验的理论提升，是马克思主义理论的重大创新和治国方略的重大转型，是我们党执政成熟的重要标志和长期执政的必然选择。国家治理体系和治理能力的现代化水平直接关系到“两个百年目标”能否顺利实现。在我国城市化加速推进的背景下，城市在国家经济社会发展中扮演着举足轻重的角色。城市治理现代化是国家治理现代化的缩影，是国家治理现代化在地方层面和城市领域的具体实践，城市治理现代化的状况如何将直接关乎整个国家治理现代化的水平。

国内外的理论研究和具体实践表明，一个健全的治理体系和治理过程必然包括治理主体、治理客体、治理机制、治理方式、治理绩效等几个基本要素。根据马克思主义基本原理，实践主体是人类实践活动中最具能动性和革命性的因素。显然，治理主体也是城市治理中最能动、最关键的要素，治理主体的理念、素质和能力直接关系和决定着城市治理现代化的水平。客观地讲，我国城市治理主体在基本理念、职能定位、运作机制等方面还存在诸多不适应，我们认为，加强城市治理主体再造是推进城市治理现代化的关键和核心。

一、主体不健全：“先天不足”与“后天失调”并存

城市治理包括政府治理、市场治理和社会治理三个重要子系统。由于我国封建专制主义传统久远，新中国成立后为巩固新生政权并迅速发展经济又实行高度集中的计划经济体制，基于意识形态的误解而将市场手段和市场经济等同于资本主义，故我国长期以来，在国家与社会的关系上，国家非常强势，几乎遮蔽、吞噬了社会的发展空间；在政府与市场的关系上，政府是全能的无限责任政府，挤占了市场的生存空间。反映到城市治理的主体上就是国家（政府）一枝独秀，社会治理和市场治理的主体发育严重不足。

1. 政府治理主体：缺位与越位并存

政府的产生源于人民的公意达成和公意授权。人民与政府是一种委托代理关系，政府应该为人民的公共利益而奋斗不止。我国是单一制国家，中央与地方也是一种委托代理关系，地方要服从全国大局。对于我们这样一个超大规模国家来说，人民授予

政府的各项职能，必须由具有不同职能、意愿、利益和层级的政府职能部门及公职人员去具体履行。根据公共选择理论，“与经济学一样，公共选择的基本行为假设是，人是自利的、理性的效用最大化者”①。无论是政治家还是官僚在进行公共决策时，因为对决策信息的不完全掌握和增进自身利益的理性本能，其公共决策都倾向有利于增进自身利益的方案。这就产生一个悖论：理论上应该代表全体人民公共利益（公益）的政府，事实上由具有不同自身利益（私益）的人掌控，显然这里的公益与私益并不必然一致；同时，地方政府也存有自身独特利益，故其与中央政府也存在或明或暗的利益博弈。但长期以来，人们往往不承认或避免谈及政府及其公职人员自身的独特利益问题。正是因为理论上代表公益的政府与实际上存在私益的现实的矛盾纠葛，才导致不同层级政府之间的利益博弈、政府过多干预微观经济活动和屡屡发生的权力寻租行为。

在城市治理实践中，城市政府既要代表、维护和不断增进城市公共利益，又有不断谋求自身利益的需求和冲动。在社会转轨、经济转型和政府职能转变的过程中，由于缺乏明确的定位和有效的外部监督，城市政府在城市治理过程中就存在职能定位偏差和行为扭曲现象。突出表现在：（1）政府包揽一切的“全能政府、无限责任政府”倾向。所谓从摇篮到坟墓、从经济到政治到社会等全由政府负责管理，政府垄断一切权力、资源和话语权，城市治理呈现政府一元化、单中心、单向度的特征。（2）政府的越位和缺位并存。即政府管了许多不该管、也管不好的事，而对自己本该管的事又没有管、或没管好。一方面，政府乐于直接参与招商引资，直接干预资源配置和要素价格，直接干预企业生产经营等，行政权力无限扩张，既掌舵又划桨，既当裁判员又当运动员，超越了政府的职能范围，甚至直接与民争利。经济学家张维迎曾计算过，如果把大部分管制取消，中国国民生产总值可跃升30%，腐败将减少50%②。另一方面，政府在公平竞争环境营造、基本公共服务提供、违法违规行为的监管与惩治、社会公平正义的维护等方面又存在明显缺位，行政不作为与行政傲慢并存，对市场失灵弥补不足。（3）政府的治理功能发挥不到位。城市治理所涉及的问题繁杂且越来越多样化，而城市政府的职权和职能是有限的，在其试图大包大揽之时反而会导致一些重要方面缺乏治理举措或治理力度。比如，很多食品安全问题、生产安全问题往往是在发生了恶性事件后或被媒体曝光后，政府才对其介入调查，这也挫伤了社会公众对政府监管

① Dennis C. Mueller, *Public Choice II*, Cambridge: Cambridge University Press, 1989, pp. 2

② 吴晶、张晓松：《中国政府：从“瘦身”到“健美”》，http://news.sina.com.cn/c/2003-03-10/1434940804.shtml

的信任感，当下不少人的第一诉求对象不再是政府部门而变成了新闻媒体。城市政府对城市的治理必然会受到机构、资金、资源等方面的限制，如果城市政府将自己视作管理公共事务的唯一主体，不但要面临城市建设资金短缺的压力，还会造成城市政府机构臃肿、职能错位、效率低下的后果，城市治理的效果并不好，反而不能满足城市居民和城市发展的需求。

2. 市场治理主体：错位与缺位并存

企业作为市场经济的主体，不仅是物质和精神产品的主要供给者，也是城市税收的主要贡献者，更是城市治理的重要参与者，对市场治理起着重要作用。而一个价格信号具有充分灵活性和伸缩性的完全竞争的市场状态需要具备五个必要条件：所有的生产资料都为私人所有；所有的交易都在市场上发生，并且每一市场都有众多的购买者和销售者；没有任何购买者和销售者能够单独操纵价格；购买者和销售者都有完全信息；资源可充分流动并且可无任何阻碍地流向任何使用者。只要缺少其中任何一个条件，市场机制在实行资源配置时就可能失灵。事实上，一方面，五个条件同时具备的情况是一种理想的状态；另一方面，由于公共物品和服务具有效用的非分割性、消费的非竞争性和受益的非排他性特征，市场机制在公共物品和服务领域会发生失灵。同时，完全的市场经济会导致收入分配不公和两极分化，从而最终影响经济的持续稳定增长。这是市场机制本身固有的缺陷，需要通过非市场的外力加以克服和弥补。

从我国社会主义市场经济体制的实际看，市场错位主要表现在：（1）市场机制的误用。如将市场机制误用于政治领域、公共产品与服务领域，由此催生了形形色色的权钱交易、权色交易等腐败行为，导致了教育、医疗、就业、社保等基本公共服务领域片面的市场化，引发诸多的社会矛盾和不稳定因素。（2）市场主体发展不均。国企、外企曾长期享受超国民待遇，而民企发展在税收政策、市场准入、融资门槛等方面面对诸多限制。一些国企凭借特殊政策获得垄断地位进而获取超额垄断利润，发生于钢铁、化工、房地产、邮电、航空业、奶业等多个行业的“国进民退”现象，引发国人颇多争议和诟病。按照成熟市场经济国家的一般规则，在竞争性领域应该一般性地禁止国有企业的存在，只在例外状况下允许国有企业的存在，且其设立、运作、终止均应该采取立法的形式事先确定。据“2014 年中国企业 500 强”排行榜显示，共有 108 家国有企业和 23 家民营企业上榜，但排名前 37 位的均为国企[①]。（3）企业错误地承担了部分政府责任。这与企业的原有定位和功能并不相符，主要体现在国有企业方面

① 《2014 中国企业 500 强：前 37 位均为国字号 华为 48 位》，参见 http://money.163.com/14/0902/10/A54NFCI100253G87.html

和特许经营领域。例如，石油、电信、电力等国有企业的某一重要决策或许能直接决定市场价格走向和领域发展方向，有违价格由市场决定的价值规律。当然，造成此影响的内在原因还是源于政府对市场经济和国有企业的越位治理。(4) 企业逃避社会责任，甚至为了一己私利而枉法经营。肆意污染环境的、恶意拖欠工资的、生产假冒伪劣产品的、逃避税收和职工保险的、缺乏诚信大搞商业欺诈的等等，屡屡被媒体曝光、层出不穷，甚至出现限制人身自由的黑砖窑、直接致人伤残的假劣食品药品等案件，触碰人类道德底线、让人怵目惊心。此外，企业的内部治理结构也还存在诸多不完善的地方，现代企业制度的建立和完善尚任重而道远。

3. 社会治理主体：虚位与错位并存

社会组织参与城市治理，其行为动机和利益机制主要基于志愿精神的发挥和适当盈利的需求。塞拉蒙区分了公共服务中的“资金提供者”和“服务提供者”两种角色，认为前者主要由政府承担，后者则由社会组织承担。而以志愿精神为主导的社会组织也有着固有的缺陷，会因慈善资源的不足、慈善的特殊性、慈善的父权心态、慈善的业余性等而导致志愿失灵[①]。西蒙认为当代社会组织发展面临着任务、财务、权力、效能和治理等五种困境[②]。这就要求人们正确认识社会组织的作用，实事求是地评价社会组织在治理中的功用。纵观我国，改革开放前的我国社会是一个总体性社会[③]，由于普遍实行单位制管理，社会结构分化很低。改革开放后，随着市场经济体制的建立，单位制逐渐解题，“单位人”逐渐变成“社会人、社区人”，我国社会组织开始逐渐发育和发展。与西方不同的是，我国社会组织的发展不仅是市场经济的产物，同时也是党和政府简政放权的产物[④]。一方面，全能型政府和总体性社会的形成和存在，直接导致了人们形成一种依附性人格（个人依赖单位、单位依赖国家），潜意识里对政府有极大的依赖和指望，从而对参与社会公共事务、培育社会组织缺乏内生动力。同时，快速工业化、城市化同样带来传统关系纽带的断裂，社会越来越呈现出原子化

① Lester M. Salamon, Partners in Public Services: The Scope and Theory of Government Nonprofit Relations, In W. W. Powel, *The Nonprofit Sector:A Research Handbook*, New Haven:Yale University Press, 1987。

② 参见张成福、党秀云：《公共管理学》，中国人民大学出版社 2007 年版，第 306 页。

③ 孙立平等认为，所谓总体性社会是指社会的政治中心、意识形态中心、经济中心重合为一，国家与社会合为一体以及资源和权力的高度集中，使国家具有很强的动员和组织能力，但结构较为僵硬、凝滞。参见孙立平等：《中国社会结构转型的中近期趋势与隐患》，《战略与管理》1998 年第 5 期。

④ 曾永和：《当下中国社会组织的发展困境与制度重建》，《求是学刊》，2013 年第 5 期。

状态，促使人们的个人理性极度膨胀，也导致公共理性的衰落[①]。尚没有意识到个人才是城市治理和城市发展的主要推动者和最终受益人。另一方面，传统行政管理的惯性思维也将社会组织视为一种异己力量，从维护社会稳定、便于行政管理等角度出发，不支持、不扶持甚至限制其发育。所以，社会组织的发育长期面临既无内生动力还有外在压力的境况。就是在夹缝中生长的社会组织，无论其自身性质、基本资源还是管理方式上都带有清晰的行政烙印，其自主发展受到很大限制，也难以与政府开展平等的对话与合作。

整体上看，社会组织在城市治理中是明显缺位的。主要表现在：（1）在组织数量上，尽管我国社会组织一直保持着较快发展的良好态势，但社会组织的公众人均拥有量相当有限。根据《2013年度公益报告》，全国共登记社会组织51.13万个，平均每万人拥有社会组织约3.76个，与其他国家相比仍有不小的距离[②]。（2）在治理资源上，社会组织所拥有、可调动的社会资源、信任资本都非常有限，社会组织过于依赖政府或企业的资金支持，其参与呈现明显的弱势特征[③]。（3）在治理能力上，存在参与公共事务中的自主性不足，参与能力不强、水平不高。社会组织参与社会治理的覆盖面并不大，多数是在政策宽松、门槛较低或资源易得的领域，但有突出社会问题、迫切需要组织协调的领域却少有进入。又因我国严格控制社会组织的跨地域活动范围，社会组织的规模发展也受到限制，比如，武汉市大多数社会组织成员人数较少、实力弱小，以草根性和地方性社会组织为主，属于小型社会组织。同时，社会组织自身存在机构不健全、机制不完善等问题，直接影响其城市治理能力和公众形象（如郭美美事件给红十字会造成的信任危机）。（4）在治理功能上，社会组织存在志愿精神不足、过度盈利化和过度行政化的问题。有的社会组织缺乏热心、持久地参与社会治理的专职工作人员，更缺乏有能力的高级管理人员和专业人才；有的社会组织在运作过程中逐渐背离了非政府、非营利属性，因高度依赖政府资源而走向行政化，因醉心于追求

---

① 参见赵守飞、谢正富：《合作治理：中国城市社区治理的发展方向》，《河北学刊》2013年第5期。

② 根据20世纪初的统计数据，其他国家社会组织的人均拥有量：法国为110.45个，美国为51.79个，巴西为12.66个，印度为10.21个，均高于我国的现有水平。参见王名、刘国翰、何建宇著：《中国社团改革——从政府选择到社会选择》，社会科学文献出版社2001年版，第105页。

③ 清华大学NGO研究所认为，非营利组织自身参与的弱势表现在四个方面：非营利组织资源基础不足；社会独立捐赠和志愿渠道较少，资源结构性失衡；成长发育呈原子式特征；社会认知和社会信任度低。参见王名：《中国非营利评论》（第一卷），社会科学文献出版社2007年版，第29页。

经济效益而走上过度盈利化，从而游离在政府与市场之间；有的社会组织参与治理呈现浅表化特征，参与渠道狭窄或不畅，信息获取与反馈困难，多限于“告知性参与、咨询性参与、操纵性参与等象征性参与的层面上，而那些限制性、决策性、代表性和合作性的参与几乎很少”[①]。这些综合因素导致了社会组织在城市治理中缺位与失语。

综上所述，正如美国中国问题专家李侃如指出，在中国的漫长的历史上，周期性政治动荡折射出中国政治的固有缺陷，最突出的有两点：中国领导人善于组织复杂的政府官僚机构，却未能缜密地制定出政治程序与制度，以避免权力斗争扰乱整个体制；中国公众一直没有得到机会，去发展正常的政治参与渠道。尽管近年来民间和专业协会日渐成熟，追求个人理想的自由度更大，中国民众仍然不曾在稳定和自治的制度的基础上，进行有意义的、实质性的政治参与。民众的政治参与只是零星的和不稳定的，无法演变成在制度内缓解紧张和减少冲突的传统方法。发展出必要的心态和技能，以使发展组织自治团体和协会的政治参与运转良好，尚需时日[②]。应该说，李侃如的评价还是比较中肯的。我国城市治理的主体不够健全，政府主体存在定位偏差、市场主体发展失衡、社会主体明显虚位等现象，因而，与治理现代化的要求相比，我国参与城市治理的三类主体面临定位不准和功能不全的双重困境，其成长发育存在着“先天不足”与“后天失调”的缺陷。

二、主体再造：城市治理主体的回归、分权与激活

2001 年 6 月，联合国开发计划署、人居署等提出“公正、效率、责任、参与和安全”等五项城市治理的核心准则，并积极倡导开展“城市治理全球运动”。可见，推进城市治理现代化已成为一种世界议题和世界潮流。现阶段，推进我国城市治理现代化，必须再造城市治理主体，就是要科学处理政府与市场、政府与社会的关系，厘清各治理主体的权能边界、优化职能配置、强化功能绩效，使各治理主体各归其位、各负其责、各展其能，不断提升治理主体的自身素质和城市治理的综合绩效。

所谓再造是指对公共体制和公共组织进行根本性的转型，以大幅提高组织效能、效率、适应性以及创新能力，并通过变革组织目标、组织激励、责任机制、权力结构以及组织文化等来完成这种转型过程[③]。显然，再造不同于简单的修修补补，不同于

① 张超：《城市管理主体多元化模式探讨》，《学海》2006 年第 6 期。

② [美]李侃如：《治理中国：从革命到改革》，胡国成等译，中国社会科学出版社 2010 年版，第 4-5 页。

③ [美]戴维·奥斯本等，《再造政府》，谭功荣等译，中国人民大学出版社 2010 年版，第 10 页。

一般意义上的改革、重组或精简，而是一种从理念文化到组织目标、从组织架构到运行机制等全方位的变革，它涉及的层次更深，就是要改变整个体制的DNA。

（一）政府权能的再造与回归

西方国家根据新公共管理理论认为，政府再造就是用企业化体制来取代官僚体制，即创造具有创新惯性和质量持续改进的公共组织和公共体制，而不必靠外力驱使。他们力主通过实施五大战略[①]来实现政府再造，以建立起“起催化作用的政府、社区拥有的政府、竞争型政府、有使命感的政府、结果导向型政府、顾客驱使的政府、企业化政府、预知型政府、分权的政府、市场导向型政府[②]。

我国也一贯重视政府自身改革。从新中国成立至今，已先后进行了10多次行政体制改革，但1）国务院的部委组成部门依然较多（现有28个，还不包括其他的国务院直属机构和中央议事协调机构，而发达国家的政府组成部门普遍在20个以内；2）改革始终没有走出“精简—膨胀—再精简—再膨胀”的循环怪圈；3）过去的改革常常陷入把行政体制改革等同于机构改革与整合的误区。“其实行政体制改革的核心是转变政府职能”，因为机构是职能的载体，如果职能不转变，一味地调整机构，只会导致两种结果：一是把不同类型的机构实行“拼盘式”硬整合，导致它运行不畅，运行不久就又分开；二是机构担负的职能超载，很容易在运行当中顾此失彼[③]。所以国务委员兼国务院秘书长马凯坦言，“现行行政体制仍存在许多不适应新形势新任务要求的地方，国务院部门在职能定位、机构设置、职责分工、运行机制等方面还存在不少问题”[④]。

那么，一个健全的政府治理主体究竟应是什么样的？这涉及到对政府的本质、政府的权力来源、政府的职能等问题的认识。如前所述，我国政府的存在就是为了保护和实现公共利益，政府权威的泉源是人民的同意和授权，政府的职能就是要创造良好

① 这五大战略是：核心战略（Core Strategy,明确的组织目标），后果战略（Consequences Strategy，激励机制），顾客战略（Customer Strategy，责任机制），控制战略（Control Strategy，权力结构），文化战略（Culture Strategy，组织文化）。参见[美]戴维·奥斯本等，《再造政府》，谭功荣等译，中国人民大学出版社2010年版，第30-32页。

② [美]戴维·奥斯本等，《改革政府：企业家精神如何改革着公共部门》，周敦仁等译，上海译文出版社2006年版，第1-10章。

③ 中编办就“《国务院机构改革和职能转变方案》有关内容和考虑”答问，参见http://www.xinhuanet.com/2013lh/zhibo/20130311a/index.htm。

④ 马凯：《关于国务院机构改革和职能转变方案的说明》，参见http://www.gov.cn/2013lh/content_2350848.htm。

发展环境、提供优质公共服务、维护社会公平正义。因此，政府治理主体的再造就要坚持以人为本，以职能转变为核心，“更好发挥政府作用”，以不断实现好、发展好和维护好最广大人民的根本利益为出发点和落脚点。在处理政府与市场的关系上，要相互补充而不相互否定、相互排斥；在处理政府与社会的关系上，要促进而不是限制、服务而不是控制、合作而不是竞争。简单说，政府治理主体再造就是要对政府职能“定好位”、“防越位”、“补缺位”。当前，推进政府治理主体的再造，需要注意以下几个方面：

一要转变政府职能和行政理念。对于政府职能的认知，学术界有“两职能说”、“三职能说”、“四职能说”等不同主张①。我国对政府职能的认识有一个不断深化的过程。改革开放前，我国是一个“总体性社会”，政府的职能主要是政治统治，故其时的政府是一个全能型、管治型、包揽型的政府，但因政府自身的资源、能力和效率所限，遂必然陷入“不该管的管得过多，该管的又没有管好”的尴尬境地。其实，政府擅长的事情是有限的，而有效政府的关键在于做好政府擅长的事情，政府治理能力的好坏不在于其直接掌控事项的多少。政府除了政治统治职能外，还有公共服务的职能，建设服务型政府这是由我国人民政府的本质决定的。尽管 1988 年，我国就提出了“转变政府职能”的要求，但究竟转向哪里、如何转变并没有共识目标。长期以来，政府的经济管理职能得到显著强化并逐渐形成惯性和路径依赖，而政府的社会管理和公共服务职能相对有所弱化。但随着市场经济的建立和发展，人民生活水平在不断提高的同时差距也越来越大，公民权利意识逐渐增强，市场机制的作用发挥不畅，社会管理和公共服务的诉求明显增加。这些都对政府职能转变提出了新的挑战。所以，要转变政府职能、实现有效治理，首先需要确定政府“能做什么和不能做什么”，也就是说要重新厘定政府的职能，清晰界分政府与市场、政府与社会的边界，明确政府、市场、社会各自的职能领域，各归其位、各负其责、各尽其能，不越位、不缺位、不

① “两职能说”，如中世纪神学家阿奎那将政府职能分为维护社会秩序、推进社会公共福利；古德诺将政府职能概括为政治职能与行政职能；马克思恩格斯将政府职能区分为政治统治和社会管理。“三职能说”，如亚里士多德将政府职能分为军事、司法和议事；洛克和孟德斯鸠则认为是立法、行政和司法或对外；波朗查斯认为是政治、技术经济和意识形态；亚当•斯密主张，政府最好从私人事务中退出，而只承担极为有限的职能，包括：保护社会不受其他独立社会的侵犯；尽可能保护社会上各个人使其不受社会上任何其他人的侵害或压迫；建设并维持某些公共事业及某些公共设施。“四职能说”，如施雪华认为政府职能是阶级统治、社会服务、社会管理和社会平衡。胡鞍钢提出政府有 18 项具体职能。参见施雪华：《政府权能理论》，浙江人民出版社 1998 年版，第 180-188 页；胡鞍钢等：《政府与市场》，中国计划出版社 2000 年版，第 3-4 页

错位。党的十八大报告明确了政府职能的三个主要方面：“创造良好发展环境、提供优质公共服务、维护社会公平正义”。党的十八届三中全会决定更是列专章部署“加快转变政府职能”：健全宏观调控体系、全面正确履行政府职能、优化政府组织结构，这些精神为政府职能转变指明了方向。当前各地纷纷开列政府权力清单、责任清单和负面清单，坚决贯彻“三个一律”[①]的做法就是对政府职能“定好位”、“防越位”、“补缺位”。同时，要合理界定不同层级政府的职能权责，充分调动不同层级政府的积极性。

伴随着政府职能的转变必然要求行政理念和行政方式也相应发生转变。从管制政府向服务政府、从公婆政府到公仆政府、从政府统治向社会自治转变，成为普遍趋势和必然选择。从城市治理角度看，城市政府治理公共事务的关注点、层次、视野以及行为方式都将发生重大变化：即日益从原来具体而繁多的公共物品的提供甚至直接生产，走向宏观的地方战略管理和社会资源整合；从日常的事务性管理走向决策和协调管理；从自上而下命令和指挥转向维系社会资本、促进社会多元治理主体之间的斡旋与合作，发展地方治理网络体系[②]。政府在推进城市治理中的作用，就是要当好国民经济的“掌舵人”、市场规则的制定者、市场运行的“裁判员”、基本公共服务的提供者、公平正义的维护者。

二要优化机构设置和权能配置。改变过去政府机构设置和权能配置“大而全、小而全”以及层级间政府职责同构的弊端，破解纵向上的条块分割、相互牵制，横向上的分段管理、各自为政。1）要进一步改革优化政府组织结构，理顺部门职责关系，继续积极稳妥推行大部制改革，杜绝“有利的争破头，无利的踢皮球，有责的躲着走，无责的抢到手”的局面，特别是要积极探索“统筹党政群机构设置”的具体做法； 2）要进一步简政放权，切实深化行政审批制度改革，不断推进政府向市场、向社会、向基层放权，用政府权力的减法换取市场、社会和基层的活力和积极性，增强不同城市治理主体的内生动力，实现政府改革既“瘦身”又“健美”；3）要进一步优化行政层级和行政区划设置，探索城市街道、乡镇、社区建设改革，推进行政管理的扁平化，

① 即十八届三中全会提出：市场机制能有效调节的经济活动，一律取消审批；直接面向基层、量大面广、由地方管理更方便有效的经济社会事项，一律下放地方和基层；除关系国家安全和生态安全、涉及全国重大生产力布局、战略性资源开发和重大公共利益等项目的企业投资项目，一律由企业依法依规自主决策。

② 孙柏瑛：《当代地方治理——面向21世纪的挑战》，中国人民大学出版社2004年版，第198-199页。

不断提高行政管理的效率，节约行政管理成本。

三要转变政府治理机制。1）从人治到法治。我国人治传统久远深厚，权比法大、钱比法大、政策比法大的情况曾较为普遍。随着依法治国方略确立和中国特色社会主义法律体系基本建成，法治正在成为我国治国理政的基本方式。但不依法行政、违法行政、枉法行政的现象还大量存在，我国政府的法治水平与公民的法治意识还亟待提高。法治思维和法治方式应成为城市政府治理的基本遵循，应进一步将政府及其部门的职能、职权和职责明确化、法制化，完善不敢腐、不能腐、不想腐的机制，不断提高政府依法行政水平。2）从集权到分权。政府改革最大的挑战是如何应对古老的集权传统。集权体制虽有利于巩固政权和集中力量干大事急事，但不利于调动各方面的积极性主动性建设市场经济。改革开放以来，多次开展大规模的党政机构内部分权和中央向地方分权、政府向企业分权、国家向社会分权，但权力集中和缺乏监督制约、行政审批过多等问题还依然较严重。新一届中央政府承诺并切实推进“下决心再削减三分之一以上”的行政审批，但仍存在“放权较多取消权力较少、放虚不放实、放小不放大”等“含金量不足”的问题[①]、存在“对事前审批很迷恋，对事后监管很迷茫”的问题、存在改革力度“逐级递减”的问题等等。而从政治层面解决对政府权力的有效制约，最终是要解决张扬民权、规范党权、废除特权、约束公权的问题[②]。3）从传统决策到现代决策。决策能力是政府治理能力的重要内容，决策的优劣直接关系到公民对政府的满意度和政府的公信力。要改变高度集中于党委和党委主要领导、高度依赖于主要领导者个人智识和经验的传统决策模式，借鉴国际先进决策经验，认真落实民主集中制原则，不断完善决策程序，加强决策技术的开发应用，强化决策监督与合法性审查，努力提高决策科学化民主化水平。要认真贯彻十八大提出的“新两个凡是”（凡是涉及群众切身利益的决策都要充分听取群众意见，凡是损害群众利益的做法都要坚决防止和纠正），继续推行并扩大政策听证、民主协商、政策公示、政务公开、决策咨询、政策评估、决策失误责任追究等制度的覆盖面和执行力。

四是转变政府治理的技术和方式。治理本就是价值理性与工具（技术）理性的有机统一。要特别关注于那些联结政府与社会、官员与公众的技术和方法，那些能够完善和健全国家治理体系的路径和计划，那些可以改善和提高政府治理水平的实务知识

① 《行政审批改革：放权要更具“含金量”》，参见 http://news.ifeng.com/a /20140901/41807337_0.shtml。

② 汪玉凯：《界定政府边界——汪玉凯谈政府改革》，中国友谊出版公司 2010 年版，第 95 页。

和行动方案，那些适用于中国场景和国情的社会治理手段和优秀经验[①]。在政府治理过程中，无论是政府组织绩效考核还是预防腐败的财产登记，无论是民意调查还是民主协商、民主恳谈，无论是电子政务还是危机管理、法规制定，无论是政治传播还是民主监督、舆情监测等等，莫不需要专业的治理工具和治理技术的支持。任何美好的发展蓝图和政治构想，都依赖于具体的政策举措、制度规定和技术参数来转化落实为有效的政治实践。要尝试通过科技型技术的引介、规则型技术的嵌入、行为型技术的辅助等技术层面的努力，以提升治理能力，实现治道变革。要通过理念和技术层面的双驱动，不断提高政府治理举措的系统性、整体性和协同性。

（二）市场主体的培育与分权

企业是社会财富的主要创造者，是创新创业的主体，也是市场治理的主体。随着市场经济的发展，我国企业数量大幅增长，不仅为城市发展创造大量税收、提供大量就业岗位，而且多数企业本就生产生活于城市，甚至直接参与城市建设和管理，因而必然对城市治理产生重要影响。据统计，截至 2013 年底，全国实有企业 1528 万户，个体工商户 4436 万户，二者相加近 6000 万人。目前，我国非公经济所占 GDP 比重超过 60%，税收贡献超过 50%，就业贡献超过 80%，新增就业贡献达到 90%，约有 70%的技术创新，65%的国内专利发明和 80%以上的新产品来自中小企业，其中 95%以上是非公企业[②]。而跨城市或跨国的大企业集团，对城市治理的影响更加显著，有些城市本就是依托某大企业而建而兴的，所以甚至有人称跨国公司为城市中的“私人政府”。城市私营企业对城市治理的影响，主要体现在三个方面：一是直接参与公共物品的提供；二是与政府签订相关的合同；三是以企业对于城市经济的巨大影响，来影响政府的制度建设和行为改进[③]。

一个健全的市场治理主体本该是什么样的？企业作为市场经营的主体，最重要的职责就是：1）进行物质生产，实现满足社会需要和企业赢得利润的双赢；2）进行资本经营，为国家和社会创造更多财富；3）增加科技研发投入，提高生产力水平和市场竞争力；4）守法经营、依法纳税，承担一定社会责任，这是企业的天职。但我国政企不分、企业办社会；企业组织与政府机构重叠，模糊企业的主要功能；企业承担

① 张小劲、苏鹏飞：《提升治理水平要有治理技术支撑》，《学习时报》2013-12-02。

② 参见《〈中共中央关于全面深化改革若干重大问题的决定〉辅导读本》，人民出版社 2013 年版，第 68 页。

③ 王佃利：《城市治理中的利益主体行为机制》，中国人民大学出版社 2009 年版，第 42 页。

过多社会责任和恶意逃避社会责任；企业面临的市场环境不公平不统一等现象均不鲜见。

平等的市场准入和产权保护、公平的竞争条件和营商环境，是市场主体焕发生机活力的根本保证。城市治理既需要企业在经济方面的强劲推动，也需要它们积极履行社会责任。但由于对政府与市场关系的认识模糊或有意扭曲，市场在资源配置中的决定作用尚没有充分发挥。当前，培育和壮大市场治理主体：

一要切实推进政企分开。我国的“国有企业虽然做了一些改革，但是最大的问题没有解决，就是企业没有自主经营权。所以中国的改革目标是让农民有产权，让国有企业真正成为市场经济的主体。”[①]也就是说，我国市场经济体制仍不够完善，政企不分的现象依然存在，政府部门还是习惯于将公共产品的生产任务指令性或变相指令性地分配给作为其行政附属物的公营企业（极易造成行政垄断和权力腐败），政府与市场的关系仍处于失衡状态。十八届三中全会决定指出，“经济体制改革的核心问题是处理好政府与市场的关系，是市场在资源配置中起决定作用和更好发挥政府作用。”[②]这就是要坚定社会主义市场经济改革方向，在思想上更加尊重市场决定资源配置这一基本规律，在行动上大幅减少政府对资源的直接配置，推动资源配置依据市场规则、市场价格、市场竞争进行，努力实现资源配置效率最优和效益最大。政府要坚持有所为有所不为，着重研究全局性、战略性、前瞻性的重大问题和举措，着力提高宏观调控和科学管理水平，减少政府对企业微观经济活动的过多干预，放手放权让企业在市场的风浪中自主经营、自主发展。要划清政府与企业的界限，善于利用权力清单和负面清单加强政府与企业的管理，切实减轻企业负担，提供更好服务，努力发挥政府和企业两者优势。要进一步规范政府依法行政与企业依法经营行为，切实解决政府越位、市场错位的问题，防止权力与市场的联姻与结盟。

二要建立公平有序的市场环境。建设统一开放、竞争有序的市场体系，是使市场在资源配置中起决定性作用的基础。正如格力电器董事长董明珠对李克强总理说，“我们不需要国家的产业政策扶持！”“只要有公平竞争的环境，企业自己就可以做好！”[③]必须加快形成企业自主经营、公平竞争，消费者自由选择、自主消费，商品和要素自

①厉以宁：《中国人为何收入差距这么大》，参见 http://www.21ccom.net/articles/economics/dongjian/20140911112969.html。

② 《中共中央关于全面深化改革若干重大问题的决定》辅导读本，人民出版社 2013 年版，第 5 页。

③ 《董明珠中南海发声：我们不需政策扶持》，《新京报》2014-07-17 。

由流动、平等交换的现代市场体系，保证各种所有制经济依法平等使用生产要素、公开公平公正参与市场竞争、同等受到法律保护，努力打破市场分割的藩篱，清除地方保护的壁垒，提高资源配置效率和公平性。建立公平开放透明的市场规则，实行统一的市场准入制度，在制定负面清单基础上，各类市场主体可依法平等进入清单之外所有领域，清理和废除妨碍全国统一市场和公平竞争的各种规定和做法；推动要素市场改革建设，完善主要由市场决定价格的机制。

三要完善产权保护制度和政策引导机制。产权是所有制的核心。要健全归属清晰、权责明确、保护严格、流转顺畅的现代产权制度，依法保护企业财产权益与合法利益。加强知识产权保护和运用，健全技术创新激励机制，发展技术市场，健全技术转移机制，促进科技成果资本化、产业化。要通过产业政策、税收政策、金融政策的引导和激励，让一切劳动、知识、技术、管理、资本的活力竞相迸发，让一切创造财富的源泉充分涌流，让发展成果更多更公平惠及全体人民。企业自身要进一步健全现代企业制度，完善法人治理结构，不断提升企业的生产经营效益。董事会选出董事长，监事会要起作用，总经理从社会公开招聘。要真正做到国有企业和民营企业资本既有竞争也有合作，就要实行混合所有制，让企业真正成为自主经营的市场主体，实现国有企业和民营企业的共赢。

四要培育市场主体的社会责任。所谓“企业家身上应该流着道德的血液”[①]，实质上就是讲企业应该自觉承担社会责任。生产经营只有与道德的结合才能使一个企业成为社会所需要的企业。尽管逐利是企业的天性，但市场经济也是法治经济。企业必须在法治的框架下追逐利润，同时必须担负一定的社会责任。企业在参与公共服务时，尤其要兼顾商业性和公益性的双重目标，不能片面追求盈利最大化。同时，政府应依法加强对企业的监管和激励，通过对公共服务的市场准入、价格决定、产品质量和服务效率等的监管，提高企业服务质量，减少或杜绝权力寻租，通过出台优惠政策、增加投入、扩大宣传等举措鼓励企业自觉承担社会责任。

（三）社会组织的激活与壮大

社会组织具有民间性、自治性、志愿性和非营利性等特征，这决定其与追求利润最大化的市场组织和等级制、强制性的政府组织有根本区别。社会治理的主要任务是对公民的社会生活、社会事务做出合理的安排和处理。社会组织对于社会治理具有重要的协同作用。一般情况下，公民对于政府提供的公共产品越不满意，民间组织的数

① 参见 http://news.xinhuanet.com/comments/2008-09/25/content_10103108.htm。

量就越多；对于特定的政府供给，公民需求的差异越大，民间组织的供给就越大。[①]

一个健全的社会治理主体应该是什么样的？应该是既具有政府组织服务于公共服务和公共利益的宗旨，又具有企业组织以最小成本取得最大效益的追求，还具有政府组织与市场组织所不具有的志愿精神和灵活性、适应性、专业性强的特点。

针对我国社会组织弱小、独立性差等不足，再造社会组织，就要正确处理政府和社会的关系，着力激发社会组织的活力，加快实施政社分开，推进社会组织明确权责、依法自治、发挥作用。适合由社会组织提供的公共服务和解决的事项，交由社会组织承担。在推进城市治理现代化的过程中，应该加大城市社会组织培育力度，构建政府与社会组织之间良好的伙伴关系，让社会组织在成长与成熟中承担更多社会服务功能，更好地发挥其自我服务、自我教育、自我管理、自我监督、自我发展和表达诉求、维护权益、有序参与、社会协商、化解矛盾的作用。

一要厘清国家与社会的关系。社会是国家存在和发展的基础，“国家是社会在一定发展阶段上的产物”，是“从社会中产生但又自居于社会之上并且日益同社会脱离的力量”[②]马克思主义认为，政治国家必然回归社会，未来社会是自由人联合体，国家回归社会是实现人的解放的政治条件。改革开放以来，我国从国家与社会一体化逐步向政治权力的社会化转变。“国家逐渐显得不再是凌驾于全社会和公共行为之上的至高无上的权力当局。”[③]国家对社会控制的范围、力度和方式、手段等不断变化，社会公民的权利意识和利益意识的觉醒前所未有，民意及其网络化表达的影响也前所未有，社会力量不断增强，公民社会正在成长壮大，这是我国从传统社会转向现代社会的重要特征。中国经济社会发展成就正是得益于政府的有效管理，我国社会治理当然也离不开政府的指导和支持。要厘清国家与社会的关系，实质上就是要妥善划分政府与社会的边界。一方面，政府要不越位不包揽，进一步向社会放权，对社会赋权增能，凡社会能够承担的政府不要干预，从而形成社会组织与政府合作共治的新局面。另一方面，社会是相对独立于国家和市场的组织，市民与社会组织具有天然的相融性。是故要积极促进和引导以社会组织为基础的公民社会发育、成长、成熟，发挥其在城市治理中的独特作用。

二要改革社会组织监管体制。应该说全社会对民间组织的认识发生了根本性转

① 林尚立、王华：《创造治理：民间组织与公共服务型政府》，《学术月刊》2006 年第 5 期。

②《马克思恩格斯文集》第 4 卷，人民出版社 2009 年版，第 189 页。

③ [法]让-皮埃尔·戈丹：《何谓治理》，钟震宇译，社会科学文献出版社 2010 年版，第 4 页。

变，开始从原先的否定和怀疑为主，转变到以肯定和支持为主，但各种偏见仍然严重存在，尤其是某些政府官员把社会组织设想为政府的天然对手①。政府要进一步降低社会组织登记门槛，改革“双重管理体制”，坚持分类指导、有序发展的方针，加快形成政社分开、权责明确、依法自治的现代社会组织体系。要进一步推进政社分开，切实解决一些社会组织“二政府”问题突出、行政化倾向严重的弊端，优先培育行业协会商会、科技类、公益慈善类和城乡服务类社会组织并实行直接登记，推进行业协会商会与行政机关脱钩，探索一业多会，着力去除行政化。要加快培育规范社会组织，全面清理规范行政审批前置环节的技术审查、评估、鉴证、咨询等有偿中介服务事项，促进社会组织健康有序发展。

三要创新社会治理方式。创新社会治理方式需要在理念上更新和做法上创新。从理念更新角度看，要在价值层面上追求公平正义，在工作层面上坚持以人为本，在目标层面上努力实现善治。从做法创新角度看，要坚持系统治理，治理主体要从政府包揽向党委领导、政府负责、社会协调治理转变；坚持依法治理，治理方式要从管控规制向法治保障转变；坚持综合治理，治理手段要从单一手段向多种手段综合运用转变；坚持源头治理，治理环节上要从事后处置向源头治理前移。

四是强化政府与社会组织的合作机制。政府应该信任社会组织，摒弃担忧恐惧心理，给予社会组织更多政策、资源、资金和道义支持。要探索政府向社会组织购买服务的新机制，努力探索政府采购、定向委托、合同治理等公共服务提供方式，为社会组织发展注入更多可利用的资源。完善社会参与机制，扩大参与领域和渠道，通过不同治理主体间的民主平等协商寻找城市治理的最大公约数。政府要引导和监督社会组织不断加强自身建设，提高其治理能力。一方面，社会组织也要像政府借鉴私营部门管理经验一样，自觉学习企业如何提高有效运转的运营能力，另一方面又不能过度盈利化，否则就会偏离社会组织非营利的宗旨，损害社会组织的形象进而失去人们的支持和认可。要着力培养社会组织志愿与诚信的基本精神，明确社会组织的宗旨与使命，恪守法律法规和道德标准，完善社会组织内部结构和管理机制，建立独具特色的组织文化，形成强大的组织凝聚力和向心力，从而赢得社会的广泛支持。同时，要创造条件引导高素质人才向社会组织流动，为社会组织发展提供坚实的人才支撑。

三、未来发展：在共治共进中完善主体功能

城市治理是个体和组织、公共部门和私营部门规划和管理城市公共事务的各种方

① 俞可平：《走向官民共治的社会治理》，《南方都市报》2011-05-08。

式的总和。它是冲突的、多重利益相互协调和合作的持续过程，包括了各种正式制度、非正式制度和市民的社会资本[1]。库伊曼（J.Koolman）指出，“不论是公共部门还是私人部门，没有一个个体行动者能够拥有解决综合、动态、多样性问题所需要的全部知识与信息，也没有一个个体行动者有足够的知识和能力去应用所有有效的工具。”[2]因此，对于城市这种复杂巨系统的治理，必然是多主体、多中心、多层次、网络状的复合治理、协同共治。不同城市治理主体的作用领域、权力来源、组织方式与运行规则是不同的（参见下表1），不同治理主体的价值偏好存在明显差异，如政府组织偏好于追求社会的秩序、稳定和可持续发展，市场组织偏好于追求自身利润、利益的最大化，社会组织偏好于社会公共价值的实现和组织美誉度的增加。显然，各治理主体在参与城市治理的过程中必然存在或明或暗的利益博弈。

表1　不同城市治理主体运行比较

政府组织	企业（市场）组织	非营利（社会）组织
公共领域	私人领域	第三领域
高层	低层	中层
政府力量	市场力量	社群力量
公共权力	资本权力	社会权力
公义与秩序原则	利润与效率原则	自主参与原则
政府宏观职能	微观职能	中层社会职能
权威关系	契约关系	社群关系

资料来源：诸大建：《管理城市发展：探讨可持续额发展的城市管理模式》，同济大学出版社2004年版，第41页

在城市治理实践中，不同治理主体各自的性质和特征决定了他们各自的优缺点和擅长领域的不同（参见表2）。政府履行职能具有公共性、强制性和权威性，因此政府在生产那些需要公共权力作后盾、成本高昂、强调社会利益的公共产品方面具有优势，故其最合适的领域包括政策管理、管理实施、保证公平、防止歧视和剥削、保证服务事业的连续性和稳定性、加强社会凝聚力，而不太适应在执行复杂的任务、模仿其他组织的成功做法、提供需要迅速适应变化的服务事业、向纷繁复杂的各色人等提供服务、提供很快就会过时的服务等。企业组织对于那些具有市场竞争属性的领域具有优势，“当任务是经济性质的，或者是属于投资导向的时候，私营部门比供应部门

① 参见 Good Urban Governance: A Normative Framework(HS/C/PC.1/CRP.6)，见 http://www.un_habitat.org,2000-02-26。

②Jan,Koolman.Governance and Governability:Using,Complexity,Dynamics and Diversity.London:SAGE Publications,1993.p252.。

或第三部门有效得多。在效法别人的成功经验方面私营部门也更有效，因为有利可图会吸引投资者并驱使私营公司去模仿它们的成功的竞争者。”社会组织最擅长于从事产生微利或无利润、需要对他人的同情和承担义务、需要广泛而全面的方法、需要对顾客和委托人有完全的信任、需要志愿人员的劳动、需要亲自动手和对人的关心等领域工作①。

表 2 政府城市治理多元主体的优势比较

		政府组织（公共部门）	企业组织（私营部门）	社会组织（第三部门）
政府组织的优势	稳定性	高	低	中
	处理中心任务以外问题的能力	高	低	中
	不收偏爱的影响	高	中	低
企业组织的优势	对迅速变化的形势作出反应的能力	低	高	中
	革新的能力	中	高	中
	模仿成功的倾向	低	高	中
	放弃过时或失败项目的倾向	低	高	低
	原意冒风险	低	高	中
	产生资本的能力	中	高	低
	职业专长	中	高	中
	获得规模经济的能力	中	高	低
社会组织的优势	向各色人等服务的能力	低	中	高
	同情心和责任性	中	低	高
	对问题的全面处理	低	低	高
	产生信任的能力	中	低	高

资料来源：[美]戴维•奥斯本等，《改革政府：企业家精神如何改革着公共部门》，周敦仁等译，上海译文出版社 1996 年版，第 330-331 页

在一个健全的城市治理体系中，三类治理主体在不同领域、不同层面发挥着不同的作用（见图 1）。我们可以将城市治理看作一个生态系统。一个良性的城市治理生态应是政府治理（直插云天的“乔木”）、市场治理（不高不矮的“灌木”）和社会治理（绿遍山野的“草木”）三位一体的“草灌乔型”多元体系。草木、灌木、乔木融为一体，三者共生共荣，不同层次互为因果，彼此照应，才使其生生不息、良性循环。在生态学研究中，判断一个生态系统是否健康，有两个标准：一是“最大的自我实现”；二是“最普遍的互利共生”。城市治理生态同样如此，只有三类主体协同共治、相互

① [美]戴维•奥斯本等，《改革政府：企业家精神如何改革着公共部门》，周敦仁等译，上海译文出版社 1996 年版，第 327-328 页。

滋养，城市生态才会健康发展、良性运行。但不同治理主体的治理领域的边界不是僵化不变的，这不仅取决于政府职能、市场作用和社会组织本身的定位、功能发挥状况，还取决于国家所处发展阶段性。同时，政府与市场、政府与社会之间也不是此消彼长、相互对立、相互否决的关系，而是多元复合、共生互补、共治共进的关系。一方面，各治理主体在各自擅长的领域发挥各自功能，另一方面在各自治理失灵的领域，其他治理主体及时发挥校正和补充作用。也就是说，发挥市场的决定性作用，并不否定更好发挥政府作用和社会组织的作用，反之亦然。政府的作用是补充市场而不替代市场，社会组织的作用是弥补政府和市场失灵，更好发挥其多元的、个性化的、灵活性的和专业化的服务功能。

图 1　城市治理体系结构图

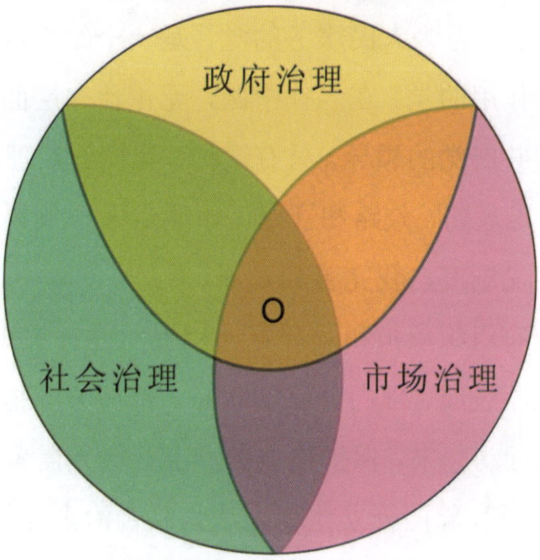

应该说，三类治理主体在城市治理实践中的最终目标是一致的，都是为了让“人们城市生活更美好、城市发展更可持续、城市治理更趋善治”。但理论研究和实践发展表明，对于城市公共事务的治理，存在着“公地悲剧”和“搭便车”现象，肇始于个体理性的行为选择最终将导致集体的非理性；同时，奥尔森通过对集体行动研究发现，“除非一个群体中人数相当少，或者除非存在着强制或其他某种特别手段，促使个人为他们的共同利益行动，否则理性的、寻求自身利益的个人将不会为实现他们共同的或群体的利益而采取行动。”[①]事实上三类主体的具体利益是有所不同的，因此，在城市治理过程中三类主体始终处于反复博弈的状态。由博弈理论可知，单次博弈的后果无非有三：正和博弈、零和博弈和负和博弈。但在多次博弈过程中，因为零和博

① Olson, M. *The Logic of Collective Action. Public Goods and the Theory of Groups.* Cambridge, Mass.: Harvard University press. 1965. pp. 2.

弈和负和博弈的不可持续性，唯有尽可能追求正和博弈或者双赢才是理性人们合乎逻辑的选择，因此，多次重复博弈必然使博弈各方倾向于走向平等协商、合作互补的伙伴关系，各治理主体正是在这种共治共进中不断完善各自的功能，从未为推进城市治理现代化提供绵绵不绝的源动力。

1. 共治共进必须坚持中国共产党的领导。政党领导是现代国家政治过程的基本特征，在现代国家的政治过程中，政党是最活跃、最有影响力的政治主体[①]。中国共产党是中国特色社会主义事业的领导核心，其领导地位不是自封的，是历史和人民的选择。在中国共产党的正确领导下，我们不仅取得了革命、建设和改革开放的巨大成就，人民生活和国家面貌发生巨大改变，而且为世界和平与稳定作出了卓越贡献。历史和现实反复证明：中国共产党是一个善于发现和改正错误、善于开展批评和自我批评的党，是一个始终坚持全心全意为人民服务的党，是一个始终保持先进性和纯洁性、善于发挥先锋队和主心骨作用的党。在当代中国，无论什么层面、什么领域的治理现代化都必须始终坚持中国共产党的领导，只有这样，我们的治理现代化才能始终坚持正确的方向，才能确保不走老路、歧路和邪路，才能走出一条具有中国特色的高效治理之路，不断推动社会主义制度自我完善和发展。

2. 共治共进需要政府组织承担和发挥更加积极而适宜的作用。自然状态下的三类城市治理主体呈现出互不统属、部门分立的状态。部门分立体制意味着“不同的部门（组织及个体）有能力行动起来，保护自己的利益，却无需考虑它们的行动在总体上将会造成什么后果。”[②]显然，部门分立体制无法为联合治理提供组织共识和组织动力，政府、市场和社会力量的相互博弈，使它们不可能自觉走向行动上的自洽，反而极有可能导致不同治理主体的相互指责推诿，进而暴露、强化甚至制造矛盾和冲突。一方面，理论上国家是“最后责任人”，扮演着“总协调人”和“政治决策者”角色，故由国家（政府）来负责启动和形成城市治理共同体就成为必须。另一方面，实践上看，我国政府的人民性及其所拥有的各种资源，决定了其在城市治理中的中心地位和主导、兜底作用。在我国当下城市治理实践中，政府依然是不可替代的组织者和指挥者，政府的行为决定和影响着其他城市治理主体的活动方式和活动效果；企业和非营利组织则是配合政府为城市管理提供服务和物品的组织，它们的介入可以克服政府包揽管理事务的传统弊端，进而提高城市管理的效益与效率，但城市政府并不能因为有其他

① 参见王沪宁：《比较政治分析》，上海人民出版社 1987 年版，第 111 页。

② 俞可平编：《治理与善治》，社会科学文献出版社 2000 年版，第 271-271 页。

治理主体的协同参与就放松或放弃本该承担的重要职责（参见表3）。

表3　治理共同体中的国家行为

治理共同体建设	国家主导的基本事项
决策动员层面	治理模式的选择 国家动员与治理共同体的启动
建构技术层面	政府嵌入（注入行政资源、授权、购买服务等） 提供合作诱因（打造更高层次的发展平台） 运作经费和基础工作的投入（降低合作成本）
制度规范层面	制订进出规则与行为标准 协调行动主体的关系 保护参与者的利益

资料来源：张兆曙：《治理共同体：部门分立体制下联合治理的组织形式》，《浙江学刊》2014年第1期

3. 共治共进必须努力提升各主体依法治理的能力。推进城市治理现代化，既是一场深刻的观念变革，更是一次全面的制度创新。城市治理的发展表现为权力在政府、企业、社会组织之间重新分配，其分配方向是政府向企业的市场化分权（政府保护产权、放松管制、赋予企业经营自主权等）和政府向社会组织的社会化分权（放松管制、政策引导、资金支持等），政府在转变自身职能和作用方式的同时，培育和壮大市场与社会组织，构成一种多主体相互联结、彼此互动的“多对多”的动态、复杂网络结构，各主体间形成一种相互平等、协商、互动、博弈的多边关系网络与合作伙伴关系。说到底，城市治理就是要妥善处理好政府与市场、政府与社会、政府与市民之间的关系，一方面要从法律层面清晰界定各自的职能领域和权力和权利边界，使得各治理主体既各归其位，同时又相互合作、协同共治，充分发挥各自的优势和积极性；另一方面，各治理主体要善于运用法治的思维和方式参与城市治理，即政府组织要依法行政、企业主体要守法经营、社会组织要依法自治，要自觉在法治的框架下深化改革、化解矛盾、维护稳定和促进发展。

4. 共治共进必须不断提升各主体治理创新的能力。习近平总书记指出，“改革开放是前无古人的崭新事业，必须坚持正确的方法论，在不断实践探索中推进。”①城市治理创新要坚持摸着石头过河和加强顶层设计的辩证统一。前者是指从实践中探寻真知和规律，后者是指从理论上进行战略思维和宏观设计。城市治理创新既要更加注重

①《习近平主持政治局集体学习：以更大的政治勇气和智慧深化改革》，参见http://cpc.people.com.cn/n/2013/0102/c64094-20070702.html

改革的系统性、整体性、协同性和前瞻性，也要继续鼓励大胆试验、大胆突破，不断把改革开放引向深入。比如，在城市治理过程中，因为没有国家层面的城市管理主管部门，武汉市则发挥主动性，掀起“城管革命”风暴，积极探索大城管、综合执法的城市管理模式；在政府治理中，坚持“治庸问责”与“绩效管理”两手抓，充分发挥“惩恶扬善”的奖惩机制作用，均取得明显效果，获得广泛社会好评。

5. 共治共进要求各主体必须彰显平等协商、理性互动的精神。在制度经济学看来，任何社会组织方式或制度安排都不是出自任何智者的设计，而是源于千百万人互动的结果，或人们的创造性实践[①]。在城市治理实践中，尽管“政府是治理的必要条件，但不是充分条件。治理是政府内部和外部人员共同的事情……治理结构不是政府指令的产物，恰恰相反，它们是公民社会的事，因此是以自愿同意原则为基础的。”[②]各治理主体间的这种伙伴关系包括相互影响、在协同发展和各自保持独立性之间实现平衡，还包括相互尊重、平等参与决策、共同承担责任、透明[③]。伙伴关系实质上是一种利益联盟，这种利益联盟的达成必须以各治理主体的平等参与、共同协商、理性互动为前提和基础，任何一方的固执己见和狭隘偏私，都将损害这种合作伙伴关系，那样不仅城市公共利益无法实现，治理主体自身的价值追求也必将无法实现。任何组织归根结底都是由个体的自然人构成的，自然人的理性观念、规则意识、法治素养、妥协精神直接影响着共治共进能否实现及实现水平。因此，从根本上说，推进城市治理现代化关键还是在于人的现代化和现代化的人。

（执笔人：李立华）

① 道格拉斯·诺斯：《制度变迁理论纲要》，《改革》1995 年第 3 期。

② 罗纳德·J. 奥卡森：《大都市治理研究》，理查德·C. 菲沃克主编《大都市治理：冲突、竞争与合作》，许源源、江胜珍译，重庆大学出版社 2012 年版，第 14 页。

③ 参见 Jennifer M. Brinkerhoff, Government-Nonprofit Partnership: A Defining Framework, *Public Administration and Development*, 2002(22)。

创新社区党组织建设调研报告

在全面深化改革的背景下，以社区治理视角研究和推进社区党组织建设创新，是加强社区发展的一个重要方向。为准确评估我市社区党组织建设创新现状，剖析社区党建创新的难点和重点，研究分析进一步促进社区党建乃至农村、企业、社会组织等基层党组织建设创新的路向，为加强全市基层党组织建设提供决策参考，课题组在江岸区望才里社区、东西湖区常青花园社区，采取问卷调查，访谈与实地考察等方法，其中主要以问卷调查为主，对武汉市社区党建创新情况进行调查与研究。问卷调查采取分层抽样与随机抽样相结合的方法进行，问卷样本800份，回收760份，回收率95%，其中有效问卷705 份，有效率92.8%①。通过问卷、访谈统计与分析，形成本调研报告。

江岸区问卷调查调研对象背景

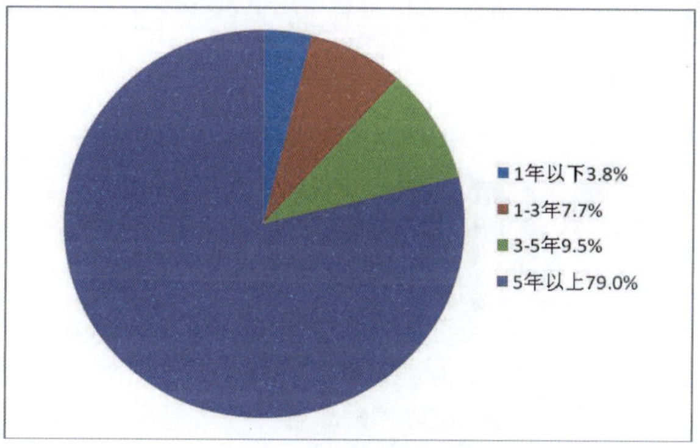

在社区居住时间

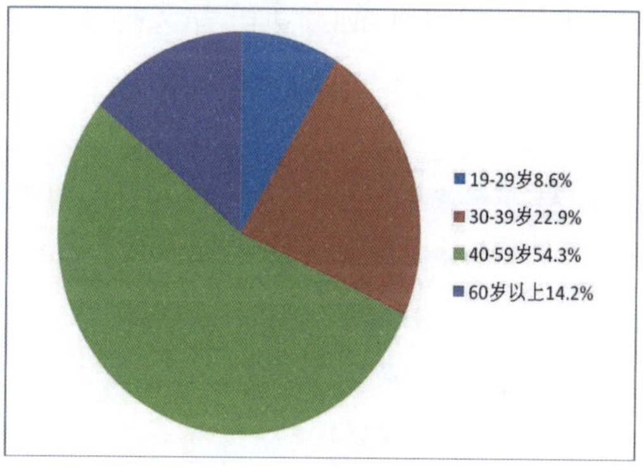

年龄结构

① 课题组前期在江岸区望才里社区以“社区居民自治与党建创新”为题进行调研，共发放问卷120份，回收110份，有效问卷105份。后根据课题需要，又在东西湖区常青花园社区补充调研，发放问卷680份，回收650份，有效问卷600份。文中未经特别说明，所谓调查均指江岸问卷调查。

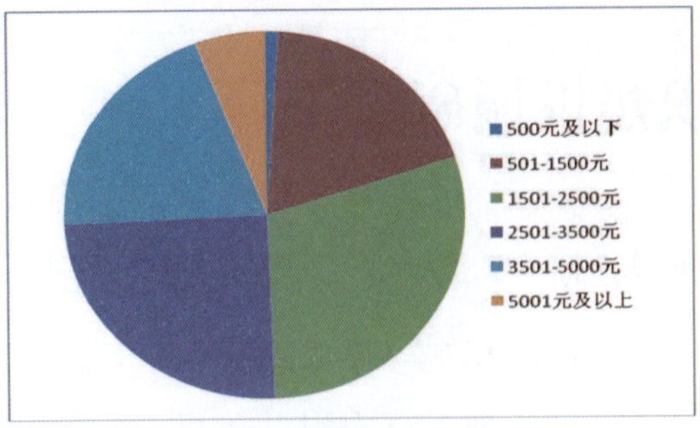

在社区任职情况

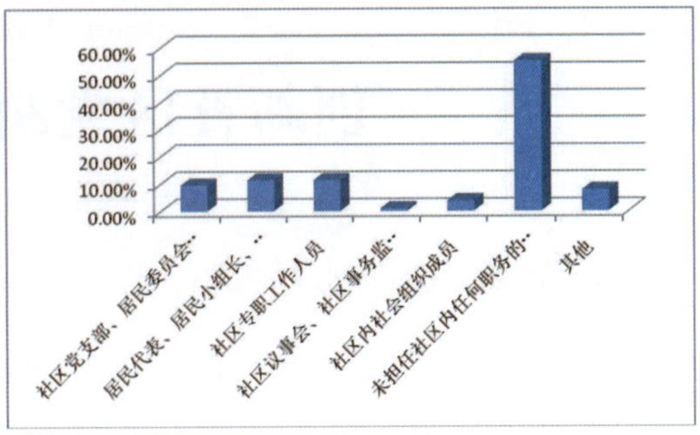

家庭人均月收入

一、我市社区党建创新的基本成效

调查结果显示，目前武汉市社区党建创新取得一定进展，其成效受到社区居民和党员肯定，主要表现为以下三个方面。

（一）对社区党组织及其党建创新举措比较了解

调查显示，社区居民对社区党组织的功能定位和工作情况比较了解，其中40.0%的受访者能够正确认识到，在社区党组织与居委会的关系中，社区党组织起领导核心作用，领导和支持居委会行使职权；超过四成的受访者“非常了解”（9.5%）或“比较了解”（32.4%）社区党支部的工作。在被问到“是否了解所在社区党建创新方面的举措”时，超过四成的受访者选择了“非常了解”（4.8%）或“比较了解”（39.0%），表明社区党建创新的举措惠及到相当的社区居民。

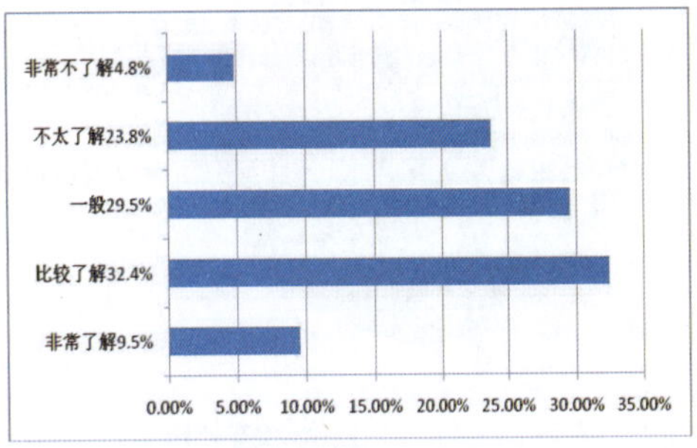

对本社区党组织及其工作情况的了解

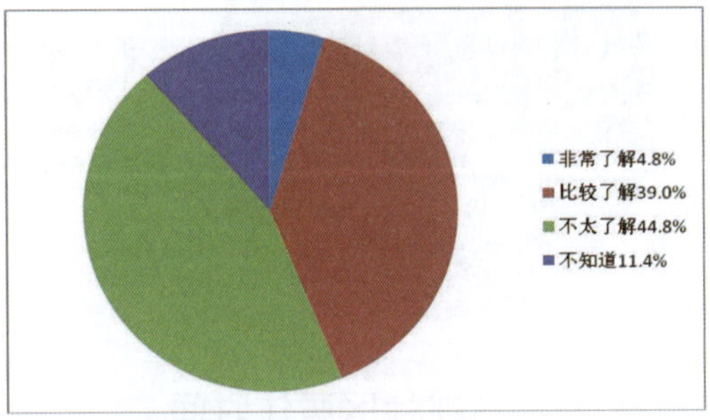

对所在社区党建创新举措的了解

（二）对社区党组织作用及其党建创新成效比较认同

近几年，全市社区在构建社区服务平台、创新党建活动载体、提高党建工作实效等方面进行了诸多探索，创造了很多好的经验，受到社区居民的充分肯定，这在我们的调查中得到印证。调查显示，5.7%的受访者认为当前社区党建工作在创新方面“思想解放”，29.5%认为“思想比较解放”，明确表示当前社区党建创新“思想保守”或“与实际脱节”的比例仅为12.4%，表明社区居民对社区党建创新的进展基本满意。

针对一些社区开展的“在职党员进社区”、“党员亮身份”、“共驻共建”等党建创新举措，社区居民给予了积极评价。调查中，超过半数的受访者充分肯定了整合辖区党建资源开展共驻共建和在职党员服务社区活动的实际效果，其中10.5%的调查对象认为“效果很好，解决了很多实际问题”，43.8%认为“效果较好，能够解决一些问题”，对社区党建创新举措表示肯定评价的比例超过一半。这些表明，只要社区党建创新符合群众意愿、增进群众利益，就会受到群众欢迎，就具有生命力。相反，那些一开始就立足于创新作秀、热衷于搞花架子的所谓“创新”，最终总是难以为继。

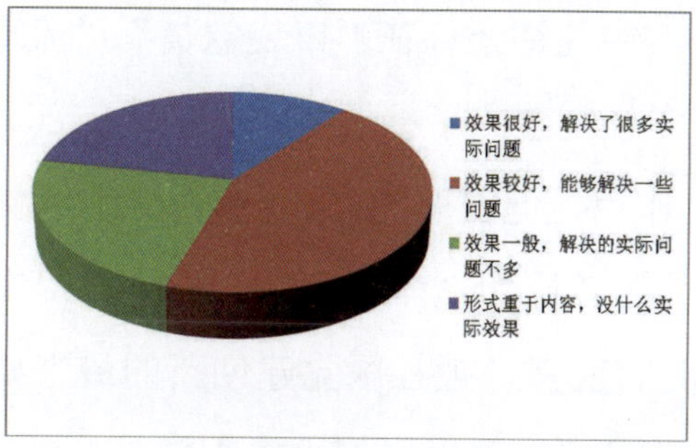

关于“共驻共建和在职党员服务社区活动”等党建创新举措的评价调查

（三）对社区党员干部作用表现出信任和肯定

社区党建创新必须充分发挥社区党支部和党员的先锋模范作用，才能取得实效，也才能得到社区居民认同。从调查的情况看，社区党员干部在社区发展和服务群众中的作用受到了社区居民的充分肯定。在被问到“觉得身边的党员与社区群众相比有什么不同”时，28.6%的受访者的回答是“发挥先锋模范作用，确实能感觉到他（她）是个党员”，36.2%的受访者认为“关键时刻还是看得出来他（她）是党员”。调查还显示，60.0%的受访者认为社区干部是“本社区最有群众威信的人”，高居全部八个选项的首位，比第二位选项高近27个百分点，表明在社区党建工作中党员干部具有无可替代的作用，仍有进一步发挥其创新引领、服务群众等积极意义的空间和潜力。

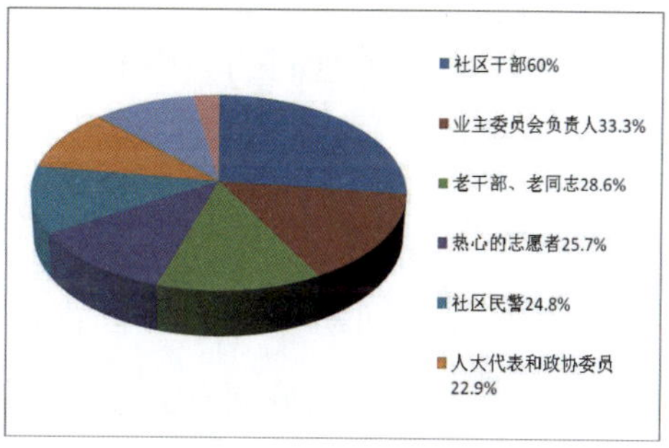

关于“本社区谁最有群众威信”调查

二、我市社区党建创新的难点

社区党建创新是一项牵涉面很广的系统性工程，既与社区党建组织体系的健全程度相关，也与社区党组织的物质基础、创新意愿、创新能力相关，还与社区党员的参与意愿有关联。总之，要使社区党建创新举措“叫好又卖座”，需要认真研究和破解一系列创新难点。概括起来，当前我市社区党建创新主要面临三大难题。

（一）社区党建组织体系的覆盖面如何更广

社区党建之所以要创新，根本原因在于传统层级式党建组织体系在市场经济条件下很难实现全覆盖，现实中往往还存在“口袋党员”、“流动党员”等大量党建空白薄弱地带。从调研看，很多社区建立了社区党总支、党支部、楼栋党小组等多级组织体系，较好地发挥了党员作用，但在职党员、“两新”组织党员的作用发挥仍很不够。问卷调查中，30.5%的受访者认为“体制不顺，社区党组织设置体制和管理机制不科学，难以适应新形势和新任务”，把社区党建创新的最主要困难归结为组织体系创新不足。比较健全的党组织体系，可以更好地组织党员，更广泛地联系群众，更好地促进社区发展，这是加强社区党组织建设的重要目标。但是，在调研中课题组发现，社区党组织还有很多覆盖空白地带，还有很多服务盲点，比如一些社区居民对参与社区自治、志愿者服务等活动表现出较为浓厚的兴趣，参与意愿比较强烈，但同时又缺乏参与社区活动的平台，存在着信息不对称的情况。常青花园的调查显示，超过两成的受访者把自己未参加社区组织的活动的原因，归结为“不知道”（15.8%）或“其他”（5.2%），甚至有社区居民明确表示自己与社区没有什么联系，不知道社区群干情况，想多参与社区活动却缺少相应服务平台。在参加过社区组织的活动的受访者中，很多人只是通过邻居、朋友圈，或是钓鱼协会、社区乐队、腰鼓队、晨练队、广场舞等文化体育社团渠道得到信息，表明社区党组织在联系群众方面做得还很不够。因此，如何在既有纵向党组织体系基础上，探索以相应主题、行业等为纽带的横向组织体系，把更多的党员组织联系起来，更好发挥他们的先锋模范作用，值得认真研究。

（二）社区党建活动载体的吸引力如何更大

社区党组织要发挥战斗堡垒作用，必须教育管理好党员并引领社区群众。现实状况是一些社区在党建活动载体上有所创新，党员教育管理颇有成效，如通过“党员认岗”、“党员亮身份”、“在职党员进社区”等活动，让党员在社区建设中主动站出来、干起来，让群众认识到党员的先锋模范作用，并由此带动更多社区居民投入到社区建设之中，形成党员带头示范、群众热情参与的局面。但是，调查中也反映出党员的这

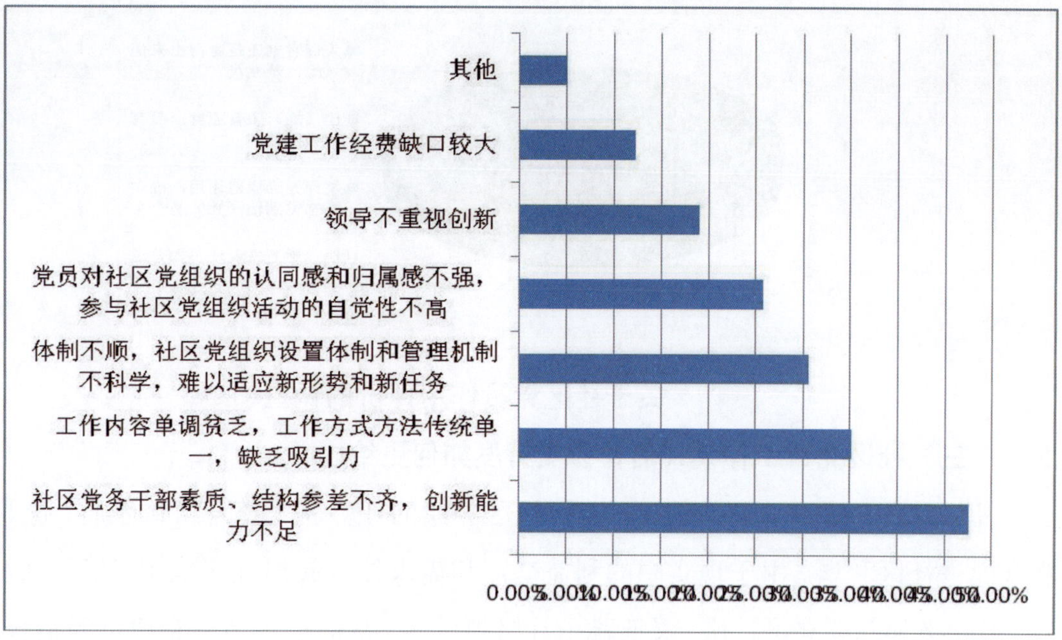

关于“当前社区党建创新最主要困难”的调查

种示范作用发挥还不很够的倾向。在被问到“党员有啥不同”时，虽然六成多的受访者基本认同党员的先进性，但也有三成多觉得党员“跟普通群众没有什么区别”，甚至“表现还不如普通群众”。在关于“当前社区党建创新最主要困难”的调查中，25.7%的受访者认为“党员对社区党组织的认同感和归属感不强，参与社区党组织活动的自觉性不高”。社区党支部和党员干部的示范作用发挥不够、创新能力不足等因素，直接导致社区党建活动载体创新不足，活动吸引力下降。目前，大多数社区在组织党建活动时，过度依赖“三会一课”等传统形式，缺乏策划组织创新，使“三会一课”等形式化、空洞化，起不到教育管理党员的应有作用，党员队伍日渐涣散，党建活动失去了对党员的吸引力，失去了对群众的影响力。这在课题组的调研中得到印证。调查显示，47.6%的受访者认为“社区党务干部素质、结构参差不齐，创新能力不足”，35.2%的受访者认为社区党建“工作内容单调贫乏，工作方式方法传统单一，缺乏吸引力”，分别位居“当前社区党建创新最主要困难”的第一、二位。可见，如何通过结合社区特点，策划创新符合党员居民意愿的党建活动载体，进一步提高党建活动的吸引力，是社区党建创新的另一个难点。

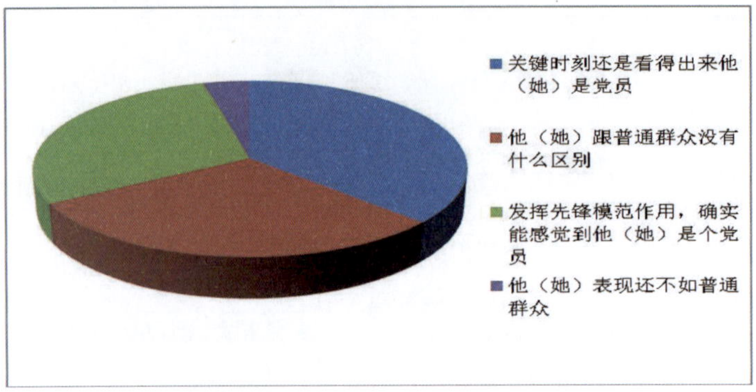

关于社区党员作用评价的调查

（三）社区党建工作模式的社会支持度如何更给力

社区是各种矛盾、利益的交汇点，社区党建的任务就是整合协调矛盾、凝聚居民群众促进社区和谐。由于现实中的利益交汇和需求往往超出社区范围，延展到社区之外，因此必须既要立足社区、又要跳出社区抓党建，从而把更多的党建资源整合起来，提高服务群众的能力。现实中，一些社区开展共驻共建形式多样，成效明显，调动了社区内各种党建资源的积极性，解决了很多群众切身利益问题。但是，大多数社区的区域化党建工作推进还很不够，全市区域化党建工作发展还很不平衡，甚至一些还流于形式，如有基本形式、有组织架构，但缺乏实际内容。实际上，社区居民对社区党建创新的期望很高。目前，46.7%的受访者感觉当前社区党建工作创新很“一般”，甚至有 4.8%认为“思想保守”，7.6%认为“与实际脱节”。可以想象，如果社区党建工作创新能够达到社区居民的要求，那么居民的参与热情肯定能更加高涨，社区党建工作的社会支持度将会更高。从我们的调查看，社区居民对服务的需求非常旺盛和迫切，其中的一些需求，如代购、就餐、养老等不可能单纯依靠社区党组织解决。以老年食堂为例，很多独居空巢或行动不便老人提出建立社区食堂，为老年人提供送餐服务，虽然新建社区食堂并不现实，但这种需求又现实存在，社区党组织是否可与驻区学校、医院等单位协商，利用这些单位的食堂为老人提供低价营养餐，上海在这方面有很好经验可供借鉴。诸如此类，在社区资源有限，而社区居民服务需求较多的情况下，如何在区域化党建模式框架下，有效利用区域内社会资源，有效解决各种矛盾和满足各种合理需求，提高社区党建模式的社会支持度，有效凝聚社区群众，提高社区党组织的影响力，这是社区创新的一个重要方向，需要在实践中积极探索。

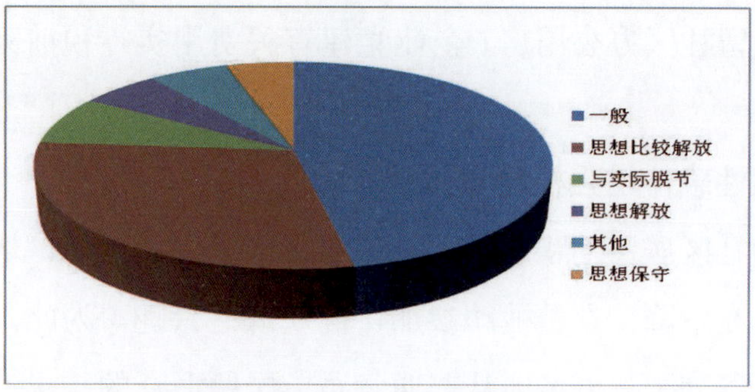

关于“当前社区党建工作创新状态”的调查

三、进一步加强我市社区党组织建设创新的建议

当前，城市社区党建面临如何整合社区党建资源、服务群众、破除“条条”惯性等现实挑战。从新形势下社区党建工作的特点及发展趋势看，社区党建工作创新重点是以柔性党建工作思路和方法，补充传统单位制、条条式党建工作机制等刚性党建工作的短板，根据党建工作实际需要，通过主题、项目、活动等为纽带，灵活机动地开展党建工作，从而激发党建工作的活力和弹性，提高党建工作实效。在内容上，社区柔性党建工作创新的重点有四个方面。

（一）以柔性平台实现社区党建全覆盖

当前，农村、社区、企业等基层党建工作的领域相互交织，“两新”组织大量出现，党员流动频繁，完全依靠纵向式党组织网络无法做到有效覆盖，党建工作存在相当程度的“空白点”。为此，必须在传统的“单位党建”模式之外，探索以“地域相邻、规模适中、数量适度”为原则的区域化党建平台，或者以行业、活动等为基础的行业党组织、主题党组织，从而形成纵横结合的柔性党建工作网络，确保“哪里有党员，哪里就有党组织”。重要的是，依靠这些柔性党建工作平台，社区党组织可以更好地服务群众和凝聚人心。

目前，我市区域化党建工作颇有成效，但也有一些平台运行中暴露出不足。长远看，要真正发挥好这些平台的作用，还必须在不断规范其功能、制度和设施配置的基础上，切实强化场地、人员、经费等相关支撑和保障，既树立和发挥区域党组织指导、协调、整合的作用，又尊重区域内其他组织的意愿，避免区域党组织的缺位、越位或错位；既着力抓好主体建设（党员志愿者队伍），又注重强化客体要求（服务项目设计实施），不断提高融合党建、行政和社会资源的综合运作效率，以社会化、制度化、品牌化的运作方式，不断丰富服务形式，提高服务水平和效能。针对党建服务平台建设和运行中的问题，当前可探索采取财政固定投入、建立专项经费、加大党费补贴、政府强制规划预留社区办公用房、企业党建有关费用实行税前列支等方式，积极加以解决。

（二）以柔性载体增强社区党建吸引力

能不能调动社区居民的积极性，决定着社区党建的成效。从实践看，传统形式的党建活动吸引力在下降，党员被动参加，群众缺乏兴趣。为此，应转变思路，在党建工作载体创新上下功夫，更多地从普通党员、居民群众的需求、兴趣出发，通过一些丰富多彩、生动活泼的特色主题活动，努力提高社区党建的吸引力和凝聚力，由此提高社区党组织的权威。一些社区实施的“党员安家工程”、“党员亮身份”、“党员认岗”等活动，不仅把大量党员从家里、从“休眠”状态唤醒，投入到服务社区的行动中，而且直接带动了“邻里守望”等群众性志愿服务活动。党员和群众面对面，促进了群众了解党员，促进了社区和谐。今后，社区党建创新思路，应该更多地转换为如何以社区群众喜闻乐见、共同关心的话题为基点，进行主题党建活动设置和策划。为此，必须着力提高社区党务工作者队伍素质，既通过提高社区党务干部待遇做好党建工作人才增量，也要通过加强社区党务干部教育培训优化存量。

（三）以柔性机制促进社区党建资源协调整合

社区党建的发展方向，是在现有党建组织体系的基础上，建立健全有效协调区域内各党组织、各单位、党员群众之间关系、整合相关党建资源的综合协调机制，并逐步跨出社区界限，构建区域化党建格局。第一，要建立一个社区内党建资源交流与协商的工作平台，以协商、解决面临的共同利益问题为抓手，密切联系，强化区域内各类单位和组织的区域共建意识，推动区域共建、和谐共享。第二，要探索社区区域化党建共建机制，总结区域性社区党建的有效探索，依托区域内各种不同性质的党建资源，逐步明确区域内各党组织职责范围、责任体系等，在组织重构和资源整合的基础上构建起协商式的党建工作体制和运行机制。第三，落实社区党员参与社区管理和民主议事、监督制度。要通过建立社区党员代表大会制，吸纳在职党员、离退休党员、下岗失业党员、流动党员、驻区单位党员参加社区议事与管理，参与监督、测评社区工作，努力调动区域党组织和党员参与社区管理、发挥自身建设性作用的积极性，把区域发展与组织、个人发展紧密结合起来，最终提高社区区域化党建工作成效。

（四）以柔性思路培养社区发展领袖

社区党建创新必须注重发挥“两个带头人”的作用，一是传统党建思路中的党组织带头人作用，二是社区发展中的民间领袖等带头人作用。能否以柔性思路发挥好两大带头人的作用，关系到社区发展质量。就党组织带头人而言，重要的是创新制度，强化激励，使优秀的社区党员愿意承担社区党务工作，能够在服务社区居民工作中实现个人价值。在选拔社区党支部书记方面，应着眼群众公认，以适当形式选准配强社区党组织负责人及其成员，一方面跳出年龄、学历、经历等条条框框限制，另一方面又注意年龄、学历、性格等合理结构，着眼长远发展。探索实行社区党务干部“基本报酬＋绩效报酬＋奖励报酬”的结构化报酬办法，建立社区党务干部待遇正常增长机制，强化奖优罚劣的薪酬改革导向，完善鼓励干事、鼓励创新、包容失败的氛围。进一步加大从社区党务干部中招录公务员的力度，使社区年轻干部有奔头。

就社区民间领袖而言，重要的是扶持培育，加强协调，形成社区发展合力。社区发展的根本动力在于社区居民的积极参与。与社区党组织带头人相比，社区民间领袖来自民间，与社区居民联系紧密，更易被社区居民接受。在社区党组织的领导下，应大胆鼓励社区居民通过业委会、社区社会组织、社区文化团体等平台，发挥服务社区居民、促进社区发展的积极作用。正确发挥社区业委会的作用，使业委会成为做好社区党建工作的重要力量。建立社会组织孵化机制，重点培育公益性、互助性的社区社会组织，探索利用社会力量、社会资源、社会工作来沟通社情民意，来解决社区问题。

（执笔人：陶维兵　卢　伟）

回眸与展望：（1978—2013）武汉改革之路

以1978年召开的十一届三中全会为标志，中国进入改革开放的新时期。时至今日，沐浴着改革开放的春风，武汉也走过了35年的光辉历程。改革开放35年来，在中国共产党的正确领导下，武汉市高举中国特色社会主义伟大旗帜，坚持以市场经济为取向，从城市发展实际出发，全方位推进经济社会各项领域的改革，取得了巨大成就，城市发展呈现出快速协调的良好局面，成为武汉发展史上一段非常重要的历史时期。2013年11月，党的十八届三中全会召开，会议审议通过了《中共中央关于全面深化改革若干重大问题的决定》。以此为标志，中国新一轮的“全面深化改革”再度开启。2014年是中国全面深化改革的“元年”，步入“攻坚期”和“深水区”的新一轮改革之旅，既需要涉险滩的勇气，更需要找准有效的改革路径。当此之际，我们回眸35年的武汉改革之路，梳理、总结武汉改革开放的风雨历程和经验教训，以期为武汉改革开放向纵深推进，破解发展与转型的难题，打好全面深化改革攻坚战，提供历史参照与借鉴。

一、武汉改革开放的历史阶段

1. 探索阶段（1978至1983年）

这一阶段改革的重点主要在农村，改革的主要方面为：在郊县农村全面推行家庭联产承包责任制。城市改革在部分领域同步启动，主要是推行经济责任制，进行扩大企业经营自主权试点，开放集市贸易，恢复发展个体经济，设立武汉海关，武汉港辟为对外开放口岸等，为城市综合改革做准备。

2. 起步阶段（1984至1993年）

这一阶段改革的重点由农村转向城市，武汉市实行计划单列，进行经济体制综合改革试点。1984—1986年，改革的重点是进行城市改革的突破。改革以“两通”为突破口，敞开三镇大门，开放市场，着力搞活流通和交通。同时开展其他方面改革：实行简政放权、转变政府职能，改革商业和交通等政府机构，探索行业管理路子。落实企业自主权，推行厂长负责制，推行多种形式企业承包责任制。改革干部人事制度。改革蔬菜产销体制。实行“城城通开、城乡通开”，发展横向经济联合。1987—1991年，改革重点在企业。按照政企分开的原则，调整国家与企业的关系。在全市大多数工商企业实施两轮企业承包、租赁经营，并在部分重点企业进行放开经营、办“特厂特店”，和在部分国合商业企业进行“四放开”试验，在一些企业进行股份制、组建企业集团试点。组建兼并市场，推行企业兼并。在重点发展生产资料市场的同时，发展资金、技术、劳务市场。建立区级财政，下放管理权限，开展城区改革。启动文化体制改革和社会保障制度改革。加快“两区一港”建设，扩大对外开放。这一阶段是武汉市城市经济体制综合改革实现突破计划经济体制、初步打开局面的阶段。

3. 展开阶段（1994 至 2003 年）

这一阶段是武汉改革开放全面纵深推进，社会主义市场经济体制框架初步形成的阶段。邓小平视察南方发表重要谈话后，中共十四大确立建立社会主义市场经济体制的改革目标，中国的改革开放进入新阶段。1994—1997 年，武汉市进行新一轮城市综合配套改革试点。改革在企业体制创新、市场体系建立、住房制度改革、完善社会保障体系和宏观调控等方面全面展开。主要内容有：按“五个一批”、“壮大放小”思路和建立现代企业制度的要求，对国有企业进行资产重组，进行公司制改造。按政资分开原则，建立国有资产管理、监督和营运体系。按建设大市场、发展大流通思路，以要素市场建设为重点，培育和完善市场体系。推进社会保障制度改革，建立社会统筹与个人账户相结合的养老保险制度。调整住房租金，建立公积金制度，加快公房出售，进行住房制度改革。采取政策扶持措施，加大力度发展个体私营经济。简政放权，强化城区政府职能，完善市区“两级政府、三级管理”体制。兴办开发区，多渠道利用外资，进一步扩大对外开放。1998 年受亚洲金融风暴影响，国有企业一些深层次矛盾和问题集中暴露出来。武汉实施国有大中型企业 3 年改革发展与脱困方案，展开国有企业体制转换和结构调整的攻坚。推进粮食流通体制改革。继续实施大市场战略，建设一批国家级区域性大市场。继续调整所有制结构，加快发展民营经济。进行政府机构改革和城镇职工医疗保险制度改革。开展卫生医疗体制改革，完善社区卫生服务体系和农村卫生体系。进一步改善投资环境，实行全方位开放。全面推进“社区 883 行动计划”和农村“家园建设行动计划”。

4. 重点推进阶段（2004 至 2013 年）

这一阶段改革的重点是加快转变经济增长方式，消除制约生产力发展的体制性障碍，努力形成全面协调可持续发展的体制和机制。开展行政管理体制改革，在实施“改善经济发展软环境”的基础上，进一步推进审批制度改革，实行政务公开，精简行政审批事项，推进各区政务中心建设。建立公共财政体系，改革部门预算管理模式。企业改革着重于推动“武字头”国有大中型企业改革重组。继续完善就业、分配和医疗等社会保障体系建设。推动市属科研院所转制，健全和完善基础教育管理体制，市直属艺术剧团实行了市场化改制。农村土地流转，小城镇综合改革和城中村改造进一步深化。2007年底起，正式开展“资源节约型和环境友好型”社会建设综合配套改革试验。2008年9月，国务院批准《武汉城市圈资源节约型和环境友好型社会建设综合配套改革试验总体方案》，武汉城市圈“两型社会”改革试验已进入全面实施阶段。2009年12月，国务院正式批复武汉东湖新技术开发区建设全国第二个国家自主创新示范区，武汉进入两大国家战略叠加的改革发展时期。

二、武汉改革开放的主要内容和举措

武汉市改革开放主要在城市经济体制综合性改革和行政、科技、教育、文化等配套性改革领域展开。

城市经济体制综合性改革。

35年来，武汉市进行了3轮国家层面的试验性改革：

一是经济体制综合改革试点。1984年5月，经中共中央书记处、国务院批准，以社会主义有计划的商品经济理论为指导，以市场为取向，以搞活城市、发挥武汉中心城市的多功能作用为目标，中央对武汉施行计划单列、赋予省级经济管理权限、中央和省属在汉企业下放等政策措施，武汉市委、市政府做出“敞开城门，两通（交通、流通）突破”的决策，展开城市经济体制综合改革试点。

二是综合配套改革试点。1993年11月，经国家体改委批准，以率先在武汉市建立社会主义市场经济体制为目标，以微观经济体制的转变为核心，以企业改革为中心环节，抓住企业改革、市场体系发育、政府职能转变和建立新型社会保障体系等主要领域，进行城市综合配套改革试点。

三是“两型社会”建设综合配套改革试验。2007年12月，经国务院同意，国家发改委批准武汉城市圈为“资源节约型和环境友好型”社会建设综合配套改革试验区。综合配套改革试验从七个方面展开：重点在探索建立统筹区域产业发展的体制机制，实现区域经济一体化；探索建立资源节约和环境友好的体制机制，实现区域的可持续发展；探索建立增强自主创新能力的体制机制，完善区域创新体系；探索加快发展现代服务业的体制机制，优化区域经济结构；探索建立基础设施共建共享和公共资源合理配置的体制机制，完善区域公共服务功能；完善城市圈土地资源管理的体制，探索节约和集约用地的新型城市化发展模式；创新城乡统筹发展机制，在城乡协调发展等重点领域和关键环节上加大工作力度，努力实现率先突破。全面推进综合性体制机制创新，实现武汉城市圈基础设施、产业发展与布局、区域市场、统筹城乡建设、生态建设与环境保护“五个一体化”，走出一条有别于传统模式的新型工业化、城市化发展道路，促进湖北成为中部地区崛起的重要战略支点。

城市经济体制单项改革及城市经济社会管理体制机制等配套性改革。

综合归纳，其主要体现在 14 个方面：

（1）流通体制改革与市场体系建设。武汉市流通体制改革：按照建立多种经济形式、多条流通渠道、多种经营方式、少环节、开放式的商品流通体制目标，从放开蔬菜、水产品及日用工业品等消费品市场入手，放开“统购统销”、“统购包销”的商品购销体制，发展商业零售网点，发展贸易中心、贸易行栈，建设商业一条街和各类商品市场。相继进行物资体制、供销社体制、粮食流通体制改革。1995 年，改革多层次批发体制，率先将批发站下放到区。全部放开计划商品，产品价格转由市场供求决定。1984—1991 年，对全市国有流通企业推行全面改制，通过“改、转、租、卖”，放开小型企业。2005 年，将固定资产原值 3000 万元以下的商业企业全部下放到所在区管理，国有商业企业实行“两改”（企业改性质、职工改身份），以“三个一批”（整体转让、股份制和退出市场）的方式进行重组。2007 年，武汉国资公司对武汉商业进行整合，以武商、中百、中商三家商业上市公司国有股作为出资，成立了武汉商联（集团）股份有限公司。2008 年以来，武汉市加快发展现代物流业，推进连锁经营、特许经营、物流配送和电子商务等现代流通方式的发展，促进流通产业结构调整；对特殊流通行业进行监督管理，全市流通体系和城乡流通体系建设逐步趋向标准化。2012—2013 年，制定《武汉市物流业空间发展规划》，通过完善财政金融支持政策，减轻流通产业税收负担，降低流通环节费用等手段，提高流通效率，提升现代物流功能，大力发展供应链管理、物流总部经济、航运衍生服务等高端物流业态。

武汉市市场体系建设：1978—1984 年，主要以消费品市场的发展为重点，建设以汉正街小商品市场为代表的一批商品市场。1985—1991 年，重点发展钢材、木材、汽车等生产资料市场，同时探索发展生产要素市场。1992 年以后，以生产要素市场的发展为重点，进一步发展资本、劳动力、技术等市场，建设了一批国家级区域性大市场。2000 年以后，为建立健全统一、开放、竞争、有序的市场体系，规范市场经济秩序，武汉市先后制定了劳动力市场、人才市场、商品交易市场、技术市场等一系列政策法规，创造各类市场主体平等竞争的环境。2012 年随着商业业态日趋多样化，多层次的商品市场体系的基本建成，武汉市市场机制综合配套改革以市场配置资源为基础，真正建立起“以市场形成价格为主，政府调节价格为辅”的市场运行机制，完善武汉资源性产品和民生用品服务价格体系，改进武汉垄断性行业、部门价格形成机制，完善政府定价机制；进一步完善和提升武汉商品市场，培育和发展要素市场，打破垄断，引入竞争，规范完善市场体系。

（2）企业改革。武汉市企业改革经历了从国家对企业扩权让利到企业进行制度创新，从偏重于搞活单个企业到着眼于搞活整个国有经济的过程。1978—1983 年，企业改革的基本思路是扩权让利。采取的主要措施是：制定具体规定，加强督促检查，贯彻实施国务院关于企业扩权的规定；改革企业领导体制，先在 142 户企业进行厂长负责制试点，进而在全市实行厂长负责制；在企业内部，推行联利联销成本承包、计件工资、超产奖、浮动工资等形式的经济责任制。1984—1991 年，企业改革的基本思路是理顺国家与企业的分配关系。采取的主要措施：贯彻实施国家出台的“利改税”办法；实行政企职责分开、所有权与经营权适当分离，在全市各类企业中推行 10 种形式的企业承包经营责任制，在小企业推行租赁经营。并在第一轮承包到期后，本着“大稳定，小调整”的原则，实施第二轮企业滚动承包。1992 年以后，企业改革的基本思路是进行企业制度创新。采取的主要措施是：贯彻落实《企业法》，制定武汉市转换企业经营机制实施办法，大力转换企业经营机制：率先实行“五个一批”、“壮大放小”等改革措施，在全市 5000 余户企业进行股份制改革，组建 200 多家企业集团，并确定重点扶持 18 家集团，在小企业推行股份合作制；在 79 户企业进行建立现代企业制度试点；着眼于搞活整个国有经济，通过改组、兼并、破产、出售等形式，对国有企业存量资产实行重组，调整和优化国有经济结构和布局。2003 年开始，在市属大型企业实施“主辅分离，辅业改制”，剥离企业办社会职能，对企业所属学校和医院进行属地划转，分流安置富余人员。2005 年起，以股份制改造等形式推动“武字头”国有大中型企业战略重组。2009 年继续深化“武字头”企业改革。加快国有企业结构调整，完善企业的股权结构，培育大型国有集团公司；鼓励支持国有控股上市公司利用资本市场发展壮大，推动国有优质企业上市融资；鼓励各类资本参与国有企业改组改造，基本完成全市困难国有企业改革改制任务，全面推进集体企业改革改制。2010 年武汉市实施“工业强市”战略，支持武船等“武字头”企业建设新基地，提升制造水平，扩大产业规模。2011 年以来，启动实施“工业倍增计划”，出台培育发展大企业大集团的政策措施。积极推进市属国有企业改革重组；加快整合政府投融资平台；完善国有企业公司治理机制，加大公开选聘经营管理者力度，从市审计、监察部门选派人员参加企业监事会；推进企业上市融资，提高经营性国有资产证券化率；放宽市场准入，完善中小企业信用担保体系，优化民营经济发展环境，扶持小型、微型企业发展。

（3）发展民营经济。1979 年开始，开展个体工商户登记管理工作，恢复发展个体经济。1987 年，武汉市政府制定《武汉市私营企业管理暂行规定》，对个体工商户中的“专业大户”、“经营大户”、“雇工大户”和“合作经营组织”进行登记，发展为私营企业。成立武汉市个体私营经济发展协调领导小组，在加大资金扶持力度、解决生产经营用地等方面提出政策措施，为民营经济发展创造更为宽松的环境，促进民营经济发展。1996 年以后，着力推动民营经济上规模、上档次、上水平，提高经济效益；大力发展民营科技企业；支持民营企业在国有经济调整结构和布局中，通过兼并、收购等方式扩张壮大，进行股份制改革，组建一批民营企业集团。2003 年，武汉市启动都市工业园区建设，扶持民营企业发展。2008 年，先后出台《中共武汉市委、市政府关于优化创业环境，大力推进全民创业的若干意见》和《武汉市全民创业行动方案》，鼓励引导全民创业，以创业带动就业，下大力气解决群众投资兴业中存在的突出问题；通过深化全民创业，不断增加市民财产性收入。2010—2011 年，夯实创业平台，加快各类创业中心、科技企业孵化器、小企业创业基地建设，积极打造大学生创业园、下岗职工创业基地等特色创业载体。完善政策扶持、创业培训、创业服务“三位一体”的全民创业帮扶工作机制，在场地、资金、技术、信息等方面为创业者提供全方位服务和支持，着力打造创业之城。制定并实施加快民营经济发展的政策意见，营造有利于民营经济发展的市场环境。重点在招投标、政府采购等方面，提供同等政策待遇，保障民营经济公平的市场参与权。2012 年 9 月，《武汉市人民政府关于进一步鼓励和支持民营经济发展的意见》（简称民营经济“新 56 条”）正式颁布，从扩大投资领域、加强财政支持、降低税费负担、深化全民创业、加强融资服务、优化发展环境等 6 个方面，为武汉市民营企业的发展构筑了一整套支持政策体系。2013 年 2 月，《武汉市人民政府办公厅转发市经济和信息化委员会进一步鼓励和支持民营经济发展意见的实施导则》，按照平等待遇、开放领域、创新服务的原则，对民营经济“新 56 条”落地实施的政策标准、申报时间、申报材料、办理部门、联系方式等进行了明确，强化了“新 56 条”的实用性和可操作性。

（4）投资体制改革。1984 年起，武汉投资体制改革经历了“对上实行计划单列，对下简政放权”和“建立中心城市宏观调控新机制”等阶段。主要在改变单一投资主体、“拨改贷”扩大预算类基建拨款有偿使用范围、简政放权下放固定资产项目审批权、创新基础性项目投融资、实行项目法人制、政府集中采购和项目包干、加强和改善固定资产投资的宏观调控等方面进行了改革。2004年后，为贯彻落实国务院关于投资体制改革的决定，武汉市政府制定了《关于贯彻国务院投资体制改革决定的实施意见》，以建立起市场引导投资、企业自主决策、银行独立审贷、融资方式多样、中介服务规范、宏观调控有效的新型投资体制为目标，在进一步确立企业投资主体、完善政府投资体制、规范政府投资行为、加强和改进投资监督管理等方面进行了一系列的改革。自2005年起，武汉市非经营性政府投资项目开始正式推行“代建制”。纳入“代建制”管理范围的包括市政道路、桥梁、排水设施、园林、环卫设施、路灯等非经营性城市基础设施建设项目，并规定总投资2000万元以上（园林项目500万元以上）的项目一律采取公开招标的方式选择代建单位，按照“政府+实施责任单位+代建单位”三级管理模式进行项目建设管理。2006—2010年，武汉市创新城市建设投融资体制，加快实现投资主体多元化、投资模式多样化。规范政府投资行为，建立投资项目后评价、重大项目公示和责任追究制度。健全投资项目核准制和备案制，缩减核准范围，确立企业投资主体地位。2011年起，继续完善投资体制机制，加强项目科学决策，建立健全重大项目公示制度、投资项目后评价制度，进一步规范投资决策行为。不断拓宽民间投资领域和范围，加强对民间投资的服务、指导和规范管理。深化投资要素配置市场化改革，引导土地、资源、环境容量等投资要素合理配置。

（5）财政和税收体制改革。1978年起，国务院对地方财政管理体制进行改革，先后实行“划分收支、分级包干”（1980—1984年）、“划分税种、核定收支、分级包干”（1985—1991年）和“分税制”财政管理体制。市对不同区县分别实行“增收分成”、“固定分成和超收分成相结合”、“总额分成加增长分成”等区县财政管理体制。为扩大区县一级财政自主权，1983年起全市110个乡镇建立起乡镇一级财政，1985年起武汉市对市属9个区建立区一级财政。在此期间，对行政事业单位、国有粮食企业和国有农垦企业实行以财务包干为主的管理办法。1997年，向7城区下放市政、环卫、园林和城建资金等财政管理权限。按照“利益均沾、风险共担、市区一体、共同发展”的原则，武汉市2002年始实施分税制财政管理体制，极大地调动了各区发展经济、依法理财的积极性，促进了产业结构合理调整和资源优化配置，全市财政实力明显增强。2004年深化部门预算改革，执行以国库单一账户体系为基础，财政资金缴拨执行收支脱钩、单一账户、集中支付模式的国库管理制度。2006年起，在市直属预算部门和单位推行公务支出银行信用卡结算报销制度改革。

1981年，实行财政和税务机构分设，成立武汉市税务局。1983—1984年，实施“两步利改税”。1994年起实施“新税制”。1993年，组建国家和地方两套税务机构。1987年武汉市参加全国“三省一市”税收征管改革试点，至1998年，逐步建立了“征、管、查”相分离的税收征管模式。2001年进行征管、机构、人事“三位一体”的综合改革，在加速信息化建设的基础上，对征管资源进行科学重组，建立了“多元申报、集中征收、属地管理、一级稽查、有效监控、优质服务”的税收征管模式。2008年以后，为应对国际金融危机，完善了税务登记管理、发票管理、个体工商户税收管理、税收保全措施、税源管理等相关制度，推进了税收征管制度体系的创新、完善。积极探索税源专业化管理，实施信息管税、分类分级管理，规范税收征管程序和完善运行机制。2011年以来，调整和完善分税制财政管理体制，推进财税体制创新。积极争取资源税、环境税试点。完善重点税源监控、开发分析预警、欠税清缴管理、税收分析平台和收入考核体系。

（6）金融体制改革。1984年，武汉市被确定为全国金融改革试点城市和金融对外开放城市，恢复和发展各类金融机构。1984年全国第一家城市信用社在汉成立；1986年成立的武汉资金市场，是全国起步最早、融资量最大的资金市场，其业务一度辐射到全国23个省市、自治区的500多家金融机构；1987年成立武汉市信托投资公司。1988年设立武汉证券公司。1991年设立武汉证券投资基金。1992年设立武汉证券交易中心，进行国债、基金和股票的交易。1994年，武汉证券交易中心成为国内最大的资金拆借中心和国债交易中心，有来自全国31个省市的500个会员单位，国债交易量占到国债交易市场总量的2/3。1997年，组建地方性银行——武汉市商业银行（2008年改组为汉口银行）。2008年提出建设金融服务后台中心、票据中心和产权交易中心。2009年组建了武汉农村商业银行，汉口银行跨省设立分行，新引进7家境内外金融机构，16家全国性金融机构在光谷金融港兴建后台服务中心，新成立12家小额贷款公司。2010年，出台更有针对性的政策措施，支持地方金融机构改善股权结构，扩大资产规模，加快异地发展步伐。2011年，大力引进境内外金融机构，加快建设光谷金融港；加快资本市场建设，提高直接融资比重。初步形成银行、证券、保险、期货、信托、租赁、基金等各业并举，中外机构并存、功能较为完备、运行较为稳健的多元化金融服务体系。2012年武汉市通过《市人民政府关于进一步促进金融改革创新支持实体经济发展的意见》，出台30条金融支持政策意见，在武汉探索建立民间金融街、民间资本服务中心等一系列金融改革措施。设立中小企业创业投资引导基金、小微企业集合信托债券基金，金融机构下放授信审批权限、提高风险容忍度，支持科技成果转化和小微企业发展壮大。2013 年出台武汉区域金融中心空间布局规划，引进金融机构，设立融资租赁公司、小额贷款公司。推动企业在境内外上市，其中“新三板”挂牌企业 40 家，探索发展四板区域性股权交易市场。设立物流交易所、药品交易所。建立民间资本服务中心，打造民间金融机构聚集区，促进社会融资增长。

（7）行政管理体制改革。武汉市以转变政府职能为核心，深化行政管理体制改革。1983 年、1993 年、2001 年和 2005 年分别进行了四轮政府机构改革，调整了全市政府机构设置、职能和人员编制。1984 年，为了与流通改革和企业改革配套，将市财办、一商业局、二商业局合并组建了市商委，并在 1989 年率先成立了国资局。1994 年，市委、市政府对国有资产管理体制进行重大改革，成立武汉市国有资产管理委员会，行使国有资产所有者职能，组建武汉国有资产经营公司，授权其持有市属 24 家股份制企业的国有股权；1996—1997 年，先后撤销市化工、机械、电子、纺织、一轻、二轻等工业局，组建和调整机电、轻纺化、国资 3 个国有控股（集团）公司，授权其经营国有资产。1998 年后，开展非工业经济领域国有资产营运体系建设，组建物资、城建、交通、商贸、旅游等领域国有资产营运机构，建立健全了“监管、运营、经营”三层架构的国资管理体系。1994 年，成立社保局。自 2004 年武汉市委、市政府制定《关于深化行政管理体制改革的实施意见》起，以建设服务政府、法治政府、责任政府为目标，在加快政府职能转变，推进政企、政事、政社分开；完善决策机制，提高决策水平；推进依法行政，规范执法行为；创新运行机制，提高行政效能；健全监督机制，强化行政监督；推进政务公开、建设透明政府；推行公共财政，降低行政成本；抓好公务员队伍建设，提高人员素质等方面进行改革。进一步深化行政审批制度改革，对行政审批项目进行了两轮清理和精简，改革行政审批方式，大力推行并联审批、网上审批，建立了行政效能电子监察系统；强化政府的公共服务和社会管理职能，推进管理重心下移，在全市 13 个区和 2 个开发区建立行政服务中心，进行中心城区网格化管理试点；完善行政执法体制，开展城市综合执法改革。2005 年出台《进一步规范行政审批事项的意见》，完善一个窗口对外的审批工作机制；实施市直机关与“三产”的脱钩工作的实施方案；出台《市政府重大行政决策事项社会公示、听证办法》、《市政府重大行政决策事项专家咨询论证办法》、《市政府重大行政决策事项集体决策办法》等 3 个配套法规，全面推进依法行政。2008—2009 年完成新一轮政府机构改革，优化政府组织结构，强化公共服务职能。进一步完善“两级政府、三级管理”体制，强化区级政府职能，充分发挥区级政府在城市建设和管理中的作用。加快推进政企、政资、政事和政府与社会中介组织分开。探索实施政府公共服务外包制。推进事业单位分类改革。2010年推进管理创新，提高行政效能。完善促进科学发展的政绩考核评价机制。健全“两级政府、三级管理”体制，进一步合理划分市、区两级政府的事权和财权，调动区级政府参与城市建设管理的积极性。完善电子政务，推进网上办事，打造“网上政府”。推进政务公开，加大政府信息公开、办事公开、决策公开力度。建立完善工作推进、协调、落实、反馈、评估制度，落实首问首办责任制，着力解决推诿扯皮、办事拖沓问题。2011年创新政府管理和服务。进一步改善经济发展软环境，加快建设“市民之家”，整合政府网站群、政务服务中心、政府服务热线等便民服务渠道，实现“一站办理”、“一网连通”、“一号服务”。2012年建设服务型政府，打造零障碍、低成本、高效率的发展软环境。深化行政审批制度改革，完成各个领域的审批流程优化再造，实现行政审批事项全部上网、全程上网、互联互通，建设“高效政府”。全面推行政务公开，建设“阳光政府”。加强政府立法和制度建设，坚持科学民主决策，严格依法行政，建设“法治政府”。2013年加强“中国武汉”门户网站建设，进一步完善武汉电子政务外网、电子政务专网，加强全市协同办公系统、网上行政审批信息平台、视频会议等电子政务骨干应用系统建设。依托武汉市民之家等重点工程，完善电子政务和电子社区工程，促进政府公共服务和社区服务信息化，加快建立政府与市民网上互动机制。推进移动电子政务建设。深化人事制度改革，加强公务员队伍建设。开展“治庸问责”、“电视问政”，着力提高公务员服务基层、服务群众、服务企业的意识和能力。

（8）社会保障制度改革。从建立企业职工养老、待业、医疗保险制度等方面着手，最终建立健全了“五险统一征缴”的社会保障体系。1986年，武汉市先后在全民与集体所有制企业中实行职工退休费社会统筹，以后逐步扩大到国有企业合同制职工及临时工、乡镇企业职工、三资企业中方职工、私营企业职工及灵活就业人员。1994年，实施“社会统筹与个人账户相结合”的养老保险制度。1995年，改革基金征收办法，对有纳税义务的参保企业养老基金改由地税部门代征，实行的“地税代征、财政管理、社保发放”社会养老保险体制开全国先河，为实行征、管、用分离的社会保险管理体制提供了经验。1998年，制发《武汉市城镇职工基本养老保险暂行办法》，武汉市养老保险制度与全国统一的基本养老保险制度并轨。2000年，在全市参保企业离退休人员中全面推行企业离退休人员养老金社会化发放。2007年，全市统一养老保险缴费基数、缴费比例等基本制度及政策，改革养老金计发办法，推进企业年金制度。1986年，制定《武汉市国营企业职工失业保险实施办法》，将破产企业职工、企业辞退职工等“四种职工”纳入失业保险范畴，1999年将待业保险参保范围扩大到城镇所有企事业单位（国家公务员除外），建立了失业保险制度。2004年、2006年，分别在农村建立实施“村改居”人员养老保障制度和被征地农民基本生活保障制度。2005年、2006年，分别实施工伤保险制度和生育保险制度。

医疗保险制度改革，先在青山区进行试点，实行“双通道”医保模式，试行“统账结合，同步支付，银行参与，IC卡结算”管理办法。2000年，全市城镇医药卫生体制改革全面展开，完善并实施《武汉市城镇职工基本医疗保险制度实施办法（试行）》。建立城镇医药卫生体制改革联席会制度，推进基本医疗保障进社区。2002年开始，逐步建立了大额医疗保险、企业补充医疗保险、公务员医疗补助、灵活就业人员医疗保险和农民工医疗保险等制度。2007年，启动建立城镇居民基本医疗保险制度改革试点，逐步将无养老金待遇的老年人、在校学生、残疾人等五类人群纳入医保范围。2010年加强困难群体和农村社会保障制度建设，逐步将未参保的各类困难企业退休人员纳入职工医保范围。

社会救济制度改革，武汉市一直走在全国的前列。1996年启动城镇低保，面向不同的社会群体建立工资、市民最低生活费、民政救助等多道社会保障防线。对工薪劳动者，规定了最低工资保障线，保障他们最基本的劳动报酬权益，促使工资制度法制化，促进劳动力市场健康发展；对城市居民，规定了最低生活保障线，将城市中所有生活在保障线标准以下的居民全部纳入救助范围，从1998年开始，对因企业亏损、半停产、停产和破产而下岗或生活困难的职工及其家庭中符合居民最低生活保障条件的，一律纳入最低生活保障范畴，保障了困难企业职工的基本生活，推动了企业改革和社会稳定。2012年起实施“大病救助工程”，并按每年20%比例提高城乡医疗救助标准，扩大城乡低保对象住院费用报销比例、减免城乡低保对象门诊医疗费用、建立重特大疾病慈善关爱救助基金、对艾滋病病毒感染者和病人按月进行生活救助等。2011年以来，加快城镇保障性安居工程建设，城镇职工和城镇居民基本医疗保险、新型农村合作医疗和社会养老保险的参保实现全覆盖。基本建立起全民医疗保障体系、基本药物供应保障体系、公共卫生服务体系和医疗服务体系。

（9）住房制度和土地制度改革。1992年、1995年，武汉市分别实施《武汉市住房制度改革实施方案》和《武汉市深化城镇住房制度改革方案》，主要做法是：建立住房公积金制度；推进租金改革，两次上调住房租金；采取措施加快公房出售步伐；启动“安居工程”；1998年后重点实施推进住房分配货币化、建设经济适用房和廉租房、搞活住房二级市场和规范物业管理等改革。具体措施：1994—1997年，实现住房商品化、社会化，建立两个层次住房供应体系——对中低收入家庭提供经济适用房；对高收入家庭提供商品房。1998—2002年，出台《城镇廉租住房管理办法》，加强对最低收入家庭住房保障，建立三个层次供应体系——对最低收入家庭提供廉租住房，并以租金补贴为主；对中低收入家庭提供经济适用房；对高收入家庭提供商品房。2003—2005年，先后制定《城镇最低收入家庭廉租住房管理办法》和《经济适用住房管理办法》，完善住房保障的政策体系，建立廉租住房、经济适用房的管理办法。2006—2010年，调整住房供应结构。重点发展满足市民自住需求的中低价位、中小套型普通商品住房，特别是经济适用住房和廉租住房；严格限制低密度、大套型商品住房，继续停止别墅类项目的建设。加大经济适用住房建设规模，规范经济适用住房管理。完善廉租房制度，运用租金补贴、租金核减和配房租赁等方式，扩大廉租住房政策覆盖面。发展节能省地型住宅。新建住房全面执行节能标准，提高土地集约化使用水平。2011年以来，住房保障方式发生转变，从以经济适用房为主的产权式保障，逐渐过渡到以公共租赁住房为主的租赁式保障，保障范围扩大到城市中等偏下收入住房困难家庭。

土地管理体制改革。1986年4月24日，武汉市土地管理局成立，两郊（东西湖、汉南）、四县（武昌、汉阳、黄陂、新洲）相继成立土地管理机构。1987—1991年，武汉市开展土地资源调查和土地利用变更调查试点工作。1996年起，每年开展土地变更调查工作。1990年武汉市被列为湖北省第一个城镇国有土地出让和转让综合试点城市，改革试点包括城镇国有土地的出让、转让、出租、拍卖、抵押等综合内容。1992年6月9日，武汉市实行以国有土地使用权有偿出让和转让为核心，以推行有偿、有期、有流动为目标的国有土地使用制度改革启动。按1999年1月27日施行的国土资源部《关于进一步推行招标拍卖出让国有土地使用权的通知》规定，2001年3月20日，武汉市敲响国有土地使用权拍卖第一锤。1999年8月和2000年9月，武汉市土地整理储备供应中心和武汉市土地交易中心相继成立。以此为载体，以土地储备制度和土地交易制度为核心，以土地收购（含收回）、土地征用、土地供应、土地交易和土地整理的土地资产经营运作体系初步建立。围绕旧城改造、企业改制、搬迁和解困，新区征地等开展土地储备工作。2001年国务院《关于加强国有土地资产管理的通知》公布后，武汉市相继发布一系列土地资产经营管理的政策规章，规定对经营性用地通过收购、征用、收回方式实行垄断管理；实行土地深度开发和熟地供地政策；实施土地有偿使用“一费制”收费制度；取消部分不符合市场经济发展要求的土地供应优惠政策；经营性土地使用权公开交易；建设用地实行计划分类管理；土地出让实行最低价标准管理。

（10）城市管理体制改革。1985年，武汉市政府制定理顺区级财政管理体制、下放城市建设维护管理权限，完善工商管理体系和菜场供销管理体制等进一步搞活城区工作的八项措施。1987年，武汉市委、市政府提出《关于深化城区改革的若干意见》，调整市区分工，建立区级财政，下放城建、教育、卫生等管理权限，强化街道职能，增强城区活力。1997年，进一步简政放权，明确市、区、街职责分工，下放经济调控、项目审批、工商登记、规划管理、土地批租等管理权限，完善“两级政府，三级管理”体制。开展创建经济强街、创建“小巨人”企业等活动，发展区街经济。2000年后，针对城市管理中的薄弱环节和难点问题，集中开展对占道经营、户外广告招牌、校园和营区周边环境等方面的专项整治。积极稳妥推进城中村综合改造。加快老城区整体改造步伐，稳妥推进城市房屋拆迁工作，城市面貌发生深刻变化。2008年启动新一轮城市管理体制改革，武汉市委、市政府出台《围绕“两型”社会建设完善城市管理体制的若干意见》，在规划管理及土地整理、投资项目管理、建设项目和城市管理权限、完善功能区管理体制以及工商行政管理、劳动社保、教育、卫生、环保、食品药品监督、农业、林业、水务管理等方面，进一步向区级政府下放30多项管理权限。2010年以来，大力推进“城管革命”，探索“大城管”模式，完善“市区联动、以区为主、条块结合、齐抓共管”的城管工作机制,推进城市管理常态化、规范化、精细化，努力实现城市整洁、有序、美化并向特色、生态、宜居提升。建立数字化城管理系统，完善网格化管理模式，提高管理效能。强化城市管理公共服务职能，促进城管执法规范化，提高依法管理城市水平。加强违法建设控管，综合治理违法占道，规范建筑垃圾管理，规范户外广告招牌设置，加强窗口部位市容环境整治。

（11）农业与农村改革。推行家庭联产承包责任制，完善农村土地二轮延包；废除人民公社制度，建立乡镇政府；实行“四轮驱动”，加快发展乡镇企业；加强优势农产品基地、农业“龙头”企业和中介组织建设，推进农业产业化；开展小城镇综合改革，加速小城镇建设和城中村改造；推行土地流转，开发荒山、荒滩；开展集体林权制度改革；开展乡镇机构改革；实施农村税费改革。为探索农村建设新模式，2005年武汉市实施以“致富门道明晰、基础设施完善、社保体系建立、社会和谐稳定”为主要内容的农村“家园建设行动计划”，积极探索有武汉特色的社会主义新农村建设之路。在试点村实现“四通四改一化”建设，即路通、水通、电通、信息通、改水、改厕、改圈、改垃圾堆放形式和绿化。2009年，积极推进远城区新型工业化。大力发展现代都市农业。深入推进农村改革，稳定和完善农村基本经营制度，完善农村土地流转制度，发展专业大户、家庭农场、农民专业合作社等规模经营主体。坚持工业反哺农业、城市支持农村和多予少取放活方针，促进农业持续增效、农民持续增收、农村面貌持续改善。2010年，加快重点镇和特色镇建设，打造一批各具特色的示范小城镇。推进500个建制村创建工作，打造一批新农村建设示范片，城市机关、单位与农村建制村实现“城乡互联、结对共建”全覆盖。2011年以来，围绕“服务城市、富裕农民”，加快发展现代都市农业。以“菜篮子”工程建设为重点，进一步优化农业结构，推进农业科技创新，做大做强农产品优势特色主导产业。大力发展生态农业，提升“两型”农业覆盖面。大力发展农民专业合作组织，提高农业组织化市场化水平。积极推广“园区（企业）+土地股份合作社+基地+农户”的经营模式。稳步推进新型城镇化，形成多层次、网络状的城镇体系。鼓励农村劳动力就近有序向城镇转移。

（12）科技体制改革。1984年起，在市属科研机构陆续进行扩大科研院所自主权、削减科研院所事业费和科研生产一体化等方面进行改革试点。科研项目管理先后实行了项目合同制和项目招标制改革。1987年，武汉市确立“科技立市”战略，科技经济一体化发展的“六大计划”（先导、支柱、振新、双星、绿色和繁荣计划）和“三大科技产业化计划”（星火、火炬、科技成果重点推广计划）开始启动。2002年，武汉成为全国信息化建设和科技企业孵化器建设（全国首家）试点城市。2005年，全面实施促进民营科技企业发展的“民企百星工程”。2006年，武汉市出台《关于增强自主创新能力争创国家创新型城市的决定》，全面启动“106”科技创新行动工程，五年内投入5亿元政府资金，全面提升武汉自主创新能力。2010年，着力解决科技与经济“两张皮”问题，加快形成有利于科技成果转化为现实生产力的体制机制，促进科技成果商品化、产业化。支持东湖新技术开发区开展科技金融、股权激励、科技成果转化奖励、政府采购自主创新产品等改革试点。2011年以来，出台落实“黄金十条”的配套措施，健全科技成果转化制度性平台和要素平台，提高科技成果本地转化率。以建设光谷“资本特区”为重点，推进科技和金融结合试点城市建设。加强技术与资本高效对接，大力发展创业投资基金，探索设立光谷“自主创新产业发展基金”；拓展科技信用贷款、科技金融保险、知识产权质押等特色融资业务。健全科技成果交易市场体系，建立知识产权交易所、技术交易所。完善人力资源、会计、法律、行业协会等科技中介服务体系。对做出突出贡献的科技人员和经营管理人员，实施期权、技术入股、股权奖励等多种形式的激励，对职务科技成果完成人进行科技成果转化收益奖励。对获得自主知识产权、标准制订的企业给予奖励或补贴。通过首购、订购、实施首台（套）重大技术装备试验和示范项目等措施，推广应用自主创新产品，支持企业自主创新。深入实施“人才特区”战略，大力推进“3551人才计划”，实施“黄鹤英才计划”、“光谷人才计划”、“海外人才回归计划”、“创新岗位特聘专家计划”，构建具有国际水准的创新创业平台，在东湖新技术开发区聚集一批科学家和创新创业领军人才。加快实施“人才安居工程”，建立高层次人才居住证制度，完善海外高层次人才社会保障体系，优化人才服务环境。

（13）内联协作与对外开放。1985年，实施“城城通开、城乡通开”和发展“五个圈层”的发展战略，发起组建“武汉经济协作区”，建立起与湖北省内、华中地区及长江流域众多城市的经济联合组织。1992年，制定《关于进一步促进武汉市与省内各地市州城城通开、城乡通开的若干意见》，确定“两通开”的范围和形式，实行“一统三分”，在税收、资金、土地、物资、户口指标诸方面给内联企业13条优惠政策措施，争取大企业、大项目落户武汉，开展跨地区资产流动重组，推动企业间的联合协作，建设区域性、全国性大市场，增强集聚辐射功能。1998年后，签订实施西部省市经济技术协作协议，参与西部大开发，举办武博会、武洽会，进一步促进武汉经济发展。2002年，“武汉城市圈”建立，2007年底国家批准武汉城市圈为“两型”社会建设综合配套改革试验区，武汉与周边城市的经济协作与联合进入新阶段。2010年以来，加大城建项目策划和招商力度，促进基础设施建设投资主体多元化。积极引进一批大财团、大企业参与城市基础设施建设和重点功能区开发。围绕发展现代物流、金融、现代商贸、文化创意等优势服务业，大力引进总部型企业和重大服务业项目。积极吸引大型央企和国内外500强企业在汉设立生产基地、研发中心和地区总部。制定汽车、石化、电子信息、装备制造等9大重点产业产品配套路线图，着力引进行业龙头和配套企业。进一步优化外贸结构，继续稳定和扩大出口。加快推进国家汽车及零部件出口基地、服务外包基地、武汉出口加工区建设，努力扩大机电和高新技术产品出口，大力发展软件外包等服务贸易。支持有条件的企业实施“走出去”战略，拓展发展空间。加强铁路、水路、公路、航空口岸以及电子口岸建设。拓展东西湖保税物流中心功能，实现与天河机场、武汉新港、开发区联动，争取设立综合保税区。积极参与武汉城市圈建设和长江经济带开放开发。

（14）文化体制改革。1985年，按照“保、扶、放、转”的方针，开展对全市专业艺术表演团体体制改革和重组工作。1988年，根据国务院转发《关于加快和深化艺术表演团体改革的意见》，全市艺术表演团体改革实行“一分二合三转向”，到1993年，艺术表演团体结构布局调整基本完成。1998年，豫剧、越剧、评剧三剧团启动了新一轮经营体制改革。2003年10月，武汉市文化体制改革与发展领导小组成立，《武汉市文化发展规划（2004—2010年）》颁布实施。2003年，在市文化、广电、新闻出版系统各选一家单位作改革试点：将武汉市说唱团改制为武汉红金龙说唱团有限责任公司；整合武汉电视艺术中心、武汉广播电视周报和武汉音像出版社等资源，组建武汉影视艺术传媒有限公司；将武汉市新华书店改制为武汉新华书店股份有限公司；将武汉晚报社并入长江日报社，组建为“十报一刊一网”的长江日报报业集团。整合武汉人民广播电台、武汉电视台及广电系统其他资源，组建武汉广播电视总台（集团）。2005年，以武汉出版社为主，整合武汉新华书店股份有限公司等实体，组建武汉出版集团公司，一步实现政企、政事分开和事业单位转制为企业。2009年，基本完成公益性文化事业单位改革。推进文化惠民工程，加强社区和乡村文化体育设施建设，完善公共文化体育服务体系。加强非物质文化遗产保护。鼓励汉派文化创新。加强文化市场管理，鼓励社会资本投资文化产业，规范各类文娱活动经营行为。2010年以来，推进基层文化服务设施建设，完善公共文化服务体系。推动自收自支文化事业单位改制。推动文化资源与市场、科技、资本的融合，创新商业模式，以政府投入为引导，鼓励多种所有制经济和各行业参与文化建设，吸引带动民间资本、社会资本投向文化产业，鼓励发展动漫游戏、网络音像等新兴文化业态，大力发展文化创意、文化娱乐、体育休闲、文化旅游等产业，加快培育一批文化龙头企业，提升武汉文化产业竞争力。

三、武汉改革开放的主要特点

35年来，武汉改革开放始终坚持党的解放思想、实事求是的思想路线，既坚定不移地贯彻落实中央改革开放的总体精神和统一部署，又始终如一地从武汉实际出发，发挥比较优势，走出了一条有武汉特色的改革开放之路。

坚持市场取向，敢破敢立，探索经济体制机制改革新路。

改革开放是中国共产党历史上一次伟大觉醒，也是一场革命。要破除束缚社会生产力发展的种种体制机制性障碍，逐步建立起能够提高社会经济效益，释放社会活力的新的体制机制，需要一种敢闯敢试的勇气和精神，需要责任与担当。回顾武汉35年改革开放的历史，在各个改革阶段，武汉都始终秉承“敢为天下先”的开拓与担当精神，坚持以市场为取向，冲破长期形成的封闭、僵化的计划经济体制，积极探索建立和完善社会主义市场经济体制的改革新路。从改革开放初期，率先进行以建立统一开放市场体系为目标的“两通突破”战略，到20世纪90年代推行意在激发市场主体活力的“开放先导”战略，再到新世纪以来实施的促进高新技术产业化、市场化的“科教兴市”战略，以及各种为市场改革所进行的各个领域的配套改革，都极大地推进了武汉经济市场化进程。同时，在实施的一系列“市场化取向”改革中，还推出了许多具有武汉特色的创新举措，创造出多项全国第一：第一个恢复汉正街小商品市场，探索商业管理体制和商品批发体制改革；第一个提出敞开大门，“城城通开，城乡通开”，实行对内对外全面开放，建设大交通、大流通、大市场的城市经济格局；首次在国内企业聘请洋厂长负责经营管理，开中国企业管理体制改革之先河；还有武汉商场——国内第一家在异地上市的国有大型商业公司，东湖创业中心——国内第一家科技企业孵化器；全国首家技术交易市场、企业产权交易市场、碳排放权交易中心，等等。这些先行探索和大胆试验，破除了传统计划经济体制机制对武汉社会经济发展的束缚，充分调动了企业、社会个体创造财富的积极性，激发了城市发展动力和社会活力。随着改革开放的不断深入，现在武汉市场体系健全，生活、生产资料市场，生产要素市场活跃，市场经济属性和特征明显，已经逐步建立起社会主义市场经济体制框架。

坚持比较优势，因时因地，选准关键领域采取重点突破。

以开放倒逼体制转型，是中国改革开放的一大特点。开放度愈高的城市，其获得的改革红利也愈高。在早期中国改革开放“从沿海再到沿江”的总体布局中，武汉由于深处中国内陆地区，客观上无法获得与广州、深圳、厦门、福州、宁波、上海等城市同等的改革先机和国家政策支持，也不具备发展外向型经济的基础条件，加上武汉国企比重大，调整艰难，因此，在上世纪80—90年代，武汉一度从全国最发达、最有实力的城市之一变为发展相对缓慢滞后的城市。尽管武汉在全国改革开放总布局中一度被边缘化，但武汉并不气馁，而是坚持从武汉实际出发，因时因地，扬长避短，发挥比较优势，选择改革突破口。近代以来，武汉就是中国内陆地区工商业较为发达的城市，工业基础雄厚，市场体系健全，交通运输便捷，城市商业氛围浓厚。武汉利用这些优势，在改革开放各个不同时期、不同阶段，因势利导，适时选择突破口。在探索阶段，选择以开放城郊农户经营和城市个体私营经济为突破口，以汉正街为代表的小商品市场的恢复和建设，活跃了武汉及周边城乡经济；在起步阶段，选择以交通、流通“两通”为突破口，敞开三镇大门，建立内外统一开放的市场体系和适应市场经济需要的商业管理及商品批发体制，实现了武汉经济的初步繁荣；在展开阶段，选择以开放为先导，依托“两区一港”，改善投资环境，大力招商引资；在重点推进阶段，选择城市综合改革体制障碍集中、阻力最大的关节点——行政体制为突破口，武汉城市圈“两型社会”建设综合配套改革试验区获批后，武汉又选择以发展循环经济为“两型社会”建设的突破口。由于改革突破口选择的适时合理，因而总体来看，武汉改革开放的各个阶段都有所推进，并取得良好效果。

坚持创新驱动，顺势发力，实现城市经济社会跨越发展。

进入新世纪以来，经济全球化态势愈发明显。2008 年的金融危机导致全球经济增长乏力，市场需求成为全球竞争最稀缺资源，新兴技术、新兴市场、新兴产业成为新的投资热点。世界经济新态势倒逼中国必须实行扩大内需战略、创新驱动发展战略，提升经济内生动力，加快转变经济发展方式。在此背景下，武汉城市圈获批“两型社会”改革试验区和武汉东湖新技术开发区获批建设全国第二个国家自主创新示范区，同时国家深入实施促进中部崛起战略、长江经济带开放开发战略，以及支持武汉建设国家中心城市等，多重国家战略叠加，使武汉改革发展进入重要战略机遇期。武汉抢抓机遇期，积极对接国家战略要求，以创新立市强市，驱动发展。面对新一轮世界科技与产业变革，武汉依托科教优势，开展科教体制创新改革，把实现科技产业化作为关键环节，健全技术创新市场导向机制。出台武汉“黄金十条”，建立技术经纪人制度，构建科教成果转化服务大平台，积极推进技术创新和金融创新“两轮驱动”，打通科技和经济社会发展之间的通道。全面实施自主创新能力提升计划、支持大学生创新创业的“青铜计划”，大学之城的创新基因进一步激活，企业自主创新能力实现突破性进展。战略性新兴产业不断发展壮大，“武汉·中国光谷”光电子信息产业已跃升为世界级产业集群，光纤光缆生产规模国内最大、全球第二，享誉中外。针对长期困扰城市改革发展的种种难题，近几年，武汉确立以创新驱动发展，以改革开放推动转型升级的城市发展新理念、新思路，抓住关键领域和薄弱环节借势精准发力，“新招”频出。2010 年正式推出“工业倍增”、“服务业升级”的“两业并举”、“工业强市”发展战略，已经建成投产的东本二厂、神农三厂、80万吨乙烯、联想武汉基地、格力电器武汉产业园、南车、北车轨道交通修造基地等一批重大工业项目，和已经建成投入使用的国际博览中心、光谷步行街、楚河汉街、武商摩尔城、宜家武汉商场等一批服务业重大项目，为武汉发展注入强劲能量，成为经济新的增长点。2013年提出打造“十大千亿产业链”，目前武汉千亿产业已达6个，大光谷、大车都、大临空、大临港的工业版图已经初现，武汉经济发展已站在新的起跳平台。近几年，武汉强力推进城市建设攻坚计划，每年投资过千亿，一批重大基础设施项目建成使用。“米”字型高铁网基本建成，武汉新港成为中西部通江达海的最大港口，天河机场成为中部重要门户机场，武汉迈入地铁时代，城市发展承载能力和城市功能品质大幅提升，武汉发展步入新的上升通道。自2010年起，武汉经济总量连年以千亿量级裂变增长，2012年经济总量为8003.82亿元，跃居全国副省级城市第4，时隔22年，武汉重返

武汉经济社会发展变化主要指标

年份 各项数据	1978	1988	1992	1998	2001	2007	2013
生产总值（亿元）	39.91	156.44	255.42	1001.89	3141.90	3414.90	9051.27
全部工业增加值（亿元）	23.44	82.15	110.01	369.68	485.01	1197.49	3113.30
社会商品零售总额（亿元）	15.71	83.36	123.55	491.89	711.2	1518.30	3878.60
全社会固定资产投资（亿元）	11.74	36.31	68.36	420.43	508.44	1732.79	6001.96
城市居民人均可支配收入（元）	359.04	1261.08	2116.68	5912.52	7305.00	14357.64	29821.22
农村居民人均纯收入（元）	140	645	856	2730	3100	5371.00	12713.46
地方公共财政收入（亿元）	10.06	29.48	35.13	100.06	150.18	634.06	978.52
外贸进出口总额（亿美元）			5.79	18.36	21.56	99.62	217.52
外贸出口总额（亿美元）			3.49	10.58	9.47	47.53	119.43
实际利用外资（亿美元）			2.13	10.56	14.32	22.50	52.50

全国城市经济总量十强方阵。2013年武汉经济总量以9051.27亿元“收官”，再次稳居副省级城市第4位。武汉“中部中心”地位巩固提升，在全国发展格局中地位进一步凸显。精心谋划的“武汉2049”远景发展战略，确立了建设国家中心城市，复兴

大武汉的奋斗目标，武汉正稳步迈向和实现国家创新中心、国家先进制造中心、国家商贸物流中心和生态宜居武汉、文明武汉、幸福武汉的“武汉梦”。

四、武汉新一轮改革展望

改革由问题倒逼而生，又在不断解决问题中得以深化。2013 年 7 月，习近平总书记来湖北就全面深化改革进行调研，年底，中央召开十八届三中全会，从全党全国战略高度为新一轮改革谋篇布局，从政治、经济、文化、社会、生态文明和党的建设 6 大方面、15 个领域、330 多项改革举措，描绘改革蓝图、划定改革路线图及时间表，并提出“完善和发展中国特色社会主义制度，推进国家治理体系和治理能力现代化”的全面深化改革总目标。对照十八届三中全会提出的目标要求，武汉改革之路任重道远：一方面，要按照中央部署，对许多改革难啃的硬骨头，难涉的深水区，如行政、财税、司法、户籍、公车、国企混合所有制改革等进行一一破解，从根本上清除体制性障碍；另一方面，经过 35 年的改革开放，武汉成就巨大，城市发展进入“黄金期”。但是，由于改革大多侧重于某个领域或某个方面，许多发展起来以后产生的各种深层次问题逐步显现，如经济转型发展方面，产业结构不合理、升级乏力，企业创新能力不强，能源资源约束趋紧，发展方式依然粗放，发展不平衡、不协调、不可持续的问题依然突出；城市建设管理方面，交通拥堵，配套设施落后，严重制约城市发展；民生社会事业方面，居民收入水平偏低，社保体系不完善，利益格局盘根错节，各种社会矛盾明显增多；城市国际化方面，对外开放水平不高，功能不强，环境不优，成为城市发展“跛腿”。因此，在新一轮全面深化改革中，还应针对自身改革发展的不足，以破解问题为导向，确立改革的重点和着力点，向改革要动力，向结构调整要助力，向民生要潜力。

1. 激活力，进一步理顺政府同市场的关系。

坚持社会主义市场经济改革方向，紧紧围绕使市场在资源配置中起决定作用深化经济体制改革，是全面深化改革的重点任务。计划经济体制下，政府占据社会资源配置的强势或垄断地位。而在市场体制下，尽管市场理应在资源配置中起基础性或决定性作用，但由于政治体制改革滞后，政府职能及社会管理体制没有及时调整，导致社会其他配置主体，如企业配置、社会配置、“关系”配置等在主要原则上完全处于对政府配置逻辑的一种适应和附庸的状态，并形成对“政府占据社会资源配置的强势或垄断地位”的一种路径依赖，成为制约经济社会竞争活力的症结所在。因此，要建立以市场配置社会资源的新体系，首先要解构现有的社会资源配置格局，重点是解决政府与市场、政府与社会的关系。过去 35 年武汉按照市场化取向所进行的体制机制改革，明显增强了武汉市场化程度，社会生产力得到解放，社会活力得以释放。并且在这一过程中，政府利用已有的技术和知识，采取特定的干预手段，加速了武汉发展的追赶进程。但是，在市场导向的经济全球化进程加快，要求政府相应发挥更多的作用，尤其是当前经济整体增速放缓，经济结构和增长动力正在发生转折性变化的经济发展“新常态”下，必然要求进一步调整政府与市场的关系：首先是为强固市场经济补上法制“基础课”，切实保护各类产权，营造和维护公平竞争环境，将其规范化、程序化和法制化；其二是按照现代市场经济中政府政策工具的要求，构造国有资本管理体制和出资企业的治理结构，把国有资本改造成实现政府政策目标的有效工具；其三是立足于提升人力资本质量加强社会保障体系建设。要通过社会保障体系的精心设计和建设，使之致力于促进劳动力的横向和纵向流动，增强劳动者的职业转换能力和创新能力，使社会保障支出成为提高人力资本质量的有效投入；其四是要减少直接冲到第一线抓投资、上项目、指定技术路线和产业发展规划的冲动，而是致力于营造有利于创新、有利于包容多样性和不确定性的体制与政策环境，形成有利于效率提升、创新驱动、可持续发展的制度环境和支撑体系。

自贸区成为新一轮以开放倒逼改革的先声。2013 年 9 月 29 日，中国（上海）自由贸易试验区正式挂牌成立，随即出台 100 多条针对性极强的改革举措——先照后证、事中事后监管等等，探索市场准入负面清单管理模式。武汉也在积极努力申报建立内陆自贸区。2014 年 8 月，武汉东湖高新区学习上海自贸区经验，从行政审批与服务、科技创新与产业发展、科技金融、扩大开放等四个方面、12 类改革举措、97 项具体工作事项，先行先试工作全面启动。自贸区深化商事登记制度改革，建立负面清单管理模式，政府管市场方式的这种转变，其核心就是通过全面简政放权，以更有力的放权和更有效的监管，激发全社会创业主体的创造梦想，释放巨大的市场活力，用政府权力的“减法”换取市场和社会活力的“加法”。因此，武汉应以申报自贸区为契机，牢牢抓住“简政放权”这一经济领域改革的牛鼻子，以减少和下放行政审批事项作为政府职能转变的突破口，进一步深化政府行政审批制度的改革。最大程度减少对投资项目、企业具体生产经营活动的审批，优化审批流程。同时，强化监管责任，营造公平、健康、有序、可预期的市场环境，当好市场的监管员、裁判员。要通过管理制度创新，全面提升政府管理能力、行政水平和干部素质，使政府行政管理体制机制尽快与国际对标，与国内先进城市对标，实现从行政性监管向法制化监管、政策性管理向制度性管理转换，真正建设一个“强而有道”的政府。

2. 强实体，进一步夯实城市发展的微观基础。

“企是业之魂，业是城之基”。没有企业支撑，城市就没有根。近年来，在世界金融危机影响尚未消除，国内经济下行压力增大的形势下，武汉地区生产总值依然保持增速发展，规模以上工业总产值在全国 15 个副省级城市中位居第一，其关键靠的是工业企业的强力支撑。当前，武汉正在谋划旨在推进工业倍增、服务业升级、自主创新能力升级、城建攻坚、国际化水平提升的新一轮“万亿倍增”计划，同样，其关键依然是靠做实做强工业企业。然而，站在万亿倍增的起点上，武汉企业的现状仍显不足，还存在规模不大、产能落后、创新能力不强等问题。2013 年中国企业 500 强、民营企业 500 强，武汉仅分别有 10 家和 9 家入围。2014 年武汉百强企业，其总营业收入为 17500 亿元；三成企业走出国门，有海外资产的仅 17 家；拥有专利总数为 2.09 万项，比华为公司 2013 年专利数 3.65 万项还少了 1 万多项。而武汉百强民营企业体量更小，其营业收入的总和比东风汽车公司一家还少 1400 亿元（2014.10.11. 长江日报 5-6 版）。与国内先进城市差距较大。要破解这些难题，关键是要加快经济体制机制转换，尤其是企业改革要有突破性的进展，创造公平竞争环境，让各类市场主体做大做强。一是要破除国有企业行政化的痼疾。35 年的改革，中国市场经济体制远未完善定型，特别是近十年，由于“发展重于改革”的认识误区，市场化改革有所停滞，致使国有企业行政化的问题不但没有弱化取消，反而行政化资源配置和行政垄断在国有企业作为政府行政附属物的体制下更加强化。为此，必须改变国有企业作为政府行政附属物的地位，切断政府与企业之间的行政附属关系。要深化国有企业人事制度改革，尽快取消企业的行政级别及其高管的相应级别。要按照现代企业制度，健全完善法人治理结构和机制，完善国有企业领导人产生机制，特别是加强董事会对选聘职业经理人及其薪酬事项的决定性作用，使其成为公司与政府的有效“隔离带”。要建立职业经理人制度，完善国有企业家的激励约束机制，对企业高管实行以绩效工资制为主，包括基本工资、职务补贴效益奖金、期权股票等多种形式的激励机制，提高企业家“转政”的机会成本，弱化“官本位”。二是要打破制约民营企业成长壮大的发展瓶颈。要推进混合所有制发展，营造混合所有制经济发展的良好外部环境，落实保护产权制度，建立全社会共享的企业诚信档案制度，清理和取消与混合所有制经济发展不相适应的文件和法规。要进一步破除行业的行政性垄断，对垄断行业的国有企业进行竞争化改造，倒逼其在产权、治理、价格、规制等方面深化改革。要在竞争性强的加工制造业、建筑业和服务业之外，进一步放开包括电力、交通、石油、天然气、供水、电信在内的国民经济基础性行业的垄断。通过发展混合所有制经济，引入非公有资本参与投资和发展，放大公有资本的功能、完善国有企业的经营管理、实现国有资本的保值增值，同时增强非公经济的创新和竞争能力。三是要依托东湖国家自主创新试验区先行先试，继续实施创新驱动发展战略。实现发展方式的转变和产业升级，需要技术创新的支撑和引领。制造业是创新驱动、转型升级的主阵地，要充分尊重和发挥企业在科技和制度创新中的主体地位和作用。要遵循科学规律，强化政策激励和引导，尤其在“工业 4.0”全球新一轮工业革命之际，要鼓励企业面向世界科技前沿、面向国家重大需求、面向国民经济主战场展开自主研发，实行技术创新，带动产业升级。要继续推进科技体制改革，建立健全以企业为主体、以市场为导向、产学研深度融合的技术创新体系，并尽快形成机构、人才、装置、资金、项目等促进科技创新发展的强大政策合力。真正把科技创新项目变成成果，成果变成产业，产业最终变成武汉的综合实力，实现从科技强到产业强、经济强、城市强。

3. 补短板，进一步提升城市品质和市民幸福感。

发展为先，民生为本。改革是为了更快更好的发展，而发展的最终目的是实现人民群众的最根本利益，增进民生福祉。武汉改革开放 35 年来，人民群众生活的环境质量和水平有了很大的改善和提高。但是，进北京、上海、广州、深圳、南京等先进城市相比，武汉在民生社会事业、城市国际化水平、城市基础配套设施建设等方面还有较大差距，成为制约城市经济社会发展以及影响市民生活、市民思想观念、城市文化品质提升的“短板”。因此，“补短板”，应成为武汉下一步深化改革的又一着力点。一是在民生社会事业方面，补齐社保、医疗、教育等发展短板，着力破解居民收入水平偏低、社保体系不完善等问题。首先，要树立解决民生问题是最大的政治，改善民生状况是最大的政绩的理念，把“惠民生”作为实施“万亿倍增”的出发点和落脚点，加快研究制定民生发展规划和福利指标体系，并将民生发展实际状况和水平作为考核干部政绩的重要依据。其次，要着力解决城乡居民收入水平长期落后于城市经济发展水平的问题，推动更加充分、更高质量的就业，完善就业和创业服务体系。建立健全包括公务员、事业单位和各类企业工资正常增长机制，理顺和规范收入分配关系，缩小收入分配差距。统筹社保、低保、养老、助残等保障制度安排，实现城乡居民社会保障一体化，提高社会保障水平。再次，要增加公共产品的有效供给，推进基本公共服务均等化。加大财政对社会事业和公共服务的投入，加快发展文化、体育、入口计生等社会事业，解决城乡居民在就业、住房、就医、上学等方面的实际困难，满足城乡居民文化、健身、娱乐等需求，切实提高社会保障及公共服务水平。二是在城市国际化方面，补齐长期对外开放度不高的短板，着力破解对外开放环境不优、功能不强的问题。要摒弃“内陆城市做不了开放前沿”的传统观念，从“建设丝绸之路经济带、21世纪海上丝绸之路”，国家扩大内陆开放的“一带一路”战略机遇中，寻找“武汉机会”，在加快产业、市场调整对接的同时，加快开放通道和平台建设，全面深化国际交流合作，融入全球产业与贸易分工体系，加速国际化进程。首先，要加快城市综合交通体系建设，拓展国际“大通道”，推进交通国际化。加密武汉至世界各大城市国际航线，加速建设中部门户机场、内陆地区国际性货运枢纽空港；运作好“汉新欧”国际集装箱运输专线，拓展“江海直达”通道，提升武汉新港运营能力。其次，要实施口岸“大通关”，推进城市功能国际化。全力争取国家支持武汉设立内陆自贸区、一类铁路公路整车进入口岸；整合东湖综合保税区、东西湖保税物流园区、出口加工区功能；加快推进各类市场建设，形成门类齐全、功能强大的市场体系和辐射周边的市场中心，打造和提升武汉的市场、物流、服务等枢纽功能。再次，要构筑交流“大平台”，营造开放“大环境”。积极申请国际性会议、体育赛事及演展等活动，扩大武汉国际影响，提高城市知名度；建设一流的领事馆区，引进更多的外国领事机构及国际组织；实施好外籍人士“家在武汉”工程，精心营造提升城市国际化水平的条件和环境。三是在城市建设和管理方面，补齐城市基础设施建设滞后经济快速发展的短板，着力破解交通拥堵、配套设施不足、环境恶化等问题。在产业集聚、人口集聚、城市设施承载压力日益加大的严峻态势下，要超前谋划、有效应对“大城市病”凸显的问题。首先，要继续加大城市道路，尤其是城市地铁建设的力度，实现高铁、城铁、地铁无缝衔接，形成以轨道交通为骨干，城市环线、快速放射线、过江通道为支撑，主干道、次干道、支路为基础的城市快速路网体系，优化提升市域交通畅达能力。其次，要集约高效利用土地资源，探索人口高密度集聚下的新型城市建设和管理方式。着眼城市长远发展，科学谋划、精心规划城市空间布局，推动各区域建设，不论是旧城改造还是新城建设，都按照功能定位发展，统筹道路、管网、学校、医院等市政设施和公共服务设施建设。再次，在城市建设发展过程中，要充分考虑生态环境的承载力，树立“生态立市”的理念。按照低碳、环保、绿色发展的要求，对城市江湖水体、山体、湿地、大气等实施最严格的生态保护，全面推进生态文明建设，为武汉留下青山绿水、白云蓝天，为武汉人打造宜居、宜业的幸福之城。

（执笔人：但瑞华　李故静　肖朝晖）

社会主义核心价值观视阈下
武汉城市形象塑造与传播研究

党的十八大报告首次以12个词概括了社会主义核心价值观，即富强、民主、文明、和谐，自由 、平等、公正、法治，爱国、敬业、诚信、友善。社会主义核心价值观的深刻内涵来源于中华民族的悠久历史文化，来源于中国人民的伟大实践。当前，培育和践行社会主义核心价值观的着力点，在于立足社会实践，加强人的现代化塑造。武汉正处于工业化中后期，经济社会面临双重转型，地域特点和人口规模及构成具有独特性和复杂性，人的现代化的任务比较繁重。因此，在社会主义核心价值观视阈下研究塑造与传播武汉城市形象，必须从传承与创新具有武汉地域特色的汉派文化入手，以文化人，以文化景，以文化制，从而彰显武汉独特魅力。

一、社会主义核心价值观与汉派文化

研究社会主义核心价值观视阈下的武汉城市形象塑造与传播问题，首先必须立足武汉地域文化——汉派文化。汉派文化源于商周，成型于晚清以后。汉派文化的发展历经数千年，杂糅吸收多种外来文化，兼容并包，内涵丰富，直到今天仍处于不断发展之中。汉派文化的载体具有多元性，表现形式多样，如汉派建筑、汉派美食、汉派服饰、汉派文学、汉派艺术等等。作为中华文化的重要代表，汉派文化的传承与创新是武汉城市文化建设的重要任务和培育社会主义核心价值观的重要探索。

1. 社会主义核心价值观是历史的、具体的

社会主义核心价值观是历史的，是植根于中国传统文化价值和近代以来奋斗历史的总结。在中国传统文化中，讲求“和为贵”，追求民本和平等，崇尚爱国，仁义礼智信等传统价值中包涵有很多现代价值。近代以来，中华文明面临数千年未有之大变局，中华民族历尽忧患，在深重灾难面前，中国仁人志士以求强求富为目标，探索救国救民真理，争民主，求自由，始终高扬爱国主义旗帜，最终选择了社会主义道路。社会主义核心价值观的科学内涵正是历史经验的价值提炼和精神升华。

社会主义核心价值观又是具体的。一方面，它来源于中国革命、建设和改革的丰富实践，同时又指导着具体实践，是全社会行为的共同价值准则，具有内在规定性。在国家层面，是要发展社会主义民主，建设物质文明与精神文明，促进社会和谐；在社会层面，是要创造自由、平等、公正、法治的社会环境，促进社会公正；在个人层

面，是要热爱祖国、爱岗敬业、讲求诚信、待人友善。这些要求在具体实践中体现为国家的法律法规规章和政策，体现为一定范围内共同遵循的乡规民约。另一方面，社会主义核心价值观与中国不同地域文化存在契合，既植根于地域文化，又高于地域文化。在长期历史进程中形成的不同地域文化，如京派文化、海派文化、岭南文化、湖湘文化、汉派文化等，都是中华文化的重要组成部分，在历史传承和现代创新的基础上，它们的共同价值构成为中华文化和社会主义核心价值观的核心内容，因此一地一城践行社会主义核心价值观必须立足地域文化这一具体空间维度。

2. 社会主义核心价值观的普遍践行和汉派文化的现代转换

社会主义核心价值观的普遍实践，离不开各地不同的地域文化背景。相对而言，从本地文化特点出发，探索实践社会主义核心价值观更接地气，效果也更好。

就汉派文化而言，首先要明确汉派文化是中华文化的重要代表。在文明的起源上，汉派文化甚至可以追溯到商周时期，其后的数千年间武汉地区文明的发展不断充实完善汉派文化的内涵。近代以后，特别是张之洞督鄂期间，武汉地区近代文教兴盛，工商业发展繁荣，风气大开，一跃而为国内经济文化中心之一。这一时期，武汉思想活跃，文化繁荣，改革气氛浓厚，表现出包容、务实、创新的特点，其求强求富、兴鄂爱国的追求与社会主义核心价值观高度一致。因此，完全可以说，汉派文化极大丰富了中华文化宝库，也成为社会主义核心价值观的重要思想渊源。

当然，脱胎于过去、植根于特殊地域的汉派文化，又具有实现现代转换的必要性。逐渐成型于近代时期的汉派文化，其特点是对其他文明的包容，敢于创新，注重务实。在万马齐喑的晚清中国社会，武汉地区在张之洞主持下大胆引进西学，兴办工业和教育，刷新政治，以敢为天下先的精神走在全国前列，奠定了汉派文化的历史地位。改革开放以后，汉派文化中的这种敢为人先、追求卓越的精神再次大放异彩，武汉成为全国改革的标杆城市。但是，历史上的汉派文化也有一些惰性消极因素，如过于务实导致的短视，缺乏长远眼光，灵动有余而定力不够，难于持之以恒，过于粗放，失之精细等等。

因此，在社会主义核心价值观视阈下，研究武汉城市形象塑造与传播，关键是围绕核心价值观，促进汉派文化的历史传承与现代转换相结合，并以现代化的汉派文化塑造现代化的武汉人和武汉城，从而做好汉派文化这篇大文章，彰显武汉独特魅力。

二、汉派文化与武汉城市形象建构的历史考察

汉派文化历史上成为代表性的地域文化样本，其物质遗存和精神积淀是武汉城市

形象的重要组成部分和具象化。因此，在武汉城市形象建构中，汉派文化具有重要影响。考察近代以来的汉派文化与武汉城市形象建构的历史脉络，可以发现越是思想开放、文化繁荣，武汉的城市形象就越是鲜明、城市地位就越高。概括起来，近代以来武汉城市形象建构可分为四个时期，出现过七大高峰。

1.“睁眼看世界”的晚清时代（1840—1911），武汉从一个封建性的国内贸易重镇发展成为连通内陆和沿海的国际贸易城市

这一时期武汉地区逐步由相对隔绝闭塞的封建城市，转向被迫对外开放、风气渐开的近代化工商业都市，其中又以1861年汉口开埠为标志，分为两个阶段。从武汉地区思潮的发展看，近代知识分子群体的形成与壮大，新式学堂的兴办与西学的传播，当政者政治控制的相对松弛和开明，为各种进步思潮的蕴育、传播创造了条件，最终形成武汉社会思潮发展史上的两个高峰：一是张之洞为代表的洋务思潮，二是文学社、共进会等为代表的辛亥革命思潮。从武汉地区思潮与全国的关联看，武汉在地理上成为沿海新思潮传入内陆的枢纽城市：得风气之先的广东地区各种思潮经由武汉一路向北，浸润内陆；上海地区各种思潮亦溯江而上，经由武汉影响四川等地。因此，武汉既从全国特别是思潮发达之地引进、吸收新思想、新人才，又以近代重要的思想文化中心影响其他地区特别是武汉周边和两湖地区，从而在这一时期兼具了聚合和扩散各种思潮的重要作用，奠定了武汉近代城市形象。

2.思想喧嚣与思想抉择的民国时期（1912—1949），武汉成为国内重要的新思潮中心

这一时期武汉因大革命和武汉抗战而备受国内外瞩目，继续成为国内重要的新思潮中心。在民国前15年北京政府时期（1912—1927），由于民国初创，以及后期地方军阀割据混战、南北分立等因素，中央政府的政治控制相对放松，给各种西方思潮涌入中国和迅速传播创造了条件，因而这一阶段思潮之多、流派之杂，在中国近代史上非常罕见。在民国后22年南京政府时期（1927—1949），虽然由于国民政府完成了表面上的统一，强化政治控制更加便利，但是马克思主义等革命思潮仍然顽强传播，并最终在各种思潮的历史选择中成为在全中国居于主导地位的社会思潮。武汉在这一时期再次成为全国思潮中心，形成两大高峰：一是从“五四”前后早期社会主义思潮传播、武汉共产主义小组成立，到国共实现第一次合作并共同推动国民革命，武汉成为大革命高潮时期的“赤都”；二是1937年全面抗战爆发后，武汉成为国民政府临时首都，1938年武汉会战前后成为抗战文化中心，抗战救亡思潮在武汉奏出了中华民族团结御侮的最强音。武汉“赤都”和“抗战首都”的英雄城市形象在国内外产生深远影响，成为城市珍贵的历史记忆。

3. 社会主义思想实现普及与走入误区的新中国初期（1949—1976），武汉成为共和国的工业骄子和社会主义新型工业城市

这一时期以 1956 年为界点分为两个阶段：一是新民主主义的七年（1949—1956），武汉是国家重大项目投资的重点地区，成为共和国的工业骄子，在社会主义思潮的引导和激励下，市民投身社会主义建设的热情高涨，武汉开始从近代工商业城市转向社会主义新型工业城市；二是从社会主义改造到“文化大革命”（1957—1976），这一时期“左”的思潮开始干扰社会主义建设，其影响逐渐扩大、泛滥到各个领域，最终爆发“文化大革命”，武汉国民经济和人民生活受到严重影响。在“文化大革命”爆发前，“百花齐放、百家争鸣”的武汉思想文化工作，又一次创造了自己发展史上的高峰，社会主义思潮与社会主义建设相得益彰，武汉牢牢占据全国城市发展的第一方阵，以社会主义新型工业城市载入新中国史册。

4. 思想转折与思想解放的新时期（1976 年 10 月以后），武汉成为改革开放初期的标杆城市和新世纪国家重大战略的叠加之地

这一时期以 1978 年和 1992 年为界点，可以划分为三个阶段：一是短暂的徘徊时期（1976.10—1978.12），二是改革开放初期（1978—1992），三是历史新时期（1992—现在）。“文化大革命”结束以后，武汉进行初步拨乱反正，较早参加和支持真理标准问题大讨论，逐渐冲破长期以来“左”的错误的思想束缚，促进了思想解放的进程。在改革开放初期，武汉勇于解放思想，大胆改革创新，经中央和国务院批准先后进行经济体制综合改革试点和城市综合配套改革试点，实行一系列以市场为取向的改革举措，为我国发展有计划商品经济和建立社会主义市场经济体制充当先锋，在经济体制改革中创造了一批“全国第一”，引领全国改革风气之先。进入历史新时期，武汉再次站在历史的潮头：1993 年，国家体改委批准武汉为国家综合配套改革试点城市；2007 年 12 月，国务院批准武汉城市圈为全国资源节约型和环境友好型社会建设综合配套改革试验区；2009 年 12 月，国务院批复武汉东湖高新区建设国家自主创新示范区。这一时期，以改革、开放、发展、包容为内核的科学发展思潮，成为引领武汉新一轮思想大解放与城市大发展的指导思想。在矢志建设国家中心城市和国际化大都市、实现大武汉复兴的历史征程中，思想解放与科学发展进程相互促进，武汉重回全国城市发展第一方阵。这一时期的武汉，舆论氛围日趋宽松，思想文化发展更加活跃，社会思潮呈现一主多元格局，武汉以强势复兴的形象书写着城市新世纪的发展史。

近代以来的武汉城市史，既是汉派文化逐渐丰满成型的历史，也是武汉城市形象逐渐鲜明建构的历史。近两百年来，围绕着实现民族独立、国家富强、人民幸福和中华民族伟大复兴的梦想，武汉地区孕育和产生了一系列进步思想学说，形成了中国梦在武汉的五大精神源头：洋务思潮重要代表人物张之洞的湖北新政，实践着实业救国和改革强国之梦；资产阶级民主革命风潮中爆发的武昌首义推翻封建专制，开启了民主共和梦想；从甲午之后的湖北新军编练，到武汉抗战时期的新四军组建，捍卫着强军卫国梦；抗战救亡高潮中的武汉保卫战，则谱写了同仇敌忾、气吞山河的民族独立梦。实践证明，汉派文化与武汉城市形象的良好互动，有助于提升武汉城市文化魅力。新时期塑造与传播武汉城市形象，也应从社会主义核心价值观视阈下、从传承与创新汉派文化的视角中寻找思路。

三、武汉城市形象塑造与传播载体中的地域文化影响

城市形象是一件易碎品，需要城市利益相关方的细心呵护。武汉城市形象塑造与传播载体，既包括政府、媒体、市民、企业，也包括城市文化、城市景观、城市节事等。在这些载体中，汉派文化的影响潜移默化，无处不在。一方面，必须认识到彰显武汉独特魅力必须用好用活汉派文化的独特作用和聚焦效应，另一方面又必须承认实现汉派文化现代转换的必要性，以现代化的汉派文化因子型塑政府、市民、企业、媒体形象，营养城市景观和城市节事，从而促进武汉现代城市形象的建构。

1.汉派文化与政府形象

政府形象是城市形象的重要内容，政府在城市形象传播中的载体功能集中表现于两方面，即：政府形象诠释城市形象，政府传播推动城市传播。对于城市政府而言，它既塑造城市，也塑造自身。地域文化深刻地反映在政府的施政行为中，影响着政府形象。

晚清以来，武汉近代城市形象的建构在很大程度上得益于相对比较开明的地方政府。在近代中国，武汉地区政治控制或紧或松，从总体趋势看政治环境逐渐宽松，为思想文化发展和社会思潮的形成与传播提供了较好的条件。从林则徐督鄂时在武汉地区整顿吏治、整治社会不良风气和各种积弊开始，到张之洞主政时大刀阔斧推进新政，武汉地区逐渐以洋务重镇蜚声国内外。其时，张之洞共设置各种新机构 36 个，其中 25%是按清廷的指示而设，75%是张自设，足见当时敢为天下先的改革气度。改革开放以来，武汉再次掀起改革大潮，近年更掀起以“打造全国发展软环境最优城市”为目

标的“治庸问责”行动，以“电视问政”、“网络问政”等创新举措，有效刷新政风。这些举措，在优化政治文化和政府形象的同时，也在为武汉城市形象加分。

2. 汉派文化与市民素质

人是城市最生动的元素。凯文·林奇在《城市意象》一书中认为城市因人而存在，对城市意象的形成很大程度上是基于人们的情感认知和情感体验，传播城市形象时应将城与人相结合。国内学者张鸿雁指出，城市形象的本质是人的素质，没有城市人的素质，也不可能有良好的城市形象。一地一城的民众形象，其背后其实有着深刻的地域文化烙印。小说《儒林外史》中有这样一个细节：两名挑着粪桶卖粪的挑夫互相商量着，卖完今天的货喝口水，就上雨花台看落照去。文人闻之后不禁感叹道，菜佣酒保都有六朝烟水气！可见，南京作为六朝故都的气象已渗透到包括菜佣酒保在内的普通市民精神深处，使市民从精神气质上与这座城市、与它的形象一体化了。中国古代寓言故事中，“自相矛盾”、“刻舟求剑”、“画蛇添足”等多有嘲讽楚人之意。直到今天，我们还能看到《河南人惹谁了》《不要欺负我们湖北人》《其实你不懂广东人》等文学作品中所反映出的以人观地、以地断人的评价习惯。

传播城市美名，必须借力市民。近代武汉之所以能够跻身国内城市翘楚，一个重要原因是通过兴办近代教育、鼓励出国留学和大力引进西学，武汉地区不仅形成一个数量可观的近代知识分子群体，而且促使一般官民耳目一新，眼界大开，社会风俗发生着脱旧出新的显著变化。历史的发展证明，文明首先出现在城市，并随着城市的发展而升级和扩展。古代雅典人注重培养“公民”意识，现代城市也应该努力提高市民文明素质。2007 年以来，武汉产生 30 个市级以上先进典型，出现了英模“群星现象”，在全国产生广泛影响，成为传播武汉靓丽形象的“城市名片”，也有助于形成崇尚文明、学习先进的示范效应。当前，武汉正在创建全国文明城市，以优秀汉派文化提升市民文明素质，当是一个迫切的任务。

3. 汉派文化与媒体形象

本地媒体是城市形象传播的重要载体，对建构和传播城市形象具有重要作用。刘易斯•芒福德关于城市形象的概念中已经注意到传媒的作用，他认为城市形象是通过大众传媒、个人经历、人际传播、记忆以及环境等因素的共同作用而形成的。美国学者格伯纳等创立和发展的涵化理论认为，传媒塑造的现实与受众所领悟的现实之间存在显著的关联，人们在形成社会观念时，电视等媒体发挥着重要的作用，虽然这种影响隐而不彰，但其长期的潜移默化不可忽视。马克斯韦尔·麦库姆斯和唐纳德·肖提出并论证了大众传播媒介的议题设置功能，认为大众媒介通过把握新闻报道的选择权、优先度以及表达形式对社会环境进行再构建，在公众周围创造一种舆论氛围，从而潜移默化地影响人们对外部世界的认知和观念。

相对而言，由于本地传媒本身即是城市文化的一个窗口，所以它对城市形象的塑造与传播功能更为显著和重要。以上海为例。近代以来，上海作为中国新闻中心，其形象塑造和提升与传媒作用息息相关。以《申报》、《新闻报》等为代表的报章，努力调和中西文化差异，积极介绍各种新思想、新事物、新生活，为上海在近代独立潮头、形成独特形象贡献良多。近代武汉的形象，也是通过《大江报》、《汉口新闻报》等众多进步媒体传遍国内外。当前，本地平面媒体、城市网络社区、论坛、政府微博等本地传媒日益发达，它们既是传播本地城市形象的重要信息源，又为城市中亟待交往的人们提供了一个虚拟平台，用以了解城市、政策咨询、建言献策、寻求娱乐、理顺情绪，可以提升市民文化品位，激发参与城市建设的热情，进而成为城市形象提升和传播的推动力量。如何更好地利用这些媒体形式影响社会公众、传播城市形象，是一个重要的课题。

4. 汉派文化与企业形象

企业及其生产的产品，从一开始就带有城市的印记。企业形象与城市形象具有相关性，企业营销除了推销产品，也在营销城市。通用、福特和克莱斯勒与底特律，好莱坞与洛杉矶，硅谷与旧金山，海尔、海信与青岛，就是企业品牌与城市形象的典型案例。在这些著名企业品牌的背后，同时也具有深厚的城市文化积淀。汽车是有文化的，电影、科技也是有文化的。因此，在一定意义上，企业品牌与城市品牌相得益彰我们完全可以借用企业的品牌效应传播城市形象。

20 世纪 80 年代，“燕舞，燕舞，一曲歌来一片情！”和“武汉一枝花，洁净千万家！”的广告词，曾让武汉在全国耳熟能详。今天，中国光谷、中国车都等代表自主创新能力的产业、企业品牌，再次让武汉在全国城市方阵中占有重要一席。特别是一些基于独特的资源禀赋和地理优势、在长期历史进程中形成、发展起来的名优特色产品，更是武汉的金字招牌。比如老通城豆皮、四季美汤包、蔡林记热干面、精武鸭脖、汉绣等，既是武汉悠久历史和经济活力的很好代表，也是城市形象的充分展现。通过焕发传统名牌的活力，增强新兴品牌的竞争力，积极促进汉派文化与企业产品的紧密融合，开发富于代表性、象征性的新的城市形象产品，可以形成较强的形象传播力。

5. 汉派文化与城市景观

城市因文化而产生魅力，城市景观因文化特色而历久弥新。长期以来，人类在改造自然景观的过程中，形成了叹为观止的人文景观和各具特色的城市景观。北京与天安门、故宫，武汉与黄鹤楼、汉口江滩、长江大桥，上海与外滩、东方明珠塔，苏州与园林，澳门与大三巴牌坊，纽约与自由女神像、华尔街，哥本哈根与美人鱼雕像，这些城市与景观相互倚重、相得益彰。其他古往今来各地招牌式的“八景”“十景”的标榜，像“燕京八景”“西湖十景”“汉阳十景”，作为长期以来形成的文化地理景观，散发出特定地域的独特魅力，使城市的景观与城市的印象紧密相连，诠释出城市景观在城市形象传播中的积极意义。

歌德说：“建筑是石头的书。”雨果说：“人类没有任何一种重要的思想不被建筑艺术写在石头上。”现代城市形象意义上的城市景观，是指城市中由街道、广场、建筑物、园林绿化等形成的外观及气氛，它包括自然景观要素和人工景观要素，如山丘、树木、河流、湖泊、城市建筑、街道、广场、公园、雕塑、绿化、文物古迹、文化遗址、商贸集市等。在城市形象传播的意义上，如何把这些景观要素加以系统组织，并结合城市地理文化因素使其形成完整和谐的景观体系和有序的空间形态，形成独具特色的城市景观，是一个关涉城市形象设计与塑造的重要课题。城市景观效应对城市形象的传播具有重要影响。但是，快速城市化和工业化正在给我们的城市景观带来空前的压力。因此，有必要检讨文化保护给城市化让道的政策，重视文化遗存保护利用。当承载着丰富城市形象信息、充满和谐之美的城市景观呈现在我们眼前的时候，无论是市民、游客、投资者还是潜在的城市利益相关者，都没有理由不对这座城市产生深刻的印象和深深的眷恋。

6. 汉派文化与城市节庆

城市节庆活动，如特色节日，庆典，地方特色产品展览会、交易会、博览会，各种会议，重大的文化、体育活动等，是体现城市文化和展示城市形象的重要窗口。理论界广泛注意到城市重大活动对塑造城市形象的积极意义。法国思想家居伊·恩斯特·德波提出一种新的城市形象建构思路，即通过“制造城市事件”主导人们的“生活模式”，进而密切市民与城市的关系。迈克尔·霍尔在《重大活动与城市形象重塑战略》一书中指出：重大活动本身是一种机制，它能够使城市“商品化”，起到吸引投资，增加就业和游客数量的作用；它也能塑造出健康发展的城市形象，从而引导居民表达对城市的一致认可。国内外不少城市在利用城市节庆进行城市营销方面有过成功尝试。如1988年汉城奥运会的举办对韩国首都汉城（现称首尔）形象的提升作用。国内的广州交易会（1957年）、哈尔滨国际冰雪节（1984年）、大连国际服装节（1988年）、青岛国际啤酒节（1991年）等也非常成功。武汉的国家杂技节、渡江节、旅游节、赛马节也久负盛名，在一定程度上体现出城市市情和汉派文化特色。如何进一步凸显特色、累积效应，对内增强城市凝聚力、提升荣誉感，对外展示形象、扩大影响力，是城市文化软实力建设的重要任务。

四、推进汉派文化传承与创新，塑造与传播武汉良好城市形象的建议

在社会主义核心价值观视阈下塑造与传播武汉良好城市形象，当立足汉派文化与武汉市情，使汉派文化在继承优秀文化传统的前提下实现符合社会主义核心价值观要求的现代转换，并充分贯彻和体现到政府作风、市民行为、文化产品和服务、城市景观及城市节庆之中，从而增强武汉城市形象识别和彰显武汉独特城市魅力。因此，建议重点做好以下五项工作。

1.加强汉派文化内涵研究和宣传工作，扩大汉派文化影响，增强武汉城市形象识别

纵观国内中心城市，无不注重培育、传承鲜明的文化特色和个性魅力。北京有大气端庄、开放包容、厚德明礼的京派文化；上海有海纳百川、兼收并蓄、精细时尚的海派文化。武汉地处荆楚大地，楚风汉韵，底蕴深厚。优化城市文化功能，决不能数典忘祖，舍本逐末，而应坚守中华文化传统，培育和创新独具魅力的汉派文化，以国际眼光更新和改进武汉的文化形态，促进文化多元，建设充满活力的文化之都。汉派文化是长江文明的重要代表，在内涵上包含盘龙文化、知音文化、首义文化、楚文化、三国文化、木兰文化以及近代工商都会文化，其在多元文化兼容并包中蕴含的人本、信义、竞合、包容、创新、务实等文化特质和人文传统，塑造了武汉人敢作敢为、豪放包容的个性，塑造了“敢为人先、追求卓越”的城市精神。因此，建议借鉴北京、上海推广京派文化、海派文化的经验，加强汉派文化内涵研究和宣传工作，通过理论研究、会议研讨、出版研究专著等形式，明确汉派文化的内涵、特质和表现形式，探讨汉派文化的创新方向，使汉派文化融入改革、开放等时代元素，成为有利于城市发展和功能优化的集体人格，增强武汉城市形象识别。

2.促进汉派文化与时代精神的契合，以文化人，着力改进政府作风和提高市民素质，以良好的政府形象和市民形象传播城市形象

以优质文化型塑市民文化性格，是国内外知名城市的重要经验。武汉市民素质曾经饱受诟病，直到今天仍然影响到城市形象。在争创全国文明城市的背景下，建议启动实施城市公共文明提升工程，加强市民城市形象意识教育和文明素质教育，加强市民行为规范，通过激励文明行为、惩罚不文明行为，用城市文化塑造和培育市民守法重诺的文明理念与行为方式。把提高市民素质、改善城市形象与提高幸福感受紧密结合起来，应重点抓好三项工作：一是依托社区、单位加强文明市民教育，提高市民素质，形成市民参与城市建设、城市发展惠及市民的互动机制；二是加强交通秩序综合整治，重点加强行人乱穿马路，电动车超标、违反交通规则，“黑的”“摩的”“黑麻木”非法营运等整治；三是强化城市公共文明制度创新，稳步推进自行车、公交专用道建设，还路于民，探索实施错峰上下班，提高出行效率。需要注意的是，很多地方在提高市民素质时容易流于形式，往往“一阵风”，很难达到效果。同样一个人，在内地可以乱穿马路、随地吐痰，到了香港、新加坡却能遵章守法，不能不引人深思。目前，内地还没有哪座城市真正达到了香港、新加坡的公共文明水平，如果武汉在城市公共文明建设中能够做到一如既往地令行禁止、文明出行，那么相信武汉一定能在争夺注意力资源的激烈竞争中脱颖而出。

通过深入推进政府治理改革，促进政府行政权力科学配置、依法运行，培育和型塑政府服务至上至优的政治文化，切实转变政府作风和提高服务效能，以优良的政府形象塑造和提升城市形象。一是在纵向权力配置上继续坚持以重心下移为方向，理顺上下级政府机构设置和财权事权关系，把更多的行政管理权限下放区、街，充分发挥社区居委会、村民委员会的作用，进一步尝试取消对街道办事处进行经济绩效考核、改为对社会管理进行考核等改革举措。二是在横向权力配置上继续坚持以厘权定责为方向，进一步梳理和界定政府不同部门及其内设机构间的权责关系，进一步从体制、机制上解决职能交叉重叠、边界不清晰、主体不明确、责任不清、推诿扯皮等问题，优化政务环境。三是在权力运行上强力打破梗阻和加强监督，着力构建以民主决策、责任管理、反馈修正、协调沟通、绩效评估、监督考评、风险控制等机制为主要内容的，更加科学、规范、开放、高效的服务型政府运行机制。继续完善政府运行规则的立法工作，努力提高行政决策的科学化、民主化水平，积极扩大政府运行的开放度和透明度，更加强化政府运行的责任管理与风险控制，加强政府运行主体的统筹协调，不断提高公共权力运行质量和效率。四是建立社会监督政府的长效机制，促进政风效能持续改善，投资发展环境持续优化。

3. 促进汉派文化与创新精神的契合，发展壮大公共文化事业和文化创新创意产业，形成更多的汉派文化品牌

体现浓厚地域文化特色的优秀文化产品和服务，是塑造和传播地方形象的“金话筒”和“扩音器”。为此，应促进汉派文化与创新精神的契合，通过体制机制创新和发挥市场作用，发展壮大公共文化事业和文化创新创意产业，培育更多的汉派文化品牌，再造文化强市。

一是加大文化立法和制度建构力度，尽快形成科学的文化法律制度体系，不断优化文化发展的制度环境。在内容上，包括公共文化服务保障、文化产业促进等基本法律制度体系，以及文化投入保障、市民文化权利保障、公益性文化事业发展、文化遗产保护、知识产权保护、网络传播管理等方面体制机制。继续深化文化行政体制改革，推动政府部门由办文化向管文化转变，由管微观向管宏观转变，促进文化活力。健全国有文化资产管理体制，提高文化领域管理效能和服务水平。实施新媒体发展战略，加快推动以报网融合为代表的传统媒体与新兴媒体融合发展，打造多渠道、广覆盖、高效率的文化传播平台。完善和落实文化经济政策，加大财政、税收、金融、用地等方面对文化产业的扶持力度。

二是建立健全现代文化市场体系，促进文化资源要素的广泛流动，提高文化资源配置效率和活力。进一步促进市场在文化资源配置中发挥主导作用，完善文化市场准入和退出机制，降低文化市场准入门槛，保障各类市场主体享受同等待遇，促进文化产品、服务、要素在更大范围内合理流动，充分激发和释放文化市场活力，营造有利于各类市场主体发展壮大的市场环境。鼓励非公有制文化企业发展，支持各种形式中小微文化企业发展。积极培育多层次的文化产品和要素市场，尤其加快培育文化产权、版权、信息等要素市场，打造国家文化资源配置中心。搭建文化产业投融资平台，推动金融资本、社会资本、科技资源、文化资源相结合。完善文化产品评价体系和激励机制，建立公开、公平、公正的评奖机制。推进武汉文化产权交易所建设，建立健全文化无形资产评估机制。大力发展文化行业协会和中介组织。

三是发展文化产业，建设文化强市。立足使文化产业成为全市先导性、战略性、支柱性产业目标，制定和落实文化产业支持系列政策。坚持融合发展思路，积极推进文化和科技、旅游、体育、信息、建筑、制造等产业的融合力度。支持品牌培育和发展，推动文化资源、要素向优质企业、优势产业门类、优秀文化活动集中，积极培育大品牌和大企业。坚持集聚发展，加强文化产业空间布局规划，加快“汉阳造”、楚天 181 等文化产业园区建设发展，着力创新业态，延伸文化产业链，提高文化产业发展的规模化、集约化、专业化水平，更好地激发文化产业的经济功能。坚持共同发展，鼓励和引导民间资本投资文化产业，扶持一批有发展前景的中小微文化企业，形成公有制为主体、多种所有制共同发展的文化产业格局。坚持培养和引进优秀文化人才，通过优化文化环境、创新机制、加强激励、促进成才等措施，吸引和留住一批中高端人才。

4. 促进汉派文化在武汉落地生根，加强城市文化遗存的保护和科学利用，在城市景观规划与设计中强化和彰显汉派文化元素

汉派文化要发扬光大，成为武汉城市形象的名片，就必须活起来、动起来，必须体现在城市的景观中，体现在市民的生活中。因此，应通过加强城市文化遗存的保护和科学利用，使悠久的城市历史记忆“复活”；通过科学设计和严格规划体现汉派文化的城市软硬质景观，使城市文化特色立体化、生活化。

一是加强城市文化遗产保护与利用，彰显城市的个性、品位和独特风貌。刘易斯·芒福德说过，“城市的主要功能是化力为形，化能量为文化，化死的东西为活的艺术形象和音标，化生物的繁衍为社会创造力。”[①]城市文化遗产保护与利用，做的就是“化死的东西为活的艺术形象和音标”的工作。武汉作为国家历史文化名城，有丰富的文化资源积淀和独具特色的地域文化特色，但保护还不够，利用不够好。应进一步加大历史文化遗产保护利用力度，以充满浓郁地域特色的汉派文化资源为底色，重建文化自信，创新经济与文化相结合、相促进的新形式，续写城市文化发展的新传奇。重点是研究历史街区、工业遗存、非物质文化遗产等历史文化资源的保护与利用，思考如何使文化遗产保护与城市经济社会发展、与城市功能更好结合，从而激活文化资源，促进城市历史与未来衔接、文化与城市融合，建设充满历史文化气息和现代生活形态的、具有活力的文化大都市。

二是科学设计和严格规划城市软硬质景观，加强城市色彩规划。从汉派文化特色、以更先进理念规划城市出入口、主要道路交叉口、广场、历史街区、商业街区、滨江滨湖地区、城市植被、道路、围墙、标牌、栏杆、路牌、电话亭等城市软硬质景观和城市色彩，提升城市建筑、道路等城市空间的整体协调性，进一步彰显武汉的和谐之美，形成合适的城市标志色，改善武汉的视觉形象。加强市容市貌的精细化管理，对

① （美）刘易斯·芒福德：《城市发展史——起源、演变和前景》，倪文彦，宋俊岭译，中国建筑工业出版社 1989 年版，第 419 页。

出店经营、夜市摊点、道路清扫、文明劝导、渣土污染、填埋污染湖泊、违法建筑等加强引导规范，重塑城市面貌。严格城市规划管理，特别是对处于城市重要节点区域的空间结构和布局更要严格审批。积极推出和宣传一批代表武汉现代城市形象的建筑设计精品，打造更多更靓的城市名片。通过营造城市然环境特色、园林绿化特色、城市布局特色、历史文化特色、城市建筑特色、城市街景与天际线特色、城市公共空间特色、城市色彩特色等，彰显武汉与众不同的形象魅力。

5. 加强文化交流，积极申办、承办和引进国内外重大节庆，扩大武汉城市关注度和影响力

塑造和传播城市形象，始终离不开文化对外开放。通过加强对外文化交流，举办文化节庆，扩大对外文化贸易，是不断促进汉派文化创新和国际传播，彰显武汉独特文化魅力和文化形象，推进国际性大都市建设的重要途径。

一是扩大对外文化交流，促进汉派文化国际传播。面对世界范围内各种思想文化交流、交融、交锋日益加深的新形势，应立足于建设成为具有文化魅力的世界城市，加快建立健全对外文化交流政策支持和保障服务体系，继续鼓励支持各类学术团体、社会组织、艺术机构参加对内对外文化交流，进一步提高城市文化开放水平，使武汉城市文化更好地体现中华文化、更好地融入世界文化发展潮流。在对外文化交流中应积极加强文化借鉴，增强吸收外来文化成果的能力，促进汉派文化创新。积极吸收借鉴国内外一切优秀文化成果和有利于发展文化事业、文化产业的经营管理理念及机制，引进有利于武汉文化发展的人才、技术和经营管理经验，培育和推出更多走进世界市场的汉派文化精品。加快构建技术先进、传输快捷、覆盖广泛的现代传播体系，创新对外宣传方式和话语体系，提高文化传播能力，传播好武汉声音、塑造好武汉形象。

二是引进、举办、承办重大文化节庆，提高武汉关注度。节庆活动可以在相对集中的一段时间内，把与资源相关的要素整合到同一个形式中，产生新的价值点和兴奋点。武汉在举办节庆加强城市宣传方面，已经积累了一定经验。建议继续办好武汉传统的四大节（渡江节、杂技节、旅游节、赛马节），同时通过 WTA 女子职业网球赛、世界园艺博览会、国际名校赛艇挑战赛、琴台大剧院等世界级文化事件、特色城市文化地标，并积极申办更多国家及国际层次的节庆活动，如全运会、亚运会等，策划引领城市文化发展，提升城市文化形象。

三是扩大对外文化贸易，推动汉派文化精品出口。树立全球视野，统筹政府推动和市场运作，依托贸易和投资形式推动文化走出去，推动汉派文化精品对外贸易上水平上台阶，提高武汉文化的国际影响力。具体就是制定完善文化开放的支持政策，加大财政、金融、税收、用地等方面的扶持力度，培育壮大一批外向型文化企业和中介机构，支持一批竞争力强、具有创新能力的中小文化企业到市外、国外、国外开拓市场，鼓励文化企业以国际市场为导向，创作具有自主知识产权和自主品牌的文化精品，支持扩大体现汉派文化特色的传统文化产品出口。完善文化促进体系，积极发展译制、推介、咨询服务，组织翻译优秀学术成果和文化精品，为文化企业走出去提供投融资、翻译咨询、知识产权保护等全方位服务。

（执笔人：陶维兵）

构建与完善网络司法拍卖“武汉模式”的几点建议

司法拍卖，是指法院依法以公开竞价的方式将被执行人的财产卖给出价最高的竞买人，并用所得金额清偿被执行人债务的强制处分措施，其作用是通过公开竞价实现拍卖标的价值最大化以帮助解决执行难问题。随着网络时代的飞速发展，借助于网络平台开展司法拍卖既是司法拍卖改革和发展的路径选择，也是司法体制改革的必然趋势。

关于网络司法拍卖，我国目前尚没有明确规定和统一做法，全国各级法院根据自身情况进行了试点和探索。从初步实践看，网络司法拍卖具有传统司法拍卖所不具备的优势，其受众面更广，透明度更高，能更有效地避免围标串标、干扰拍卖活动等乱象，提高了拍卖成交率和增值率，已收到较好的社会效果。为了响应十八届三中全会提出的“进一步规范查封、扣押、冻结、处理涉案财物的司法程序”之要求，积极发挥敢为人先、追求卓越的武汉精神，在全国范围叫响司法拍卖“武汉模式”，笔者对我国现有的网络司法拍卖模式进行研究，并立足于武汉市司法拍卖现状，探讨网络司法拍卖“武汉模式”的选择及其构建。

一、我国网络司法拍卖的模式及特点

以2012年2月8日“全国法院深化司法拍卖改革工作会议”的召开和“人民法院诉讼资产网”的开通为标志，全国各级法院开始全面推行网络司法拍卖。目前，最高人民法院以及四川、广东、山东、安徽、浙江、江苏等多个省、市、自治区的法院借助不同的网络平台开展网络司法拍卖，形成了多种方式并存的现象。其中，“淘宝网模式”和“产权交易中心模式”是具有代表性的两种模式。这两种模式从表面上看是选择了不同的网络平台，而实质区别是采取了不同的司法拍卖方式，因而具有各自的优势和不足。

1. 淘宝网模式

“淘宝网模式”的主要做法是，由法院在淘宝网上注册司法拍卖网店，自行组织网络司法拍卖。从法律性质而言，“淘宝网模式”采取的是自行拍卖的方式。在这种模式中，法院既是拍卖的公法权利义务主体又是拍卖的具体实施单位。目前，浙江、江苏、河南等十几个省、市法院选择了淘宝网作为网络司法拍卖的平台即“淘宝网模式”。

“淘宝网模式”的突出特点有：一是受众面广。自2003年成立以来，淘宝网迅速发展成为亚洲最大的购物网站和网络零售商圈，拥有一般交易平台无法比拟的广大客户群优势，网络技术成熟。二是交易“零佣金”。淘宝网在提供技术支持与平台服务时实行零佣金零收费，即竞买人不必支付成交后原应支付给拍卖公司的佣金，减少了竞买人的负担和成本。

现有的“淘宝网模式”存在的问题主要是，法院任务重而专业性、安全性不足。法院需要亲自完成网络司法拍卖的所有步骤，并承担一切人力、物力等支出，因而“零佣金”是针对竞买人而言的，对法院来说并不是“零费用”。在专业性上，大多数法院尤其是基层法院并未配备专门的负责人而是由审判、执行人员兼顾司法拍卖工作，其对相关流程及规则并不熟练，单位、部门之间的人员流动更加剧了这一问题。在安全性上，法院自行组织拍卖的做法致使监管缺位，留下了人为操作的空间而存在安全隐患。

2. 产权交易中心模式

“产权交易中心模式”的主要做法是，法院委托产权交易中心建立网络司法拍卖平台，由产权交易中心与拍卖机构在此平台中共同组织网络司法拍卖。从法律性质而言，“产权交易中心模式”采取的是委托拍卖的方式。在这种模式中，法院是拍卖的公法权利义务主体和委托方，产权交易中心和拍卖机构是拍卖的具体实施单位和受托方，即产权交易中心和拍卖机构是协助法院行使司法拍卖权的第三方。目前，重庆、广西、广州等十几个省、市、区法院选择了产权交易中心作为网络司法拍卖的平台即“产权交易中心模式”。

“产权交易中心模式”的突出特点有：一是客户群集中。国内各大产权交易中心已在网上挂牌、网上交易国有资产多年，培养和聚集了大量股权与资产的投资群体客户，可以广泛、高效地吸引投资者参与竞拍，比“淘宝网模式”中以小宗商品为主的消费群更具有客户群体优势。二是平台专属性。为了推进司法拍卖改革，重庆联交所、广交所、光谷联交所等国内多家联交所在与法院合作的初期，就专门开发了符合涉讼资产性质的公共交易平台，该平台及其相关机制是对涉讼资产处置的有的放矢。

现有的“产权交易中心模式”存在的主要问题是，其影响力和应用率亟待被强化。目前，“产权交易中心模式”的知名度还不够高，无法让更多的人知晓并吸引更多的竞买人参与。相应的，为容纳金额更大、数量更多的涉讼资产交易，网络交易平台还需要改造升级；为方便竞买人参与，相关服务水平还需要提高；为发挥出网络司法拍卖的更大效用，配套机制还需要进一步完善。

二、网络司法拍卖“武汉模式”之选择

目前，武汉市法院系统网络司法拍卖试行工作已正式启动，且同时存在着两种不同情况：既有对“淘宝网模式”的尝试——2014年年初江岸、洪山、江夏三家基层法院先后在淘宝网上开店，并于6月举行了首场网络司法拍卖活动；也有对“产权交易中心模式”的推动——市中院已与光谷联交所达成联合推进网络司法拍卖的合作意向，并实施了准备工作。笔者认为，无论是从网络司法拍卖的最佳效果来看，还是从武汉的实际情况出发，网络司法拍卖“武汉模式”选择“产权交易中心模式”更为合适。

1.“产权交易中心模式”的委托拍卖方式更具有合法性

选择“淘宝网模式”还是“产权交易中心模式”的法律核心问题，是对法院自行拍卖还是委托拍卖的选择。根据最高人民法院《关于人民法院执行工作若干问题的规定（试行）》、《关于人民法院民事执行中拍卖、变卖财产的规定》，人民法院拍卖、变卖被执行人财产，“应当委托具有相应资质的拍卖机构进行，并对拍卖机构的拍卖进行监督”。2012年修订后的《民事诉讼法》第247条虽然规定了“不适于拍卖或者当事人双方同意不进行拍卖的，人民法院可以委托有关单位变卖或自行变卖”，取消了法院委托拍卖的硬性规定，给司法拍卖改革留下了一定的制度空间，但在关于法院自行变卖的新规定出台之前，委托拍卖仍然是最符合现行法规的做法，也是目前司法实践中的主导方式。

2.“产权交易中心模式”专业性更强

网络司法拍卖与传统司法拍卖相比，拍卖工作以网络为界被区分为线上工作和线下工作；涉讼资产拍卖与一般拍卖相比，拍卖标的物大多并非标准化商品，常附有贷款、出租、抵押等瑕疵问题。因此，网络司法拍卖要求拍卖的具体实施单位应具备更高的专业性，兼有网络服务能力和专业拍卖服务能力。

相较于“淘宝网模式”，“产权交易中心模式”能为整个网络司法拍卖过程提供更为专业、全面的服务。其一，专业分工方面。“淘宝网模式”中，淘宝网仅仅是一个网络技术交易平台，只提供线上服务，所有的线下工作都由法院自行完成，法院必须承担大量、繁重的拍卖工作；而“产权交易中心模式”中，联交所负责提供线上服务和线下支持，拍卖机构负责招商和推介标的物，他们承担了全部线上工作和大部分线下工作，大大减轻了法院的工作量。其二，拍卖标的物方面。“淘宝网模式”中，为

尽量避免拍卖标的物瑕疵所带来的“麻烦”和纠纷，各地法院在淘宝网上拍卖的多是相对“干净”的涉讼资产；而“产权交易中心模式”对拍卖标的物则没有太多限制性条件，传统司法拍卖能拍卖的标的物原则上都可在联交所网络交易平台上进行拍卖。

3.“产权交易中心模式”安全性更高

其一，法院监督方面。“产权交易中心模式”中，法院是拍卖活动的监督者而非具体实施单位，并且法院与拍卖机构之间还加上了联交所这层防火墙，有助于实现阳光司法、廉洁司法，这也是法院在司法评估、拍卖活动中设立第三方交易平台的初衷。但“淘宝网模式”中，法院既是拍卖人又是监管人，不利于司法拍卖工作的顺利开展，容易滋生干扰司法拍卖的行为，也容易引起当事人或中介机构对法院的疑虑，进而影响司法公信力和司法权威。

其二，风险防控方面。“产权交易中心模式”中，联交所和拍卖机构职责分工清晰，相互合作也相互制约，网络交易平台具有完善的审核和风险防控机制，便于法院对拍卖过程进行实时动态监管，对拍卖中发生的技术问题和人为干扰情况可明确责任，迅速处理。但“淘宝网模式”中，淘宝网只提供技术支持和平台而不收取任何费用，一旦因网络平台或技术原因发生竞买人信息泄密、人为干扰竞价过程、恶意修改拍卖结果等情况，法院难以找到对应责任单位。根据武汉已注册网店的基层法院反映，淘宝网上开设司法拍卖网店并没有专门签订协议，咨询、解决线上问题的渠道不畅，方式与淘宝上其他网店并无区别。

4.因势利导，充分发挥司法委托改革“武汉模式”效应

自2010年8月起，我市实行司法对外委托改革，开始纳入第三方交易平台光谷联交所，不再由法院组织、主持摇号选择中介机构，而是由光谷联交所受法院委托，通过集中摇号、轮候随机等方式选定中介机构。这样就在法院和中介机构之间加上了“隔离墙”，能更好地保证中介机构的中立立场和规范行为，保证法院公正执法及司法公信力。运行4年来，司法委托改革“武汉模式”卓有成效，我市已摸索、建立了一整套较为成熟的司法对外委托评估、拍卖工作机制。截至2014年7月，光谷联交所共受理市、区两级法院委托审计评估和拍卖案件3780件；实际完成案件3421件，结案率达到88.4%，涉及案件金额达122亿。司法委托改革“武汉模式”得到了省高院、省、市纪委等多方的充分肯定，并已于2013年在全省各级法院全面推广，其成功经验被全国各地十几个省、市法院学习和借鉴。因此，在原有的我市法院系统与光谷联交所的对外委托机制之上推进网络司法拍卖，无须改变我市司法拍卖方式，只是增加了司法拍卖的网络形式，是最为简便有效的转型升级办法，也可以继续彰显司法委托改革“武汉模式”的有益作用。

5.因地制宜，积极运用光谷联交所网络竞价及信息系统

目前，光谷联交所已经初步搭建立足湖北、辐射全国的综合性产权交易信息化平台，信息化基础设施及相关技术日趋成熟。尽管光谷联交所在处置涉讼资产时还没有采取网络拍卖的方式，但网络竞价已成为光谷联交所常用的交易方式之一，其在处置国有资产和涉讼资产变卖时均已采用了该方式，以“电子竞价”取代“击槌成交”，确实有效提升了成交率，并积累了丰富的网上交易工作经验。我市司法委托改革之初，光谷联交所就专门针对涉讼资产改造了公共交易平台及信息系统，增设了网上公告、公开挂牌、全程录像等步骤，经过4年的运作，相关技术和机制趋于完善。从2014年4月起，光谷联交所开始筹备我市网络司法拍卖相关工作，针对司法拍卖网络需求升级改造部分相关信息设备和网络系统，并于6月、7月多次成功对外公开模拟网络司法拍卖交易全过程。因此，光谷联交所已经初步具备开展网络司法拍卖的硬件、软件功能和条件。

三、网络司法拍卖“武汉模式”的构建与完善建议

构建与完善网络司法拍卖“武汉模式”的基本思路是，在我市现有基础之上尽快确定“武汉模式”，并从相关规则、平台功能、服务水平等方面着手强化，凸显“武汉模式”的优势与特点，最大程度发挥出网络司法拍卖的有益作用。

1.尽快确定“武汉模式”，考虑实行全市统一。在网络司法拍卖大势所趋之下，武汉市中院与光谷联交所应积极联合推动网络司法拍卖的筹备、运行工作，提高拍卖类案件的成交率、结案率和增值率。同时，为了让我市司法拍卖工作平稳地逐渐从线下过渡到线上，针对武汉市各级法院、各相关部门对网络司法拍卖采取了两种不同做法的现状，武汉市中院可以考虑实行全市统一做法，在全市范围内确定选择网络司法拍卖“武汉模式”为“产权交易中心模式”。这是以最简便有效的转型升级方式开展我市网络司法拍卖工作，既方便司法拍卖工作的统一归口管理而能避免不同做法可能产生的矛盾纠纷，又可以通过集聚力量以更为集中的网络平台吸引更多竞买人关注。

2.明确三方职责分工，制定网拍相关规则。进一步明确法院、光谷联交所、拍卖机构在网络司法拍卖线上工作和线下工作中的职责范围，规范各个环节的工作流程。尽快颁布施行已草拟的《武汉市中级人民法院关于网络司法拍卖、变卖的工作规定》和《网络司法拍卖、变卖的工作规程》，引导和规范网络司法拍卖的开展；尽快制定

和完善《网络司法拍卖、变卖的保证金管理规定》，加强对保证金收、退、转的工作和对账户的监督；督促光谷联交所及时制定网络司法拍卖“竞买规则”、“竞买须知”、“竞买操作指引书”、“竞买路演展示”等，链接于网络司法拍卖网站首页，方便竞买人参与网络竞拍。

3. 根据网拍实际需求，优化网络平台功能。进一步对光谷联交所涉讼资产处置的网站、网络竞价系统进行技术改造，结合网络司法拍卖的要求建立独立的涉讼业务网站。应重点完善网络司法拍卖支付系统，制定支付服务容量指标和扩容计划，保证服务器容量和安全监控，以承载更大数额、更大交易量的网络交易，并准备相应的应急方案、降级方案。逐步完善网站功能，实现联交所市州分支机构涉讼项目信息联合发布、摇号和交易现场视频实时传送、涉讼数据统计、交易文件下载、交易价款系统结算等各项功能。

4. 积极开展试行工作，提升网拍服务水平。在推行网络司法拍卖“武汉模式”初期，可以先选定一批典型的涉讼标的物进行网络司法拍卖试行工作，边推进构建工作边完善相关步骤。其中，应尤其注重网络司法拍卖工作的细节和对竞买人的服务。比如，刊登拍卖公告时，应尽可能完善标的物的网上展示，附上清晰的图片、视频；应明确列出拍卖标的物的相关信息，既包括拍卖时间、保证金缴纳等基本信息，也要列明标的物上存在的贷款、出租、抵押等瑕疵说明；简化竞买人报名手续，尝试以电子方式核准竞买人身份信息、签订竞买协议，探索远程网上报名方式。

5. 加大宣传推广力度，彰显“武汉模式”优势。为推行网络司法拍卖“武汉模式”，应在一些大型报刊、网站上刊登拍卖公告、宣传我市网络司法拍卖工作情况、介绍“武汉模式”的优势和特点，在吸引更多人关注、参与我市网络司法拍卖的同时，扩大网络司法拍卖“武汉模式”的知名度和影响力，在全国范围叫响“武汉模式”。

（执笔人：杨瑜娴）

以“柔性党建”理念促进社区党建工作创新

“柔性党建”工作法就是突破传统党建组织体系和方法，根据党建工作实际需要，以主题、项目、活动等为纽带，灵活机动地开展党建工作，从而激发党建工作的活力和弹性，提高党建工作实效。当前，城市社区党建面临如何整合社区党建资源、服务群众、破除“条条”惯性等现实挑战。从新形势下社区党建工作的特点及发展趋势看，社区党建工作创新迫在眉睫，而重点是以柔性党建工作思路和方法，补充传统单位制、条条式党建工作机制等刚性党建工作的短板，构建以区域性整合为目标的纵横结合、以横为主，条块结合、以块为主的党建工作体系的新格局。在内容上，社区柔性党建工作创新的重点有三个方面。

一是以柔性平台实现社区党建全覆盖。当前，农村、社区、企业等基层党建工作的领域相互交织，“两新”组织大量出现，党员流动频繁，完全依靠纵向式党组织网络无法做到有效覆盖，党建工作存在相当程度的“空白点”。为此，必须在传统的“单位党建”模式之外，探索以“地域相邻、规模适中、数量适度”为原则的区域化党建平台，或者以行业、活动等为基础的行业党组织、主题党组织，从而形成纵横结合的柔性党建工作网络，确保“哪里有党员，哪里就有党组织”。重要的是，依靠这些柔性党建工作平台，社区党组织可以更好地服务群众和凝聚人心。

目前，我市区域化党建工作颇有成效，但也有一些平台运行中暴露出不足。长远看，要真正发挥好这些平台的作用，还必须在不断规范其功能、制度和设施配置的基础上，切实强化场地、人员、经费等相关支撑和保障，既树立和发挥区域党组织指导、协调、整合的作用，又尊重区域内其他组织的意愿，避免区域党组织的缺位、越位或错位；既着力抓好主体建设（党员志愿者队伍），又注重强化客体要求（服务项目设计实施），不断提高融合党建、行政和社会资源的综合运作效率，以社会化、制度化、品牌化的运作方式，不断丰富服务形式，提高服务水平和效能。针对党建服务平台建设和运行中的问题，当前可探索采取财政固定投入、建立专项经费、加大党费补贴、政府强制规划预留社区办公用房、企业党建有关费用实行税前列支等方式，积极加以解决。

二是以柔性载体增强社区党建吸引力。能不能调动社区居民的积极性，决定着社区党建的成效。从实践看，传统形式的党建活动吸引力在下降，党员被动参加，群众缺乏兴趣。为此，应转变思路，在党建工作载体创新上下功夫，更多地从普通党员、居民群众的需求、兴趣出发，通过一些丰富多彩、生动活泼的特色主题活动，努力提高社区党建的吸引力和凝聚力，由此提高社区党组织的权威。一些社区实施的“党员安家工程”、“党员亮身份”、“党员认岗”等活动，不仅把大量党员从家里、从“休眠”状态唤醒，投入到服务社区的行动中，而且直接带动了“邻里守望”等群众性志愿服务活动。党员和群众面对面，促进了群众了解党员，促进了社区和谐。今后，社区党建创新思路，应该更多地转换为如何以社区群众喜闻乐见、共同关心的话题为基点，进行主题党建活动设置和策划。为此，必须着力提高社区党务工作者队伍素质，既通过提高社区党务干部待遇做好党建工作人才增量，也要通过加强社区党务干部教育培训优化存量。

三是以柔性机制促进社区党建资源协调整合。社区党建的发展方向，是在现有党建组织体系的基础上，建立健全有效协调区域内各党组织、各单位、党员群众之间关系、整合相关党建资源的综合协调机制，并逐步跨出社区界限，构建区域化党建格局。第一，要建立一个社区内党建资源交流与协商的工作平台，以协商、解决面临的共同利益问题为抓手，密切联系，强化区域内各类单位和组织的区域共建意识，推动区域共建、和谐共享。第二，要探索社区区域化党建共建机制，总结区域性社区党建的有效探索，依托区域内各种不同性质的党建资源，逐步明确区域内各党组织职责范围、责任体系等，在组织重构和资源整合的基础上构建起协商式的党建工作体制和运行机制。第三，落实社区党员参与社区管理和民主议事、监督制度。要通过建立社区党员代表大会制，吸纳在职党员、离退休党员、下岗失业党员、流动党员、驻区单位党员参加社区议事与管理，参与监督、测评社区工作，努力调动区域党组织和党员参与社区管理、发挥自身建设性作用的积极性，把区域发展与组织、个人发展紧密结合起来，最终提高社区区域化党建工作成效。

（执笔人：陶维兵）

网络司法拍卖：推进阳光司法的重要探索

党的十八大和十八届三中全会从改革全局的角度，对深化司法体制改革作出重大部署，明确要求健全司法权力运行机制，表明我国法治建设正在进入新的阶段。因此，全面深化司法公开，努力实现阳光司法，不断提升司法公信力，成为深化司法体制改革的重要方略。其中，诉讼活动特别是涉讼财产处置，关系着当事人人身、财产等合法权益的最终实现，是保障司法公正的必要环节。当前，全国各地包括武汉市在内，在涉讼财产处置工作中大力推进网络司法拍卖，取得了不少好的经验和做法，但也有值得进一步思考和探索的问题。

一、我国网络司法拍卖概况

司法拍卖，是指法院依法以公开竞价的方式将被执行人的财产卖给出价最高的竞买人，并用所得金额清偿被执行人债务的强制处分措施，其作用是通过公开竞价实现拍卖标的价值最大化以帮助解决执行难问题。以 2012 年 2 月 8 日“全国法院深化司法拍卖改革工作会议”的召开和“人民法院诉讼资产网”的开通为标志，最高人民法院以及四川、广东、山东、安徽、浙江、江苏等多个省、市、自治区的法院借助不同的网络平台开展网络司法拍卖，但全国目前尚没有明确规定和统一做法。

从初步实践看，网络司法拍卖具有传统司法拍卖所不具备的优势，其受众面更广，透明度更高，能更有效地避免围标串标、干扰拍卖活动等乱象，提高了拍卖成交率和增值率，已收到较好的社会效果。如浙江省 2012 年 6 月开始推行网络司法拍卖，截至 2013 年 11 月，全省 105 家法院已有 99 家在淘宝网上开展了司法拍卖，总成交额 34.23 亿元，成交率达 91.57%，平均溢价率 43.64%，比传统拍卖分别提升 14 个百分点和 25 个百分点，并实现零佣金，为当事人节省佣金 8449 万元。（资料来源：2014 年 01 月 15 日《 中国社会科学报》）

当前，我国形成了以“淘宝网模式”和“产权交易中心模式”为代表的多种方式并存的司法拍卖模式。1.淘宝网模式：采取法院自行拍卖的方式，即由法院在淘宝网上注册司法拍卖网店，自行组织网络司法拍卖，目前浙江、江苏、河南等十几个省、市采用了该模式。在这种模式中，法院既是拍卖的公法权利义务主体又是拍卖的具体实施单位。优点是：一是受众面广。自 2003 年成立以来，淘宝网迅速发展成为亚洲最大的购物网站和网络零售商圈，拥有一般交易平台无法比拟的广大客户群优势，网络技术成熟。二是交易“零佣金”。淘宝网在提供技术支持与平台服务时实行零佣金零收费，即竞买人不必支付成交后原应支付给拍卖公司的佣金，减少了竞买人的负担和成本。存在的问题是：法院任务重而专业性、安全性不足。法院需要亲自完成网络司法拍卖的所有步骤，并承担一切人力、物力等支出，因而“零佣金”是针对竞买人而言的，对法院来说并不是“零费用”。在专业性上，大多数法院尤其是基层法院并未配备专门的负责人而是由审判、执行人员兼顾司法拍卖工作，其对相关流程及规则并不熟练，单位、部门之间的人员流动更加剧了这一问题。在安全性上，法院自行组织拍卖的做法致使监管缺位，留下了人为操作的空间而存在安全隐患。2.产权交易中心模式：采取法院委托拍卖的方式，即由法院委托产权交易中心建立网络司法拍卖平台，由产权交易中心与拍卖机构在此平台中共同组织网络司法拍卖，目前重庆、广西、广州等十几个省、市、区采用了该模式。在这种模式中，法院是拍卖的公法权利义务主体和委托方，产权交易中心和拍卖机构是拍卖的具体实施单位和受托方，即产权交易中心和拍卖机构是协助法院行使司法拍卖权的第三方。优点是：一是客户群集中。国内各大产权交易中心已在网上挂牌、网上交易国有资产多年，培养和聚集了大量股权与资产的投资群体客户，可以广泛、高效地吸引投资者参与竞拍，比“淘宝网模式”中以小宗商品为主的消费群更具有客户群体优势。二是平台专属性。为了推进司法拍卖改革，重庆联交所、广交所、光谷联交所等国内多家联交所在与法院合作的初期，就专门开发了符合涉讼资产性质的公共交易平台，该平台及其相关机制是对涉讼资产处置的有的放矢。存在的问题是：现阶段，“产权交易中心模式”的知名度还不够高，还没有引起广泛关注，拍卖人气相对有限，推广效果有待挖掘；为容纳金额更大、数量更多的涉讼资产交易，网络交易平台还需要改造升级；为方便竞买人参与，相关服务水平还需要提高；为发挥出网络司法拍卖的更大效用，配套机制还需要进一步完善。

二、武汉网络司法拍卖试行情况

目前，武汉市法院系统网络司法拍卖试行工作已正式启动，且同时存在着两种方式：既有对“淘宝网模式”的尝试——2014年年初江岸、洪山、江夏三家基层法院先后在淘宝网上开店，并于6月举行了首场网络司法拍卖活动；也有对“产权交易中心模式”的推动——市中院已与光谷联交所达成联合推进网络司法拍卖的合作意向，并实施了准备工作。总的来看，武汉采用“产权交易中心模式”具备成熟的司法对外委托工作基础和良好的信息平台优势。

自2010年8月起，武汉市实行司法对外委托改革，开始纳入第三方交易平台光谷联交所，不再由法院组织、主持摇号选择中介机构，而是由光谷联交所受法院委托，通过集中摇号、轮候随机等方式选定中介机构。这样，武汉市就在法院和中介机构之间加上了“隔离墙”，能更好地保证中介机构的中立立场和规范行为，保证法院公正执法及司法公信力。运行 4 年来，武汉市已摸索、建立了一整套较为成熟的司法对外委托评估、拍卖工作机制。截至 2014 年 7 月，光谷联交所共受理市、区两级法院委托审计评估和拍卖案件 3780 件；实际完成案件 3421 件，结案率达到 88.4%，涉及案件金额达 122 亿。武汉司法委托改革的做法得到了省高院、省、市纪委等多方的充分肯定，并已于 2013 年在全省各级法院全面推广，其成功经验被全国各地十几个省、市法院学习和借鉴。

光谷联交所已经初步搭建立足湖北、辐射全国的综合性产权交易信息化平台，信息化基础设施及相关技术日趋成熟。尽管光谷联交所在处置涉讼资产时还没有采取网络拍卖的方式，但网络竞价已成为光谷联交所常用的交易方式之一，其在国有资产处置和涉讼资产变卖时均已采用了该方式，以“电子竞价”取代“击槌成交”，确实有效提升了成交率，并积累了丰富的网上交易工作经验。武汉市司法委托改革之初，光谷联交所就专门针对涉讼资产改造了公共交易平台及信息系统，增设了网上公告、公开挂牌、全程录像等步骤，经过 4 年的运作，相关技术和机制趋于完善。从 2014 年 4 月起，光谷联交所开始筹备武汉市网络司法拍卖相关工作，针对司法拍卖网络需求升级改造部分相关信息设备和网络系统，并于 6 月、7 月多次成功对外公开模拟网络司法拍卖交易全过程。因此，光谷联交所已经初步具备开展网络司法拍卖的硬件、软件功能和条件。

三、推进武汉网络司法拍卖的建议

1. 尽快确定基本模式，统一实行全市网拍。在网络司法拍卖大势所趋之下，武汉市中院与光谷联交所应积极联合推动网络司法拍卖的筹备、运行工作，提高拍卖类案件的成交率、结案率和增值率。同时，为了让司法拍卖工作平稳地逐渐从线下过渡到线上，针对武汉市各级法院、各相关部门对网络司法拍卖采取了两种不同做法的现状，武汉市中院可以考虑实行全市统一做法，在全市范围内确定选择网络司法拍卖为“产权交易中心模式”。这是以最简便有效的转型升级方式开展网络司法拍卖工作，既方便司法拍卖工作的统一归口管理而能避免不同做法可能产生的矛盾纠纷，又可以通过集聚力量以更为集中的网络平台吸引更多竞买人关注。

2. 明确三方职责分工，制定网拍相关规则。进一步明确法院、光谷联交所、拍卖机构在网络司法拍卖线上工作和线下工作中的职责范围，规范各个环节的工作流程。尽快颁布施行已草拟的《武汉市中级人民法院关于网络司法拍卖、变卖的工作规定》和《网络司法拍卖、变卖的工作规程》，引导和规范网络司法拍卖的开展；尽快制定和完善《网络司法拍卖、变卖的保证金管理规定》，加强对保证金收、退、转的工作和对账户的监督；督促光谷联交所及时制定网络司法拍卖“竞买规则”、“竞买须知”、“竞买操作指引书”、“竞买路演展示”等，链接于网络司法拍卖网站首页，方便竞买人参与网络竞拍。

3. 根据网拍实际需求，优化网络平台功能。进一步对光谷联交所涉讼资产处置的网站、网络竞价系统进行技术改造，结合网络司法拍卖的要求建立独立的涉讼业务网站。应重点完善网络司法拍卖支付系统，制定支付服务容量指标和扩容计划，保证服务器容量和安全监控，以承载更大数额、更大交易量的网络交易，并准备相应的应急方案、降级方案。逐步完善网站功能，实现联交所市州分支机构涉讼项目信息联合发布、摇号和交易现场视频实时传送、涉讼数据统计、交易文件下载、交易价款系统结算等各项功能。

4. 积极开展试行工作，提升网拍服务水平。在推行网络司法拍卖初期，可以先选定一批典型的涉讼标的物进行网络司法拍卖试行工作，边推进构建工作边完善相关步骤。其中，应尤其注重网络司法拍卖工作的细节和对竞买人的服务。比如，刊登拍卖公告时，应尽可能完善标的物的网上展示，附上清晰的图片、视频；应明确列出拍卖标的物的相关信息，既包括拍卖时间、保证金缴纳等基本信息，也要列明标的物上存在的贷款、出租、抵押等瑕疵说明；简化竞买人报名手续，尝试以电子方式核准竞买人身份信息、签订竞买协议，探索远程网上报名方式。

5. 加大宣传推广力度，彰显司法网拍优势。为推行网络司法拍卖“产权交易中心模式”，应在一些大型报刊、网站上刊登武汉市网络拍卖公告、司法拍卖工作情况，在吸引更多人关注、参与武汉市网络司法拍卖的同时，扩大网络司法拍卖的知名度和影响力，形成阳光司法的良好社会环境和舆论氛围。

（执笔人：杨瑜娴　谢金辉）

武汉市重点文化产业园区调查报告

编者按：根据市委领导指示精神，市社会科学院与市委宣传部改发办组成联合课题组，从2013年8月起，对全市文化产业园区开展摸底调研工作，对其中的重点园区、重点产业、百户企业进行系列调查，先后走访中心城区和东湖高新区的11个重点文化产业园区，召开10多次企业座谈会，与这些园区管委会负责人以及园区50多家企业负责人进行座谈，发放园区发展、园区产业、园内企业等三类调查问卷，深入了解近年来我市文化产业发展现状和存在的突出问题。现将重点园区发展有关情况报告如下：

一、发展沿革：迤逦而成

本次集中走访的11个园区是全市文化产业园区的主要组成部分，对于研究全市文化产业园区整体发展情况具有很强的代表性。调研显示，2013年，11个园区实现经营收入260余亿元，缴纳税收3亿多元，安排就业2万余人，园内企业总数超过900家，园区产业涉及创意设计、传媒出版、文化旅游、网络文化、动漫游戏、艺术品、演艺娱乐、现代会展等八大文化产业（见表一）。

表一　部分园区情况一览表

园区名称	所属区	2013年经营收入（亿元）	企业数（个）	纳税（万元）	就业人数（人）
江北新媒体科技产业园	江汉区	150	360	18000	7200
英赛工业设计产业园	青山区	3.2	60	521	373
黄浦科技园	江岸区	60.7	35	7600	3940
楚天181文化创意产业园	武昌区	5.4	60	-	2500
汉阳造文化创意产业园	汉阳区	6.0	84	5000	4000
中国光谷创意产业基地	东湖高新区	24	250	580	5000
华师文化科技产业园	东湖高新区	10.03	37	2107	1300
东创研发设计创意园	武昌区	4.8	80	484	939
合计		264.13	966	34292	25252

1. 园区类型。调研发现，我市文化园区主要有以下四种类型：以黄浦科技园、江北新媒体科技产业园、南湖科技创意产业园、岱家山创意产业园为代表的工业园区转化型；以光谷创意产业基地、英赛工业设计产业园为代表的科技孵化器转化型；以楚天181文化创意产业园、“汉阳造”文化创意产业园、东创研发设计创意园、江城壹号为代表的旧厂房改造型；以华师文化科技产业园为代表的科技园转化型。整体来看，我市文化园区的建设主要依靠已有资源整合、改造、创新设计而来，虽节约了建园成本，但园区的规模、布局、配置、服务等功能主体也相应受到限制和制约。

2. 管理模式。从园区管理模式来看，主要由三种模式组成：一是管委会管理模式，在园区的统一管理、政令畅通、资源聚合等方面具有先天优势，但受体制机制影响，活力不足，如黄浦科技园、江北新媒体科技产业园、南湖科技创意产业园、岱家山创意产业园；二是企业管理模式，在市场化运作、资源配置、创新管理手段等方面更为先进，但发展视野还不够开阔，管理流程的科学化、规范化水平还有待提高，如光谷创意产业基地、英赛工业设计产业园、楚天181文化创意产业园等；三是“政府+企业”混合管理模式，结合了前两种管理模式的好做法，但在政府和企业之间有效实现统筹协调，最大限度地发挥合力方面还有待加强，如“汉阳造”文化创意产业园。

3. 发展历程。特定的历史起点决定了各文化产业园区的发展路径依赖。如江北新媒体科技产业园和黄浦科技园开发时间最早，分别是1994年和2001年，经历了开发区、工业园、产业园等不同阶段，属于逐步转型的文化产业园区。2007年前后，武汉地区高校科技园相继成立，经过5年的发展，这些科技园正藉由“科技+文化”发展模式转型升级，华师文化科技产业园就是代表。2008年，一批科技孵化器和由旧厂房改造的文化产业园区相继破土动工，他们或以国家级、省级、市级科技孵化器为载体，或以产业园区建设为主体，以科技和文化产业为重点发展方向，逐步发展为光谷创意产业基地和东创研发设计创意园（2008年）；楚天181文化创意产业园、“汉阳造”文化创意产业园（2009年）；英赛工业设计产业园（2010年）。江城壹号（2012年）是近年刚刚新建的综合性文化产业园区，起点高，文化载体丰富，文化氛围浓厚，有着较好的发展前景。

二、发展态势：驶入快车道

自2010年党的十七届五中全会第一次明确提出“要推动文化产业成为国民经济支柱性产业”以来，武汉市委、市政府强力推进文化产业发展，特别是2012年《武汉市文化产业振兴计划（2012—2016年）》提出“超倍增”计划后，我市文化产业迈上加速发展快车道，文化产业园区建设取得新突破。

1. 强化功能示范效应，发展快速。调查显示，2013 年受调查园区文化企业经营总收入超过 260 亿元，园区年总经营收入同比增长 11.72%（见表二）。其中，汉阳造文化创意产业园 2013 年实现经营收入 6 亿元，同比增长 130.77%；英赛工业设计产业园实现经营收入 3.2 亿元，同比增长 52.38%；楚天 181 文化创意产业园也取得了 31.7%的增长幅度，发展势头强劲。

表二　部分园区 2013 年经营收入情况

园区名称	2012 年经营收入（亿元）	2013 年经营收入（亿元）	同比增长（%）
江北新媒体科技产业园	136	150	10.29
英赛工业设计产业园	2.1	3.2	52.38
黄浦科技园	58.3	60.7	4.12
楚天 181 文化创意产业园	4.1	5.4	31.70
汉阳造文化创意产业园	2.6	6.0	130.77
中国光谷创意产业基地	21	24	14.29
华师文化科技产业园	8.02	10.03	25.06
合计	232.12	259.33	11.72

伴随着经济效益的显现，各园区先后获得“华中国家数字出版基地光谷产业园”、“湖北省首批现代服务业示范园区”、“湖北省文化产业发展示范基地”、“武汉市文化和科技融合试点园区”等各种荣誉，社会效益和文化效益有力跟进，文化产业园区的经济、社会、文化“三位一体”特质得到体现，功能示范效应初显。

2. 强化规模集聚效应，增长迅速。调查数据显示，2011 年，各园区入驻企业总数 397 家，2012 年 464 家，增幅 16.9%，2013 年达到 513 家，增幅 10.56%，保持了两位数的增长幅度。个别园区发展尤为迅猛。2013 年华师文化科技产业园入园企业总数 37 家，较 2011 年增长了 146%；楚天 181 文化创意产业园入园企业总数 60 家，较 2011 年增长了 50%，其他被调查园区企业数的增长也都在 10%以上。

各园区在促进企业不断聚集的同时，也注重引导产业链上下游相关企业的聚集。如中国光谷创意产业基地不仅有计划地将动漫企业集中在一起，还将与之有着很大关联度的游戏企业也召集起来，加强两个产业的企业互动、协作和联合；英赛工业设计产业园集中了一批立足为工业企业服务的设计类企业和关联企业，为这些实力还不雄厚的中小微企业抱团发展，增强市场竞争力提供了平台。

3. 强化规划目标落实，特色初显。调研发现，各园区都已制定短期发展规划，且在园区建设过程中按照规划的内容付诸实施，已基本形成各自特色：光谷创意产业基地以动漫游戏和创意设计为主打；楚天 181 汇集文化传媒企业；“汉阳造”突出广告创意设计；英赛集中工业设计企业；华师文化科技产业园突出文化和科技融合特色；江城壹号以高起点打造高端综合娱乐型文化园区为定位；江北新媒体科技园以云计算、大数据等新兴产业技术为发展方向；黄浦科技园利用已有汽车销售的完善平台正向汽车博展园转型。

园区产业分布图

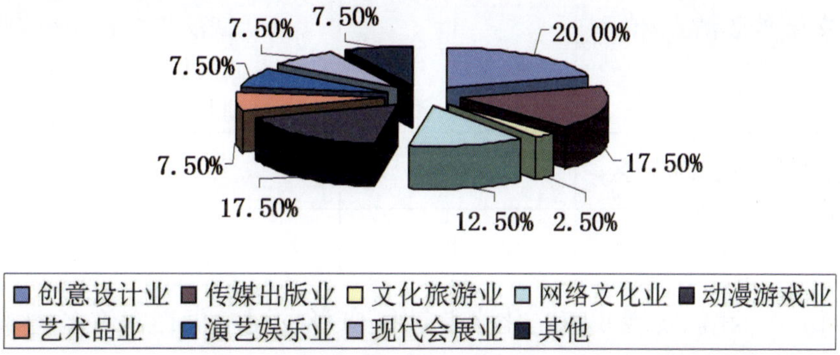

4. 强化基础平台建设。对园区和园区企业开展双向调查的数据显示，目前各园区在场地“五通一平”、环境绿化等基础设施建设方面都已基本到位，能够满足文化企业入驻后的基本需要。在软环境的营造上，各园区研发平台、展示平台、孵化平台、投融资平台、交易平台、培训平台已初步建立。调查问卷反映出，园区企业对所在园区的整体评价介于“很满意”和“满意”之间。

与此同时，部分园区还结合自身特点建立了不少各具特色的服务平台，为园区内文化企业提供便利服务，如：光谷创意产业基地建设“光谷创意产业网络综合服务平台”，与中国电信动漫基地、中国电信湖北分公司共同搭建了湖北动漫公共频道，搭建光谷客十七排剧院；东创研发设计创意园建立了政务公共服务平台、中介服务平台、科技共享服务平台；华师文化科技产业园设立了大学生服务中心、技术评估中心；楚天 181 文化创意产业园搭建秀场、艺术品展览中心；汉阳造文化创意产业园建设广告摄影棚和广告文化展示中心；等等。

三、发展现状：困难显现

尽管我市文化产业园区近年发展势头良好，但不论是园区规模还是园区质量与同类城市相比都还有相当大的差距，文化产业园区整体水平还处于初级阶段。截至2014年1月，国家已先后命名265家国家文化产业示范基地、8家国家级文化产业示范园区和3家国家级文化产业试验园区。而武汉目前仅有5家国家文化产业示范基地，不到全国总数的2%；国家级文化产业示范园区和国家级文化产业试验园区数量为零（见表三）。全市文化园区的整体实力和社会影响力与我市中部地区中心城市的地位还很不相称。

表三　武汉市国家级文化园区概况

国家级文化园区名称	命名数量（个）	命名园区或企业
国家文化产业示范基地	5	江通动画股份有限公司 海豚传媒股份有限公司 武汉艾立卡电子有限公司 武汉亿童文教发展有限公司 湖北盛泰文化传媒有限公司
国家级文化产业示范园区	0	-
国家级文化产业试验园区	0	-

在专访中，我们发现我市文化产业园区自身发展中仍存在许多困难和问题，主要表现为：

1. 规模不大，集聚效应不强。从文化园区体量来看，截至2012年底，全市中心城区和东湖高新区16个文化产业园区入驻企业2060家，从业人员5万多人，不论是企业数还是从业人员数都不到全市的五分之一。而上海2011年就已达到入驻企业超过8200家，从业人员约16万多人的规模。从文化园区产值来看，全市园区目前平均规模只有16.92亿元。而北京798艺术区2012年接待世界游客逾200万人次，产值超500亿元；深圳大芬油画村占有全球油画市场60%的份额，产值40亿元以上。

2. 空间有限，发展瓶颈凸显。调研显示，各园区已开发的土地所剩寥寥（见表四），空间发展主要有以下三类情形：一是有地需协调型，如“汉阳造”广告创意产业园二期开发用地需市土地储备中心批准支持；中国光谷创意产业基地三期新增的130亩土地存在手续问题，尚需与东湖开发区进一步协商落实。二是有地无资金启动型，如楚天181文化传媒产业园三期项目和华师文化科技创意园三期项目都面临建设融资问题。三是无地无资金型，如黄浦文化科技产业园、江北新媒体科技产业园、东创研发设计创意园等地处中心城区的园区，“腾笼换鸟”、寻找合作伙伴投入建设改造成为首选。

表四 部分园区建筑面积使用情况一览表

园区名称	建筑面积（m²）	已使用建筑面积（m²）	使用率（%）
江北新媒体科技产业园	710000	674500	95.00
英赛工业设计产业园	21072	16740	79.44
黄浦科技园	477000	423000	88.68%
楚天 181 文化创意产业园	70000	70000	100.00
汉阳造文化创意产业园	42000	42000	100.00
光谷创意产业基地	68569	35046	51.11
华师文化科技产业园	79180	79180	100.00
东创研发设计创意园	20800	20800	100.00

注：光谷创意产业基地“光谷创意大厦”项目（33000 多平方米）由于用地问题无法竣工验收。

3. 文化大项目不多，发展后劲不足。调研发现，园区过亿元的文化大项目并不多（见表五），以大项目为纽带的带动作用未能体现。这一方面与园区空间普遍不足有直接关系，无法保证大项目落地。另一方面，也与武汉市整体文化影响力和吸引力不够有关。既没有国家级文化产业园区作平台，又没有全国知名的文化品牌作招牌，想要大项目落地生根非常困难。而缺少文化大项目推动的文化产业，其发展强度和深度也必然受到影响。这种相互影响和制约的不良循环成为当前全市文化产业快速可持续发展的阻力。

表五 部分园区过亿元文化项目统计表

项目名称	产业类型	所属园区	计划投资（亿元）	已投资（亿元）	开工时间	完工时间
武汉文化出版产业园	传媒出版	黄浦科技园	4	4	2009	-
新华书店	传媒出版	黄浦科技园	2	2	2005	-
云计算中心	网络文化	江北新媒体科技产业园	2	0.5	2012	2013
正华设计产业生态圈	创意设计	黄浦科技园	1.5	1.15	2011	2012
奥迪旗舰店	现代会展	黄浦科技园	1.5	1.5	2007	2012
汉阳造广告创意产业园	创意设计	汉阳造广告创意产业园	1	0.3	2012	2015

注：该表信息为各园区上报问卷整理所得，“-”表示完工时间待定。

4、文化企业占比不高，文化氛围不浓。调研发现，全市文化园区由于是从工业园区、科技孵化器等转化而来，园区内科技企业、工业企业，甚至是制造企业与文化企业掺杂其间，文化企业的占比普遍在30%—50%之间。文化企业的总产值占整个园区总产值的比例也不高，贡献力量有限，主导地位尚未确立（见表六）。

表六 部分园区2013年文化企业发展情况

园区名称	文化企业数（个）	占园区企业数比例（%）	文化企业经营收入（亿元）	占园区经营收入比例（%）
江北新媒体科技产业园	79	21.94	47	31.33
英赛工业设计产业园	21	35	0.96	30
黄浦科技园	15	42.86	24	39.54
楚天181文化创意产业园	13	21.67	2.35	43.44
光谷创意产业基地	82	32.8	3.25	13.54
华师文化科技产业园	33	89.19	4.50	45
东创研发设计创意园	26	32.5	0.9	18.75

注：光谷创意产业基地按照广义大基地概念计算，企业总数包括未进驻基地但享受基地服务的企业。

调研显示，文化氛围的缺失，还在于文化活动的匮乏和园区与周边的融合不够。目前，全市文化园区仍停留在工业园区的办园模式，还处于“有围墙”的园区阶段，没有真正与周边社区和环境融为一体。“园区文化休闲满意程度”调查项目总体评价介于“满意”和“一般”之间。影剧院、宾馆、购物中心、超市等休闲娱乐设施的不健全，是园区活力不足，消费不旺，吸引不强的客观因素。

5. 配套设施不完善，公共服务建设滞后。调研发现，各文化园区存在园区周边及配套基础设施建设滞后的情况。一是道路建设问题。江城壹号门前的南泥湾大道和岱家山园区前的汉黄路直到园区开园都还没有完全打通。二是公交服务问题。黄浦科技园内公交801路停车场因搭建的驾驶员休息室不符合城管要求迁出园区。此外，到达汉阳造文化创意产业园、楚天181文化创意产业园等园区的公交线路并不多，间接限制了园区的开放度。三是无线网络问题。南湖科技创意园等集中中小微企业的文化园区还没有实现无线网络的全覆盖。四是停车空间不足的问题，已成为目前各园区普遍存在的突出问题。

6. 政策落实不到位，优惠置空。调研发现，全市关于支持文化产业发展所推出的部分配套优惠政策未能“落地”，政策落实打了折扣，对文化园区和文化企业的积极性造成影响。如由市政府出台的关于文化园区优惠用水的标准（武政规[2012]10号文），有关园区拿着文件上门兑现时，水务部门以企业为由不承认文件规定，不执行相关优惠政策。还存在主管部门以园区名义申报各类项目，但所享受的优惠政策和补贴资金却没有落实到园区等情况。

四、发展愿景：示范引路

从摸底调查情况来看（见表七），我市文化产业园区已进入全面爆发期。建议以建设国家级文化产业示范园区为引领，打造文化产业园区国家、市、区三级梯队，全面提升我市文化产业园区的整体质量和承载能力，实现园区发展的新突破。

表七　部分园区2015年规划目标

园区名称	发展规划	2013年文化企业经营收入（亿元）	2015年文化企业经营收入（亿元）
江北新媒体科技产业园	有	47	62
英赛工业设计产业园	有	3.2	5
黄浦科技园	有	24	100
楚天181文化创意产业园	有	2.4	10
汉阳造文化创意产业园	有	6	20
光谷创意产业基地	有	3.3	100
华师文化科技产业园	有	4.2	15
东创研发设计创意园	无	0.9	
合计		88.6	312

（一）以优化空间布局为基础，打造国家级文化产业示范园区的聚集地

地理空间上，按照“沿江、环湖、邻大学”的文化产业园区总体发展思路，着重在长江、汉水沿线，东湖、沙湖周边，重点高等院校和大学城周围集聚发展文化产业园区。按照全市“一区多园一带”的文化创意产业空间新布局，调整、合并、集群、聚合相关文化产业，形成园区（基地）科学发展格局。

园区建设上，依据《国家级文化产业示范园区管理办法（试行）》规定，结合现有各文化产业园区土地资源和空间布局情况，尽快研究制定《武汉市文化产业园区评价标准体系》，坚持定量、定性、定向相结合的评价方法，为政府测评文化产业园区的发展水平提供决策依据，也为园区建设主体提供自查标准。

到2016年，形成2—3个具有完善基础设施，园区内非文化类商业及其他配套面积不超过园区总面积的20%，文化企业数量占园区企业总数的60%以上，文化企业年总产值占园区年总产值60%以上，有为园区企业提供孵化、展示、交易、投融资、技术支持等公共服务平台体系的国家级文化产业示范（试验）园区。

（二）以主导产业为核心，打造特色文化产业聚集区

充分凸显现有各园区主导产业特色，按照“一园一特”的发展思路，引导现有园区走特色发展之路。

——江北新媒体科技产业园　以新媒体为主导产业，在物联网、智慧城市、云计算等方面取得突破，构造符合园区特色、引领产业前沿和支撑区域经济相结合的新媒体产业价值链体系。

——英赛工业设计产业园　以工业设计为主导产业，形成以工业设计、包装设计和服务外包为主要发展内容的初创企业聚集地。

——黄浦科技园　以创意设计、数字出版为主导产业，重点打造激光打印、数字出版发行为主体的产业结构，实现新华书店等传统出版行业运用数字技术转型升级。

——楚天181文化创意产业园　以数字传媒、网络文化为主导产业，积极打造传媒文化产业链，形成武汉地区新媒体企业集聚地。

——汉阳造文化创意产业园　以广告为主导产业，创新发展广告业态，在广告创意、广告媒体等方面取得突破，打造现代广告媒体服务业聚集地。

——光谷创意产业基地　以动漫游戏、创意设计等为主导产业，集中力量发展和提升以网络游戏、动画漫画、数字视听等为主要内容的新媒体和数字娱乐业，打造优势互补产业链。

——华师文化科技产业园　以数字广播、数字家庭、数字教育等为主导产业，积极培育数字教育相关业态。

——南湖创意产业园　以动漫游戏、影视传媒、云教育为主导产业，打造以“武汉·洪山创意大道”命名的创意产业集聚带。

（三）以文化和科技融合为引擎，打造集大项目和完备服务平台于一体的优质园区

积极探索“文化+科技”发展模式，把园区建设成为文化和科技融合先行地和示范地，切实完成数字图书馆、数字出版、民族文化科技保护、文化演艺、高新技术博览服务、“工程设计之都”、“三网融合”、动漫游戏、多语云翻译、“教育云”等十大文化和科技融合示范工程的建设和验收。到2016年，初步形成文化和科技融合发展的生动局面。

积极尝试“创意+项目”驱动模式，把园区作为重大文化项目的承载地和建设地。对于一些重大项目和重要工程，可联合几个功能有交叉的园区共同承担和开发，加强园区之间互动的同时，推动关联园区连片整合，形成良性互补发展格局。通过大项目建设加快拓展园区发展空间，加速“腾笼换鸟”。到2016年，基本完成现有文化产业园区的功能整合。

着力推进“数字+信息”体验模式，加速全市性文化产业园区公共服务平台建设。充分发挥江北新媒体科技产业园“国家中小企业信息化服务中心武汉火凤凰平台”、光谷创意产业基地“湖北动漫公共服务平台”、华师文化科技产业园“数字内容中小企业公共服务平台”、“文化内容数字化应用工程平台”、“教育数字内容服务营运平台”等已有服务平台功能，在全市文化产业园区内实现数据共享，强化资源集约发展。

（四）以多元互动为纽带，打造一体式文化产业园区

加强文化产业园区之间的互动。以汉口、汉阳、武昌三大文化产业片区为基本单位，首先在各集聚区内形成广泛而深入的园区互动和交流体系，促进园区之间的资源共享、产业链互补和公共服务平台互助。同时，以官方组织、中介组织、行业协会所举办的理论研讨会、座谈会、沙龙、文化活动等为载体，尝试加强三大片文化产业园区间的互动和交流，最终形成全市文化产业园区的整体互动、协作和共赢。

加强文化产业园区与工业园区的互动。原则上按照文化产业园区与工业园区1:1的模式，建立文化产业园区配套服务工业园区发展格局，“以工带文，以文强工”，有效推动全产业融合和行业互补，形成一批特色鲜明、创意创新能力突出的文化示范园区。

加强文化产业园区与周边社区的互动。通过影剧院、咖啡吧、秀场等文化平台的建设，加快文化产业园区与周边社区的对接和互动，在丰富社区居民精神文化生活的同时，提升文化产业园区相关配套服务平台的利用率和环境融入度。通过尝试延长服务时间、举办夜间文化娱乐活动等形式，逐步开发“夜间经济”模式，让文化产业园区真正成为没有围墙的精神生活休闲区。

（五）以务实政策为推手，打造最优发展环境园区

切实保证各项政策措施落实到位。加快出台《武汉市文化产业发展若干政策实施细则》，加大政策公开和透明度，完善配套措施，强化督查，集中遴选一批市、区干部到文化园区驻点，跟踪服务，促进各项政策真正惠及园区。

支持园区用地实施二次开发。对于由工业园区、科技孵化器等转化的文化产业园区，其现有土地多为工业用地，通过推出特别扶持政策的“绿色通道”，在变更用地性质，容积率向商业项目靠拢，减免配套费用和税费等方面给予参照工业项目的待遇。

加强与中国文化产业园区联盟的联系，借助联盟的行业主导地位和资源整合优势，在文化项目引进与合作、文化园区标准建设、全市园区与全国同类园区交流等方面取得突破，加强我市文化园区的宣传和推介力度。

（联合课题组
市社会科学院：汪涛（课题负责人）　易迎青　张　康
市委宣传部改发办：吴天勇　王五洲　陈亚琴　田雪枫
执笔人：张　康）

武汉市百户文化企业调查报告

编者按：根据市委领导指示精神，市社会科学院与市委宣传部改发办组成联合课题组，从2013年8月起，对全市文化产业园区开展摸底调研工作，对其中的重点园区、重点产业、百户企业进行系列调查，先后走访中心城区和东湖高新区的11个重点文化产业园区，召开10多次企业座谈会，与这些园区管委会负责人以及园区50多家企业负责人进行座谈，发放了园区发展、园区产业、园内企业等三类调查问卷，深入了解近年来我市文化产业发展现状和存在的突出问题。现将百户企业发展有关情况报告如下：

一、文化企业基本情况及分析

本次调研共发放企业调查问卷118份，回收118份，回收率100%，有效问卷106份，有效率89.83%。

1.文化企业以私营企业为主。被调查企业中，国有性质8家，私营性质75家，个体性质2家，股份制性质20家，港澳台投资性质1家。这说明，我市文化产业园区文化企业主要以私营企业为主，占比70.75%，近四分之三（见表一）。

表一　文化企业经济性质

类型	国有	私营	个体	股份制	港澳台投资
数量（家）	8	75	2	20	1
占比（%）	7.55	70.75	1.89	18.87	0.94

2、文化企业以中小规模为主。本次调查数据从三个维度显示了我市文化企业的中小规模特征：一是从被调查企业注册资本看，注册资本在500万元及以下的有63家，占比将近60%。

表二　文化企业注册资本情况

注册资本	企业个数（个）	占比（%）
500万元以内	63	59.43
500万—1000万元	12	11.33
1000万—5000万元	19	17.92
5000万元以上	10	9.43
未填写	2	1.89
合计	106	100

二是从被调查企业2012年经营收入看，只有不到四成的企业年经营收入超过了2000万元。

表三　部分亿元以上文化企业

企业名称	所属园区	2012年经营收入（亿元）
金凰珠宝	黄浦科技园（江岸）	11.76
武汉天喻信息产业股份有限公司	华工科技园（东湖开发区）	7.59
武汉华创版业发展有限公司	黄浦科技园（江岸）	6.00
武汉新华书店股份有限公司	黄浦科技园（江岸）	3.09
武汉楚天激光（集团）股份有限公司	东湖开发区	2.81
精伦电子股份有限公司	东湖开发区	2.77
湖北广电美嘉商贸有限公司	楚天181文化创意产业园（武昌）	2.00
武汉亿童文教股份有限公司	南湖科技创意园（洪山）	1.82
海豚传媒股份有限公司	南湖科技创意园（洪山）	1.62
武汉金运激光股份有限公司	黄浦科技园（江岸）	1.43
湖北今古传奇传媒集团有限公司	华师文化科技产业园（东湖开发区）	1.16

三是从企业员工总人数看，将近七成的文化创意企业规模都在50人以内，属于典型的中小微规模。

表四　文化企业员工人数统计表

企业规模	企业数量（家）	占比（%）
≤10人	17	16.04
11—50人	53	50
51—100人	17	16.04
>100人	19	17.92
合计	106	100

3、动漫创意设计类企业占据多数，交叉、复合经营成为趋势。按照受调查企业所选择的行业出现频次由高到低依次为：其他行业36家，创意设计业34家，动漫游戏业27家，传媒出版业12家，网络文化业11家，文化旅游业4家，演艺娱乐业4家，现代会展业5家，艺术品业3家。

行业类别

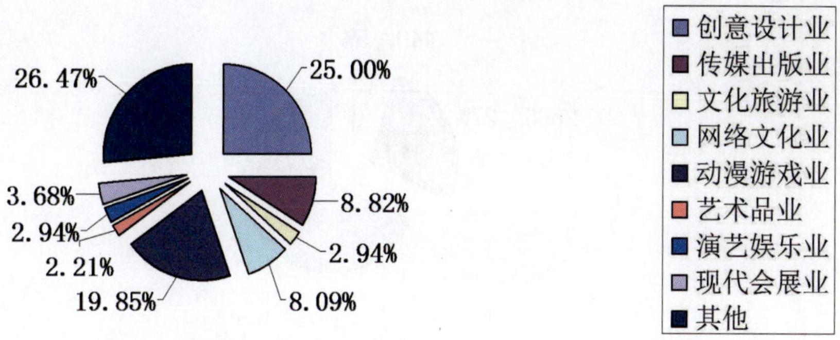

总的来看，我市文化产业园区中创意设计和动漫游戏业类企业较多，其次是传媒出版、网络文化业，而艺术品、演艺娱乐、现代会展等行业聚集企业不多，占比较低。

值得注意的是，其他行业选择达到36家，占据第一。从填写的内容具体分析，其他行业中包含了数字出版、数字印刷、计算机软件、广告服务、数字教育培训，甚至还有微电影、手机游戏等时下热门行业。集中在“其他行业”，充分反映出文化创意产业新领域的层出不穷和日新月异，文化企业衍伸范围不断扩大，交叉、跨行业、复合经营的特性凸显；同时，也使得传统文化产业的定义无法准确合适地对他们进行界定，造成认知失衡。这种现象对文化产业类型的准确界定提出了新要求。

4. 文化企业员工呈现出高智力、低年龄特质。数据显示，被调查企业共有员工9573人，平均规模不到100人。从学历看，大学本科及以上的6033人，占比63%。这其中有海外留学经历的有68人。

员工学历结构

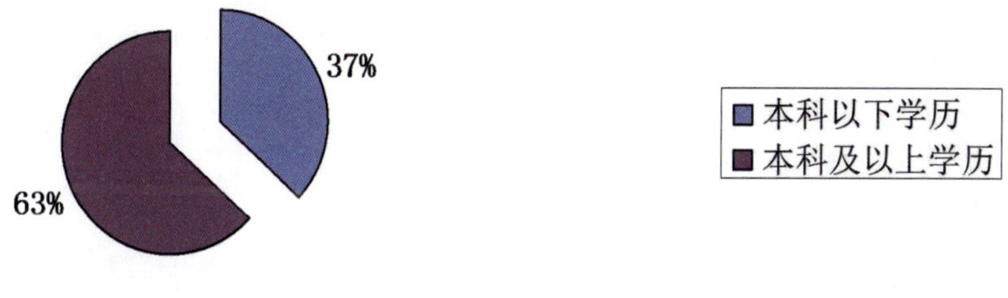

从年龄结构来看，35岁以下的有6518人，占比68%。

员工年龄结构

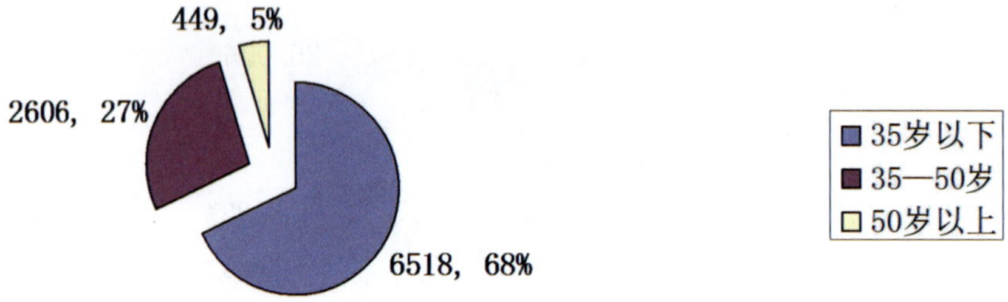

综合来看，我市文化企业的从业人员呈现年纪轻、学历高的特征，充满朝气，企业显现出旺盛的活力，属于高智力密集型的朝阳产业。

5.文化企业普遍重视研发环节。数据显示，106家文化企业中，已建立独立研发机构73家；合作外包研发机构277家，其中海外5家，省外34家。从研发机构的类别来看，主要是企业技术（研发）中心，而且多是自建。这表明文化企业通过成立研发中心来培育提升技术创新和文化内容创意两大核心竞争力的愿望十分强烈，而平均2.6个合作外包研发机构也反映出我市文化企业在自有科研实力并不强的情况下，通过借助外界相关资源进行合作，取得共赢是目前较普遍的发展方式。

6.文化企业具有高成长、高收益特点。数据显示，被调查文化企业2011年实现经营收入199.51亿元，缴纳税收9.03亿元，服务外包额5.51亿元，出口创汇819.31万美元。2012年实现经营收入360.92亿元，同比增长80.9%；缴纳税收13.37亿元，同比增长48.06%；服务外包额6.83亿元，同比增长23.96%；出口创汇1432.39万美元，同比增长74.83%。可以看到，作为朝阳产业的文化企业具有高成长、高收益特点，爆发力强劲。

7.文化企业越来越被社会各界所重视，投入力度非常大。截至2013年6月底，被调查文化企业自有资金投入344.16亿元，银行贷款8.84亿元，总投入达到353.94亿元。数据显示，我市文化产业已真正进入“爆发期”，产业发展空间巨大，在文化企业纷纷加大投入的同时，也被政府和社会各界所重视，投入力度逐年递增，2013年半年投入已经是2011年的5倍多，而在某些领域和行业甚至呈几何级数增长（见表五）。

表五　近年文化企业投资一览表

单位：亿元

年份	自有资金（万元）	银行贷款（万元）	政府扶持（万元）	其他（万元）	总计
2011	60.02	5.36	0.25	0	65.63
2012	191.50	6.18	0.75	0.5	198.93
2013	344.16	8.84	0.58	0.36	353.94

注：本表中2013年数据截止到6月底。

二、文化企业发展面临的主要问题

结合实地调研座谈，我们发现目前困扰园区内文化企业发展的主要问题有以下五个方面：

一是文化氛围欠缺，文化人才难寻。长期以来武汉的文化档次、消费层次和人文魅力未形成“气候”，文化氛围较之北京、上海、广州等地存在明显差距。文化名流、时尚大腕、业内红人参与文化互动交流活动贫乏，文化理念、文化创意、文化技术和管理模式都与主流脱节。这种发展环境使得本地企业好不容易培养出的优秀文化人才很轻易地被北京等发达地区企业挖走。本地企业高薪聘请的外地优秀人才在武汉呆不了多久就又会回到北上广等文化发达地区。调研中，有企业负责人就直言：“目前北京、上海、广州等地的文化企业中，中层干部不少是湖北人”。

与人才流失同样陷入尴尬境地的是人才引进。文化人才难寻已成为诸多企业的心病。有企业反映，目前对于高端文化人才的引进可以用“快、准、狠”的节奏来形容，只要有符合条件的人才在招聘市场出现，不管三七二十一，抢下来再说，容不得半点犹豫。还有企业反映，当前大学教育与企业现实需求严重脱节，重理论，轻实践，导致应届毕业生无法达到企业技能要求，需重新培训上岗，增加企业成本。同时，应届毕业生稳定性不高，在企业经过培训学习，掌握了一定技能后往往会选择跳槽，使得培训企业竹篮打水一场空。

二是政策标准过高，扶持效果打折。调查结果显示，政策扶持不够是所有企业反映最多的问题之一。调查发现，我市目前对文化企业的政策扶持主要通过申报项目的形式开展。而项目申请的标准多是参照工业企业、科技类企业的标准而制定，这对于很多文化企业来说门槛过高。尤其是初创的文化企业或大学生创业企业，由于底子薄、条件差，虽有一腔创业热情和做事的干劲，无奈受到申报条件的限制而无法获得优惠补贴，企业发展资金又有限，从而陷入恶性循环。“享受政府优惠政策”调查项目的结果显示，有六成的被调查企业没有享受到财政贴息、补助、奖励等相关政策优惠；近八成企业没有享受到税收减免、土地优惠等政策。可见，尽管我市在扶持文化企业做大做强方面出台了很多优惠政策，但落实力度和效果大打折扣，存在着等候时间长、落地困难、“弹簧门”、“透明门”的情况，没有显现出政策红利效应。

三是资金渠道不畅，发展遭遇困境。数据显示，接近八成的文化企业都是私营企业，有近五成的文化企业是规模在 1000 万以下的中小微企业。这类企业往往在贷款融资方面处于劣势，加之文化产业前期资金投入大、风险高的特性，资金来源更加困难。有企业老总在调研中就恳切地说道：“小企业初期主要是资金问题，融资难，获得关注难，企业生存难。最需要的就是在企业初创期的雪中送炭，这样的话，会帮助我们健康成长。但往往在坚持度过这个阶段之后，政府和银行的关注和支持就慢慢来了，但那个时候，资金却不是那么的重要了。”应该说，这是大多数中小微文化企业的发展心声，让政策的红利从“锦上添花”转变为“雪中送炭”是当前推动文化企业壮大的关键。

四是知名龙头企业缺乏，业界影响不够。尽管现在我市已经有了武汉广电、武汉出版、楚天激光、江通动画、海豚传媒等在本地区小有名气的文化企业，也涌现出诸如麦塔威、拇指通科技、邦维文化、雅图数字等一批涉足新兴文化产业的后起之秀，但仍然欠缺能够“拿得出手、镇得住场、走得出去”的“航母”级文化企业。这种龙头企业的缺失必然导致行业吸引力不强，市场开拓不力，影响力不大，无法获得话语权，诸如海豚浏览器等在本地发展壮大起来的优质文化企业被北、上、广发达地区整体打包带走的情形让人神伤。

再以同为中部省会城市的长沙为例，2006～2013 年，《中国文化品牌报告》共发布 282 个文化品牌，其中中南传媒、红网、华声在线、天舟文化等“湘字号”文化品牌高达 38 个，约占总数的 14%。而历届该项评选中，武汉地区仅《知音》（2006、2011 年）、长江日报报业集团（2009 年）、《楚天都市报》（2011 年）等为数不多的品牌入选。两相比较，优劣互现。

五是发展环境不优，政府服务水平有待提高。一是政府部门主动服务意识仍然不够，少数基层部门刁难企业的现象仍然存在。二是知识产权的服务和保护仍然不够。一位拥有海外业务的企业老总无奈地说道：“国内在知识产权的受理、批复、保护等工作不尽人意，与国外存在很大差距，武汉在这方面做的不好。就拿知识产权的申请来说，在浙江 2 个月能够办好的事情在武汉需要 18 个月。”三是企业寻找合作伙伴困难。有外地来汉创业者反映，因为公司的工艺要求高、挑战性高，这在武汉本地企业看来是不可接受的苛刻条件，使得公司一直找不到一个合适的供应商或者合作伙伴。另外，调研过程中我们还发现，本地有一定实力的大企业都不喜欢采购本地文化企业的产品和服务，比如东风公司的广告基本都是送到北京、上海等地设计。这样的发展环境如不改善，“孔雀东南西北飞”的情形还将发生。

三、实施“五大计划”，助力文化企业做大做强

尽管我市文化企业存在规模小、知名度不高、影响力不大等不利因素，但我们应该清醒地认识到，文化产业将是继工业、生产性服务业之后我市经济发展转型升级的下一个主战场，作为第三产业生力军，成为推动经济社会发展的重要增长极。文化企业是文化产业的主体，重视和发挥文化企业高智力、高活力、高增长、高收益特性，大力推进“五大计划”，着力培育一批文化“航母”扬帆远航，是我市文化产业实现爆发增长的坚实基础。

1. 实施“龙头领军计划”，打造一批引领带动文化企业

加快推动重点文化企业兼并重组。聚焦广电、出版、影视等基础良好的国有大型文化企业，以资本为纽带，通过行业内部和跨区域、跨形式、跨部门的外部资源整合相结合的方式，在现有八大重点文化产业中各选择 1—2 个，共 8—16 个企业和集团定点跟踪培育，到 2016 年，将他们打造成为综合实力强、发展规模大、影响力广泛的“航母级”企业或集团。

下大力气切实支持诸如江通动画等发展到一定规模，处于“二次加速”阶段的领军企业和优秀企业，通过授权、委托等多种创新形式，强化行业中的主导地位，大幅提升他们在上下游产业链中对于资源配置、整合能力，快速扩张、成长为“航母级”文化企业。创造条件实现企业在主板、三板、创业板上市，在资金上获得持续发展的新动力。

有效促进文化龙头领军企业对接。在促进本地文化企业强强联合，互为补充，共同发展的同时，着眼城市圈和中三角，推动本地文化强企加快与圈内、角内龙头企业的跨界合作，开拓市场，扩大辐射区域，做大做强，取得共赢。

2. 实施“创新发展计划”，打造一批高技术文化企业

推动科技企业向文化产业方向转型，通过设立创意科研中心、积极打造技术共享平台，在核心技术和行业共性技术上取得一些突破，逐步摆脱“复制创新”的初级发展模式，最终形成“人有我优，人优我新，人新我特”的引领发展模式。

加强文化企业与大学联动，建立文化企业的官产学研长效合作机制。借助高等院校、科研院所众多的优势，加快技术转化过程，缩短新技术到新产品的形成周期，为文化企业的可持续发展提供强有力的后备保障。

鼓励文化企业不定期在行业内、跨行业、跨区域频繁举办创新大赛、创意沙龙、创业者交流等多种活动，激发创意热情，挖掘创意亮点，提升自主创新意识，营造创新氛围。

3.实施“领军人才计划”，造就一批文化名人

树立“人才就是竞争力”的企业文化，“不求所有，但求所用”。通过政府搭台、商业运作、大型文化活动、主题游园会等形式，吸引海内外文化名流来汉创业、访问交流，通过举办茶座、沙龙、行业互动等活动，营造有益于文化人才开展“头脑风暴”的良好氛围。

尽快出台实施文化领军人才计划，与“黄鹤英才计划”、“光谷人才计划”、“海外人才回归计划”、“青桐计划”等现有的各类人才激励政策进行有效衔接，通过“渐进式引智”，大力引进一批富有创意头脑和商业才干的领军人物和既懂文化艺术又懂科学技术的国内外复合型人才，借助人才的集聚增厚文化企业持续发展的能力。

制定更加优惠的政策和措施。针对文化企业专门建立适应市场化规律的社会评价机制。完善文化人才激励机制，切实解决优秀文化人才在落户、职称评审、环境融入等方面所面临的各种问题。完善人才评价机制，大力推进基于业绩能力为核心的高级文化人才考核指标。在文化聚集区和文化园区建立文化人才实训基地，强化文化企业与高校教育、职业教育对接，开展再培训工作，促进文化人才保持业界敏感度。探索与高等院校合作开设基于文化企业需求的文化内容课程和培训，有效培养应届毕业生适应企业需求的理论和技术水平。

4.实施“政策扶持计划”，出台一批切实可行的优惠政策

切实加大政府采购对文化产业的扶持力度。根据十八届三中全会在公共服务方面的要求，我市已经提出购买公共服务的构想。借此契机，运用“政策+采购+产品+宣传”推广模式，重点扶持具有核心技术和自主品牌的创新型文化企业。积极探索政府采购与文化企业的对接机制，建立《武汉市文化产品服务采购目录》，加大对公共文化产品和服务的购买力度，以集中采购的政策引导推动文化企业做大做强。采取项目补贴、定向资助、税收减免等政策措施，鼓励各类文化企业提供公共文化产品和服务。

切实保证各项政策措施落实到位。加快出台《武汉市文化产业发展若干政策实施细则》，加大政策公开和透明度，完善配套措施，降低门槛，简化程序，强化督查，让文化企业切实享受到政策的实惠。集中遴选一批市、区干部到文化园区、文化企业驻点，跟踪服务，促进各项政策真正惠及企业。加大对武汉文化名牌产品、名牌企业宣传力度，采取多种有效的渠道和方式，帮助企业开拓本地和外地市场。

着力改善投融资环境。借助武汉文化产权交易所、金融中介等平台，探索通过设立文化产业投资基金，在无形资产抵押、艺术授权、资质+订单、版权+收益等各类创新组合形式为文化企业提供资金支持。

5. 实施“环境创优计划”，拿出一批有效服务企业的措施

加快公共服务平台建设。运用全市各园区公共服务平台资源，为文化企业提供本行业间和跨行业的协作、合作、交流机会，有效推动多元发展途径，增强文化企业开拓市场的能力。抓紧推动文化创意相关机构的建立和覆盖，通过行业协会、中介机构、自发组织开展的各类培训、教育、宣传活动，不断增强文化企业的文化内涵和专业素养。

根据国家统计局2012年修订印发的《文化及相关产业分类》，结合《武汉市文化产业振兴计划（2012—2016年）》，抓紧推出《武汉市文化产业管理条例》，进一步明确我市文化产业主攻方向和发展目标，动态调整产业定义，让微电影、大数据采集等新兴文化企业都能准确找到自己的定位。跟踪落实国家关于文化类高新技术企业的分类标准和最新政策，进一步明确和规范高技术类文化企业的管理和服务，引导新型文化创意企业有序可持续发展壮大。加紧研究制定具有武汉特色的《文化企业考核评价指标体系》，完善监督管理机制，加大对文化企业的指导、评估、监督等一系列跟踪服务，实现在最短的时间内为文化企业的发展排忧解难，提供帮助。

切实做好知识产权保护工作。进一步重视对文化创意产品及品牌形象的保护，在专利申请、商标注册、著作权登记等环节加快办理流程，提高办理效率。同时，加强文化市场的检查管理，加大对盗版、仿制等侵权违法行为的惩处力度，净化市场。

切实加强文化企业的宣传和推广。借鉴湖南卫视“玩名堂”节目，通过湖北卫视、湖北电台、武汉电视台、武汉电台、长江商报、楚天都市报等本地域主流媒体，不定期推荐我市文化名人、龙头企业和最新创意产品，扩大知名度和影响力。

（联合课题组市社会科学院：汪涛（课题负责人） 易迎青 张 康

市委宣传部改发办：吴天勇 王五洲 陈亚琴 田雪枫 执笔人：张 康）

武汉市重点文化产业调查报告

编者按：根据市委领导指示精神，市社会科学院与市委宣传部改发办组成联合课题组，从2013年8月起，对全市文化产业园区开展摸底调研工作，对其中的重点园区、重点产业、百户企业进行系列调查，先后走访中心城区和东湖高新区的11个重点文化产业园区，召开10多次企业座谈会，与这些园区管委会负责人以及园区50多家企业负责人进行座谈，发放了园区发展、园区产业、园内企业等三类调查问卷，深入了解近年来我市文化产业发展现状和存在的突出问题。现将重点产业发展有关情况报告如下：

一、产业之力：进入全面“爆发期”

近年来，随着文化产业逐步上升为国民经济和社会发展的战略性支柱产业，尤其是《武汉市文化产业振兴计划（2012—2016）》出台后，我市文化产业进入全面“爆发期”，呈现出以下主要特点：

1. 产业增长快速。

2012年，全市文化产业实现增加值224.52亿元，同比增长21.5%，超过同期地区生产总值增幅的10个百分点。其中，文化服务业实现增加值155.44亿元，占比69.2%；文化制造业实现增加值48.52亿元，占比21.6%；文化批零业实现增加值20.56亿元，占比9.2%。从本次调研园区产业来看，各产业产出增幅均较高（见表一），创意设计、传媒出版（现代会展统计来源为汽车销售，故不作比较）2012年产值增幅都在10%以上，排名前两位。网络文化和动漫游戏的产值都在千万元级，体量相较两大支柱产业虽有明显差距，但自身增长能力潜力巨大，2012年动漫游戏产业增幅37.71%，网络文化业实现超倍增。艺术品、演艺娱乐两产业都只有百万级别，虽处于传统产业转型和再起步阶段，但增幅也分别达到100%和53.85%。

表一 部分园区各产业近三年经营收入

产业类型	2011 年		2012 年		2013 年上半年	
	经营收入（亿元）	同比增长（%）	经营收入（亿元）	同比增长（%）	经营收入（亿元）	同比增长（%）
创意设计	48.41	-	56.4	16.51	30.17	-
传媒出版	22.95	-	25.33	10.37	13.7	-
网络文化	0.95	-	3.39	256.84	1.09	-
动漫游戏	1.22	-	1.68	37.71	1.13	-
艺术品	0.015	-	0.03	100	0.081	-
演艺娱乐	0.013	-	0.02	53.85	0.04	-
现代会展	28.52	-	29.65	3.96	16.47	-
其他	0.15	-	0.29	93.33	0.18	-

注：本表数据根据 8 个有上报数据的园区汇总得到。

园区各产业企业数量增长也较快（见表二）。截至 2013 年 6 月底，创意设计、传媒出版、网络文化产业分别达到 121 家、62 家和 28 家，年均增幅分别达到 35.17%、38.59%、39.47%，保持了较快的增长势头；动漫游戏产业达到 36 家，年均增幅 15.51%；艺术品、演艺娱乐和现代会展业企业数量稳步提升。

表二 部分园区各产业企业数量

产业类型	2011 年		2012 年		2013 年上半年	
	企业数量（个）	同比增长（%）	企业数量（个）	同比增长（%）	企业数量（个）	同比增长（%）
创意设计	77	-	108	40.26	121	12.04
传媒出版	38	-	53	39.47	62	16.98
网络文化	17	-	24	41.18	28	16.67
动漫游戏	29	-	33	13.79	36	9.09
艺术品	5	-	5	-	6	20
演艺娱乐	4	-	4	-	6	50
现代会展	10	-	11	10	13	18.18
其他	4	-	4	-	4	-

注：本表数据根据 8 个有上报数据的园区汇总得到。

2. 传统行业转型升级提速，新兴产业加快发展。

运用新技术手段转型升级成为园区各产业普遍做法。比如出版业运用数字技术大力开发数字出版、数字印刷等新型业态；艺术品业运用现代网络技术和产权交易所等新型文化机构拓宽艺术品展示、收藏、销售渠道；演艺娱乐业通过开放市场、股权激励、引入社会资本等方式，进一步激发自身活力，适应市场需求。2012 年，全市文化服务业出版传媒实现增加值近 70 亿元，占全市文化产业增加值比重超过 30%。

新兴文化产业不断拓宽和壮大细分领域。2012 年，全市文化创意和设计服务板块完成增加值超过 30 亿元，占全市文化产业增加值的比重超过 13%。创意设计业充分利用武汉设计机构众多、设计技术一流、设计资源丰富的优势，在工业设计、广告设计、时尚设计等细分行业取得突破，形成英赛、汉阳造等专业文化创意产业园区，增加了创意设计业的深度和广度。

网络文化业在 2012 年取得爆炸式发展，不但在经营收入上实现“超倍增”，还利用当前最前沿的大数据、云计算技术成功建立了工信部“国家中小企业信息化服务中心武汉火凤凰平台”，教育部“全国信息技术应用培训教育工程武汉实训基地”，“国家智慧城市武汉研究中心”，为全市网络文化业的后续发展奠定了坚实基础。

3. 以园区为载体，产业实现三大对接。

一是文化产业与高校教学研发平台对接。2012 年，借助全市文化和科技融合工作的启动和推进，园区各重点文化行业得以与各类科技企业、高校研发力量合作，并通过大学生实习基地、行业培训基地等平台与院校教学平台对接，储备后备人才。借助文化和科技融合十大示范工程的实施，各产业得到市场主体、社会资本的关注，在政策、税收等方面获得优惠，为产业发展拓宽了道路。华师文化科技产业园通过文化和科技融合，有效运用科研服务平台，发展壮大园区文化产业。创意设计产业从 2011 年不足 2000 万元增加到 2012 年的 7900 多万元，产值翻了 3 倍多；文化专用设备生产业从 2011 年的 500 万元增加到 2012 年的 1800 万元，同样翻了 3 倍多，效果显著。

二是文化产业与工业服务对接。英赛工业设计产业园由服务工业企业为主要对象的文化产业孵化器成长而来，从 2011 年的 2050 万元到 2012 年的 8460 万元，园区经营收入翻了两番，园区已具有一定的业界知名度，并拥有自己的品牌和一批成长性高、发展潜力大、具有一定规模的工业设计企业，提高了工业产业水平和工业产品附加值。

三是文化产业与园区转型升级对接。我市不少中心城区的文化产业园区积极推行“腾笼换鸟”，推动工业企业向文化企业转变。如江北新媒体科技产业园充分利用爱帝、中国移动、中国电信等服装、通信业的优良企业的积累优势，引入时尚创意、时尚设计、移动互联网等新兴文化业态，提升产品附加值和吸引力，取得良好效果。与此同时，还培育出利器广告等在业界享有权威的专业性文化企业。

二、产业之惑：位次逐年下移

始于2003年的武汉市文化体制改革，让文化事业体制转型和机制创新进入人们视野，与之同时，文化产业的发展也悄然启动，稳步推进。十年后的今天，站在这座日新月异的大都市上，我们不禁要问："我们的文化产业发展得怎样，我们的位置到底在哪里？"2002年，我市文化产业增加值62.96亿元，占GDP比重4.2%；2012年，文化产业增加值达到224.52亿元，占GDP比重2.8%。纵向比较，十年间我市文化产业增加值翻了3倍多，看上去发展较快，但在整个GDP中的比重却在下降，这说明文化产业在我市经济中的贡献度在减弱，地位在下降。横向比较又是怎样的呢？

参考一：文化产业整体实力在全国副省级城市中只能排在第二梯队。根据中国人民大学文化创意产业研究中心执行主任金元浦的描述，我国文化创意产业发展分为三个阶梯：北京、上海、深圳、广州、杭州处于第一阶梯，以武汉为代表的中部发展中地区处于第二阶梯，昆明等西部欠发达地区处于第三阶梯。这样的位置与我市经济实力位列全国"第一方阵"的地位并不相称。

参考二：近年文化产业排名显现下滑态势。从2009年到2011年三年间，武汉市文化产业增加值虽保持了20%左右的快速增长，但同类城市中增长在20%以上的不在少数，长春年均增长46.77%；成都年均增长44.93%；天津年均增长29.25%。武汉在全国直辖市、副省级城市和中部六省省会城市共24城市中的排名由第8位降至第9位，文化产业增加值占GDP比重排名由第8位降至第13位。与此同时，武汉的文化产业整体实力与北京、上海、杭州、深圳等第一梯队城市的差距还在进一步拉大。2012年，武汉市文化产业增加值224.52亿元，不到上海（2269.76亿元）、北京（2189.21亿元）的九分之一，只有杭州（1060.70亿元）的五分之一，不足深圳（930亿元）的四分之一。

参考三：文化创意竞争力排名靠后。在由台湾亚太文化创意产业协会主持的《2013两岸42座城市文化创意产业竞争力调查报告》中，将城市文创竞争力从文化支持度、文化内涵度、文化融合度以及文化创造力、文化发展力、文化影响力六个层面进行综合考核和比较，最终根据综合得分将42城市划分为A、B、C、D四个等级，北京以96.828分高居首位；上海获得96.641分，紧随其后；台北以93.816分位居第三；

武汉以66.856分排名第30位，处于C类第2位，较上一次排名（2011年）还退后一位。

综合来看，武汉市文化产业尽管发展较早，具备一定实力，但在全国来看应属于10名以外的第二梯队间。

三、产业之殇："小、散、弱"起步阶段

通过调研，我们发现我市文化产业园区主导产业发展过程中还面临不少问题和困难，不论是硬件环境还是软件环境，文化创意产业所要面对和处理的困难远比一般工业、制造业等传统产业遇到的困难要大得多。

1.主导产业分散。"产业聚集程度不高"是本次调研中各园区和文化企业反映较多的问题之一。从园区主导产业情况看（见表三），除了英赛工业设计园只有一个产业外，其他园区都有4个以上文化产业，汉阳造文化创意园最多，产业类型达到8个，涵盖全部重点发展产业。

表三　部分园区产业分布情况

园区名称	产业类型	产业数（个）
江北新媒体科技园	创意设计、传媒出版、网络文化、动漫游戏	4
英赛工业设计园	创意设计	1
黄浦科技园	创意设计、传媒出版、网络文化、动漫游戏、现代会展	5
楚天181文化创意园	创意设计、传媒出版、网络文化、动漫游戏、演艺娱乐	5
汉阳造文化创意园	创意设计、传媒出版、文化旅游、网络文化、动漫游戏、艺术品、演艺娱乐、现代会展	8
光谷创意产业基地	创意设计、传媒出版、网络文化、动漫游戏	4
华师文化科技产业园	创意设计、传媒出版、网络文化、动漫游戏、文化专用设备制造	5
东创研发设计创意园	创意设计、传媒出版、网络文化、艺术品	4

再以各园区重点发展的创意设计业为例，通过其2012年的经营收入情况和所占园区年经营收入的比重（见表四），我们可以发现，尽管创意设计业企业被各园区争相吸收，但其经营收入在各园区的比重并不高，即使是以创意设计业为唯一发展方向的英赛工业设计产业园，其创意设计业2012年的经营收入也只占园区年经营收入的

40.29%，还未超过一半，东创研发设计创意园仅有0.76%，其贡献力微乎其微。

表四　创意设计业2012年经营收入在部分园区中比重情况

创意设计业	江北新媒体科技产业园	英赛工业设计产业园	黄浦科技园	楚天181文化创意园	光谷创意基地	华师文化科技产业园	东创研发设计创意园
经营收入（万元）	348938	8460	189212.8	7062	2000	7929	358
占园区总经营收入比重（%）	25.65	40.29	32.45	15.35	8	26.62	0.76

这种“大而全”的产业分布势必会分散产业力量，不能形成集聚效应和规模发展，促进相关产业链的生成。同时，由于涵盖多种产业，布局分散，也给园区管理和园区服务带来困难和不便，不利于产业发展和园区成长，甚至间接提高管理成本，造成资源浪费。

2.传统产业仍是主体。从各产业前3名企业的属性（见表五），我们可以发现创意设计业占据前列的主要是基于服装、珠宝、工程等传统产业的企业，而真正代表新兴创意设计的时尚设计、研发设计、咨询策划、时尚消费行业的企业未见身影；传媒出版业的前3名则是新华书店、电信服务商等传统产业为代表的企业，没有出现数字出版、数字印刷等新型产业代表；现代会展业的前3名完全被汽车销售商所攘括，并不能代表文化创意产业的发展方向。

表五　各产业前三名企业一览表

产业类型	企业名称	所属园区	2012年经营收入（万元）
创意产业	武汉爱帝集团	江北新媒体科技产业园	122300
	武汉金凰珠宝股份有限公司	黄浦科技园	117571
	中电科长江数据股份有限公司	江北新媒体科技产业园	75788
传媒出版	武汉华创版业发展有限公司	黄浦科技园	60000
	武汉市新华书店股份有限公司	黄浦科技园	30868
	中国移动湖北有限公司	江北新媒体科技产业园	30000
网络文化	创维得志（武汉）有限责任公司	光谷创意产业基地	20000
	武汉天罡信息技术有限公司	黄浦科技园	9846

	湖北腾楚网络科技有限责任公司	楚天181文化创意产业园	4365
动漫游戏	江通动画股份有限公司	江北新媒体科技产业园	15000
	武汉漫迪动漫文化传播有限公司	光谷创意产业基地	9000
	武汉超玩在线科技有限公司	光谷创意产业基地	7500
艺术品	武汉冠美集成家具商行	汉阳造文化创意产业园	462.9
	毕兹卡德兰空间艺术有限公司	汉阳造文化创意产业园	22
演艺娱乐	武汉智泽同盟广告有限公司	汉阳造文化创意产业园	725.4
	武汉华彩广告有限公司	汉阳造文化创意产业园	288.4
现代会展	湖北博城汽车销售服务有限公司	黄浦科技园	5130
	武汉宝泽汽车销售服务有限公司	黄浦科技园	877
	武汉丰田汽车销售服务有限公司	黄浦科技园	686

3.产业规模偏小，品牌不多。以动漫产业为例，2012年全市动漫企业数增至150家，但多以中小企业和初创小微企业为主，大型企业和高成长企业匮乏，规模最大的江通动画年销售收入仅1.5亿元。

细分产业呈现出规模不大，市场竞争压力巨大的情况。以工业设计为例：从企业规模来看，深圳有3000多家，已形成集群优势和规模效应，在技术、市场、成本等诸方面都存在着显著优势。反观武汉，只有十几家企业，相去甚远。从发展环境来看，受整体经济环境不佳和成本增长的影响，近年武汉本地工业企业市场萎缩，效益每况愈下，压缩设计、研发开支成为普遍行为，挤压了工业设计企业的发展空间，能够在市场中存活下来成为不少工业设计企业的首要目标。

从知名文化品牌数量来看，截至2013年6月，已调研的文化产业园区仅拥有国家级品牌10个，省级品牌6个，市级品牌7个，品牌总数不足25个。而像《宋城千古情》那样每年带动300万游客量、创造经济效益15亿元的全国知名文化产品还没有。

4.资金投入力度有限。“十一五”期间，全市文化产业投资269.4亿元，而天津仅2009-2012年3年内就投资1000亿元，是我市5年总投资的3倍多。在不断加大投入的同时，各地还通过建立文化产业发展基金资助本地区文化产业事业。在已成立的诸多文化产业发展基金中，北京文化创新发展专项资金每年统筹100亿元，上海华人文化产业投资基金规模达到50亿元（第一个在国家发改委获得备案通过的文化产业私募股权基金）。相较于发达地区通过政府引导、市场主导、多渠道支持文化产业发展的开阔思路，武汉市还停留在通过财政拨付资金支持的阶段。

5.产业链不完备。目前，全市文化产业上下游产业链配套严重不足，给文化企业的发展带来很大困难。实地走访调查过程中，我们发现上游产业普遍缺乏核心技术，导致关键零部件需向国外引进，如金运激光生产的激光设备中激光镜头需从美国引进；飞天智能的RID图书馆智能系统中机械手是德国进口。下游产业无法提供企业所需要的加工技术和满意产品，江通动画、博润通、海豚传媒等动漫企业的卡通衍生产品的生产都是在杭州、深圳、广州、东莞等地。上下游延伸链的不完备使得我市文化产业核心竞争力缺失，生产成本提高。

四、产业之兴：抓住“爆发期”，着力提升“五力”

近年来，全国各大城市都把文化产业作为未来发展的支柱产业和增长极。各地对文化项目、资金、人才、科技等资源要素的争夺将日趋激烈，势必对已在实力、发展环境、文化氛围上存在差距的我市文化产业发展带来越来越大的冲击。“逆水行舟，不进则退，慢进也退”。就武汉目前的情况来看，必须实施“两业并举”战略，要像抓“工业倍增”那样抓文化产业，甚至力度还要比工业倍增大，要超倍增！要坚定不移地推进“文化强市”战略，以超常规的力度和手段，“五力”并进，到2020年全市文化产业综合实力进入全国前10位，成为国家文化中心城市。

1、转变文化产业传统思维理念，提升组织领导力。

建议市相关部门多到北京、上海、广州、深圳、杭州等文化产业发达地区学习考察，感受文化产业的朝气和活力，更新文化产业发展理念，掌握最新发展动向。

将文化产业知识纳入市委组织部干部学习内容和市人社局干部教育学习内容，加强文化、宣传等文化产业相关部门的领导、部门负责人和工作人员的培训和学习，逐步提高服务文化产业发展的能力和水平。

建立文化产业发展组织领导体系。可参考北京、上海、杭州等文化创意产业发达地区的先进经验和做法，以市发改委（市经信委）为主或联合市发改委、市经信委等相关单位组建文化创意产业发展研究中心，或以文化创意产业协会（学会、研究会）等第三方机构为载体，加强文化产业的引导、规划、实施、考核、评价等工作。

2、建立健全现代文化市场体系，提升要素配置力。

发挥市场在文化资源配置中的主导作用。完善文化市场准入和退出机制，降低文化市场准入门槛，保障各类市场主体享受同等待遇，促进文化产品、服务、要素在更大范围内合理流动，充分激发和释放文化市场活力，营造有利于各类市场主体发展壮大的市场环境。

完善国有文化生产经营机制。继续推进已转制的国有经营性文化单位加快公司制、股份制改造。进一步减少行政影响，实现以资本为纽带，跨地区、跨行业、跨所有制、跨媒体兼并重组，提高文化产业规模化、集约化、专业化水平。

探索在文化领域发展混合所有制经济。支持和引导有条件的非公有制文化企业以多种形式投资文化产业，参与国有经营性文化单位转企改制和兼并重组，参与文化产业项目实施和文化产业园区建设，参与文化与科技、文化与金融、文化与旅游融合等新兴文化业态发展。

3、叫响“汉派文化”品牌，提升特色吸引力。

加强文化名人、传统文化与文化企业对接，依托高等院校、专业学院、企业、文化机构和社会团体，创新文化艺术创作机制，将艺术创作和设计与汉派文化有机结合，以杂技、歌舞剧、楚剧、汉剧为平台，以“英雄天地间”等文化节目为载体，推出10个全国知名的文化创意精品。

以创意设计、动漫游戏、文化旅游为重点，既讲究汉派文化艺术的核心传承，又融入普通群众喜闻乐见的表现形式，打造10家如凤凰卫视、深圳华强这样占据文化时尚前沿、具社会认同和市场价值,进入全国第一方阵的汉企品牌。

以文化产业园、特色街区为重点，学习研究北京798艺术区、上海田子坊、杭州西溪创意产业园、深圳F518时尚创意园这样具产业集群效应和社会知名度于一体的文化园区办园特点，逐步推出“光谷创意”、“楚天181”、“创意大道”、“汉阳造”、“英赛811”等10个国家级品牌园区标识。

4、延伸上下游产业链，提升对接融合力。

强化文化产业内部间的对接。通过中介组织、行业协会等桥梁，为相关和有服务需求的文化产业提供合作平台，如动漫业与游戏业、设计业与广告业、传媒业与广告业，等等。

强化文化产业与其他产业的对接。通过政府牵线、第三方机构协商等形式，为文化产业与有服务需求的工业、制造业、服务业等其他产业提供合作平台，创造相关产业的经济价值。

强化文化产业内容技术和生产技术的全方位对接。大数据时代的来临为文化创意产业的爆炸式发展提供了技术可能。充分发挥武汉高新科技的先发优势，让新材料、新工艺、新技术有效对接文化产品的设计、研发、宣传等重要环节，是加快传统文化产业转型创新的有益尝试。

强化文化产业延伸链的打造。通过核心技术的研发和创意团队的培养，打造具有唯一性和不可复制性核心竞争力的文化产品。立足产品本身创造适合不同行业的不同形象，开发衍生产品，形成立体交叉关联体系，发挥产业链的商业魔力，将文化产品的附加值体现到最大。

5、打造多元文化产业投融资平台，提升发展驱动力。

进一步加大政策性资金的扶持力度。在保证每年 2 亿元文化产业发展资金的基础上，按照一定比例或增幅，逐步增加财政对文化产业的投入。

尽快组建和运行武汉市文化发展投资公司，成立文化产业发展基金，统筹规划，最大限度发挥文化产业发展资金的引导、拉动作用。鼓励有实力的企业、团体、个人发起组建各类文化产业投资公司和文化产业投资私募基金，利用各类文化投资基金的杠杆作用，引导社会资本投资文化产业。

鼓励金融机构加大对文化产业的资金支持。借鉴江苏省文化产权交易所、南京文化金融服务中心、金陵文化科技小额贷款公司等新型文化金融机构的创新经验，拓宽金融支持文化产业发展的方式、渠道、产品供给和服务支撑，探索适合文化产业发展的质押融资服务，创新文化消费信贷产品，支持文化产权交易所开展文化企业股权、债权、物权、知识产权等交易活动，扶持更多的文化企业上市融资和通过债券市场融资。加强文化企业信用体系建设，营造可持续发展的良性循环市场环境。

(联合课题组
市社会科学院：汪涛（课题负责人） 易迎青 张 康
市委宣传部改发办：吴天勇 王五洲 陈亚琴 田雪枫
执笔人：张 康）

汉派文化国际视野下的特色表达

所谓汉派文化，就是武汉这个城市的文化。本文尝试从武汉城市特色中（而不是一般意义的汉剧、汉派文学等文化的角度）提炼武汉城市文化特色；从国际视野下当代城市特色表达好的一般规律中，探寻武汉文化特色如何更好地表达的对策建议。

从历史和现实分析中，武汉有12大城市特色：1.3500年的古城；2.历史文化名城；3.“水城”；4.“桥城”；5.光荣革命传统之城；6.商城；7.“诗城”；8.“钢城”；9.“车城”；10.大学之城；11.美食城；12.“中国光谷”。另外还有两个被世人熟悉的武汉的代号：“最市民化的城市”、“火炉城”。对这些特色的归纳分析，可以看出武汉城市的文化特色：1.武汉是有情有意的城市；2.武汉是热情、包容、充满活力的城市；3.武汉是具有宜居发展优势的城市；4.武汉是美丽、但不够精致的城市。（“最市民化的城市”其表象是说武汉人的生活方式、行为方式与大都市的地位和内涵相比不够雅致，其实质是指武汉与现代大都市相比，市民的现代公民素质以及城市人文环境的不完善）

要想更好地表达武汉的特色文化，根据武汉的特点和实际，根据当代特色文化表达的一般规律——注重文化与景观、生活、休闲相互结合，使文化景观化、休闲化、生活化，当下首先必须从以下以下4个方面入手：1.从突出楚文化、汉文化元素的城市整体建筑规划加强汉派文化的特色表达；2.从加强影视剧宣传规划、奖励取景武汉以及武汉故事的影视剧剧本加强汉派文化的特色表达；3.从加强市民公民教育规划加强汉派文化的特色表达。4.从加强黄鹤楼、知音文化产业化加强黄鹤楼、知音汉派知名文化品牌的塑造。

一、武汉城市12大特色

下面这十二个特点为武汉充满诗情画意和文化魅力的支柱，武汉的文化特色，就物化在这些历史和现实以及亭台楼阁、山川湖泊之中。

1.武汉是古城。盘龙城，证明武汉有3500年文明传承史。

2.武汉是历史文化名城。文化底蕴深厚，博大精深。“盘龙文化”，件件殷商青铜器皿，展示着当时制造业的巅峰水平，开启江城文明之光；“知音文化”，高山流水，琴台知音，千古佳话，铸就武汉人重情、践诺、守信的品质；“木兰文化”，木兰替父从军，巾帼不让须眉，传承着中华民族的爱国传统和尊老美德；还有萦绕于斯的荆楚文化、黄鹤文化、东湖文化、道教文化、佛教文化等，都浸润着这里的一草一木。

3. 武汉是“水城”。武汉得天独厚的优势是两江交汇，江河湖泊纵横交错，星罗棋布，水域占市域面积四分之一，为那些缺水的城市、国家和地区所羡慕；武汉因水而成城，因水而成名，因水而吸纳天下文人骚客，因水而商贾云集而成为华中最大商埠，因水而具有极好的发展前景。

4. 武汉是“桥城”，坐拥大小桥梁1200多座。

5. 武汉是具有光荣革命传统之城。在中国近、现代史上，因为有了武汉，才更加多了几分激情与活力——武汉是辛亥革命首义地，推翻两千多年封建帝制，建立民主共和制的国家的第一枪是在武汉打响的。武汉是二七工人运动的发祥地之一，这里留下了施洋、林祥谦、向警予、彭刘杨等革命壮士的足迹。武汉是北伐时期国民政府所在地，这里又曾是南京失守后的抗日大本营。武汉人民与全国人民（其中包括原苏联志愿者）英勇抗日，使日本侵略者在这里付出了沉重的代价。武汉有中国最早的现代工业——汉阳铁厂。

6. 武汉是商城。汉正街，汉口最古老的一条街道之一，历来是武汉商业的聚集地之一。武汉是中国最早的对外通商口岸之一，早在19世纪中叶，武汉就已有中外交流的活动。在随后的大半个世纪，汉口由商业重镇一跃而为国内屈指可数的国际贸易商埠，武汉大有“驾乎津门，直追沪上”的势头，并被誉为“东方芝加哥”。改革开放以来，企业砸“铁饭碗”，是武汉商企“打响了第一枪”；全国商业第一股，是“武汉造”；全国单体百货销售的15年冠军，在武汉；全国最长步行街，安家武汉…… 作为全国商业重镇，武汉商业从来就不缺少全国第一。无论是过去，还是现在。

7. 武汉是“诗城”，从屈原、李白、崔灏、孟浩然，一直到伟人毛泽东，都在这里留下大量流传千古的诗篇；单就中国三大名楼之一的黄鹤楼而论，历代名人墨客无不在此留下笔迹，各种诗词歌赋文联不下400篇。数不胜数的名篇诗句，阅不尽的名人历史画卷，它们既描述了武汉的壮丽景色、江湖浩淼，又写出了武汉的豪迈。

8. 武汉是“钢城”，新中国第一座自己兴建的钢铁企业———武钢，效益雄居全国第二。

9. 武汉是“车城”，神龙轿车驶入家庭，声誉日隆。

10. 武汉是大学之城。全球没有哪一个城市，像武汉这样，有这么多大学生。据2013年统计数据，武汉常住人口1012万，而在校大学生和研究生总数118.33万，占常住人口的10%以上，占全国在校大学生和研究生总数的4.78%，位居全球城市第一。85所高等院校，每年百万学子涌汉，科教优势一直被认为是武汉除“九省通衢”外的另一招牌。正是因为看中了武汉的科教优势，联想、尼韦尔、赛默飞世尔、IBM等世界500强公司纷纷斥巨资在汉成立分公司。2010年，深圳华大基因斥资100亿元，在武汉光谷生物城发展基因产业。据报道，武汉多位官员在接受21世纪经济报道记者采访时，都乐于列举一个招商案例：一位外国投资者来到光谷，从没见到这么满大街高密度的大学生，当即被这个城市的年轻和活力震撼，决定投资武汉。

11.武汉有“中国光谷”。光谷是新兴产业和品牌企业的诞生、聚集之地。通过二十多年建设发展，东湖高新区形成了以光电子信息为龙头，生物工程与新医药、环保能源、机电一体化、高科技农业等高新技术产业竞相发展的产业格局。建成了中国最大的光纤光缆制造基地、中国光通信领域最强的科研开发基地、中国最大的 IC 卡网络产品生产基地、中国最大的激光设备生产基地，还有正在建设中的汽车电子产业基地和逐步壮大的手机产业群。7000 多家企业的聚集、20 家世界 500 强企业的抢滩入驻和 15 家上市公司的领衔开拓，武汉·中国光谷的产业实力不断增强。

12.武汉是美食城。因为历史悠久，占尽九省通衢之便利，形成了独具特色的菜肴和名目众多的风味小吃。武汉菜的花色品种较多，注重刀工火候，讲究配色与造型，尤其以煨汤技术最为独到。著名的菜点有清蒸武昌鱼、黄焖甲鱼、皮条鳝鱼、橘瓣鱼圆、洪山菜苔炒腊肉、黄陂三合等。

武汉名小吃有：豆皮、汤包、热干面、瓦罐鸡汤、水饺、烧梅、什锦豆腐脑、麻蓉汤圆、油香、汰汁酒、牛肉米粉、牛肉豆丝、糊汤粉、牛骨头、桂花赤豆汤、牛肉面、一品香大包、鸭脖子、周黑鸭、小张烤鱼、清蒸武昌鱼、汪集鸡汤等。

二、从武汉城市特色提炼出武汉城市文化特色

对武汉城市特色的综合分析可以看到，武汉城市文化的一些突出之处：武汉是有情有意的城市；武汉是热情、包容、充满活力的城市；武汉是具有宜居发展优势的城市；武汉是美丽、但不够精致的城市。

1.武汉是有情有意的城市——昔人乘黄鹤上天取经，我们修黄鹤楼千年盼归，是一份情调。黄鹤的传说成就了黄鹤楼，黄鹤楼一直是外地人认识武汉的标志性建筑；知音故事“伯牙摔琴谢知音”也是讲的武汉人重情、践诺、守信的品质。

白云黄鹤与知音故事，背后隐含的都是“情”、“义”，它们和“木兰替父从军”故事都是武汉独有的、宝贵的城市文化资源。

2.武汉是热情、包容、充满活力的城市——商业重镇、“东方芝加哥”；中国光谷；

具有首义革命等光荣传统；“诗城”，从屈原、李白、崔灏、孟浩然，一直到伟人毛泽东，都在这里留下大量流传千古的诗篇；大学之城，在校大学生和研究生总数占到常住人口的10%以上……这些特点都说明武汉有活力、有激情，“敢为人先，追求卓越”。

在中国以及世界快速进入老年社会的时代，武汉在校大学生和研究生总数占到常住人口的10%以上，是一个非常突出的与老龄社会相对的特点。根据联合国的统计标准，如果一个国家60岁以上老年人口达到总人口数的10%或者65岁以上老年人口占人口总数的7%以上，那么这个国家就已经属于人口老龄化国家。按照这个标准，中国已进入老龄化社会。据第六次全国人口普查统计，全国26个省份（84%）65岁及以上人口占总人数比例超过7%，进入了老龄化社会，低于7%“红线”的仅有5个省份。10%以上常驻人口的在校大学生和研究生是武汉的宝贵资源，也使武汉文化充满激情和活力。

3.武汉是具有宜居发展优势的城市——得天独厚的“水”优势，两江交汇，江河湖泊纵横交错，星罗棋布，水域占市域面积四分之一；拥有一千多座桥梁；除了名湖东湖，还有龟山、蛇山、洪山、磨山、木兰山等名山；因为历史悠久，占尽九省通衢之便利，形成了独具特色的菜肴和名目众多的风味小吃；最近20多年的城市快速发展，城市面貌日新月异，更新和形成了一批新的城市地标建筑，比如汉口江滩、楚河汉街、首义广场、光谷广场、地铁、轻轨等。上述这些特点不仅使武汉初具国际大都市规模，也显现武汉生态宜居城市的特点和潜力。

4.武汉是美丽、但不够精致的城市。

在上述列举的武汉城市十二个特点中，还有几个世人熟悉的武汉特点没有列举其中，比如“最市民化的城市”、“火炉城”等，这几个特点不单单是正面的，也是尖锐的指向武汉的问题。

“最市民化的城市”的含义，其表象是说武汉人的生活方式、行为方式与武汉大都市的地位相比不够雅致，其实质是指武汉与现代大都市相比，市民的现代公民素质以及城市人文环境的不完善。

城市的人文环境包括由语言、历史、服饰、饮食、建筑、交通、教育等因素组成的以人为主体的社会环境，这些对市民的价值观以及外人的感受都会起到不可小视的决定作用。很明显，这些因素中语言的影响首当其冲。

有人认为，上海和广东是国内通过语言竖起坚强本土壁垒的城市，听不懂上海话，甚至会使基本生活质量受到影响。武汉话几乎没有这样的影响，武汉包容的特点也体现在武汉话中。但是，武汉人说话的大声大气，是常常被诟病的生活方式、行为方式之一。

汉派文化作为一个名词提出，很大原因是因为武汉人说的是有特点的武汉话。汉话作为武汉文化的代表，产生了以汉话为方言的汉剧和楚剧等地方剧种，武汉汉剧团产生过汉剧大家陈伯华；汉剧进京，给京剧新的元素和生命力，这也是汉话最大的功劳之一。楚剧《葛麻》是楚剧优秀传统剧目，1952 年武汉市楚剧团在传统的基础上重新整理、加工，上演后分别获第一届全国戏曲观摩演出大会上剧本奖、演出奖和中南地区第一届戏曲观摩演出优秀节目奖。该剧于 1956 年和 1976 年间二次被拍摄为舞台戏曲艺术电影，风靡全国。除了武汉，楚剧在湖北地区也广为流行，很多县城都有楚剧团，看楚剧团演戏是上世纪 80 年代以前很多湖北县城、农村人的最大的享受。

但是，武汉话也有瑕疵：声音大，语言直率，爱带脏话……这些特点使武汉话与别的相近的都市方言的比较中容易产生一些对武汉不好的印象。比如武汉人说汉话与江南一带的方言相比，大声大气说话给人强势不优雅的感觉；汉话常常爱带着一种脏话氛围，而这种氛围很容易感染给周围人不愉快的情绪，汉话语言直率到锋利，在外地人听起来像在吵架或骂人；汉话快人快语淋漓的表现方式，使汉话很容易被刚接触的人抵制或者产生反感。

“最市民化的城市”其中内含的另一个意思是指汉派文化急功近利的特点。如认为武汉，一直是中国南北与东西的交汇点，表现出浓重的码头文化特征，码头是南来北往的地方，用的是一种码头语言，表现的是一种排斥文化，一种短视，也就是急功近利。汉派服装的发展历程似乎恰好在说明急功近利这个特点。汉派服装最辉煌的是上世纪九十年代，当时汉派服饰受南方开放前沿的渐进影响，吸收港式服饰的潮流，实现本地化，在短期内有较好的收益，几千家服装厂聚集在武汉市内，武汉市的各大商场都有汉派服饰的柜台；但是在辉煌的时候，各家厂的服装样式雷同，什么好卖大家一窝蜂而上，也就是汉话所说的“撮虾子”、“撮短水”、“捞一票就走”等等，这种急功近利的作为使汉派服饰昙花一现。在缺乏长远的眼光和长期规划的背景下，汉派服饰的可持续辉煌成为不可能。

还有一种观点认为，与充满激情、创新相对的一面，是武汉文化也有破坏性、杂乱、平民的一面。武汉远离皇城根，历史上做过国都的时间也不长，因此带有江湖文化的气息，汉派文化中有一些因素对体制的破坏能力非常强。像池莉和方方的小说，对于汉派文化的表现更体现在一种杂乱无章上，尤其是其生活化的描述，而那些更多的是武汉在改革开放前留下的一种封闭状态下的阴影。

汉派文化江湖文化气息的另外一个表现就是浓烈的平民意识，一方面，在武汉人的观念中，没有那么深的等级和贫富观念，容易包容外来的东西，另一方面对精英文化的消解也是其特征之一。“对于文化人，平民百姓有一种蔑视。即使像白云黄鹤代表的荆楚文化的建筑代表黄鹤楼，武汉人对他根本就没什么兴趣，如果你去调查一下，生活在黄鹤楼底下的平民，至少有八成都没有上去过。‘不就是一座楼吗？’这基本能代表武汉人的看法。所以，外地人对武汉人有着一种误读。这种误读表现在文化上，觉得是不可思议的，他们很难想像，一个开大奔的人，去一个脏兮兮的小摊上过早，在他们眼中应该去茶楼或酒吧才是。因此，外地人进入武汉，会有一种强烈的排斥感，没有在一种世俗规则下的安全感。他们看到武汉人是一种自由散漫，在公汽上会像在自己家客厅一样抽烟……”①

三、汉派文化当前须要从加强城市建筑规划、加强影视艺术宣传规划、加强市民的公民教育规划、加强黄鹤楼与知音文化的创意品牌等方面加强特色表达

学界认为，城市文化一般由代表城市形象感观识别的物化文化、代表城市精神识别的技术文化、代表行为识别的行为文化以及代表理念识别的心智文化、代表规范识别的规范文化等组成②。笔者认同这样的观点，同时认为，要想更好地表达武汉的特色文化，也必须从这些方面入手，根据武汉的特点和实际，加强规划解决好城市建筑、影视艺术、市民的公民教育、加强黄鹤楼与知音文化的创意品牌等方面的问题。

1. 从突出楚、汉文化元素的城市整体建筑规划加强汉派文化的特色表达

城市建筑的“公共性”可以很好地表达“文化的公共性”。任何一座城市建筑，从规划、设计到施工、使用、维护甚至成为景点或经典，作为城市精神的物质载体，都是城市文化最重要的表达方式。在欧美等国家，最多人的是两个地方，一个是教堂，另一个就是广场。城市建筑除了要有供人工作、生活、休闲的场所之外，还要有一个精神的栖息地与公共意见的话语空间，而行使这两种功能的场所就是教堂和广场。作为特殊的一种建筑，广场的话语空间功能，是一个时代政治文明进步与发展的标志。

武汉要想特色表达好自己城市的文化，无疑要利用好城市建筑这个重要的载体，特别是提供市民休息、交流的城市公共建筑——街道、广场、公园、地铁、车站等。武汉近 20 多年城市建设的快速发展，在吸收西方现代化的建筑元素方面与全国一样，

①无边落寞的 BLOG：谈谈汉派文化（2006-06-14 ）新浪网

②城市文化如何公共表达 2014-05-24 新浪网

进步很大，步伐很快，但是在突出利用本土优秀文化元素——楚文化方面，还需要进一步加强。武汉最新近的城市地标建筑“楚河汉街”，注意到了这个问题，取“楚河汉街”之名就很有武汉特点，光听名字就给人留下非常好的、鲜明的印象，其中的精美建筑都是民国时期的“老武汉”式样，是汉味与现代的结合，很好；但是“楚河汉街”里面楚元素不多，最好看、有名的汉秀剧场是大红灯笼，如果能给代表楚文化的“凤”这样突出的地位，不知效果如何？

笔者认为，鉴于楚文化的影响，在武汉的城市发展中应给与楚文化更多的重视和利用。湖北是楚文化的发生和发展之地，武汉作为湖北的首府、楚文化所在地的特大城市，应该重视上世纪70年代以来、楚艺术品大量出现后对楚文化的一些新的评价和影响——楚文化被认为是与古希腊文化并列的世界文明的代表；楚文化精神中的自由激扬等特色部分是长期以来中国文化中被压抑的。通过楚艺术品我们也可以直观体会到楚文化中的自由激扬、开拓创新的精神。

楚文化与古希腊文化并列的世界文明的代表地位以及楚文化中“自由激扬、开拓创新”的精神无疑对推动武汉今天的城市建设具有重要意义。有鉴于此以及楚文化的新的巨大影响和楚文化自由激扬、开拓创新的精神，武汉应该重视研究在城市现代化建设中如何大量引入与现代感想融合的楚艺术品元素，让楚文化“自由激扬、开拓创新”精神与现代城市建筑和市民生活更紧密地发生联系；不断要注意在一些大型、单体建筑中体现楚文化，应该在整体的城市休闲景观中体现楚文化。

比如，使“凤”成为当代武汉街景以及城市形象的重要标记。

楚艺术品“虎座凤架鼓”因为两只优雅的凤绕圆形大鼓而立，凤脚下配饰活泼小老虎，造型精美、动感、圆润，其复制品已经成为一些大型建筑大厅、五星级酒店大堂里醒目的装饰品，从突出武汉地域特色和凤所代表的文化意义而言，以楚文化中“虎座凤架鼓”、凤纹图案等不同凤的造型为原型，创造出活泼、优美的“凤”装饰街灯等重要公共场所，使凤成为当代武汉城市景观形象象征和重要标记，非常必要；相对于路易十四时代用行政手段全力推动给城市装上蜡烛街灯而言，也是可行的。

据载，古代传统中，有一种鸟因为高大、全身五彩金色羽毛，能歌善舞，被古人认为是太阳的精灵，吉祥平安的象征，是神鸟，是鸟中之王；神鸟中的雄鸟叫“凤”，雌鸟叫“凰”。楚人尊凤，有证可考的历史至今已有七千多年。最初是由其远祖拜日、尊凤的原始信仰演化而来。对楚人而言，凤不仅是神鸟，也是楚国尊严的象征，渗透到文化、生活、艺术的方方面面；从文物中也可以看到，凤纹彩绘千姿百态，动感飘逸。楚人尊风的影响也深刻烙印在中国文化里，在中国传统理念里，凤和龙一样代表着吉祥如意，龙凤一起使用多表示喜庆之事。

如果武汉现在所有的街灯灯架由简单的丫字型、支字型被优雅、动感的凤型所代替，不仅使街景增加了美感，形成武汉景观的楚文化特色，那将也使得武汉吉祥如意满城市，天天都是好日子；随着闪亮的灯光，城市每天都给市民和参观旅游的人们送去希望和祝福。

同理，也可以考虑在公交站等重要公共场所以及公共建筑中引入凤造型的装饰，使优雅的凤成为武汉城市景观形象的象征和重要标记。

此外，在楚国800年历史中，产生了许多今天我们仍然熟悉的、潜移默化于我们思维中的成语典故："一鸣惊人"、"一言九鼎"、"毛遂自荐"、"刻舟求剑"、"狐假虎威"、"画龙点睛"，"以子之矛、攻子之盾"、"退避三舍"等数百条成语。可以考虑用这些喜闻乐见的成语以绘画、皮影、故事等多种形式装饰城市公共场所。

2. 从加强影视剧宣传规划加强汉派文化的特色表达

武汉特有的文化资源花木兰的故事曾经被好莱坞拍摄，在全世界放映，但是世人知道《花木兰》，未必知道武汉。加强影视剧宣传规划，就是制定奖励以武汉取景、以加入武汉故事元素拍摄的影视剧一系列规定和措施，在宣传影视剧的同时，加大宣传武汉的力度。

电影在声音、画面上具有强烈的冲击力和震撼力，除此之外，电影有故事有情节，有审美价值观和人文价值观的认同和引导，由此产生对人性的直接触摸和心灵强烈的感染力。通过电影这种载体，输出的不仅仅是美景和故事，还有价值观和文化，所以，电影不仅仅是营销城市，更是直接加强城市的文化软实力。不仅是城市，大到国家，也利用电影宣传地理风貌，更宣传文化和价值观。美国电影《拯救大兵瑞恩》、《泰坦尼克号》等大片向人们传达的就是他们认同的对人的生命的尊重，其大片主义等价值。在资本主义国家、市场化充分发达的美国，获得三项奥斯卡金像奖的《卡萨布兰卡》就是美国情报局出资拍摄的。

台湾的许多城市也因电影电视而扬名。台北彩虹河滨公园浪漫的夜景被《流星花园》和《爱情魔发师》等多部偶像剧相中，现在成了情侣到台北必访的景点；《流星花园》拍摄地嘉义中正大学更受到观景者热捧，日本和泰国旅行团体特意为此推出"中正大学游"新景点。

认识到由电影、电视剧来营销城市，比广告等其他途径更好，大力发展城市文化软实力，借文化软实力提升城市综合实力，成为台湾各城市的积极行动。总结前期的经验，现阶段台湾城市并不只是简单地邀请剧组取景拍摄，还推出多种奖励拍摄的措施，通过发放电影补助金，电视剧、电影奖励，制定奖励地方拍摄者个人的法规，提供剧组人员食宿、交通消费等，积极争取电影、电视剧到自己的城市创业。

客观地讲，武汉不缺美景和故事，缺少知名度。比如武汉的水景，曾获得多个国家级称号，这些生态水网修复工程以及“一湖一景”的风彩各异的湖泊公园，使武汉生态环境恢复良好、风姿更加秀丽。但从媒体的调查以及多方面的反映可以看出，人们对这些缺乏认识和了解，外地人不知道武汉的水景生态特色，只以为武汉是座工业城市、市民化的城市；本地市民也缺乏对武汉水景生态特色的认识。

从以上分析来看，借鉴台湾等现代城市借偶像剧宣传的经验，武汉也完全有条件、有必要用制定发放电影电视剧奖励补助金，奖励地方拍摄者个人等法规，积极争取电影、电视剧到武汉拍摄等途径，提升武汉城市文化特色知名度，并由此加快城市文化产业及第三产业的发展。

3. 从加强市民公民教育规划加强汉派文化的特色表达

就武汉而言，市民的一些被诟病的不文明行为同在境外中国游客的种种不文明行为一样，其实质是传统文化割裂和现代文明教育阙如带来的双重后遗症。面对这些问题，如果武汉要建设的是一个现代化的大都市的话，仅仅是树立榜样、制定规则的作用太有限，必须加强市民公民教育规划，加之市场化的措施和手段，再加上榜样的带动、规则的约束，使市民的公民教育在社区基层和生活中常态化。这种教育包括学习优秀的传统文化和现代文明两个方面。

在社会生活方面，传统中国与现代社会有两个明显不同的特点，其一，传统社会是熟人社会，现代社会是陌生人社会。一些价值观在全球是通行的，不论一个民族的历史如何以及经济发展程度如何，都主张尊重生命、爱好和平等等。但在有些审美或价值观方面，由于文化或经济发展的程度而有差异，有些行为在熟人社会是习惯，在现代社会就有可能被斥之为“丑陋”、庸俗、小市民；其二，传统中国与现代社会群己的限制方式和内容不同。过去遵守皇帝定的规矩多，现代要求遵守公共场所规矩的多。

比如熟人社会之间是没有多少隐私和秘密的，问对方的收入和年龄似乎正常——这不能据此就说“不文明”或“丑陋”，大伙觉得一个村子或一个宗族的，或者一个单位的，有什么可以藏着掖着的？但到了北京、上海、广州这些大城市，多数市民觉得这样做不礼貌。这就是风俗随时代而变。

比如武汉人的大声大气说话，喜欢热闹，也是源于传统社会的一种习惯。传统社会办喜事大宴宾客或正月闹元宵，多是熟人聚会，那是越热闹越好，为空旷而偏远的乡村带来活力。我们习惯了在农村或边远牧区看到鞭炮齐鸣，看到酒桌上划拳吆喝，看到两个老乡路上碰到相隔数十米外就大声呼唤表示亲热，觉得很正常。可都市是一个陌生人社会，在都市里活动是要严格遵守公域和私域界线的。质言之就是：自己的权利要维护，别人的权利要尊重。在自己家里，不影响外人的前提下你尽可以放松；但出了门在公共场合，因为公共空间狭小、人员数量比传统社会多得多，所以，传统社会的许多习惯必须改变，为了自己的安全以及快乐和他人的安全以及快乐，必须遵守一些公共规则，所有的言行的界线是：不能超越规则的限制，不能损害别人。

但是，传统文化并不是一无是处，只是在我国，由于前几十年的政治运动，许多好的传统当作“四旧”被破除了。中国古代社会讲究温文尔雅的为人处事方式，待客、做客讲究“入乡随俗”，“彬彬有礼”，“礼尚往来”，“无功不受禄”等等，这些做人、待客和做客的道理，是基本的人生教育。这样的温雅的形象，在今天一些台湾游客身上还隐约可现。今天台湾地区的人，到各地经商、旅游、留学的比例很大，同样是炎黄子孙，他们获得的评价比大陆的游客好，因此根源并不是中国文化，更不能说中国文化的缺陷导致难以适应全球化。

在传统被割断时，我们也未能接受完整的现代公民教育，接受的是一种革命性很强的道德教育，对同志像春天般温暖，对敌人像秋风扫落叶无情，而不是对一个人应该有最起码的尊重。这样就会导致有些人因人而异的社交态度和习惯。在以“阶级斗争为纲”时，以“阶级弟兄”和“阶级敌人”区分待人，到了今天，就以对方地位或贫富程度来区分。三十多年改革开放，经济飞速发展时，公民基本道德教育没有同步跟上，以至于在有些地方“钱”成为衡量一个人地位高低、成功与否的最重要标志。“把顾客当上帝”，本来是服务业从业者的自我勉励，作为被服务的对象，如果过于强调这一点，就成了“有钱就是老大”，我只要有钱来消费，似乎就可以践踏起码的社会公德。

武汉的市民组成的特殊还表现在除常住人口以外，武汉每年100万的外来大学生，100万的大学毕业生也有一部分留在武汉，这当中从农村、县城来的人比例很大，还有数十万从农村、县城来的流动经商人员，大武汉的发展需要他们，也要给他们提供学习现代公民基本道德的机会。

综上所述，加强公民教育，是创造良好的城市人文环境、建设现代都市的重要内容之一。武汉要想建设现代化国际大都市，在此过程中保持汉派特色文化，加强对市民的公民教育是必不可少的：除了小学、媒体、单位人的宣传教育，当前应该大力加强社区常态化的市民基本公德素质教育，加强社会人的教育、管理；以培养社会人良好的行为规范为重点，鼓励各种力量、各种形式在社区坚持常态化的市民基本公德素质教育。

4. 从加强黄鹤楼、知音文化的创意产业化加强黄鹤楼、知音汉派知名文化品牌的塑造

近年来，黄鹤楼公园的变化很大，5A级风景区达标建设使得周围以及整个蛇山都变得洁绿亮美，举办活动的内容也越来越接地气、越来越现代。为了充分展示我市以“黄鹤楼”为代表的深厚诗文化，黄鹤楼公园已成功举办七届面向全球华人的诗词大赛，吸引创作了一大批优秀古典诗词，并聚集一大批诗人和诗歌爱好者；为了创造性地以现代新样式进一步彰显和丰富“诗城武汉”的内涵和内容，2014年黄鹤楼公园在市委宣传部的指导下，与市群艺馆、长江日报共同举办了武汉首届“黄鹤楼杯”歌诗汇大赛活动。

“黄鹤楼杯”歌诗汇大赛具有现代特色文化表达规律中的一些元素（文化与休闲、与景观结合中的多元表达），比如，注意活动进一步扩大参与面、丰富表达形式：从鼓励原创“写诗”提升到鼓励用朗诵、歌唱、舞蹈等多种多彩的艺术形式把美好的诗歌广泛性地表达出来；表达内容上除了要求内容积极向上、符合大众审美情趣，诗歌原则上以黄鹤楼为主题外，无论现代或者古典、原创、经典均可；通过发动大众的参与，倡导诗意雅致的生活方式，以富有特色的活动把武汉营造成“一座诗意荡漾的城市”。

“黄鹤楼杯”歌诗汇大赛只是一个好的苗头，相对于武汉1000多万人的特大城市，这样的活动目前吸引参加的人不能够算是太多。

问题的另一面，如同网友揶揄的那样：“像白云黄鹤代表的荆楚文化的建筑代表黄鹤楼，武汉人对他根本就没什么兴趣，如果你去调查一下，生活在黄鹤楼底下的平民，至少有八成都没有上去过。‘不就是一座楼吗？’这基本能代表武汉人的看法。”黄鹤楼的传说与知音故事一样，似乎是墙内开花墙外香，在外面的影响比对市民的影响还要大。究其原因，黄鹤楼的传说、知音故事它们与市民的生活隔得太远、形成公园后开展的创意产业不够休闲。

在现代，随着生活水平的不断提高，人们往往不再满足于商品（消费）本身的使用价值，而更关注商品和消费中的观念价值，即其中被注入的文化要素。

文化、景观、休闲三者的结合正顺应了这样的变化，满足了人们对提升生活品质的需求，是一种新型的适应大众的生活方式，文化景观休闲日益成为经济发展和社会进步的重要驱动力。仍然认为文化只是一种精神的东西，是一种认识的误区："把经济价值和物质利益排除在文化之外，使文化变成一种纯精神的东西，是狭隘的认识"[①]。国内外无数成功的文化产业、文化项目说明，文化、景观、休闲的融合，文化资源与生态资源与资本的结合，是使文化景观休闲形成产业的关键。同时，使文化也获得新的特征和功能：在推进社会文明的进程中，同时有高效率的经济回报。无论在电影、电视、网络、动漫，还是在旅游景区、步行街区、城市布局等方面，文化景观休闲，既直接贡献经济增长，又直接关系民生幸福，文化、生态资源经与资本市场的结合由"软"变"硬"。

文化、景观、休闲三者的结合顺应了时代的变化，满足了人们对提升生活品质的需求，文化景观休闲在现代日益成为经济发展和社会进步的重要驱动力。借鉴已有的经验和教训，文化、景观、休闲深度结合必须遵循以下三个原则：突出体验、感受的原则；文化与生态有机融合的原则；政府与市场共同投资原则。文化、景观、休闲的结合有以下三个主要途径：利用高科技创新手段提升创意转化力；对文化多元性的包容；好的品牌。

当下，武汉文化的发展也是在顺应"文化、景观、休闲三者结合"的大潮流，黄鹤楼近年开展的"歌诗汇"，让黄鹤楼诗文化歌出来、舞出来、说出来等，是一个很好的苗头，是需要关注和支持的好项目。如果按照"突出体验、感受的原则；文化与生态有机融合的原则；政府与市场共同投资的原则"加强对其的规划、投入，利用高科技创新手段提升创意影响力，可以期待黄鹤楼品牌在武汉文化特色表达中发挥更大的作用。

"知音"是武汉另外一块还没有开发出来的宝贵文化资源。知音故事中宣传和弘扬的"诚实守信，平等向善"的信念，与专制极权历史相对而言，是代表中国历史亮点的一个标记，具有世界影响力。正因为如此，知音文化不仅在中国广为流传，这一典故的影响也早已走出国门。1967 年，国际天文学会将水星上一座环形山命名为"伯

①赵德健．文化"变现"不能饥不择食［N］．人民日报，2012-6-28；

牙山”；1977 年美国发射的“旅行者”号太空飞船上面携带的 27 段音乐唱片中，就有中国古曲《高山流水》。流传国外的一些“知音亭”、“知音树”说明，“高山流水遇知音”不仅感动中国人上千年，也飞越了国界、引起世人的共鸣。

但是，与黄鹤楼开展的活动、近年来的发展建设相比，琴台公园的变化要小，开展的活动品牌影响力也更小。琴台公园在武汉当代生活中的影响与“知音文化”应该具有的地位是非常不对称的。

建议，近期可以考虑以黄鹤楼带动琴台。可以考虑在黄鹤楼公园内的宣传导游中，加进“知音故事”内容，在黄鹤楼与两江四岸游的套票里加进“琴台公园”。下一步，再将“知音故事”详细规划进创意产业里。

（执笔人：吴　琳）

武汉市社会治理创新路径研究

十八届三中全会提出了“完善和发展中国特色社会主义制度，推进国家治理体系和治理能力现代化”的全面深化改革总目标。在国家治理体系中，社会治理是重要的方面。改进社会治理方式，实现社会治理现代化，是实现国家治理体系和治理能力现代化的基础。探索一套科学高效的社会治理现代化模式和机制，是当前推进社会体制改革的迫切之需。近年来，全国各地积极探索社会治理创新，形成了一些值得借鉴的模式和经验。武汉市在社会治理创新探索上，也出现了在全国较有影响的方面，比如武汉百步亭社区治理、武昌“全国社区治理和创新实验区”探索，在全国都有较大的影响。但总体来看，当前我国社会治理现代化无论在理论体系还是操作实践上，都尚处于探索过程中，并无成熟的经验可循。本研究旨在厘清社会治理概念的内涵与外延基础上，通过分析国外社会治理趋势特点、考察国内其他城市或地区社会治理先进经验，并在对武汉百步亭社区、武昌“全国社区治理和创新实验区”探索实践进行调查分析的基础上，提出符合武汉市情的社会治理方式转型机制，探索实现社会治理现代化的有效路径。

一、社会治理基本内涵

自党的十六大提出加强社会建设议题以来，我国社会建设理念经历了从“社会管理”向“社会治理”的转变。十八届三中全会提出创新社会治理体制、改进社会治理方式的要求。这一理念的转变，蕴含了社会建设主体、客体、内容、方式等一系列要素的转型。

（一）何谓“治理”

“治理”一词是西方舶来品，其作为一个概念所出现的时间在西方存在争议。但比较有共识的是，治理理论在西方兴起并流行于20世纪90年代。法国让—皮埃尔•戈丹认为，治理是一种合作主义的政治结构。杰瑞•斯托克提出治理理论的主要主张：（1）去中心化。国家或中央政府向地方分权、向社会分权；（2）多中心。政府之外的治理主体参与到社会事务当中，政府与其他社会组织共治、社会自治成为常态；（3）反对夸大纯粹市场的作用；（4）多种水平的治理与多种工具的使用并存。我国学者俞可平从治理与管理的区别角度，对治理理念进行了辨析。他认为治理与管理的区别表现在：其一，权力主体不同。统治的主体是单一的，就是政府或其他国家公共权力；

治理的主体则是多元的，除了政府外，还包括企业组织、社会组织和居民自治组织等。其二，权力的性质不同。统治是强制性的；治理可以是强制的，但更多是协商的。其三，权力的来源不同。统治的来源就是强制性的国家法律；治理的来源除了法律外，还包括各种非国家强制的契约。其四，权力运行的向度不同。统治的权力运行是自上而下的，治理的权力运行可以是自上而下的，但更多是平行的。其五，两者作用所及的范围不同，统治所及的范围以政府权力所及领域为边界，而治理所及的范围则以公共领域为边界。

（二）社会治理的基本内涵

在西方语境中，治理理论涉及领域广泛。治理理论的代表人物R.罗茨归纳了治理的六种形态：作为最小政府的治理、作为公司治理的治理、作为新公共管理的治理、作为“善治”的治理、作为社会调控制度的治理、作为自组织网络的治理。其集中表现为一种社会思潮。而社会治理主要涉及政府与社会的关系，主张去（政府作为）中心化，政府掌舵，政府、企业、社会组织、公民多层次多中心协作治理。

我国对社会治理格局有一个循序渐进的认识过程，体现为从社会管理向社会治理理念的转变。十六届四中全会在《中共中央关于加强党的执政能力建设的决定》中创造性地提出“建立健全党委领导、政府负责、社会协同、公众参与的社会管理格局”。2012年党的十八大报告指出：“要围绕构建中国特色社会主义管理体制，加快形成党委领导、政府负责、社会协同、公众参与、法治保障的社会管理体制”。十八届三中全会明确提出“推进国家治理体系和治理能力现代化”的改革总目标，“治理”一词被反复提及。在社会建设领域，提出创新社会治理体制、改进社会治理方式、激发社会组织活力。

从“社会管理”到“社会治理”的转变角度，可以归纳社会治理的基本内涵：

（1）在社会治理理念上，由管控为主转向管理与服务相结合；（2）在社会治理主体上，由政府对社会的单向治理转向政府、企业、社会组织、公民的合作共治；（3）在社会治理方式上，坚持党委领导，发挥政府主导作用，鼓励和支持社会各方面参与，实现政府治理和社会自我调节、居民自治良性互动；（4）在社会治理目标上，实现社会治理现代化、构建和谐社会。

二、国外（西方）社会治理的趋势特点

“治理”作为一种理论兴起于20世纪90年代，但作为政府与社会的关系理念产生于上世纪70年代西方国家的新公共管理运动。西方福利国家政府急剧膨胀的公共支出带来普遍的财政危机、政府过多包揽社会事务造成的信任危机、社会公众要求更多参与社会管理形成的民主危机，迫使西方国家对政府管理进行改革。

（一）西方服务型政府转型改革。1979 年英国率先开始改革。其改革的入手点是解决“该管什么，不该管什么”的问题。英国花了近 10 年时间对各个政府部门的每一项职能进行审议，首先评议是否必须由政府承担、能否交给市场和社会；如果必须由政府承担，能否采取委托或购买服务的方式；如果前两项都不可行，主管部门要提出改进管理、提高效率的方案。经过这样一个过程，他们只把占政府工作 5%的决策工作留在了政府，把其他 95%的执行工作全部通过委托、出租、采购等购买服务的方式交给了社会，政府定位为服务者。这种改革形成了“小政府、大社会”的社会治理模式，优化了政府结构，提高了管理效率。随后，这种改革模式席卷全球国家。

（二）走向合作治理和社会自治。在西方服务型政府改革过程中，各种非营利组织、志愿团体作为政府购买服务的承接者迅速发展起来。非营利组织、志愿团体又称社会组织，结构化为一个新的社会形态，成为多元治理主体的一元，广泛介入政府退出的领域，与政府紧密合作，形成政府与市民社会的合作治理，并由此形成社会自治。据相关研究，目前在全世界有可靠数据支持的 41 个国家里，社会组织雇佣了大约 5400 万全职人员，平均占这些国家经济活跃人口的 4.4%，远超其建筑业、交通与信息业、公共行政部门、公用事业行业等各行业的就业人数。

（三）合作治理和社会自治向社区回归。在西方国家“小政府”变革过程中，社会治理的职责和权力以政府为中心向社会延展，社区作为社会的实体存在，开始承载政府与社会合作治理和社会自治的功能，社区治理包括社区社会组织合作治理和居民自治，成为“大社会”的主要呈现。

三、近年来国内各地的社会治理创新探索

近年来，国内各地积极探索社会治理模式，从转变政府职能入手，着力激发社会活力，通过引导社会协同治理，进行社会治理创新。

（一）探索政社分开，推进政府职能转型

改进社会治理方式、创新社会治理体制，就是要改变我国全能政府包揽一切社会管理和社会事务的传统社会管理格局。即从转变政府职能入手，厘清政府和社会的职能边界，探索政社分开办法，构建科学合理的政社关系。

最早进行新型政社关系探索的是广东省。从 2011 年开始，广东省从政府简政放权入手，以基层治理改革为基础，以建设服务型政府为宗旨，大力推进政府职能转变

和社会体制改革，推进政府现代化转型。2011 年 7 月，广东省委省政府颁布了《关于加强社会建设的决定》。9 月下旬，又颁布了与主文件配套的 7 个文件，包括《关于加快推进社会体制改革建设服务型政府的实施意见》、《关于加强社会组织管理的实施意见》、《关于加强社会工作人才队伍建设的实施意见》、《关于加强城市社区居民委员会规范化建设的实施意见》等，构成广东加强社会建设的政策体系。2012 年 7 月，广东大刀阔斧下放审批权限，清理了 1400 多项行政审批事项，削减了 40%，并于当年内将 130 多项职责交给社会组织或事业单位来承担。这样，一方面政府减轻了负担，另一方面也为社会发展让渡出了空间。

（二）培育社会组织，激发社会活力

政府转变职能，简政放权，其分离出来的职能需要强有力的社会承接者来承担。各地积极探索培育扶持社会组织发展，促进社会协同治理主体的形成。

北京市从构建“枢纽型”社会组织工作体系入手，进行现代社会组织体制建设。所谓“枢纽型”社会组织，是指对同类别、同性质、同领域社会组织进行联系、服务和管理的联合型社会组织。2008 年，北京市成立社会建设工作领导小组。2009 年以来，北京市在市级层面，以工、青、妇等人民团体为骨干建立 27 家市级“枢纽型”社会组织。另外，北京 16 个区县认定了 173 家“枢纽型”社会组织，并通过成立街道社会组织联合会等形式，培育发展街道层面的“枢纽型”社会组织。以此，形成市、区、街三级“枢纽型”社会组织工作体系框架。“枢纽型”社会组织通过分类联系和管理民间社会组织，一方面为政府转移社会服务和社会管理职能提供完善的组织基础，另一方面也为草根社会组织积累资源、获取信息、增强自身能力建设提供平台。

上海则主要采取了“政府支持、民间兴办”的政社合作共建社会组织模式。

首先，在切实推进政社分开的情况下，在区、街两级建立支持性社会组织，如市民中心、民间组织服务中心和街道社会组织联合会等，作为政府与社会组织合作的新型工作平台。其次，浦东新区在政府主管部门支持下成立了民办非企业单位性质的上海浦东非营利组织发展中心（即“恩派”公益组织发展中心），建立公益“孵化器”，培育新兴社会组织，打造支持性公益社会组织品牌。政府通过制度政策扶持、项目引导、资金资助补贴等方式，充分鼓励释放社会活力。除了社会组织形式创新之外，上海市还通过加大财政支持力度、完善社会组织税收和养老保险政策、试点推行社会组织年金制度、全面推广社会组织工资薪金管理制度等措施，构建一套整体性政策扶持体系。通过草根社会组织与支持性社会组织的功能细分、合理建构，孕育了一套贴近社会需求的社会组织支持系统，形成政府与社会共同扶持社会组织发展的综合支持模式。

（三）规范政府购买服务，理顺政社关系

在政府职能转型过程中，政府购买服务作为一种治理模式，构建了一种新型政社关系。这种关系体现为政府主导下的协作关系和伙伴关系，需要制度化和体系化来约制和支撑。

深圳市近年来在政府购买服务制度化、体系化方面走在全国前列。2010 年，该市出台《深圳市推进政府职能和工作事项转移委托工作实施方案的通知》，2012 年出台《深圳市委市政府关于进一步推进社会组织改革发展的意见》，对政府职能转移和政府购买服务进行整体性制度设计。这些文件明确了政府职能转移的目标、原则、范围，政府购买服务的具体实施步骤和详细的监督管理办法。提出市编办负责编制政府转移职能目录，形成政府职能转移承接的运行机制；市财政委研究建立政府职能部门购买服务目录，并制定项目库管理制度；市民政局编制社会组织目录，明确具备资质条件承接政府职能转移和购买服务的社会组织。在此基础上，制定了政府购买服务的运行机制和监管机制。

（四）推进政府主导下的社会自治，实现政社良性互动

十八届三中全会《决定》在创新社会治理体制方面提出，要改进社会治理方式，坚持系统治理，加强党委领导，发挥政府主导作用，鼓励和支持社会各方面参与，实现政府治理和社会自我调节、居民自治良性互动。

近年来在探索社会自治、政社良性互动方面，浙江省一些地区的做法和经验影响较大。如温州市基于市场经济繁荣发展而于民间自发成立了各行各业的同业商会和行业协会。1999 年，温州市政府顺应市场发展需要，制定了《温州市行业协会管理办法》，确定了行业协会商会的 16 项职能。同时政府通过引导行业协会商会建立党组织、明确业务主管部门，实现行业自治与政府治理目标的契合。温州行业协会商会在行业内部协调、帮助政府进行行业管理方面发挥了重要作用。

浙江温岭市通过推广制度化、规范化、程序化的“民主恳谈”形式，开展多层次、形式多样的政社沟通、对话活动，特别是支持非政府组织代表相关行业和群体与政府开展沟通和对话，实现政社良性互动，在优化政府决策、减少社会矛盾、维护社会和谐方面起到积极的作用。

四、武汉市社会治理创新实践

（一）百步亭社区党委领导下的“三位一体、三方联动、四级服务”社区治理格局探索

社区是社会的细胞，社会治理的基础在社区。2000年全国社区管理体制改革以来，武汉市以3年左右为一个规划期开展社区建设，先后组织实施了“社区建设883行动计划”、“两型社区”创建、幸福社区建设等主体创建活动，全市社区建设工作取得显著成效，涌现了一批在全国产生广泛影响的明星社区，如百步亭社区、常青社区等。特别是百步亭社区通过构建“三位一体、三方联动、四级服务”社区治理格局，成为全国文明社区、全国和谐社区、荣获首届“中国人居环境范例奖”的唯一社区。百步亭社区治理模式主要包括以下三个方面：

1. 组织构架上，企业、党委、社区三位一体，“建设、管理、服务”社区三者融合。百步亭社区不同于传统老社区的是，它是由百步亭集团开发建设的一个新型社区。更与一般房地产企业开发建设商品住宅小区不同的是，百步亭集团策划并鲜明地提出一个全新的开发理念：引入社区概念，将百步亭房地产开发定位为“可持续发展的现代文明社区”。对于社区概念，百步亭的理解是，普通老百姓安居乐业的家园，即不仅让居民住得舒适，还要让居民生活方便，生活服务、文化娱乐、医疗健康等全面提供。于是，企业集团内设集团党委，并全面搭设社区构架，同时在社区构架中完善党组织体系，企业、党委、社区三位一体，做到“建设、管理、服务”三者融合。

2. 社区管理上，居委会、业委会、物业服务三方联动，实现社区工作人员、社区居民群干、物业公司员工各方协同。百步亭社区充分整合居委会与物业服务公司资源，居委会主任担任物业服务处总监，检查考核物业服务质量；物业服务处经理担任居委会副主任，承担服务居民的任务。社区1000多名物业员工成为社区工作者，解决了社区服务中缺人缺钱的难题。在社区服务工作中，建立居委会、业委会、物业服务三方共商大事的周例会制度、三方联席评议工作的月民主听证会制度、周末居民接待日制度等。三方力量的整合与联动，避免了推诿扯皮现象，形成合力，提高了管理效能；物业与居民也加强了沟通与合作，居民由监督者、接受服务者转变为社区服务参与者，减少了对立和矛盾，实现了社区和谐。

3. 社区服务上，党组织关爱服务、社区公共服务、物业市场化服务、志愿组织社会化服务四级协调，实现“三全”服务。党组织关爱服务，依托党员群众服务中心，对留守儿童、空巢老人、残疾人等特困群体提供帮扶服务；采取党员结对服务、优先

提供公益岗位、低价出租商业门店等途径，实现下岗职工再就业。社区公共服务，是依托社区服务中心，协调公安、人社、司法、工商等政府职能部门，为居民提供社会保险、就业培训、低保优抚、户口登记、法律援助等“一站式”服务。物业市场化服务，是由物业公司的专业志愿服务队，为居民提供应急求援、维修抢险等低价社区物业服务。志愿组织社会化服务，是倡导社区居民“有时间就做志愿者，有困难就找志愿者”，整个社区成立170多支特色志愿服务队伍，为社区居民提供关爱空巢老人、治安巡逻、维护环境卫生、心理关怀、健康咨询等志愿服务。通过四级服务，做到全方位、全天候、全过程服务社区居民。

百步亭社区通过构建“三位一体、三方联动、四级服务”社区治理格局，以党委领导为核心，调动整合政、社、企各方力量参与社区治理，使社区治理呈现“人人有责、人人参与”的局面，从而成为居民安居、享誉全国的文明社区。总结分析百步亭社区治理典型经验，主要在以下几点：

第一，党委领导是核心。强有力的党组织领导和完善系统的党组织体系是百步亭社区实现善治的前提。百步亭社区党委创设了系统的社区党建工作法，对社区治理进行整体设计。百步亭社区党建工作法的主要内容概括为：“双强”、“两进入”、“三方联动四级服务”、“三支队伍、五级负责”、“三必到、五必访”、“六步议事、六项活动”。“双强”，指配强社区党支部书记，建设一支素质过硬的社区群干队伍。“两进入”，指社区党委成员由社区干部、社区经济组织、社区自治组织负责人兼任，实行双向进入。“三支队伍、五级负责”，指充分发挥社区党组织书记队伍、专职党建工作者队伍和志愿者队伍的作用，做到五级负责，即党委书记负责社区、支部书记负责苑区、党支部委员负责片区、党小组长负责楼栋、党员负责家庭。“三必到、五必访”，指居民由突发性事件、有不满情绪、有大的家庭纠纷必到；对困难居民、住院病人、下岗失业人员、孤寡老人、“两劳释解”人员必访。“六步议事”，指引导居民通过民主议事协商解决问题，做到民事民提、民事民议、民事民决、民事民评。居民自治六步骤指：居民提出问题——恳谈会讨论——参事会制度条例——公告社区吸收意见——社区专家审定条例——居民代表大会表决通过。“六项活动”是百步亭社区着力打造的社区文化活动，动员社区居民全员参与。百步亭社区党建工作法，从党的队伍建设到党在社区中的工作方法，都结合社区实际，进行了全面细致的设计，凸显了党的领导在社区建设中不可替代的核心作用。

第二，多方协同是基础。百步亭社区在机构架设上整合企业、党委、社区三套机构，实行其在人员配备和职能上的交叉配合，充分发挥三者协同领导和管理社区的职责作用。像其他社区的网格化管理模式一样，百步亭社区也建立起了网格化管理体系。所不同的是，百步亭社区网格化管理更实、更活。百步亭社区借鉴“支部建在连上”的做法，将党小组建在楼栋，党支部建在苑区。每个楼栋网格管理小组由“二长四员”组成，包括党小组长、楼栋长以及卫生委员、治安委员、文体委员、物业房管员。通过实行党小组楼栋组织制，将社区6000多名党员组织起来，全社区成立了15个党支部、580个党小组。同时，鼓励引导党支部、党小组成立各具特色的社区志愿服务队，并吸引各楼栋党员居民群众参加，把党员发展成志愿者，把志愿者发展成党员，目前百步亭社区党员志愿者队伍达到5000多人。社区群干、社区物业服务人员秉承志愿理念，也都成为社区服务志愿者。多方力量协同参与社区治理，为社区善治打下了坚实的基础。

第三，社区文化是灵魂。社区文化作为社区建设的重要社会资源，是指社区居民在长期的共同生产和生活过程中自发产生和形成的并为社区居民广泛接受并分享的思想价值观念和行为规范。社区文化建设可以通过整合社区各类文化资源，集中反映和表达社区居民的意愿和诉求，促进社区成员的交流和沟通，并以此激发社区居民参与社区文化建设的热情，增强社区内部凝聚力。可以说，社区文化是社区作为居民生活共同体得以形成的灵魂。百步亭社区为了凝聚居民广泛参与社区治理，建设具有归属感的和谐家园，按照“社区靠群众、群众靠发动、发动靠活动、活动靠文化”的社区文化活动思路，积极策划实施多种主题文化项目，组织开展丰富多彩、居民群众喜闻乐见的文化活动，营造浓厚的社区文化氛围。一是组织开展丰富多彩的群众文化活动，吸引群众走出家庭，走进社区，构建社区文化社会空间。社区要求三天一个小活动五天一个大活动，逢年过节必有庆祝活动，常年不断开展各类文娱体育活动。通过组建合唱团、舞蹈队、工艺协会、书画协会、时装队、太极拳队等等，号召居民培养一个兴趣爱好，加入一个活动团队。目前社区有100多支特色群众文化队伍。兴趣小组、群众文化队伍吸引居民积极参与，一方面丰富了文化生活，另一方面倡导组织成员互相关心、互帮互助，密切了居民间的联系，增进了居民间的感情。在组织引导居民开展丰富的群众文化活动实践中，百步亭社区创意迭出，打造了不少新颖活泼、具有广泛影响的社区文化品牌。比如在和谐家庭建设中，百步亭社区组织开展“婆媳对夸”活动，通过搭建擂台，让婆媳当面锣对面鼓，互相说对方优点，无形中化解了家庭矛盾，增进了家庭和谐。百步亭社区新年组织“万家宴”，成为该社区传统民俗，有效增进了社区居民的归属感和共同体意识。二是着力打造“亭文化”，构建社区文化物理空间。如果说丰富的群众文化活动构建了百步亭社区文化的社会空间，那么社区内无所不在的亭文化则构建了其物理空间。“百步亭”本为地名，社区顺势打造“亭文化”，成为社区文化的物的载体。百步亭社区几乎每个苑区都建有一座文化亭，题亭名、赋亭联，居民都积极参与。居民以亭为载体开展文化活动，找个亭子，搭个班子，歌友会、棋友会、书友会，成为亭文化的风景。亭子内还展示居民的书画作品、活动留影等等，成为记录和展示社区文化的平台，营造社区和谐高雅的文化氛围。目前百步亭社区已建有300多个亭子，并规划建设亭文化博物馆，引导居民热爱社会、健康生活。三是引导培育志愿文化，提升居民生活品质。百步亭社区通过引导组织建设社区群众志愿者队伍，大力开展社区志愿服务活动，形成了“有时间做志愿者，有困难找志愿者”的社区志愿服务文化。百步亭社区目前有注册志愿者4万多名，成立了170多支特色志愿服务队。由100多名志愿者组织成立的“管得宽志愿服务队”，被评为十佳“全国优秀志愿服务组织”。社区服务志愿者结对帮扶空巢老人，开办“健康关爱站”、“心理聊天室”等，开展环境维护、治安巡逻，不但使困难居民得到了生活扶助，志愿者自身也通过参与服务活动，走出家庭，互帮互助，生活品质得到了提升，生命价值得到了升华。

（二）武昌全国社区治理和创新实验区探索

武昌区在武汉市是千年古城、辛亥首义之地，下辖14条街道、177个居委会，有41万户居民，户籍人口110多万。近年来，武昌区大力度持续投入社区建设。在社区硬件建设上，实现社区综合服务设施全覆盖，建设社区服务中心180家，社区卫生服务中心19家，社区养老机构30家，居家养老服务中心41家，残疾人“阳光家园”17家。在社区治理上，针对社区管理与服务中存在的问题，大胆进行管理体制与方式的改革与探索，取得明显成效。2013年，武昌区被民政部批准为全国社区治理与创新试验区。总结武昌区社区治理与创新的实践与经验，主要在以下方面。

首先，关于创新动因。长期以来，我国社区发展行政化不仅在学术界饱受诟病，社区组织与社区工作者也日益感到不堪重负。我国《居委会组织法》和中办发[2010]27号文规定，社区居委会是基层群众性自治组织，其主要职责是依法组织居民自治、协助政府工作和开展有关监督。但随着社会的转型发展，大量的社会管理服务工作需要基层组织实施，在目前社会发展形势下，由于基层组织发展的单一与薄弱，社区成为唯一的载体，从“协助政府工作”逐步发展为“基层政府”。社区三项职责中的另外两项逐渐弱化，而其承接政府职责的负担却越来越重。社区对上级工作疲于应付，而居民群众对其服务管理工作却并不满意。社区工作的失位，成为当前社区治理和社区建设不得不面对的问题。

其次，关于创新思路。针对当前社区发展中存在的现实问题，为实现社区治理方式的转型，提升社区治理水平，武昌区提出从两方面入手：一手抓行政管理体系优化，一手抓社会工作体系构建，积极探索政府调控与社会协同互联、政府行政功能与社会自治功能互补、政府行政管理与公众参与互动的新型社会治理模式。

第三，关于创新路径。在具体创新路径上，武昌区根据政社两条体系改革探索思路，提出“政社互动＋三社联动”的实施办法。在构建“政社互动”方面，武昌区大胆进行行政管理体制的改革探索，首先将民生工作在区级层面进行统筹整合，成立民生工作委，负责政策制定、规划编制、项目统筹、资源整合；在街道层面，实行大中心制改革，将街道负责民生工作的部室优化整合，设立社区服务中心，并上收社区履行的行政服务职能，负责相关行政事务办理、提供公共服务、自治管理、社会资源开发、社工队伍建设；在社区层面，实行大窗口制改革，设立“一岗通”大窗口，统一受理社区事务、提供公共服务、引入生活服务、扩大社会参与、开展居民自治。由此改革，区街负责行政管理事务，社区强化服务与引导社会参与功能，从而明晰政社职能边界，理顺政社关系。在“三社联动”方面，着力构建社区、社工、社会组织联动工作体系。一是通过整合资金、人才、设施、信息等，着力打造价值引领、有序参与、自治培育、完备服务的治理型社区共同体；二是着力培育群团组织工作人员、社区工作人员、专业社会工作者、志愿者四个层次的社会工作人才体系；三是采取多种措施，构建区、街社会组织培育孵化体系，打造多元主体参与社区协同治理的基础。

第四，有关具体举措。在具体创新措施上，武昌区着重实施以下创新：一是对政府职责进行厘清，实行分类定责、清单管理。具体来说，即对原来社区居委会承担的所有社会管理和公共服务事务进行清理分类，按照社区居委会独立完成、职能部门和街道独立完成、需政府购买服务或委托管理三类进行清理，由区民生委牵头制定社区行政事务准入制度，明确社区行政性事务清单，厘清各层级职责边界。二是对从社区分离出来、但确需社区协助的社会管理和公共服务事务，实行契约管理、购买服务的方式。对于这部分职责和事务，实行“权随责走、费随事转”，扩大政府购买服务的领域，引导“三社”参与社区管理和服务。

第五，关于创新价值。武昌区关于社区治理与创新的探索价值体现在以下几个方面：一是创新思路。从国内外社会发展实际来看，政府减负与社会发展是一体两面。从理顺政社关系的角度出发，一方面改革行政体制，一方面培育社会发展，在改革发展中实现政社衔接、有序互动，是实现社区治理转型的正确有效的思路。二是创新方法。社会发育需要政府转型。政府传统自上而下的行政管理体制与行政文化，使政府职能转型受到重重束缚。多重管理、各自为政、部门分割、推诿扯皮等是多年来的行政弊端。理顺行政关系、明确部门和层级职能边界，是一项复杂艰难的工程。武昌区一方面创新性地采取“大民政”的改革思路和办法，统筹整合部门职责，一方面采取分类定责、清单管理，明晰层级责权边界，优化行政空间，扩展社会空间，为政社有序发展、良性互动廓清了框架，提供了好的基础。

五、武汉市社会治理创新面临的问题与不足

新世纪以来，武汉市采取了一系列重大举措加强社区建设，取得了卓越的成效，积累了丰富的经验，涌现了一批在全国享有声誉的明星社区。但旧有体制的束缚也使武汉社区建设面临瓶颈，比如社区职能错位，被动承担大量行政性事务，社区行政化倾向严重，社区负担沉重；社区管理和服务存在行政路径依赖，行政空间挤压社会空间，社会组织发育不够；社区居民自治不足，社会参与不够，居民对社区缺乏认同感和归属感，社会治理主体单一，导致社会服务提供不足、社会活力不够等。通过对百步亭社区和武昌社区治理与创新试验区的实践考察，结合国内外社会治理实践来看，目前武汉市社区建设中存在的问题，归根结底是社会治理体制的问题。在全国各地积极探索社会治理体制创新的环境下，武汉市也着力探索社区治理方式的改善、社会组织的培育等，但由于缺乏政社互动的整体思维，武汉市的社会治理转型探索显得滞后和迟缓。分析来看，目前武汉市在社会治理创新方面存在以下问题和不足。

（一）缺乏结合政府职能转变的社会治理体系结构顶层设计，社会治理方式转型有待起步

近年来，武汉市社会治理创新探索主要在改革社区治理体制、扶持培育发展社会组织、引导居民自治等方面着力。在社区治理体制创新方面，2014年初，武汉市委、市政府发布《关于改进社区治理方式提升管理服务水平的意见》（武发[2014]4号文），对明确社区治理主体、整合社区治理资源，改进社区治理方式、提升社区管理服务水平提出要求和意见。在社会组织发展方面，2013年，武汉市民政局制定印发《武汉市民政局关于简化社会组织登记事项的通知》，并印发了《武汉市社会组织评估管理办法》等，为推动武汉市社会组织发展提供了政策支持。但从国内外实践来

看，社会治理转型、社会组织发展是政府职能转型的要求和结果。没有政府职能转型的理念、规划与整体设计实施，社会发育空间有限，社会治理主体多元化就无法实现。深圳市早在2010年就制定发布了《深圳市推进政府职能和工作事项转移委托工作实施方案的通知》，2010年就社会组织体制改革出台了《中共深圳市委　深圳市人民政府关于进一步推进社会组织改革发展的意见》，2014年进一步出台《深圳市社区社会组织促进管理办法》。前两项都是市级文件，是对整个社会治理体制改革的关键和基础性的部署。这两类文件武汉市到目前为止都没有出台。整体来看，目前武汉市在社会治理创新方面，相关政策文件考量范围窄，政策层次低，尚需以政府职能转变为基础的社会治理体系结构顶层设计，社会治理方式转型有待起步。

（二）政府购买服务工作制度化、规范化不足，社会治理转型缺乏制度化轨道

政府购买服务是在政府职能转变前提下，社会治理方式转型的一个路径。政府购买服务需要制度化、规范化的体系设计，需对购买服务的项目目录、运作方式、管理监督、考核评估等进行科学设计，建立科学完善的制度，使政府职能转变、社会有序发展取得实效。比如，在政府购买服务制度化方面，上海2012年出台《上海市市级政府购买服务公共服务项目预算管理暂行办法》、2013年出台《上海市市级政府购买公共服务项目目录（2013）》等。武汉市在2014年初拿出了130项的政府购买服务项目目录，由于没有制定的规范和保驾护航，这项工作到目前为止处于流产状态，实施效果较差。其他如养老、社工社会服务等方面，武汉市近几年也在尝试探索实施政府购买服务方式，但到目前为止，尚没有规范的相关政策制度文件出台。缺乏政策制度的设计，必然制约政府购买服务实施的范围、深度与效果。与上海比较来看，2012年，上海市政府购买服务已投入4.6亿元左右，目前政府购买社会组织服务已在该市各级政府部门推开，推动了社会组织的快速发展。截至2014年6月底，上海市登记的社会组织达到10000多家。而武汉市自2012年以来，截至2014年，政府购买服务合计投入2500多万元，投入少且没有纳入财政预算，资金主要来自福彩公益金，缺乏规范化。与上海等先进城市相比，武汉市政府购买服务工作因缺乏制度化、体系化设计，实施范围窄、效果差，社会发育也相对滞后。

（三）社会组织发展薄弱，数量偏少、质量欠佳、结构有待优化

社会组织是深化行政体制改革、实现政府职能转变、承接政府职能转移的重要力量，是构建治理能力现代化、参与社会治理的重要主体。近年来，武汉市积极探索社会治理体制创新，培育和扶持社会组织发展，在引导社会组织参与社会治理和社会服务方面，取得了一定成效。但总体来看，目前我市社会组织仍然数量偏少、质量欠佳、结构有待优化、力量薄弱。从数量上看，截至2014年6月，武汉全市登记社会组织近5000家，登记社区社会组织350家，备案2325家；社会组织孵化中心建成2家，在建2家。而上海市截至2014年6月登记社会组织11980家，登记社区社会组织3134家，备案2.3万家；目前上海市已建立市、区、街道或专业性社会组织支持服务平台体系。

从质量上看，武汉市社会组织由于发展时间短，尚缺乏配套政策和制度环境，规范化管理不够，政府财政投入不足，社工组织专业人才缺乏等原因，自身能力有限，社会治理参与度较低。据调查，上海市政府在培育社会组织及购买社会服务方面年经费投入达5000万元，带动区财政投入，全年投入总经费达到27亿。深圳市政府投入经费也达到10亿元左右。相比而言，武汉市年1000多万元的投入严重不足，可以说是杯水车薪。同时由于缺乏配套政策和协调机制，主要靠民政部门推动社会组织建设，力度有限。现有社会组织本身生存维艰，甚至会出现“培育一批、死掉一批”的情况。武汉市是全国高校集中培育社工人才最多的城市，但由于本市从业者待遇较低，社会认知度低，社工人才流失严重，从业率仅为8%，毕业生大多涌向北上广等社工行业较发达的地区。由于武汉市专业人员缺乏，造成社会组织功能定位单一，远不能适应承接政府职能转移的需求。

（四）社会参与形式单一，居民自治有待培育

武发[2014]4号文《中共武汉市委、武汉市人民政府关于改进社区治理方式提升社会管理服务水平的意见》提出了今后改进社区治理方式的具体要求。其中明确提出，要进一步明确社区治理主体的职能，创新政府公共服务方式，引导社会组织参与协同治理，激发居民参与社区治理的活力。提出深入开展以居民会议、议事协商、民主听证为主要形式的民主决策实践；深入开展以自我管理、自我服务、自我教育、自我监督为主要目的的民主管理实践；深入开展以居务公开、民主评议为主要内容的民主监督实践。但目前就普遍而言，武汉市社区社会发育情况还远不能适应以上要求。即便是社区自治程度较高的明星社区百步亭社区，也依然呈现一定的问题。比如百步亭社区全社区有4万名注册志愿者、100多支特色志愿服务队，但这些队伍的组织发展和开展活动，依然依靠行政和党务体系来引导和推动。组织参与主体普遍呈现老龄化，导致参与形式和内容较为单一，多以文体娱乐、生活关照、环境维护等为主。社区治理方面的“民事民提、民事民议、民事民决、民事民评”显得不足。由于社区治理和服务参与者以老年人为主，缺乏专业人才的加入，使社会参与内容和水平有限。社会组织自身能力薄弱，加上社区参与主体老龄化，使社区参与活动缺乏现代技术的介入，导致参与方式平面化，缺乏活动的立体策划和传播，影响力和作用力有限。社会参与协同治理缺乏规范引导和评估管理，也导致服务对象空洞化，存在服务内容提供与社会需求脱节的情况，居民认知度不高，参与意识不强。

六、关于武汉市实施社会治理创新的相关建议

实施社会治理创新是实现社会治理现代化的现实要求。社区是社会的基础细胞，社会治理的基础在社区。近年来，武汉市在社会建设上力度不断加大。特别是在社区建设方面，不断加大投入，5 年来连续 3 次提高社区工作经费，由每年每个社区 1.2 万元提高到 9 万元。市、区财政从 2013 年起每年安排近 3 亿元实施社区惠民项目，每年安排 1.4 亿元整治改造 100 个老旧社区。经过持续投入和强力推进，武汉社区建设取得了长足进展。在加强社区硬件建设的同时，武汉市也开始致力社会治理体制创新的探索，着力培育扶持社会组织发展，探索规范社区工作，引导社会组织参与社区治理，激发居民参与社区自治的活力。但正如上述分析，规范社区工作、引导社会组织参与社区治理、激发居民参与社区自治活力，需要从体制上理顺政社关系，划定政社边界，打造和规范政社各自发展空间，规范政社行为，才能真正实现社会治理体制的转型和升级。由此，建议武汉市社会治理体制创新从以下路径着力推进。

（一）以当前转变社区治理方式、推进社区治理转型为突破口，进行政府职能转型与社会治理体系建设相结合的顶层制度设计

社会治理体制创新、社区治理转型的核心是治理主体的重建、治理结构的重构，关键是政社职责边界的划分、新型政社关系的建设。针对当前社区工作中存在的社区职责定位不清，缺位与越位并存，社区行政化倾向严重，社会参与不足等问题，应从政府职能转型角度入手，树立整体性思维，进行政府职能转型与社会治理体系建设相结合的顶层制度设计。首先要厘清社区内政府职能部门、社区、社会组织、居民四个主体在社区治理中的职能，规划制定各主体之间的相互关系，为政社分开、政社互动提供制度空间。由于这一创新工作涉及相关政府职能部门、街道、社区等行政主体，超出民政范畴，所以建议借鉴北京市成立社会建设工作办公室的做法，成立武汉市级常设机构——市建设工作委员会，统筹全市社区治理体制转型工作。在具体操作中，建议以上四个主体职责进行如下定位：政府负责制定相关政策规划，创新社区治理方式和公共服务供给方式，采取直接服务、委托社区服务、购买社区或者社会组织服务

等方式将公共服务提供至社区；明确制定社区协助政府公共服务的项目清单和社区“两委”职责清单，推行社区协助政府公共服务事项目录管理；采取政府购买公共服务、项目支助等方式，推动社会组织有效承接政府公共服务、社区管理和服务事项，培养发展壮大社会组织参与社区协同治理；推行“民事民提、民事民议、民事民决、民事民评”，激发居民参与社区治理活力。当前首先要对社区承担的16项职能、165项工作任务进行逐项研究清理，划分清楚各自在政府、社区、社会组织、居民中的承担主体。

（二）尽快制定出台规范政府购买服务的制度体系，实现政府购买服务制度化、规范化

如前所述，实施政府购买服务是构建新型政社关系、实现社会治理创新的手段和途径。借鉴上海深圳等先进地区的经验，目前武汉市应尽快制定出台规范政府购买服务的制度体系，实现政府购买服务制度化、规范化。2012年以来，武汉市在社区养老、社区服务等领域实施政府购买服务；2014年初，政府列出了130多项购买服务清单，尝试推动政府购买服务工作。但实践中存在社区社会组织参与购买数量少、经费不到位、政府职能转移少等问题。推进政府职能转变、实现社区治理转型升级，需要切实对政府各部门职能进行清理，延伸至社区，则是对社区目前承担的社会管理、社会事业、公共服务、社会服务等职能进行分类清理，除了必须由社区承担、协助政府的管理与监督职能外，能够剥离出来由社会组织承接的社会事业、公共服务、社会服务事项，应全部纳入政府购买服务清单。建议在市级层面制定出台《武汉市推进政府职能和工作事项转移委托工作实施方案》、《政府购买服务公共服务项目预算管理办法》、《政府购买公共服务项目目录》、《政府购买公共服务评估管理办法》等一系列政策措施。在市级层面建立一套政府购买服务运行机制，明确各环节部门职能，经过街道社区、各职能部门梳理上报，由市编办负责统筹编制政府转移职能目录；市财政研究制定政府购买社会组织服务操作方案和指导性目录，并制定项目库管理制度；市民政局通过对社会组织进行评估，编制具备承接政府转移职能和购买服务资质条件的社会组织目录。政府按照购买清单购买社会组织服务，采用项目招投标制运行，并按照项目管理规程进行管理与监督。

（三）制定培育扶持社会组织发展的整体性、系统性、规范化的政策体系，推进构建现代社会组织体制

近年来，武汉市为培育扶持社会组织发展，制定了一些相关政策和措施。比如

2013年制定了《市民政局关于简化社会组织登记事项的通知》、《市民政局办公室关于做好社会组织直接登记有关事项的通知》两个文件，放宽行业协会商会、科技、公益慈善、城乡社区服务、社会福利、文娱、生态环境等七类社会组织登记限制，简化登记手续；市民政局印发了《武汉市社会组织评估管理办法》和《武汉市社会组织评估指标》，全面组织实施社会组织评估工作，促进社会组织自身建设。但社会组织作为社会治理参与主体，其参与方式还需从社会体制改革、现代社会组织体制建设、社会治理方式转型的高度进行统筹考虑，才能形成自身发展轨道。目前应尽快制定全市性社会组织发展规划方案，对社会组织数量规模、结构类型、组织体系、运作机制、激励措施、约束监督等进行总体性制度设计。应着力制定推进社会组织发展的整体性规划措施，包括登记管理体制、培育扶持措施、激励约束机制、评估监督机制等一整套完善的制度体系，为社会组织发展和参与社会治理提供制度规范和保障。

要优化政策措施，营造促进社会组织发展的良好环境。一是改革登记管理体制，推进社区社会组织登记和备案双轨制，初步形成满足社会多元化需求的社区社会组织体系；二是加大资助和支持力度，完善公共财政扶持机制。要制定落实各项税收优惠政策，扩大金融信贷支持。三是探索社会组织依法参政议政渠道，拓展社会组织发展空间。各级政府及相关部门应加强与社会组织的信息沟通，在制定政策、实施重大决策等过程中，提高社会组织对公共事务的参与度。

要建立完善社会组织运行机制与监管体制，规范社会组织行为。一是引导优化社会组织法人治理结构，提高社会组织自身素质。二是建立科学的项目招投标制和评估机制，完善社会组织监管措施。三是依法完善行政监管，广泛开展社会监督。行业主管部门负责对社会组织实施业务监督和管理，财政、税务、物价、审计、市场监管部门在职责范围内对社会组织依法实施监督管理。建立全市统一的社会组织登记信息平台，公开社会组织相关信息，实现网上登记、年检、查询，广泛开展社会监督，提升社会组织公信力。

要建立规范的社会组织从业人员工资薪酬体系。目前武汉市社会组织从业人员的薪酬仍处于较低水平，月薪最高在3000元左右，一些社工机构经常面临人才流失、人员紧缺的情况。可借鉴一些先进城市的经验，如北京市针对全市7000多家社会组织的十几万名专职工作人员，建立一套独立于公务员编制、事业编制、企业编制外的编制体系。上海建立社会组织年金制度，稳定社会组织人才队伍。武汉市应针对社会组织的自身特点，区分不同类别，参考事业单位职称评定，设置合理的职称评级序列，建立相应的薪酬体系，完善相应的社会保障待遇。鼓励有条件的社会组织建立年金制度，提高社会组织专职从业人员的社会保障水平。

（四）着力构建支持型社会组织服务平台体系，培育和扶持社会组织发展，提升其参与社会治理的整体能力

在当前武汉市社会组织发展较为薄弱的现实情形下，需要在环境、政策各方面进行培育、扶持和引导。因此，首先扶持支持型社会组织建设，显得尤为重要。

一是引导成立市、区、街道或社区支持型社会组织，构建社会组织服务体系。目前武汉市已建成武昌、硚口2个区级社会组织孵化中心，江岸、江汉2个在建。社会组织孵化器为社区社会组织提供办公、培训、交流展示、信息咨询、能力辅导等一条龙、便捷式服务，使一批社会组织得到发展，在参与社区治理与社会服务中起到较好的作用。建议今后在市、各区及有条件的街道或社区分别建立社会组织孵化服务机构，市、区级成立社会组织联合会，街道或社区建立社会组织服务中心，搭建社会组织服务平台，为社区社会组织的培育、引导、运作提供支持和服务。

二是培育扶持支持型社会慈善公益组织和行业协会组织发展。依托各系统团体组织，如市青年团、市妇联、市残联、市工商联等，成立联系和服务同性质、同领域社会组织的支持型社会组织，为相关社会组织发展提供服务并进行规约。鼓励扶持支持型社会慈善公益组织成立和发展，通过开展公益项目创投，引导、培育、规范草根公益慈善社会组织发展运行。促进行业协会组织发展，成立武汉市行业协会服务管理中心，明确行业协会独立法人地位，实现行业协会组织与政府职能部门彻底脱钩，发挥行业组织在政府与企业、社会间的桥梁和纽带作用，服务行业会员单位，规范会员行为。

（五）拓宽公众参与社会治理渠道，引导社区居民依法有序参与社区自治

居民参与社区自治是社会治理现代化的重要一环。然而随着现代通讯技术的飞速发展和以商品房小区为主要形式的现代居民居住形式的转变，传统社区中以地缘而形成的居民之间互动频繁的亲密关系逐渐消解，社区共同体走向松散，居民参与社区治理的意识也日渐薄弱。但以商品房小区为主的新型居住空间仍然拥有联结居民间关系的因素，即利益、兴趣和情感。因此，基于这些联结居民间关系的因素，开拓居民参与空间，打造社区参与文化，培育提高居民的参与能力，丰富居民参与方式，才能引导社区居民依法有序积极参与社区自治。

首先要着力开拓居民参与社区治理的空间。在对社区治理主体包括政府、社区、社会组织、居民的职责边界进行明晰划分的基础上，厘清居民自治事项。依据“民事民提、民事民议、民事民决、民事民评”的原则，引导社区成立业主委员会等居民自治组织，完善议事规则，制定科学的居民自治制度。对于关系社区居民切身利益的事项，都交由居民自治组织严格按照科学的程序进行自议自决。

其次要着力打造社区参与文化，培养和增强居民的参与意识。关于打造社区参与文化，百步亭社区提炼的“社区靠群众，群众靠发动，发动靠活动，活动靠文化”的工作思路值得借鉴。社区要组织引导居民策划开展丰富多彩、居民群众喜闻乐见的社区文化活动，使居民在参加活动的过程中增进交流和了解，增强对社区的认同感和归属感。可采取多种宣传手段，使居民明了社区内涉及自身利益的事项，如社区安全、环境维护、利益协调等，策划采取适当的活动形式使居民积极参与其中。可综合利用多元化、现代化技术渠道如网络社区论坛、微信等，构建虚拟社区共同体，引导居民积极参与社区自治事务。可充分利用社区空间设施，设计构造具有本社区特色的社区空间文化，增强居民基于社区的荣誉感和归属感。

第三要注重开展社区参与的能力建设，增强居民参与社区自治的能力。社区自治本质上也是一种组织行为，这个组织就是社区居民共同体。社区居民自治需要依法依规，需要遵循居民普遍认可的科学的程序，需要管理监督，以致形成社区居民的共同意志，达成共识行为。因此，居民自治需要进行社区参与的能力建设。社区参与的能力包括社区居民的利益表达能力、组织联盟能力、资源筹建能力、协商沟通能力、民主治理能力等。这些能力的养成和建设，需要专业人员的引导和培训。因此，在社区自治中，发掘社区精英、组织能力培训等工作就显得十分必要。

参考文献：

[1]（法）让-皮埃尔·戈丹：《何为治理》，社会科学文献出版社，2010年。

[2]冯仕政著：《当代中国的社会治理与政治秩序》，中国人民大学出版社，2013年。

[3]王诗宗著：《治理理论及其中国适用性》，浙江大学出版社，2009年。

[4]关学增：《当代西方国家的社会治理思潮》，《河南师范大学学报（哲学社会科学版）》，2006 年第7期。

[5]许耀桐：《当代中国国家治理体系分析》，《理论探索》，2014年第1期。

[6]谢志强、黄磊：《从“社会管理”到“社会治理”演变的历史轨迹》，《中国工

商管理研究》，2014 年第 1 期。

[8]中共中央编译局“中国社会管理评价体系”课题组：《中国社会治理评价指标体系》，《中国治理评论》，2012 年第 2 辑。

[9]郑杭生：《中国社会管理和社区治理的新特点新趋势——从社会学视角看地方经验的持续贡献》，《广州公共管理评论》。

[10]张康之、石国亮著：《国外社区治理自治与合作》，中国言实出版社，2012 年。

[11]中共中央编译局比较政治与经济研究中心等编，《公共参与手册——参与改变命运》，社会科学文献出版社，2009 年。

（执笔人：陶秀丽）

武汉市社区居民自治实证研究

社区居民自治是社区建设和社会发展的一项重要内容。只有居民主动参与并管理好自己的事情，作为城市管理重要平台的社区才能在全面建设小康社会的过程中发挥出应有的作用。基于此，课题组在江岸区望才里社区、东西湖区常青花园社区，采取问卷调查、访谈与实地考察等方法，其中主要以问卷调查为主，对武汉市社区居民自治情况进行调查与研究。问卷调查采取分层抽样与随机抽样相结合的方法进行，问卷样本 800 份，回收 760 份，回收率 95%，其中有效问卷 705 份，有效率 92.8%。通过问卷、访谈统计与分析，力图廓清武汉市社区居民自治现状，找准居民对自治的切实需求，着眼于症结问题的解决，提出有针对性和可行性的对策建议，为社区居民自治在社区建设中充分发挥作用进行理论探索和实践借鉴。

一、武汉市社区居民自治的发展现状

课题调查对象基本情况：

性别：①男性 36.2% ②女性 61.9%；在社区居住时间：①1 年以下 3.8% ②1～3 年 7.7% ③3-5 年 9.5% ④5 年以上 79.0%；在社区任职情况：①社区党支部、居民委员会成员 9.5% ②居民代表、居民小组长、楼长、单元长 11.4% ③社区专职工作人员 11.4% ④社区议事会、社区事务监督机构成员 1.0% ⑤ 社区内社会组织成员 3.8% ⑥未担任社区内任何职务的居民 55.2%；年龄结构：①18 岁或以下 0.0%②19-29 岁 8.6%③30-39 岁 22.9%④40-49 岁 30.5%⑤50-59 岁 23.8%⑥60-64 岁 7.6% ⑦65 岁或以上 6.6%；最高学历：①没有正式入学 0.0% ②小学 1.9%③初中 20.0% ④高中/中专/技校 39.0% ⑤大专/成人大专/夜大/电大 25.7% ⑥大学本科 11.4% ⑦硕士研究生 1.9% ⑧博士研究生或以上 0.0%；政治面貌：①中共党员 21.9% ②共青团员 7.6% ③民主党派 0.0% ④群众 69.5%；目前的职业：①社区工作人员 19.0% ②公司、企业、商业、服务业人员 30.5% ③专业技术人员 9.5%④公务员 1.0% ⑤在校学生 0.0% ⑥离退休人员 25.7% ⑦其他 11.4%；家庭人均月收入：①500 元及以下 1.0% ②501-1500 元 19.0% ③1501-2500 元 29.5% ④2501-3500 元 24.8% ⑤3501-5000 元 20.0% ⑥ 5001 元及以上 5.7%。

（一）社区居民自治的成效与认同

调查结果显示，目前武汉市社区居民自治成效较好、认同感较高，特别是纵向比较下，突出表现为以下三点。

1.居民对社区自治的认同感增强

53.4%的受访者对国家有关居民自治的法律法规和政策“非常了解”或“比较了解”；53.3%对本社区《居民自治章程》的有关内容“知道”或“知道一些”；67.6%对社区居民自治的理解为“居民当家作主”；46.7%认同“居民参与基层群众自治的权利是法律规定的”；在居民自治中认为权利“最重要的是监督权”（37.1%），其次是管理权（26.7%），选举权（21.9%）；在是否认为社区应该更多地由居民去管理和建设上，45.7%的受访者认为“应完善各项制度从而更多让居民做主”，29.5%认为“居民应更投入，完善社区组织结构”；52.4%认为社区建设与居民自治与自己关系“非常密切”或“比较密切”。这说明，随着社区实践的深入展开，已经有相当一部分社区居民能理性地认同参与社区基层民主建设和社区自治是自己的义务，也是法律赋予的权利。居民参与社区自治与社区事务管理也由响应型、被动型逐步转变为积极型、主动型。

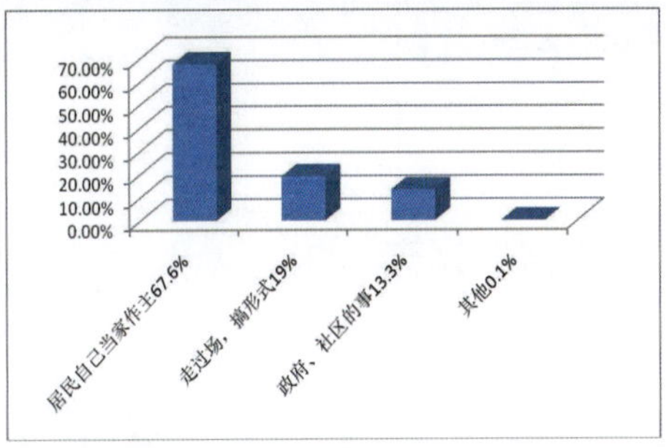

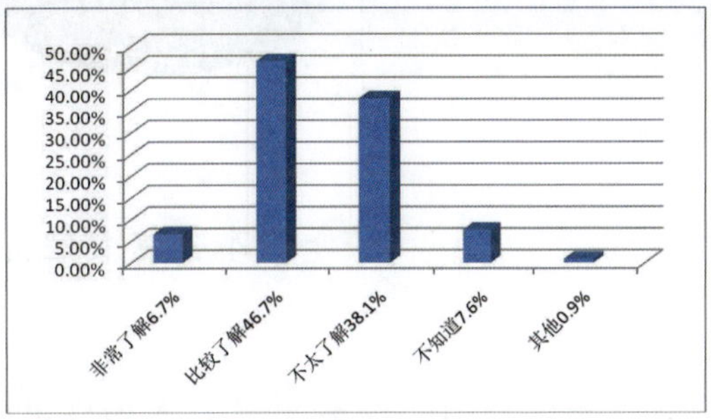

右图：“对社区居民自治的理解”的调查

左图：“对国家有关居民自治法律法规和政策了解程度”的调查

2.对社区居民委员会满意度提高，社区居民的归属感增加，社区凝聚力增强

41.9%的受访者对社区党支部和居委会干部的工作“非常了解”或“比较了解”；64.8%认同身边党员和社区干部“在平时或关键时刻发挥了先锋模范作用”；60%认为“社区干部在社区群众心中最有威望”；近八成的居民对社区居委会的工作“非常满意”或“满意”；对社区干部有意见，绝大多数的居民选择“找居委会干部沟通”、“社区开会时发言提意见”，选择“联合居民罢免他们”、“组织集会游行和抗议活动”的很少；50.5%“会主动向社区反映您的意见、建议和问题”；当遇到小区养宠物乱排便或噪音扰民等不文明行为，51.4%“找物业或管理机构反映问题”。可以看出：在自身积极参与社区自治和社区建设过程中，居民对社区工作的理解度和满意度也逐步提

高，从而也提高了社区生活的满意度和社区的归属感，进而又促进了社区自治参与度的深入与提高。

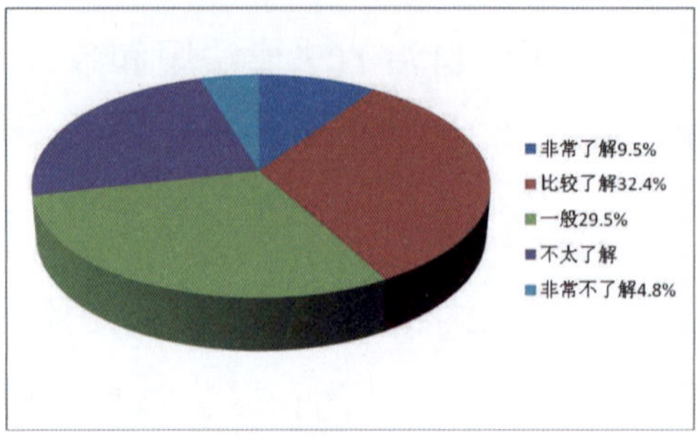

关于“是否了解本社区群干及其工作情况”调查

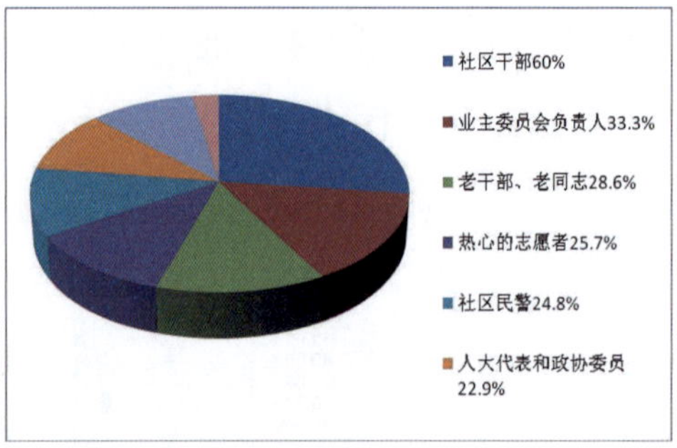

关于“本社区谁最有群众威信”调查

3. 社区居民自治的内容丰富、渠道畅通

社区居民参与社区自治的平台，在基础设施层面，包括社区工作站、社区服务站、社区活动中心等；在制度保障层面，有各社区居委会选举、社区成员代表大会、社区民主评议、民主恳谈会等；在组织队伍层面，有协商议事委员会、社区志愿者服务队、社区自治小组、小区巡防队等。从基础设施的保障到组织队伍的不断完善壮大，居民对关乎自己利益的社区事务有了更多的发言权和表决权，也有了更多更畅通的参与渠道，为居民自治提供了良好的条件，社区居民自我管理、自我服务、自我教育、自我约束的自觉意识逐步增强，互帮互助的文明和谐之风逐步形成。

（二）社区居民自治的突出问题

通过调查，基于横向比较，我们也看到武汉市社区居民自治中的一些问题，主要有以下三点。

1. 居民社区自治参与度不高，参与主体范围狭窄

社区居民对社区自治和基层民主建设认同感增加，理性认知水平也在不断提高，

是纵向比较而言，从社区自治的实质要求来说，目前武汉市社区居民行为参与水平仍然偏低且参与主体范围狭窄。从年龄结构看，主要集中于40-60岁的中老年；从性别结构看，主要集中于女性居民；从职业状况看，主要集中于退休人员和部分下岗待业人员；从经济状况看，主要集中在贫困户和中低收入家庭，而其他居民对社区居委会及社区自治工作的关注很少、参与程度很低。调查显示：52.4%的受访者“没有参加过”社区成员代表会议、对社区党支部成员、居民委员会成员的民主评议，或是社区举办的居民论坛、民主恳谈会等活动；“一直关注且积极参与”或“经常关注且参加”社区自治活动的受访者只占27.6%，与“完全没关注、也未参加过”的居民（25.7%）基本持平；而影响参与社区居民自治积极性的最主要因素是“自身权利的维护”（53.3%），其次是“空闲时间的多少”（39.0%）。

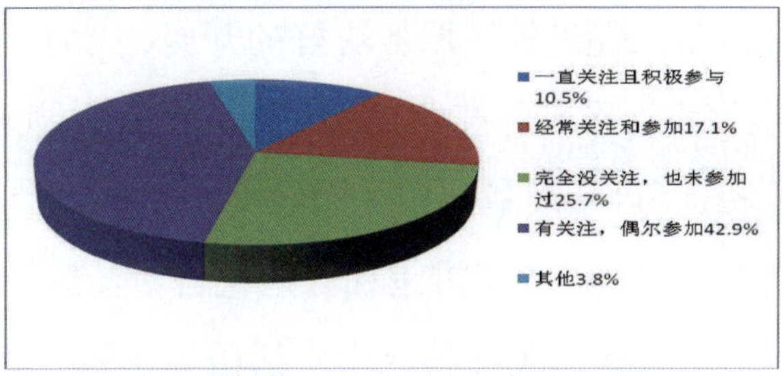

关于“平时是否关注和参加过社区自治活动”调查

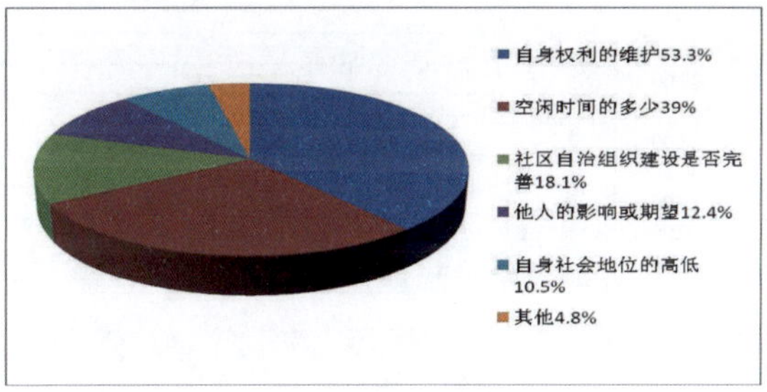

关于“影响居民参与自治积极性最主要因素”调查

同时我们也看到，数据显示，69.6%的受访者“非常愿意”或“比较愿意”作为代表参加关于社区公共事务的讨论；74.3%“非常愿意”或“比较愿意”参加社区志愿者服务队伍。这说明，在提高居民社区自治参与度方面，我们有许多工作可以做，也有很大潜力可以挖。

2.社区行政化多于服务，无法回归自治本位

社区居委会行政化色彩之深厚，是公认的事实。对社区而言，破解社区工作行政

化一直是亟待解决、又难以解决、且是老生常谈的一个难题。调查中，有 35.2%的居民认为社区承担上级下派的任务过多，占“进一步推进社区居民自治，应该重点解决哪些问题”的首位，社区干部更是对各种检查、报表、台账怨声载道、疲于应付，严重行政化直接导致社区居委会无法真正回归“民间”、“自治”的本位，其根本矛盾与问题就直接显现出来。

3. 社区经费来源不足，社区经济发展缓慢

财力保证是社区自治及社区各项工作的前提保证，目前状况而言，社区的主要经费来源来自政府的财政补贴，但财政补贴毕竟有限，满足不了社区发展各项事业的需要，政府财政补贴不足，而作为现代服务业的重要组成部分的社区经济，能够为社区建设、管理和服务提供较多的经济保障，却也因被忽略或其他原因而发展缓慢。开展一些有偿、低偿的社区经济来促进社区服务更好的开展、大力发展满足人们精神需求的社区文化经济、积极探索社区服务产业化途径等都没有提到应有的高度予以重视。调查中，近六成的受访者认为“社区基础设施建设不够完善”，34.3%的受访者认为“开展社区建设的经费不足”，为“进一步推进社区居民自治，应该重点解决哪些问题”第二位。随着社区的发展，社区居民在社区中生活服务、文化娱乐等各种需求不断增加，而因资金不足，社区供给质和量都会随之出现窘迫，而另一方面，社区资源又没有得到合理利用与整合。

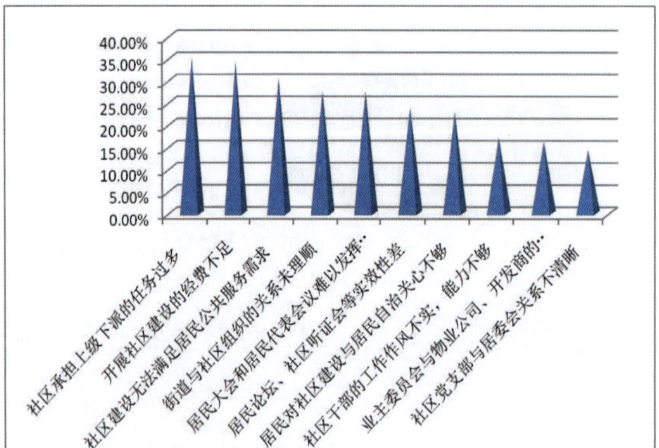

关于“推进社区居民自治应重点解决哪些问题”的调查

二、对社区居民自治的五大期盼

根据本次问卷调查统计结果，当前社区居民对进一步推进社区居民自治最迫切的需求与期盼集中在完善社区基础设施建设水平、提高社区自治组织服务能力、加大社区自治的政策支持、培育社区居民共同体意识、拓宽参与社区活动的平台等五个方面，

其关注焦点反映了今后进一步推进社区居民自治的施策路径。

（一）期盼进一步完善社区基础设施建设水平

调查中，57.1%的受访者认为，进一步完善社区综合管理服务体系最迫切的是“完善社区基础设施建设”，高居首位，表明社区居民对提高社区服务的硬件水平充满期待。在具体需求方面，包括增加社区老年活动场所、体育健身活动室、文化活动室、青少年活动场所，扩大社区图书室规模和完善功能，增加小区绿化面积、拓宽维修小区道路、增设公共座椅、改善小区环境，经常维护和及时修补损坏设施，增加和更新健身器材，适当增加停车位、提高停车位利用效率等等。这些诉求涵盖社区居民的衣食住行娱，与老百姓的日常生活息息相关。在很大程度上，居民参与社区自治的积极性来源于社区自治组织能否解决居民生活中的合理诉求。

调查中反映出来的情况，是我市社区基础设施建设的一个缩影。当前，经过“883行动计划”和近几年把社区建设纳入政府为民办十件实事计划，社区基础设施有了很大改善。但是不容否认的是，全市还有一批老旧社区基础设施比较落后，甚至一些新建小区也存在管理维护不善等问题，市民意见比较大，成为社区居民自治中的一个突出问题。

（二）期盼进一步提高社区自治组织服务能力

社区自治组织作为社区居民自我服务的基层群众性组织，其服务社区居民的水平和能力直接决定社区发展质量。从调查看，受访者对社区自治组织的工作基本认同，认为对自己的生活“帮助很大”（15.2%）或“有所帮助”（49.5%）；对社区干部的认同度比较高，认为他们是“本社区最有群众威信的人”（60%）；在“对社区干部有意见时”，大多数受访者（57.1%）选择“找居委会干部沟通”，显示社区居民与社区群干之间关系比较融洽和相互信任。

当然，社区服务是一项常变常新的工作。因此，社区居民对进一步提高社区自治组织服务能力寄予很高期望。在调查中，17.1%的受访者认为进一步推进社区居民自治，应该重点解决“社区干部的工作作风不实，能力不够”的问题；40.0%的受访者认为只有“居委会等自治组织主动加强与居民联系”，才能更好地为居民群众服务。一些居民提出，“社区与业委会、物业服务中心应建立长效机制，认真听取居民意见建议，及时处理解决社区内发生的问题矛盾，增强安全感、提高幸福感”；“社区应做好上传下达，及时向上级反映辖区居民亟待解决的问题，如教育、医疗等民生问题”；“社区干部应转变工作作风和服务态度，多深入群众，了解群众疾苦，熟悉社区情况，帮居民办实事、办好事”。还有的居民提出，“社区应针对不同类型居民开展有针对性的服务”，如老年人、青少年、双职工等人群的个性服务。一些社区建设中的突出问题也引起居民特别关注，如小区停车管理、社区狗患治理、社区安全维护、社区环境保护等问题。其中一些问题解决起来比较复杂，考验着社区自治组织及社区群干的综合素质和工作能力，反映出社区居民对进一步提高社区自治组织服务能力的新期待和新要求。

（三）期盼进一步加大社区自治的政策支持

推进社区居民自治必须加强党的领导，必须依靠政府支持，社区干部和居民对加大社区自治的政策支持充满期待。调查显示，进一步推进社区居民自治应该重点解决的问题中，有关政策支持是重要选项，其中涉及到“社区承担上级下派的任务过多”（35.2%），“开展社区建设的经费不足”（34.3%），“街道与社区组织的关系未理顺”（27.6%）。针对这些问题，33.3%的受访者呼吁“继续加大对社区建设的人才、资金等政策激励与支持”，23.8%的受访者要求“政府减少干涉，为社区减负，创造条件让居民充分自治”。

在访谈中，社区干部对社区承接的过重的行政性负担深有感触，对 2014 年 2 月市里出台的社区减负九项规定表示欢迎，但对减负规定的实际执行效果并不满意，甚至一些社区还存在越减负事越多的尴尬局面，社区干部疲于应付，自然就会削弱为居民服务的功能。社区干部希望各级政府切实履行减负规定，做到权责一致、费随事转，多在服务基层上下功夫；希望政府部门能合理运用资源，合理安排模块之间的分工，而不只是上传下达，只传不做；希望政府能给予社区更多的空间，创造条件让更多的共建单位或社会力量来支持社区建设。

（四）期盼进一步培育社区居民共同体意识

社区是全体社区居民的共同家园，全员参与自我教育、自我服务、自我监督、自我管理是社区居民自治的真正意义所在。调查显示，大部分居民“非常愿意”（24.8%）或“比较愿意”（44.8%）“作为代表参加关于社区公共事务的讨论”，参加过社区成员代表会议、对社区党支部成员、居民委员会成员的民主评议，或是社区举办的居民论坛、民主恳谈会等活动的受访者占到 36.2%，但仍有 52.4%的调查对象没有参加过上述活动。因而，面对社区管理服务中出现的多数人维护、少数人破坏的困局，社区居民表达出比较强烈的期盼进一步培育社区居民共同体意识的愿望。访谈中，很多社区居民对部分居民乱搭乱盖、乱丢垃圾，乱停乱放私家车、电动车、自行车，高空抛物，不文明养狗，违反规定养鸡养鸭，破坏绿地，占用公共空间，小区餐馆油烟扰民等不文明现象提出批评，希望社区居民养成文明习惯、爱护共同家园，并期盼社区市民学校等社区组织在提高居民素质中起到建设性作用。

（五）期盼进一步拓宽参与社区活动的平台

从调查看，社区居民对参与社区自治、志愿者服务等活动表现出较为浓厚的兴趣，参与意愿比较强烈，但同时又对缺乏参与社区活动的平台表示失望。大部分调查对象“非常愿意”（23.8%）或“比较愿意”（50.5%）参加社区志愿者服务队伍；21.0%的受访者“经常参加”社区组织的活动，31.2%的受访者“有时参加”社区组织的活动。而对于未参加过社区组织的活动的原因，明确表示“不感兴趣”的仅占5.5%，选择“没有时间”的占35.0%，却有超过两成的受访者选择“不知道”（15.8%）或“其他”（5.2%）。有社区居民明确表示自己与社区没有什么联系，不知道社区群干情况，想多参与社区活动却缺少相应服务平台。在参加过社区组织的活动的受访者中，很多人只是通过邻居、朋友圈，或是钓鱼协会、社区乐队、腰鼓队、晨练队、广场舞等文化体育社团渠道得到信息，明显存在信息不对称的情况。因此，29.5%的受访者认为“应通过完善社区组织结构让居民更加投入社区管理和建设”，45.7%的受访者期盼“完善各项制度从而更多让居民做主”。

三、进一步完善我市社区居民自治的建议

城市社区居民自治是城市社区建设的重要内容之一，其目标在于落实人民当家作主的宪法权利，真正实现居民的自我管理、自我监督、自我教育和自我服务。针对本次问卷调查所反映出的我市城市社区居民自治中存在的问题，建议从以下几个方面进行完善。

（一）加大城市社区居民自治的政策支持力度，在法治框架内进一步推进城市社区居民自治

党的十八届四中全会指出，推进国家治理体系和治理能力现代化，需要运用法治思维和法治方式，必须在法治框架下进行。当前，我国城市社区居民自治的政策依据不仅包括国家针对社区制定的法律法规，还包括各个社区依据自身实际量身定做的自治章程和规约。然而，实践中，国家层面的社区法律法规较为原则、抽象，可操作性不强，社区层面的自治规约缺失或形同虚设，在规范、引导和保障社区居民自治方面未发挥其应有的作用。

1. 完善城市社区自治法律法规

当前，我国城市社区自治的法律依据主要是《宪法》和1989年《城市居委会组织法》。《宪法》从国家根本大法的层面确定了城市居民自治权，《城市居委会组织法》对居委会的性质、任务、设立、组成等进行了规定，但是这些规定都是宏观性、原则性的规定，过于抽象，可操作性不强。此外，《城市居委会组织法》是在计划经济体制的立法背景下颁布的，很多规定已明显不适应社会主义市场经济的发展，导致社区实际工作中很多问题找不到相关法律依据。只有通过法律的刚性强化居民委员会在社区建设中的主体地位，才能促进居民委员会更好实现自治功能。因此，必须对《城市居委会组织法》进行修订，强化居民委员会的自治主体地位，明确政府的权限、职责与居民委员会的职责，改变居委会的职能错位和街道办随意下派工作的问题，使居民委员会真正实现居民自治，坚持自我管理、自我监督、自我教育、自我服务的性质。

2.规范社区自治规约

社区自治规约，是指按照法治的精神，基于社区共同体内的全体居民的共同意志，由社区全体居民共同签订的在社区范围内普适的实现社区自我约束、自我管理的契约性规范总和，包括居民公约、自治章程、自治条例等。社区自治规约素有“社区小宪法”之称，是实现社区自治权的重要保障。据调查统计，我市目前部分社区居民委员会仍没有自治规约；即使有，多数也都是街道办事处制定，然后分发给各个社区遵照执行，缺乏社区个性，针对性、实用性不强；且多数社区自治规约的作用仅限于“挂在墙上”或“应付检查”。

社区自治规约的缺失或形同虚设，严重阻碍了我市社区居民自治的推进，必须对其进行规范：一是要厘清自治规约的制定、生效和修改程序。程序是否正当直接决定了自治规约能否反映社区居民的共同意志，能否深入社区居民内心，能否得到合理实施；二是要明确自治规约的基本内容。社区居民权利义务的明确规定，能够提升社区居民的权利意识，增强社区居民的认同感和归属感；三是要保证自治规约的有效运作。不管是居委会、社区组织还是社区居民，都应当严格遵守社区自治规约，按照社区自治规约来要求自己的一言一行；四是要完善社区自治规约的责任制度。如同法律一样，社区自治规约一经制定，社区内的任何居民都必须遵循其规定并受其约束，否则将会受到相应的制裁。

（二）强化城市社区居委会的自治功能，回归其自治本色和地位

调查显示，当前我市社区居委会囿于过重的行政性事务，自治功能难以发挥。虽然政府出台了“减负九大规定”，并详细罗列出了社区职能的“正面清单”，但社区减负的实际效果却不明显。要强化社区居委会的自治功能，回归其自治本色和地位，必须“去行政化”。

一是明确政府和居委会的职能。明确在基层社会管理和服务中，哪些是政府的职责，哪些是居委会的职责。为防止政府向居委会转嫁行政事务性工作，在明确职能的前提下，要赋予居委会拒绝承担行政事务性工作的权利，将“双准入”制度切实落到实处，真正实现政府依法行政与居委会依法自治的有机衔接和良性互动。

二是转变政府职能。重新配置城市治理的公共权力，将当前掌握在政府手中但本应属于社区的权力下放给居委会，如赋予其内部事务决策权、财务自主权、工作人员选免权、日常工作管理权等，使社区居委会真正成为本区域范围内的治理主体。

三是理顺政府与居委会的关系。一方面，政府要依法行政，给予社区自治足够的空间；另一方面，居委会要自觉接受政府的指导，模范执行党的方针、政策，把各项任务落到实处。

四是培育和发展社区社会组织。建立社会组织孵化机制，重点培育公益性、互助性的社区社会组织，探索利用社会力量、社会资源、社会工作来沟通社情民意，来解决社区问题。政府通过“购买服务”“项目管理”等形式，充分调动社会组织完成社会管理与服务的任务。

（三）建立以社区居民需求为导向的服务社区平台，拓展社区服务领域

1. 建立以社区居民需求为导向的社区服务平台。社区服务应以社区居民需求为导向，除了必须的基本服务项目以外，要把群众普遍反映的热点、难点问题列入社区服务项目。同时，从受益群体数量、群众参与度、满意度等方面评估项目的可行性。政府、市场、社区居民三方互动，通过多样化、多元化的服务，打造以居民需求为导向的社区服务平台，确保社区服务从居民的需求中来，落实到居民的满意中去。

2. 拓展社区服务领域。服务目标实现由“扶危济困”转变到“增进福祉”；服务对象实现覆盖全体社区成员；服务方式从“公共服务”扩展到“社会化服务”；提供无偿、低偿和有偿服务等多种服务，满足居民不同层次的不同需求；实现服务主体多元化，包括政府提供的服务、市场提供的营利性服务和志愿者服务等；建立包括社会保障服务、便民利民服务和公共福利服务在内的服务体系。

（四）进一步培育社区居民参与意识，提升社区居民参与能力和水平

据调查显示，我市社区居民虽然对参与社区自治兴趣浓厚、意愿强烈，但是参与的实质性和有效性并不强，需要在进一步培育社区居民参与意识的基础上，不断提升社区居民的参与能力和水平。

在参与主体方面，一方面鼓励社区党员在公众参与上继续发挥示范和带动作用；另一方面充分发挥社区社团、自治组织等载体的组织化作用，促进社区居民对公共议题的理性讨论，提升社区自治中居民参与的层次。

在参与内容方面，坚持“社区需求本位原则”，注重用共同需求与共同利益来调动居民参与的积极性。围绕居民最紧迫的需求，如停车难 、物业管理难等，设定公共议题，并提炼出议题的焦点予以宣传推广，从而达到吸引社区广大居民普遍参与的目的。

在参与动力方面，进一步强化宣传教育，营造出“社区是我家，建设靠大家”的良好氛围。不断发掘新的自治资源，调动居民小组长、楼栋长、社会工作者、志愿者等非传统力量。注重参与文化的培育，逐步破除邻里间的心理藩篱。逐步培育具有凝聚力和影响力的社区领袖。

在参与渠道方面，不仅要防止各种形式的贿选对民主选举的扭曲，而且要进一步使社区公共事务公开化、透明化，为公众对社区党组织、居委会、其他组织进行有效监督提供保障。

在参与机制方面，依据有关法规政策，通过民主程序和法定程序形成一整套有利且便于居民参与的机制，如激励机制和责任机制等，将居民参与推向规范化、制度化。

（五）完善社区经费和人才保障机制，促进社区可持续发展

据调查显示，社区经费不足和社区干部待遇偏低、上升通道偏窄、人才难留是制约我市社区发展的两大障碍。为解决社区经费不足和人才难留的问题，建议拓宽社区经费的来源渠道，完善社区经费和社区干部激励保障机制。

1. 加大投入，拓宽来源

一要加大财政投入。各级财政要进一步加大对社区建设的投入，为社区提供必要的经费和办公条件，社区专职人员的工资报酬、办公经费、服务设施和信息化建设经费要纳入市、区两级的财政预算管理。二要增强社区“造血”功能。用一定的引导资金，采取以奖代投等方式，引导社区多上经营服务性项目，既为社区群众搞好服务，又为社区增加收入，弥补社区建设经费的不足。三要支持相邻社区因地制宜共建共享公共服务项目，各级政府不得因此减少应给予的对共建共享项目的投入。四要鼓励民间资金投入社区公共服务项目，各级政府根据服务的质量，可视情况给予配套资金支持。

2. 规范下移，费随事转

凡依法应由社区协助的事项，应当给社区提供必要的经费和工作条件。凡委托给社区办理的有关服务事项，应当实行权随责走、费随事转。依托社区开展公共服务的教育、科技、公安、司法、社会治安综合治理、人力资源和社会保障、城乡建设、文化、卫生、人口和计划生育、环保、体育等部门要确保社区工作经费，确保公共服务落到实处。

3. 创新制度，强化激励

探索实行社区干部"基本报酬＋绩效报酬＋奖励报酬"的结构化报酬办法，建立社区干部待遇正常增长机制，强化奖优罚劣的薪酬改革导向，完善鼓励干事、鼓励创新、包容失败的氛围。进一步加大从社区干部中考录公务员的力度，使社区年轻干部有奔头。结合城中村改造，探索社区建制适当调整，形成以典型、成熟社区带新建社区、城中村改建社区的模式，推广先进社区居民自治经验。

（执笔人：陶维兵　卢　伟　夏芸芸）

高校与社会共享资源协同发展调查

大学与城市是血脉相连、共生共荣的关系，大学是城市的立城之基，大学与城市的深度融合才是大学之城的真正含义，城市要服务支持大学的发展，大学的各种资源也应该滋润城市。武汉市提出建设世界闻名的大学之城的目标，如何才能促进高校与城市深度融合？带着这些问题，我们课题组选取了江汉大学、武汉商学院、武汉软件工程职业学院以及武汉市经济开发区江大园社区等几个单位进行实地调研，并邀请相关人员开展座谈。通过实地调研和深入座谈，课题组总结归纳出几个主要问题，并提出了相应的对策建议。

问题之一：高校拆围墙是大势所趋，但现阶段拆除围墙会带来安全隐患，师生们认为应该因地制宜、分步实施。很多高校所在的地理位置荒僻、周边环境复杂、流动人员较多，建围墙的目的主要是从师生安全的角度考虑。由于学校安保人员有限，普遍存在满负荷运转的状况，一旦拆除围墙，校区安保工作将难以面面俱到，会带来很多校园管理及师生人身、财产安全的隐患。师生们普遍认为，没有围墙的大学更有利于融入社会、更有利于培养开放包容的学术精神，但对拆除围墙后的安全问题感到担忧，一些学生家长也有这方面的顾虑。

问题之二：高校师生和社区群众认为“无形围墙”才是高校与社会融合的主要障碍，应该首先破除。目前，校区的大门对周边社区是开放的，社区居民和社会人员可以自由地穿行校区，能够共享校区的部分公共设施和休憩空间。社区群众的意见是：高校的通透式围墙是一道景观设施，暂时可以保留，以后根据发展情况，再慢慢拆除。社区群众和高校师生代表一致认为，真正阻碍高校与社会融合的关键是“无形围墙”，即文化的差异、心中的隔阂、制度的障碍、交流合作的欠缺等，这些方面应该下大力气破除。

问题之三：高校周边环境不容乐观，文化有落差、综治有死角、交通有瓶颈。高校周边的社区情况各异，有整体搬迁的新型社区，有新开发的小区，大多还属于在开发阶段，人员结构复杂，周边居民的素质参差不齐，与校园文化氛围差异较大。社区群众和高校师生都认为校园周边环境较差，存在着商贩违规经营、黑车随意停放、垃圾污水处理不规范等诸多问题。交通不便是高校师生感到最为迫切的问题，校区附近公交线路很少，据武汉商学院的师生反映，该校周边只有一条线路，而且公交发车间隔较长，收班时间很早，师生们在交通高峰时期出行很困难。学生代表说，他们偶尔进入市中心一趟，颠簸近三小时，如果晚上八点半之后返校，就赶不上末班公交车，因此，很多学生节假日也没有太多的机会去中心城区，即使去了，也是匆匆而去匆匆而返，有的外地学生在汉求学半载，还没有去过江汉路。交通不便使得外来学子难以熟悉武汉，更谈不上认同武汉、热爱武汉。

问题之四：高校和社区都有互动共建的愿望，学校希望学生有更多机会近距离开展社会实践，社区希望学校逐步开放资源并广泛参与社区治理，两方虽有合作和交流，但没有形成长效机制。广大学子都希望在求学阶段进行社会实践，很多学生都有意向在周边社区从事社会工作增加阅历，师生们期盼学校周边地区能够提供大学生创业就业的预演平台。社区干部提议，他们希望高校参与社区治理，高校的一些资金和项目可以适当地支援社区建设，学校可以组织大学生志愿者参与社区的文档整理和服务工作，适当分担社区工作人员的事务。社区群众表示，他们特别欢迎一些实用专业（如医疗、艺术、法律、计算机、烹饪等）的大学生志愿者到社区开展服务，虽然校方也经常组织这样的活动，但并没有形成长效机制，也没有相应的激励措施。

社区群众代表提出，社会人员希望高校开放更多的资源，一些企事业单位在职员工希望能够有选择地旁听一些专业课程，有的离退休人员希望在高校学习一些文体艺术类课程，并使用校园的一些学习和活动场所。目前，高校的公共设施（如体育设施、图书馆等）已经有限度地向社会开放，周边社区甚至于较远地方的一些企事业单位职工，都能在办理相关手续的情况下，有偿或无偿地使用这些设施。但由此也引发一些问题，高校管理人员反映，校园公共设施开放之后，相关服务人员的配备、管理成本、设施设备维护保养、人员安全都出现了一些新问题需要解决，有时候校外人员的活动与学校教学存在着一定的时间冲突，影响了校园的教学秩序。

为了促进高校与城市深度融合，提出以下四点建议：

一是改善高校周边环境，包括交通、治安、文化和基础建设等。出行困难是广大师生和社区群众感到最迫切需要解决的问题，要增加校区附近的公交线路和班次，并尽量与轨道交通无缝连接，适当延长收班时间，根据学校的特点调整发车间隔，特别是在课余时间和节假日增加车次，逐步淘汰落后的车辆，提倡公交司机文明用语和文明行车。尝试开通至校区的旅游公交线路，方便游客到高校参观活动，方便中小学生到大学观摩体验。校区目前是一个相对独立的小社会，安保和后勤管理服务压力较大，有些公共服务应该交给社会，并建立健全持续有效的联动机制。校园周边的治安、环卫等问题需要下大力气治理，市、区、街道、社区和学校共同努力，想办法打造环大学的文化区，逐步形成以校区为核心的特色街区或文化小镇。学校与周边社区开展广泛交流，共同搭建文化平台，定期开展文体活动，潜移默化地提升周边居民的素质。

二是政府搭建平台，促进高校与社会共同培养人才。高校虽然力求专业设置不与市场脱节，但实际情况是理论课程较多，专业内容滞后于市场需求。各个高校都主动探索与企业联合培养人才的模式，但这种合作给企业增加了一定的负担，所以企业动力不足甚至排斥，多数合作是通过教师与企业的私人关系才得以进行，这种模式效率较低且不可持续。政府应该出台相应的政策，制定激励措施吸引企业参与培养应用型人才，政府制定规则和标准，并提供相应的配套资金，企业提供场所、设备和兼职教师，与高校共同搭建联合培养人才的平台。

三是破除有形无形围墙，建立长效机制，推进高校与社区共同治理。无论高校还是周边社区，都对互动共建有着浓厚的兴趣，但因为分属不同的管理体系，即使高校有多余的资源也无法援助社区建设，社区也无法协助高校的公共事务管理，校园成了社区中间的孤岛。要首先打破“无形围墙”，然后再渐进式拆除实体围墙，实现校区和社区公共事务一体化治理，一些公共设施可以做到共建、共管、共用，高校和社区互相取长补短，节约资源。高校的先进文化形成溢出效应，带动周边社区发展，同时充分发挥社区的力量，减轻高校包办一切的负担，促进师生和社区群众相互理解、相互包容，进一步推进高校与城市深度融合。

四是高校进行教育方式改革，激励大学生参与社会工作。政府和高校应出台相应的政策，鼓励大学生在走向社会之前，积极地参与各项社会工作，努力培养当代大学生的社会责任感，同时增强大学生适应社会的能力。高校应积极地进行教育制度改革，制定激励措施，将大学生从事社会工作的时间和效果与学分、评先、竞选学生干部等挂钩。

（执笔人：朱哲学　吴昱南）

国外社会治理特点与国内社会治理创新

十八届三中全会提出“推进国家治理体系和治理能力现代化”的改革总目标，在社会治理方面提出“改进社会治理方式”、“创新社会治理体制”的要求，一方面应照了国际社会治理的趋势特点，另一方面也回应了国内各地社会治理创新的实践。梳理国外社会治理趋势特点，综观国内各地社会治理创新实践，可以为我市提升社会治理水平、创新社会治理体制提供借鉴。

一、国外社会治理趋势特点

“治理”作为一种理论兴起于20世纪90年代，但作为政府与社会的关系理念产生于上世纪70年代西方国家的新公共管理运动。西方国家政府急剧膨胀的公共支出带来普遍的财政危机、政府过多包揽社会事务造成的信任危机、社会公众要求更多参与社会管理形成的民主危机，迫使西方国家对政府管理进行改革。

（一）西方服务型政府转型改革。

1979年英国率先开始改革。其改革的入手点是解决“该管什么，不该管什么”的问题。英国花了近10年时间对各个政府部门的每一项职能进行审议，首先评议是否必须由政府承担、能否交给市场和社会；如果必须由政府承担，能否采取委托或购买服务的方式；如果前两项都不可行，主管部门要提出改进管理、提高效率的方案。经过这样一个过程，他们只把占政府工作5%的决策工作留在了政府，把其他95%的执行工作全部通过委托、出租、采购等购买服务的方式交给了社会，政府定位为服务者。这种改革形成了“小政府、大社会”的社会治理模式，优化了政府结构，提高了管理效率。随后，这种改革模式席卷全球国家。

（二）走向合作治理和社会自治。

在西方服务型政府改革过程中，各种非营利组织、志愿团体作为政府购买服务的承接者迅速发展起来。非营利组织、志愿团体又称社会组织，结构化为一个新的社会形态，成为多元治理主体的一元，广泛介入政府退出的领域，与政府紧密合作，形成政府与市民社会的合作治理，并由此形成社会自治。据相关研究，目前在全世界有可靠数据支持的41个国家里，社会组织雇佣了大约5400万全职人员，平均占这些国家经济活跃人口的4.4%，远超其建筑业、交通与信息业、公共行政部门、公用事业行业等各行业的就业人数。

（三）合作治理和社会自治向社区回归。

在西方国家“小政府”变革过程中，社会治理的职责和权力以政府为中心向社会延展，社区作为社会的实体存在，开始承载政府与社会合作治理和社会自治的功能，社区治理包括社区社会组织合作治理和居民自治，成为“大社会”的主要呈现。

二、近年来国内各地社会治理创新探索

在改革开放、全球化、现代化大潮下，我国经济飞速发展，与此同时社会需求的日益多元化、社会矛盾的复杂化，使社会治理被提上日程。国内各地积极探索社会治理模式，从转变政府职能入手，着力激发社会活力，通过引导社会协同治理，进行社会治理创新。

（一）探索政社分开，推进政府职能转型

改进社会治理方式、创新社会治理体制，就是要改变我国全能政府包揽一切社会管理和社会事务的传统社会管理格局。即从转变政府职能入手，厘清政府和社会的职能边界，探索政社分开办法，构建科学合理的政社关系。

最早进行新型政社关系探索的是广东省。从 2011 年开始，广东省从政府简政放权入手，以基层治理改革为基础，以建设服务型政府为宗旨，大力推进政府职能转变和社会体制改革，推进政府现代化转型。2011 年 7 月，广东省委省政府颁布了《关于加强社会建设的决定》；9 月下旬，又颁布了与主文件配套的 7 个文件，包括《关于加快推进社会体制改革建设服务型政府的实施意见》、《关于加强社会组织管理的实施意见》、《关于加强社会工作人才队伍建设的实施意见》、《关于加强城市社区居民委员会规范化建设的实施意见》等，构成广东加强社会建设的政策体系。2012 年 7 月，广东大刀阔斧下放审批权限，清理了 1400 多项行政审批事项，削减了 40%，并于当年内将 130 多项职责交给社会组织或事业单位来承担。这样，一方面政府减轻了负担，另一方面也为社会发展让出了空间。

（二）培育社会组织，激发社会活力

政府转变职能，简政放权，其分离出来的职能需要强有力的社会承接者来承担。各地积极探索培育扶持社会组织发展，促进社会协同治理主体的形成。

北京市从构建“枢纽型”社会组织工作体系入手，进行现代社会组织体制建设。所谓“枢纽型”社会组织，是指对同类别、同性质、同领域社会组织进行联系、服务和管理的联合型社会组织。2008 年，北京市成立社会建设工作领导小组。2009 年以来，北京市在市级层面，以工、青、妇等人民团体为骨干建立 27 家市级“枢纽型”

社会组织。另外，北京16个区县认定了173家“枢纽型”社会组织，并通过成立街道社会组织联合会等形式，培育发展街道层面的“枢纽型”社会组织。以此，形成市、区、街三级“枢纽型”社会组织工作体系框架。“枢纽型”社会组织通过分类联系和管理民间社会组织，一方面为政府转移社会服务和社会管理职能提供完善的组织基础，另一方面也为草根社会组织积累资源、获取信息、增强自身能力建设提供平台。

上海则主要采取了“政府支持、民间兴办”的政社合作共建社会组织模式。首先，在切实推进政社分开的情况下，在区、街两级建立支持性社会组织，如市民中心、民间组织服务中心和街道社会组织联合会等，作为政府与社会组织合作的新型工作平台。其次，浦东新区在政府主管部门支持下成立了民办非企业单位性质的上海浦东非营利组织发展中心（即“恩派”公益组织发展中心），建立公益“孵化器”，培育新兴社会组织，打造支持性公益社会组织品牌。政府通过制度政策扶持、项目引导、资金资助补贴等方式，充分鼓励释放社会活力。除了社会组织形式创新之外，上海市还通过加大财政支持力度、完善社会组织税收和养老保险政策、试点推行社会组织年金制度、全面推广社会组织工资薪金管理制度等措施，构建一套整体性政策扶持体系。通过草根社会组织与支持性社会组织的功能细分、合理建构，孕育了一套贴近社会需求的社会组织支持系统，构建政府与社会共同扶持社会组织发展的综合支持模式。

（三）规范政府购买服务，理顺政社关系

在政府职能转型过程中，政府购买服务作为一种治理模式，构建了一种新型政社关系。这种关系体现为政府主导下的协作关系和伙伴关系，需要制度化和体系化来约制和支撑。

深圳市近年来在政府购买服务制度化、体系化方面走在全国前列。2010年，该市出台《深圳市推进政府职能和工作事项转移委托工作实施方案的通知》，2012年出台《深圳市委市政府关于进一步推进社会组织改革发展的意见》，对政府职能转移和政府购买服务进行整体性制度设计。这些文件明确了政府职能转移的目标、原则、范围，政府购买服务的具体实施步骤和详细的监督管理办法。提出市编办负责编制政府转移职能目录，形成政府职能转移承接的运行机制；市财政委研究建立政府职能部门购买服务目录，并制定项目库管理制度；市民政局编制社会组织目录，明确具备资质条件承接政府职能转移和购买服务的社会组织。在此基础上，制定了政府购买服务的运行机制和监管机制。

（四）推进政府主导下的社会自治，实现政社良性互动

十八届三中全会《决定》在创新社会治理体制方面提出，要改进社会治理方式，坚持系统治理，加强党委领导，发挥政府主导作用，鼓励和支持社会各方面参与，实现政府治理和社会自我调节、居民自治良性互动。

近年来在探索社会自治、政社良性互动方面，浙江省一些地区的做法和经验影响较大。如温州市基于市场经济繁荣发展而于民间自发成立了各行各业的同业商会和行业协会。1999 年，温州市政府顺应市场发展需要，制定了《温州市行业协会管理办法》，确定了行业协会商会的 16 项职能。同时政府通过引导行业协会商会建立党组织、明确业务主管部门，实现行业自治与政府治理目标的契合。温州行业协会商会在行业内部协调、帮助政府进行行业管理方面发挥了重要作用。浙江温岭市通过推广制度化、规范化、程序化的“民主恳谈”形式，开展多层次、形式多样的政社沟通、对话活动，特别是支持非政府组织代表相关行业和群体与政府开展沟通和对话，实现政社良性互动，在优化政府决策、减少社会矛盾、维护社会和谐方面起到积极的作用。

（执笔人：陶秀丽）

满春街屋顶花园建设的经验值得推广

——从新型城镇化建设、城市生态化改造的角度看

地处繁华闹市的满春街在屋顶、空中平台上精心绿化，春天杜鹃花开，夏天葡萄年产4000多斤，形成了一片空中的都市田园。从拆除违章建筑开始的满春街屋顶花园建设，已经坚持了8年多，为老城区带来了立竿见影的生态效益，也成为武汉市最美屋顶之一。

2014年10月由市社科院撰写的论文《武汉满春街闹市屋顶变都市田园的经验与思考》参加了“2014青岛世界生态城市与屋顶绿化大会”交流，受到国内外专家的关注和好评。在武汉的城市发展规划中，满春街属于要被改造的老旧城区，也许未来10—15年，满春街慢慢消失了，但是，满春街屋顶花园建设因地制宜、“私养公助”，节约高效、绿化、美化环境的经验，却是值得重视和研究的。

有鉴于世界生态城市与屋顶绿化大会介绍的国内外屋顶绿化发展的大趋势，我们认为，应当在全市积极推介满春街屋顶绿化的模式和机制，推动武汉市屋顶绿化的规划和建设。

一、值得推广的经验之一：屋顶花园也可以带来良好的生态效益

满春街的屋顶花园被满春人称为“都市田园”。

“都市田园”立竿见影的功效就是使社区乱搭乱盖消失、绿化空间扩大、生态环境改善、居住宜居性提高。

屋顶绿化属于微绿地建设，以前不被重视，但是研究证明，城市局部绿化对缓解热岛效应的作用极其明显，城市树木茂密、有好的绿化的地方与没有绿化的地方温差最大相差6度以上，所以，近几十年屋顶绿化等立体绿化受到重视，立体绿化在国外发达国家已经有很多成熟的经验和法律规定。

从满春街屋顶花园的实践来看，也确实如此。满春街位于闹市区、紧邻每天十多万人进出的汉正街。如果没有看到满春街的屋顶花园，那里与都市田园是天壤之别，就是一个市场连着市场、高楼挨着高楼的老城区、一个“打货”、买便宜东西的大市场。

但是，“都市田园”有效地解决了“无处建绿，很难建绿”的困境。自从开展“都

市田园”活动以来，满春街充分利用社区公共空间，社区绿化面积逐年增加，花草的成活率大大提高，社区的绿化空间不断扩大。

“都市田园”不但有效地利用了社区的公共空间，在有限的公共空间里进行了绿化，还在社区居委会的协助下，动员社区居民充分利用居民家庭的私人空间（如窗台、平台、屋顶等）进行社区绿化，使得社区的绿化空间得到很大的拓展。一幅“郁郁葱葱”的社区新面貌呈现在人们的面前，成为名副其实的都市中的“田园”。

至今，“都市田园”以春天杜鹃、夏天葡萄等植物为媒介，已经形成成熟的四季主题活动。

二、值得推广的经验之二：利用立体绿化取代乱搭乱盖，美化环境

“乱搭乱盖”这是社区管理一直面临的“老大难”问题。

满春街建屋顶花园、搞立体绿化的起因就是清理乱搭乱盖违章建筑。由于社区的公共空间非常有限，导致公共空间被抢占问题非常突出，如物业公司抢商铺、道路、通道；社区居民抢屋顶、平台、楼道、门口空间等，利用抢占的空间进行乱搭乱建、乱堆乱放，既影响了社区的环境卫生和社区美观，给社区居民的出行带来诸多的不便，还造成火灾隐患。

满春街通过“都市田园”活动，针对社区垃圾曝露进行专门的清理，对社区平台、屋顶和楼道空间的垃圾进行打扫，拆除乱搭乱盖，用绿化植物、花盆、盆景等占领取代那些“乱搭乱盖”，使违章建筑没有立脚之地。同时，通过“都市田园”活动开展，居民主动认养，使社区绿化从无到有，从点到面，从平台、窗台到屋顶，形成立体绿化格局，社区的空间环境得到极大的优化。这样的立体绿化既解决了社区的公共空间挤占问题，又有效地利用了居民的私人空间，在商住合一的老旧城区打造出了都市中的“田园”，绿色生态社区在逐步形成。

三、值得推广的经验之三：“私养公助”——“都市田园”成功运作的模式

“都市田园”的形成与发展是街道适应社区居民对宜居环境需求而组织、出现的。即由街道办事处指导、社区居委会发起、居民自愿参与的，以屋顶花草养护、社区绿化、环境保护为主要内容而开展自我管理、自我教育、自我服务和自我约束活动的自治性组织。

“私养公助”，是“都市田园”的运作模式。即由政府组织、社区组织负责社区绿化必要的基础设施规划、筹资、建设，由社区居民、社区志愿者组织负责社区绿化日常维护的一种社区绿化供给模式。在这一运行模式中政府、社区居委会和社区居民以及辖区单位都发挥自身的角色作用，相互间形成一种特殊的社会关系。

值得注意的是，“都市田园”还带来很好的人文效应。“都市田园”开展的活动在微观层面促进了社区关爱、邻里关照，居民社区参从个体化转向组织化等；在更大层面来看，“都市田园”活动因为有志愿者自治组织以及企业的参与，使基层的城市综合管理由政府的单独推动变成多方互动，由此推动了基层政府从管理走向治理的转变，提高了基层城市综合治理的能力和效率。

四、建议将立体绿化列入政绩考核

满春街的“都市田园”从清理乱搭乱盖违章建筑起步至今已经 8 年多了，从今天的成果来看，它引领了生态城市建设的一个新方向：屋顶绿化等微绿地建设具有良好的生态效益。从理论高度来认识，屋顶花园也是对我国新型城镇化——集约、智能、绿色、低碳的实践。屋顶花园、立体绿化等微绿地建设与微降解、微能源、微冲击、微更新等是重建城市微循环的重要途径，而重建城市微循环，被权威专家认为是纠正和克服我国以前城市化发展中遗留问题、实现城市发展转型、城市生态化改造的必由之路。

有鉴于此，为推动武汉的生态城市建设、文明城市建设，建议在全市推广满春街经验的同时，将立体绿化列入政绩考核内容之一。

（执笔人：吴　琳）